Andreas Vierecke / Bernd Mayerhofer / Franz Kohout

Atlas Politik

Schriftenreihe Band 1182

Andreas Vierecke
Bernd Mayerhofer
Franz Kohout

Atlas Politik

Mit 113 Abbildungsseiten in Farbe

Grafische Gestaltung der Abbildungen
Werner Wildermuth

bpb:
Bundeszentrale für politische Bildung

Dr. Andreas Vierecke, geb. 1961, studierte Politikwissenschaft, Philosophie und Psychologie. Er ist geschäftsführender Gesellschafter des Südpol-Redaktionsbüros Köster&Vierecke und Chefredakteur der „Zeitschrift für Politik“.

Dr. Bernd Mayerhofer, geb. 1963, studierte Politikwissenschaft, Philosophie und Kommunikationswissenschaft. Seit 2008 ist er an der Ludwig-Maximilians-Universität München Dozent und Leiter der Bibliothek.

Dr. Franz Kohout, geb. 1953, studierte Jura und Politikwissenschaft. Zur Zeit ist er Lecturer an der Bundeswehrhochschule in München.

Unveränderter Nachdruck Bonn 2012
Lizenzausgabe für die Bundeszentrale für politische Bildung
Adenauerallee 86, 53113 Bonn

Umschlaggestaltung: Michael Rechl, Kassel
Umschlagabbildung: © Getty Images / French School. Ausbildung Alexanders des Großen (356 – 323 v. Chr.) durch Aristoteles (384 – 322 v. Chr.), Stich aus einem Buch von Louis Figuier.

Satz: Druckerei C. H. Beck, Nördlingen
Druck und Bindung: Firmengruppe APPL, aprinta druck, Wemding

ISBN 978-3-8389-0182-4

www.bpb.de

Vorwort

Mit den drei klassischen Teilbereichen der Politikwissenschaft – Politische Theorie, Politische Systemlehre und Internationale Politik – bietet der ›dtv-Atlas Politik‹ einen Überblick über die gesamte Breite des Fachs, wie es (nicht nur) an deutschen Universitäten im Grundstudium gelehrt wird. Mit klassischen Lehrbüchern will und kann der Band dabei nicht konkurrieren, wohl aber als orientierende Lektüre für den Politik- und Sozialkundeunterricht an den Schulen sowie zur Vorbereitung und Begleitung eines Studiums der Politik dienen.

Im Vordergrund steht die verlässliche Information über die Grundlagen des Fachs. Dabei haben wir uns bemüht, ein Nachschlagewerk vorzulegen, das sich auch an einem Stück lesen lässt. Wenn uns dieser Spagat gelungen ist, dann gebührt der Dank dafür vor allem unserer ebenso kundigen wie akribischen Lektorin Anna Coseriu. Und wenn die Tafelseiten es vermögen, manche Information des Textes auch anschaulich zu machen, dann ist dies Werner Wildermuth zu danken, der unsere Entwürfe in die rechte Form gebracht hat.

Der vorliegende Band ist als Gemeinschaftsproduktion konzipiert und entstanden. Für die drei Teilbereiche zeichnet gleichwohl jeweils einer der Autoren verantwortlich: Bernd Mayerhofer für die Politische Theorie, Andreas Vierecke, der den Anstoß zu diesem Buch gegeben hat, für die Einheit über Politische Systeme, Franz Kohout für die über Internationale Beziehungen.

Über die Auswahl der behandelten Themen ließe sich im Detail gewiss streiten, zumal jeder der drei Bereiche genügend Stoff für einen eigenen Atlas böte. Für Kritik jeder Art sind wir offen und werden sie nach Kräften in folgenden Auflagen berücksichtigen.

München, im Februar 2010 — Die Verfasser

Inhalt

Abkürzungsverzeichnis

Abkürzungen, bei denen nur -isch oder -ich zu ergänzen ist, sind hier zumeist nicht aufgeführt, z. B. ökonom., theoret. oder unterschiedl., staatl.

Abb.	Abbildung
Abs.	Absatz
Abschn.	Abschnitt
AdR	Ausschuss der Regionen
ahd.	althochdeutsch
allg.	allgemein
Art.	Artikel
ASEAN	Association of Southeast Asian Nations
AT	Altes Testament
AU	Afrikanische Union
Aufl.	Auflage
Bd., Bde.	Band, Bände
bed.	bedeutend
bes.	besonders, besondere(r)
best.	bestimmt(e)
betr.	betreffend(e)
bibl.	biblisch
BIP	Bruttoinlandsprodukt
BNE	Bruttonationaleinkommen
BRD	Bundesrepublik Deutschland
brit.	britisch
Bsp.	Beispiel
bspw.	beispielsweise
BVerfG	Bundesverfassungsgericht
bzgl.	bezüglich
bzw.	beziehungsweise
ca.	circa
CEUMC	Chairman of the European Military Committee
DDR	Deutsche Demokratische Republik
dementspr.	dementsprechend
d. h.	das heißt
d. i.	das ist
dt.	deutsch
Dtl.	Deutschland
ebd.	ebenda
ECA	United Nations Economic Commission for Africa
ECE	United Nations Economic Commission for Europe
ECLAC	Economic Commission for Latin America and the Caribbean
EFTA	European Free Trade Association
EG	Europäische Gemeinschaft(en)
ehem.	ehemalig
empir.	empirisch
engl.	englisch
entspr.	entsprechend
ersch.	erschienen
ESCAP	Economic and Social Development in Asia and the Pacific
etc.	et cetera
EU	Europäische Union
EUMC	European Monitoring Centre on Racism and Xenophobia
EUMS	Military Staff of the European Union
europ.	europäisch
ethn.	ethnisch
evtl.	eventuell
f.	folgende
ff.	fortfolgende
frz.	französisch
geb.	geboren
gegr.	gegründet
gem.	gemäß
gen.	genannt
gest.	gestorben
GG	Grundgesetz
ggf.	gegebenenfalls
grds.	grundsätzlich
griech.	griechisch
HABITAT	United Nations Human Settlements Programme
hg.	herausgegeben
Hg., Hrsg.	Herausgeber
hist.	historisch
i. Allg.	im Allgemeinen
i. a. R.	in aller Regel
i. Bes.	im Besonderen
i. d. R.	in der Regel
i. e. S.	im engeren Sinn
IGH	Internationaler Gerichtshof
individ.	individuell
inkl.	inklusive
insbes.	insbesondere
internat.	international
ital.	italienisch
i. w. S.	im weiteren Sinn
IWF	Internationaler Währungsfonds
Jh.	Jahrhundert(e)
kath.	katholisch
klass.	klassisch
krit.	kritisch
KSZE	Konferenz über Sicherheit und Zusammenarbeit in Europa

lat.	lateinisch
log.	logisch
ma.	mittelalterlich
MA.	Mittelalter
m. a. W.	mit anderen Worten
max.	maximal
MdB	Mitglied(er) des Bundestages
menschl.	menschlich
mind.	mindestens
Mio.	Millionen
MNU	Multinationale Unternehmen
mod.	modern
mögl.	möglich
Mrd.	Milliarde
NAFTA	North American Free-Trade Agreement
nat.	national
NATO	North Atlantic Treaty Organization
NGO	Non-Governmental Organization
n. S.	nächste Seite
NT	Neues Testament
o. g.	oben genannt
OSZE	Organisation für Sicherheit und Zusammenarbeit in Europa
PM	Premierminister
pol.	politisch
prakt.	praktisch
Präs.	Präsident
rd.	rund
Reg.	Regierung
rel.	religiös
röm.	römisch
s.	siehe
S.	Seite; Satz
s. a.	siehe auch
SALT	Strategic Arms Limitation Talks
sämtl.	sämtlich(e)
sen.	senior
SIS	Schengener Informationssystem
sittl.	sittlich
sog.	so genannt
soz.	sozial
soziopol.	soziopolitisch
spez.	spezifisch
ständ.	ständisch
START	Strategic Arms Reduction Talks
Std.	Stunde
s. u.	siehe unten
teilw.	teilweise
trad.	traditionell
typ.	typisch
u.	und
u. a.	und andere; unter anderem
u. Ä.	und Ähnliches
übers.	übersetzt
UNFPA	United Nations Fund for Population Activities
UN(O)	United Nations (Organization)
u. ö.	und öfter
urspr.	ursprünglich
usf.	und so fort
u. U.	unter Umständen
v.	von
v. a.	vor allem
v. Chr.	vor Christus
VN	Vereinte Nationen
versch.	verschieden(e)
vs.	versus
wiss.	wissenschaftlich
Wiss.	Wissenschaft
WSA	Wirtschafts- und Sozialausschuss
WTO	World Trade Organization
z. B.	zum Beispiel
z. T.	zum Teil
zus.	zusammen
zw.	zwischen
zz.	zurzeit
zzgl.	zuzüglich
( )	Lebensdaten
[ ]	Regierungsdaten
*	geboren
†	gestorben
$	Dollar

Volk

A Politik als Leitung oder Beeinflussung der Leitung eines Staates

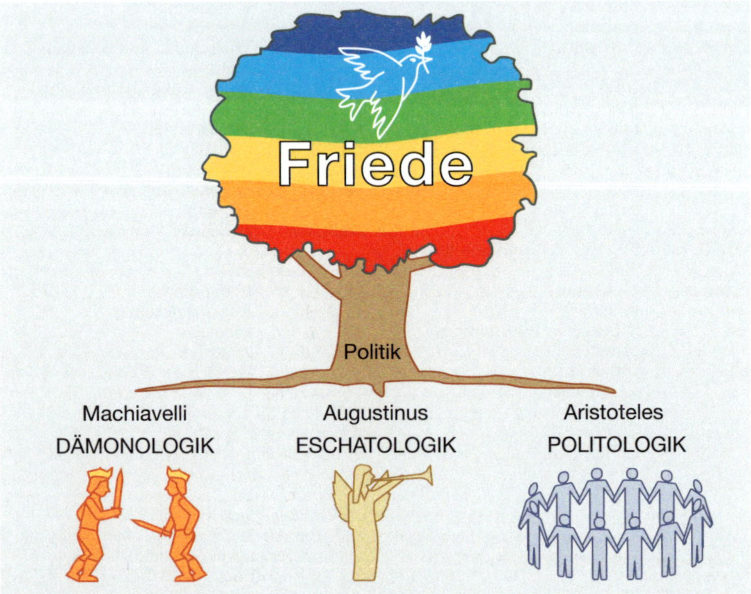

Friede

Politik

Machiavelli
DÄMONOLOGIK

Augustinus
ESCHATOLOGIK

Aristoteles
POLITOLOGIK

B Die drei Wurzeln des Politischen nach Sternberger

Eine einheitl. Definition von **Politik** gibt es nicht. Was Politik *ist,* darf nicht vorausgesetzt, sondern muss aus den je spezif. Verwendungszusammenhängen erschlossen werden. Ein berühmter Definitionsversuch stammt von dem deutschen Soziologen **Max Weber** (1862–1920), der zwischen einem *weiten* und einem *engen Politikbegriff* unterscheidet:

»Der Begriff ist außerordentlich weit und umfasst jede Art selbständig leitender Tätigkeit. Man spricht von der Devisenpolitik der Banken, von der Diskontpolitik der Reichsbank, von der Politik einer Gewerkschaft in einem Streik ... von der Schulpolitik einer Stadt- oder Dorfgemeinde ... ja schließlich von der Politik einer klugen Frau, die ihren Mann zu lenken trachtet ... Wir wollen heute darunter nur verstehen: die Leitung oder die Beeinflussung der Leitung eines politischen Verbandes, heute also: eines Staates.« (A)

Gegen die übliche Gleichsetzung von Politik und Staat polemisiert der Staatsrechtslehrer **Carl Schmitt** (1888–1985). Er unterscheidet zwischen dem Begriff der Politik und dem **Begriff des Politischen** und führt den spezif. Eigensinn des Politischen auf die Unterscheidung von Freund und Feind zurück.

Heute wird unter Politik i. d. R. ein auf die *Durchsetzung bestimmter Ziele* (Interessen) und/oder die *Gestaltung des öffentlichen Lebens* gerichtetes Verhalten von Individuen, Gruppen oder Organisationen (z. B. Parteien) verstanden. I. e. S. gelten jene Handlungen und Prozesse als politisch, die die *Herstellung allgemein verbindlicher Regelungen* zur Folge haben.

Adressat politischen Verhaltens bzw. Handelns sind zumeist entweder nationalstaatl. oder zwischen- bzw. überstaatl. Einrichtungen und Institutionen.

Politik als Gestaltung der öffentlichen Angelegenheiten

Der Terminus »Politik« stammt aus der **Antike** und leitet sich vom griech. Wort *polites* ('Bürger der Polis') her. *Ta politika* wurden im antiken Griechenland jene Dinge genannt, die *alle* Bürger einer Stadt betrafen und daher im Idealfall auch von allen Bürgern gemeinsam zu entscheiden waren. Unter *politike techne* verstand man die Kunst der Führung und Verwaltung dieser gemeinsamen Angelegenheiten.

Politik bezog sich urspr. also auf einen räuml. und sachl. eng begrenzten Bereich. Sie fand in der *Öffentlichkeit* statt, war ein Privileg freier Bürger und hatte ausschließl. Fragen von allgemeinem (d. h. öffentlichem) Interesse zum Gegenstand.

In der **Neuzeit** vergrößerte sich der öffentl. Bereich allmählich und differenzierte sich zugleich als eigenständiges Subsystem neben Wirtschaft und Gesellschaft aus. In den Industriestaaten der **Gegenwart** erstreckt sich die Reichweite von Politik auf nahezu jeden Aspekt des Lebens (oder kann sich doch darauf erstrecken) und auf die gesamte Bevölkerung.

Die antike Trennung von Privat und Öffentlich, Wirtschaft und Politik ist in modernen Gesellschaften aufgehoben.

Wissenschaftliche Politikbegriffe

In der zeitgenöss. **Politikwissenschaft** hat sich ein *empirisch-analytisches Politikverständnis* durchgesetzt. Mithilfe der englischsprachigen Ausdrücke *polity, policy* und *politics* werden drei Dimensionen des Politischen unterschieden: die *institutionelle*, die *inhaltliche* und die *prozessuale* (s. dazu S. 81).

Darüber hinaus ist es üblich geworden, zwischen **vier Politikbegriffen** zu differenzieren:

1. *Normativ-ontologischer Politikbegriff:* Politik als Herstellung und Erhaltung einer »guten Ordnung«; Einheit von Ethik und Politik; Handlungsorientierung (prakt. Philosophie).
2. *Pragmatisch-realistischer Politikbegriff:* Politik als instrumentelles Machthandeln; Zurückweisung der normativen Zielbestimmung, da diese wissenschaftl. als nicht entscheidbar gilt.
3. *Politökonomischer Politikbegriff:* Politik als abgeleitetes Phänomen (Überbau); Politik als Klassenkampf (Marx); Dominanz der sozioökonom. Verhältnisse.
4. *Systemtheoretischer Politikbegriff:* Politik als Subsystem der Gesellschaft; erbringt gesamtgesellschaftl. notwendige Steuerungsleistungen; Steuerungsmedium: Macht.

Einen eigenständigen Ansatz präsentiert der Politologe und Publizist **Dolf Sternberger** (1907–89). Er unterscheidet **drei Wurzeln der Politik,** die sich als letztlich einander ausschließende Politikmodelle lesen lassen, und ordnet sie jeweils verschiedenen Autoren zu:

1. die *Dämonologik* (Machiavelli): Politik als Machtkampf; pol. Denken als Technik des Machterwerbs und Machterhalts *(Machtmodell);*
2. die *Eschatologik* (Augustinus): Politik als Weg zu vollkommenem Frieden und vollkommener Gerechtigkeit; pol. Denken als Teil einer jenseitig ausgerichteten Theologie *(Heilsmodell);*
3. die *Politologik* (Aristoteles): Politik als Versuch gleicher, freier und vernünftiger Bürger, Streitigkeiten friedlich zu regeln *(Verständigungsmodell).* (B)

Aufgabe der Politikwissenschaft ist es nach Sternberger, das Politische zu begreifen bzw. »einen Begriff des Politischen erst zu gewinnen«. Gegenstand und Ziel der Politik ist der Friede.

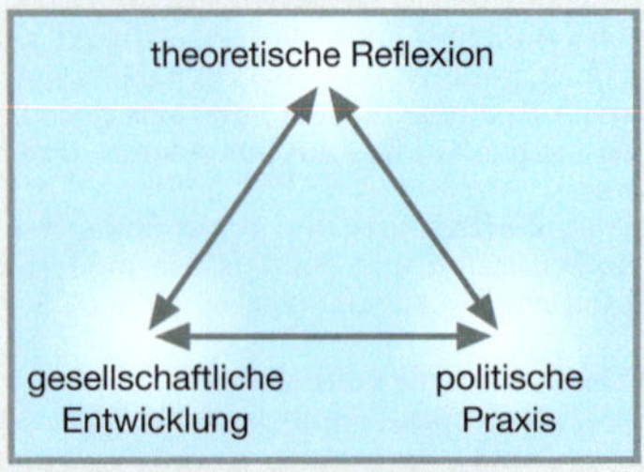

A Die Politische Theorie im soziopolitischen Kontext

Spitze des Eisbergs
(ein politisches Thema)
»sichtbare«
Themen, Schlagzeilen

»verborgene«,
aber damit
zusammenhängende
Themen/Strukturen

B Aufgabe der Politischen Theorie: Zusammenhänge sichtbar machen

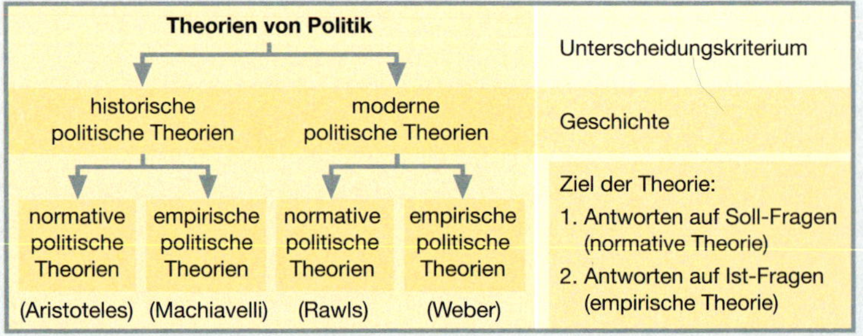

C Klassifikation politischer Theorien

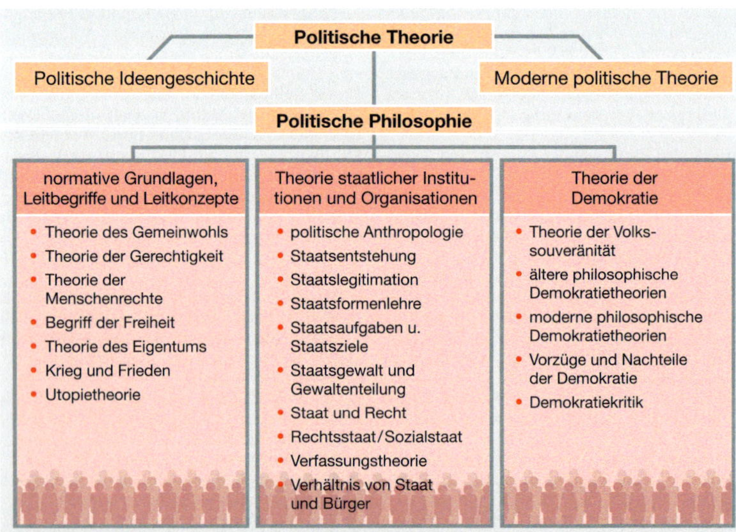

D Die Politische Philosophie als Teil der Politischen Theorie

Die **Politische Theorie** ist ein Teilgebiet der Politikwissenschaft und neben der Lehre von den Politischen Systemen und der Internationalen Politik (bzw. den Internationalen Beziehungen) fester Bestandteil des politikwissenschaftl. Studiums. Gegenstand, Aufgabe und Funktion der Pol. Theorie sind umstritten. Mind. drei verschiedene Ausprägungen bzw. Teilbereiche lassen sich unterscheiden:

- Politische Ideengeschichte
- Politische Philosophie
- Moderne Politische Theorie

Das Wort »**Theorie**« leitet sich vom griech. Ausdruck *theoria* 'Anschauung', 'Betrachtung' her und bezeichnete urspr. die *geistige Kontemplation* im Gegensatz zur *praktischen Tätigkeit* (Praxis). Heute versteht man darunter v. a. ein *System widerspruchsfrei miteinander verknüpfter, wissenschaftlicher Aussagen* über die Realität zum Zweck ihrer Erklärung und Beherrschung.

Bei der **Politischen Ideengeschichte** handelt es sich in erster Linie um eine hist. Disziplin. Ihr Gegenstand sind v. a. die sog. *klassischen pol. Theorien* von Platon, Aristoteles, Machiavelli etc. Man versteht darunter i. d. R. überzeitl. Gültigkeit beanspruchende, individuellen Denkern zurechenbare Entwürfe, die das gesellschaftl. Zusammenleben bzw. die richtige pol. Ordnung betreffen.

Zu einer umfassenden Geschichte des pol. Denkens erweitert sich die Pol. Ideengeschichte dort, wo sie sich auch mit nicht klassischen pol. Ideen und Ideologien beschäftigt und keine Textsorte ausspart.

Untersucht werden, neben pol. einschlägigen hist. Dokumenten (Gesetzestafeln, Verfassungstexten, Menschenrechtserklärungen etc.) oder den Beiträgen von Historikern und Schriftstellern, v. a. die im 19. Jh. entstandenen sozialpol. Großtheorien: Liberalismus, Konservatismus, Nationalismus, Sozialismus, Marxismus etc.

Die von den Vertretern der Pol. Ideengeschichte rekonstruierten Ideen, Argumente, Begriffe, Interpretationen und Fragestellungen stellen nicht nur eine wichtige Voraussetzung für das gegenwärtige Verständnis von Politik dar, sondern liefern darüber hinaus Anregungen für die anderen Teildisziplinen der Politikwissenschaft.

In der **Politischen Philosophie** dominieren nicht empirische, sondern *normative Fragestellungen.* Sie möchte nicht wissen, wie Politik *ist* oder wie sie gemacht wird, sondern wie sie sein *soll.*

Als *theoretische Philosophie* bzw. *Wissenschaft* sucht sie nach begründbaren Wertmaßstäben und Entscheidungsverfahren, mit deren Hilfe unter versch. pol. Zielen und Mitteln eine vernünftige, moral. vertretbare Auswahl getroffen werden kann.

Als *praktische Philosophie* bzw. *Wissenschaft* will sie darüber hinaus auch Anleitungen für die Gestaltung von Politik geben. Ausgangspunkt ist dabei i. d. R. eine nicht im eigentlichen Sinn begründbare, sondern immer schon vorauszusetzende Idee des Guten bzw. des Gemeinwohls, an der sich die pol. Wirklichkeit messen lassen muss.

Wichtige Vertreter der Pol. Gegenwartsphilosophie sind bzw. waren z. B. J. Rawls, Ch. Taylor und J. Habermas.

In engem Zusammenhang mit dem politikwissenschaftl. Forschungsprozess steht die **Moderne Politische Theorie.** Dabei handelt es sich um *empirische* (erfahrungswissenschaftl.) Theorien. Sie wollen, im Unterschied bspw. zur Pol. Philosophie, die pol. Realität nicht bewerten, sondern verstehen, erklären und ggf. auch vorhersagen. Des besseren Verständnisses wegen ist es sinnvoll, zwischen *objektspezifischen Theorien* (empir. Theorien i. e. S.) und *allgemeinen Theorien* (Metatheorien) zu unterscheiden:

- **Objektspezifische Theorien** treffen auf der Grundlage systemat. erhobener Daten und ihrer method. Überprüfung und Auswertung allg. Aussagen über einen spezif. Wirklichkeitsbereich.
- **Allgemeine Theorien** beziehen sich auf die theoret. Grundlagen der empir. Politikwissenschaft. Sie dienen der Formulierung von Begriffen, der Erarbeitung analyt. Modelle und der Verknüpfung von Einzeltheoremen zu komplexen *Metatheorien,* die auf unterschiedl. Wirklichkeitsbereiche Anwendung finden (können).

Beispiele für objektspezif. Theorien sind Theorien über das Wahlverhalten oder die pol. Beteiligung, pol. Einstellungstheorien oder Theorien über die Leistungsfähigkeit pol. Systeme. Zu den bekanntesten allg. Theorien gehören die Systemtheorie der Politik (David Easton, Niklas Luhmann) und die Rational-Choice-Theorie, derzufolge menschliches Handeln auf der Basis von Nutzenkalkulationen geschieht.

Ein Resultat der nach dem Ende des 2. Weltkriegs einsetzenden akadem. Richtungskämpfe stellt die heute weitgehend überholte Unterscheidung zwischen *dialektisch-kritischen, empirisch-analytischen* und *normativ-ontologischen* Theorien dar. Die Anhänger der dialektisch-kritischen Theorie halten, im Unterschied zu den Vertretern der anderen beiden Theorierichtungen, an dem Ziel der sozialen und pol. Emanzipation des Menschen fest und unterstellen daher einen engen Zusammenhang von Theorie und Praxis.

Zur dialektisch-kritischen Theorie werden Marx, Lenin, aber auch die Mitglieder der Frankfurter Schule gerechnet.

Die **Politische Theorie** ist eine Erfindung der griech. Antike. Ihre Entstehung verdankt sie tiefgreifenden wirtschaftl. und gesellschaftl. Veränderungen, die nicht nur neue pol. Herrschaftsformen *(Tyrannis, Demokratie),* sondern auch ein neues, stark diesseitig orientiertes Weltverhältnis sowie neue Formen der kulturellen Selbstverständigung *(Philosophie)* zur Folge haben.

Erstmals in der europ. Geschichte löst sich die Politik aus ihrer Verstrickung in Mythos und Tradition und wird zum Gegenstand eigenständiger, systemat. Reflexion.

Die Polis als neue Lebensform

Nach dem Zusammenbruch der minoisch-myken. Kultur und den darauf folgenden »Dark Ages«, in denen v.a. ländl. Siedlungsformen vorherrschten, entwickelt sich seit dem späten 9. Jh. v. Chr. als neue Ordnungs- und Lebensform die **Polis** *(Stadtstaat).*

Die klass. Polis (Blütezeit: 6. und 5. Jh. v. Chr.) beruht auf geograf. Einheit und gemeinsamer Abstammung der Bürger. Zu ihren Merkmalen gehören pol. und kulturelle Selbständigkeit *(autonomia)* sowie wirtschaftl. Unabhängigkeit *(autarkeia).*

Die Poleis sind, wiewohl souveräne pol. Einheiten, keine Territorialstaaten im neuzeitl. Sinn, sondern sog. **Personenverbandsstaaten.** Als Träger der Polis fungieren die »Bürger« *(polites),* die zus. eine pol. und kulturelle *Gemeinschaft* bilden. Den Bürgern in ihrer Gesamtheit obliegt die Verteidigung der Stadt. Gleichzeitig besitzen nur sie das Privileg der pol. Partizipation bzw. der Teilnahme an Regierung und Rechtsprechung. Nicht zu den Bürgern zählen die Mehrheit der Bevölkerung: Sklaven, Fremde, Frauen und Kinder.

Sämtl. Poleis führen untereinander häufig Krieg. Diese sind fast immer mit inneren Auseinandersetzungen *(staseis)* verschränkt, die i.d.R. auf dem soz. Gegensatz zwischen dem grundbesitzenden Adel und der Masse der freien Bürger *(demos),* überwiegend Kleinbauern und Handwerker, gründen.

Die **Verfassungsentwicklung** beseitigt diesen Gegensatz nicht, sondern politisiert ihn: Sie führt in fast allen griech. Stadtstaaten von der *Monarchie* über die *Aristokratie* zu einer *republikan.* Form der Verfassung *(Oligarchie, Demokratie).*

Die Tendenz zur Ausweitung der pol. Partizipationsrechte, eine Folge der wachsenden Bedeutung des Demos, erreicht ihren Höhepunkt im Athen des 5. und 4. Jh. v. Chr.:

Kennzeichen der **attischen Demokratie** sind die formelle *pol. Gleichberechtigung* aller Bürger, das Prinzip der *direkten Demokratie,* die Bevorzugung von *Losverfahren* für die Besetzung pol. Ämter und die Einführung von *Diäten* für die Übernahme pol. Funktionen bzw. die Teilnahme an pol. Institutionen *(Gericht, Volksversammlung).*

Eine Abart der Monarchie stellt die **Tyrannis** (unumschränkte Herrschaft eines Einzelnen) dar. Die *ältere Tyrannis* (7. und 6. Jh. v. Chr.) war ein Ausdruck der Ständekämpfe. I. d. R. ergriff ein einzelner Aristokrat die pol. Macht und führte, gestützt auf das einfache Volk, zu Lasten des Adels eine rigorose Umverteilungspolitik durch. Die *jüngere Tyrannis* (v.a. 4. und 3. Jh. v. Chr.) war hauptsächl. außerhalb des griech. Mutterlandes verbreitet.

Die Entwicklung der Polis wird von einem Rationalisierungsprozess begleitet, in dessen Verlauf das Bemühen um eine rationale *Welterklärung* die mytholog.-religiöse *Weltdeutung* ersetzt. An die Stelle des **Mythos** (urspr. 'Wort', später 'Märchen', 'Fabel') tritt der **Logos** ('Rede', 'Gespräch', 'Begründung'), an die Stelle *narrativer* Legitimationsstrategien treten *argumentierendes* Denken und krit. Diskussion. Den Anfang machen die **Vorsokratiker** (ca. 600–450 v. Chr.).

Zu ihnen werden die *ionischen Naturphilosophen* (Thales, Anaximander, Anaximenes), die *Eleaten* (Xenophanes, Parmenides), die *Pythagoreer* und die *Atomisten* (Leukipp, Demokrit) gezählt.

Ihr gemeinsames philosoph. Interesse gilt der Frage nach dem **Ursprung der Welt;** sie suchen nach einer *Ursubstanz,* aus der Welt und Dinge entstanden sind, bzw. nach einem die Welt durchdringenden *Grundprinzip.* Naturphänomene werden rational, d.h. ohne Bezug auf den Mythos, analysiert.

Die **Sophisten** (»Weisheitslehrer«) leiten in der zweiten Hälfte des 5. vorchristl. Jh. einen neuen Abschnitt der Philosophie ein: das Zeitalter der *griech. Aufklärung.* Sie fragen nicht nach dem Ursprung des Kosmos, sondern nach dem **Menschen** *(anthropologische Wende).* Naturphilosoph. Spekulationen treten hinter die Erörterung moral-, rechts-, staats-, sprach- und kulturphilosoph. Probleme zurück. V.a. auf dem Gebiet der Religion und der Politik befreit sich das Denken endgültig von der Herrschaft der Tradition (s. S. 16, Abb. A).

Mit den Sophisten setzt sich ein neuer, demokrat. Stil der Wissensvermittlung durch: Zum ersten Mal wird Bildung *(paideia)* von professionellen Lehrern als »Ware« vertrieben, die gegen Entgelt jedermann zur Verfügung steht. Die Sophisten konzentrieren sich dabei v.a. auf prakt. verwertbares Wissen.

Erkenntnisse werden nicht um ihrer selbst willen angestrebt, sondern im Hinblick auf den *Nutzen,* der aus ihrer Anwendung folgt. Bildungsziel ist pol. Tauglichkeit *(arete),* Wahrheitsfragen werden weitgehend ausgeklammert.

Indem die Sophisten die gewachsene Nachfrage nach Kenntnissen und Fertigkeiten befriedigen, die sich vor Gericht und in der Volksversammlung zur Durchsetzung der eigenen Interessen anwenden lassen, bereiten sie zugleich der Entwicklung einer rationalen pol. Theorie den Weg.

Das Bemühen um krit. Rationalität zeichnet auch die von der Sophistik beeinflusste **Geschichtsschreibung** aus. Die Konturen einer explizit pol. Geschichte werden dabei bes. in den ›Historiai‹ des **Thukydides** (ca. 460–ca. 400 v. Chr.) sichtbar. Leitender Gesichtspunkt der von ihm verfassten ›Geschichte des Peloponnesischen Krieges‹ ist der Kampf um die Macht zwischen den einzelnen Poleis. Bemerkenswert ist die Darstellung v. a. aufgrund ihres theoret. Ansatzes. Sämtl. Konfliktsituationen werden auf allg. Strukturen und Gesetzmäßigkeiten hin untersucht. Dahinter steht die Absicht, durch Bereitstellung eines auf allg. Prinzipien beruhenden *Erfahrungswissens* das richtige Handeln anzuleiten.

Klassische politische Theorie

Der pol. Niedergang Athens nach dem Ende des Peloponnesischen Krieges (404 v. Chr.) i. Bes. und die im Lauf des 4. Jh. sich zuspitzende Krise der Polis i. Allg. führen zu einer verstärkten Reflexion der Grundlagen der pol. Ordnung. In den Theorien Platons und Aristoteles' gewinnt diese Reflexion ihre klass. Gestalt als »rationale Ordnungswissenschaft« (Eric Voegelin).

Beide halten am Wahrheitsanspruch der Philosophie und an der **Einheit von Ethik und Politik** fest. Unter Pol. Wiss. verstehen beide in erster Linie die Lehre vom sittlichen, auf die Polis bezogenen Handeln.

Die **Begründung der politischen Philosophie** ist die eigentüml. Leistung Platons. Im Anschluss an Sokrates (470–399 v. Chr.) und in ständiger Auseinandersetzung mit den Sophisten formuliert er in seinen kunstvoll ausgearbeiteten ›Dialogen‹ eine radikale Kritik der herrschenden pol. Kultur. Gegenüber der Verengung von Politik auf Machtpolitik und Selbstbehauptung besteht er auf der Rückbindung pol. Handelns an die *Ordnung des Seins.*

Eine Variante der klass. Politiktheorie verkörpert Platons Schüler Aristoteles. Auf ihn geht die **Begründung der Politischen Wissenschaft** zurück, die er als eine der prakt. Philosophie zugeordnete »Wissenschaft vom Menschen« versteht. Ethik und Politik treten dabei in ein »Ergänzungsverhältnis« (Hans Maier).

Aristoteles kommt es auf die *tätige Verwirklichung der Tugenden* an. Platons ethischen Rigorismus lehnt er ebenso ab wie dessen idealist. Metaphysik. Stattdessen entwickelt und praktiziert er eine beschreibend-erklärende Wissenschaft mit normativem Anspruch, die durch *Beobachtung, Vergleich* und *krit. Analyse* gleichermaßen empirisch gehaltvolle wie prakt. verwertbare Einsichten anstrebt.

Politische Theorie im Hellenismus

Im Hellenismus (336–30 v. Chr.) treten Ethik und Politik auseinander. Die geänderten pol. Voraussetzungen (Reichsgründung, Verlust der Polis-Autonomie, Ende der Demokratie) führen dazu, dass sich das Denken nicht mehr an der Polis, sondern an umfassenderen pol. Formen orientiert und das grds. Interesse an Politik abnimmt:

Die philosoph. Schulen des Hellenismus empfehlen i. d. R. den Rückzug aus der Politik. Gemeinsames Merkmal ist ein ausgeprägter *Individualismus,* der die Suche nach dem persönl. Glück dem Dienst für das Gemeinwesen voranstellt.

Bei **Epikur** (341–270 v. Chr.) rückt an die Stelle pol. Handelns die Pflege der *Freundschaft* im Kreis Gleichgesinnter (»Lebe im Verborgenen!«); Lebensziel ist die Seelenruhe *(ataraxia).*

Staat, Recht und Gesellschaft haben für ihn konventionellen Charakter; sie gründen nicht in der menschl. Natur, sondern auf individuellen Nützlichkeitserwägungen bzw. auf einem Vertrag.

Die **Stoiker** entwickeln das Ideal des *Weisen,* der im *Einklang mit der Natur* lebt. Im Unterschied zu den Epikureern vertreten sie eine *Pflichtethik,* die die Bindung an Gesellschaft und Staat prinzipiell anerkennt.

Pol. Ideal ist der vernünftig regierte Weltstaat, in dem sämtl. sozialen und ethnischen Unterschiede beseitigt sind *(Idee der natürl. Gleichheit aller Menschen).*

Das pol. Denken der **Römer** orientiert sich fast ausschließl. an griech. Vorbildern, die an die Verhältnisse der Röm. Republik *(res publica)* angepasst werden. Die prakt. Erfahrung dominiert; propagiert wird das **Idealbild des guten Bürgers** *(vir bonus)* bzw. Staatsmannes. Eine wichtige Rolle spielen stoische Ideen wie Pflichterfüllung und Kosmopolitismus, die im Zuge der röm. Reichsbildung »romanisiert« werden.

Polybios (ca. 200–120 v. Chr.) und Cicero verwandeln die röm. Verfassung, die monarch., aristokrat. und demokrat. Elemente miteinander verbindet, in ein überzeitl. Verfassungsideal. Ciceros bes. Verdienst liegt in der klass. Formulierung der *Naturrechtstheorie.*

Die Errichtung des *Prinzipats,* also der Kaiserherrschaft, bedeutet das Ende der republikan. Politiktheorie. Ihre Stelle nehmen an den Kaiser gerichtete Erziehungsschriften und apolitische Weisheitslehren, z. B. von Seneca, Marc Aurel, Epiktet, ein.

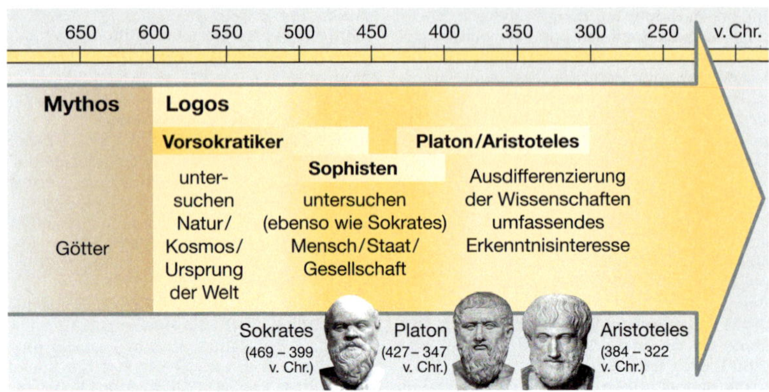

A Vom Mythos zum Logos

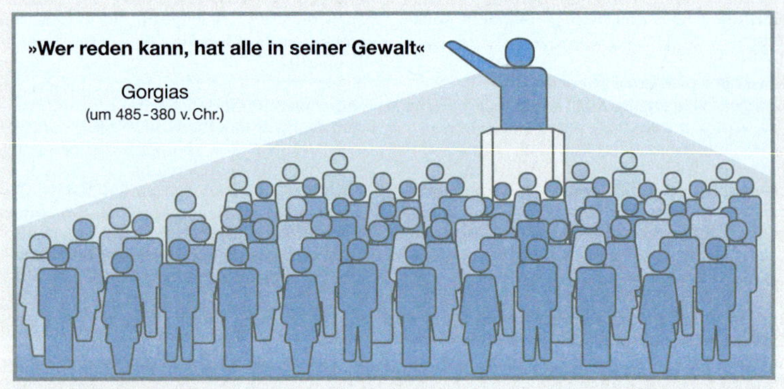

B Die Macht der Rede

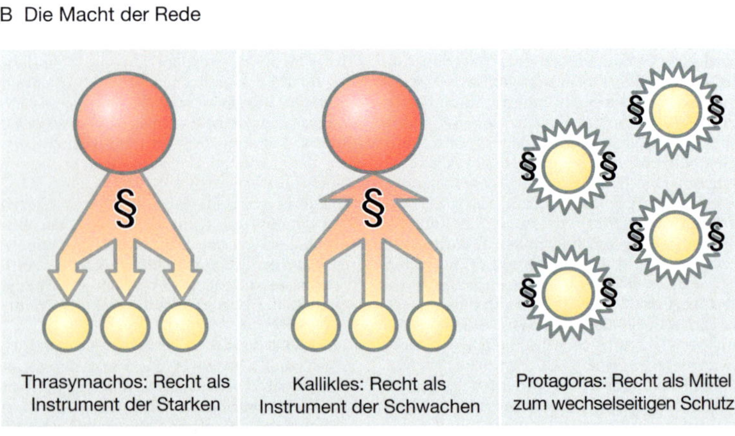

C Varianten sophistischer Rechtstheorie

Die **Sophisten** (von griech. *sophia* 'Wissen', 'Weisheit') leiten im 5. Jh. v. Chr. eine Wende in der griech. Philosophie ein, die auch als *sophistische Aufklärung* bezeichnet wird.

Sie fragen nicht mehr nach den Entstehungsursachen des Kosmos, sondern nach dem **Menschen.** Damit rücken erstmals Staat, Gesellschaft und Erziehung, aber auch Sprache, Religion und Kultur ins Zentrum der philosoph. Reflexion.

Die Sophisten sind nicht an theoret. Einsicht, sondern am prakt. Nutzen interessiert. Wissen bedeutet für sie **Macht;** es ist kein Privileg der Aristokratie, sondern lehr- und lernbar.

Als »Sophisten« bezeichnete man urspr. den *Sachkundigen,* später den *Experten,* der sein Wissen gegen Bezahlung vermittelt. Das Negativbild der Sophistik geht v. a. auf Platon zurück, der die Sophisten in seinen Dialogen als *Wortverdreher* denunzierte, für die nur der materielle Erfolg zähle.

Die sophistische Lehre

Für **Protagoras von Abdera** (ca. 485–415 v. Chr.) ist nicht Gott, sondern der Mensch »das Maß aller Dinge« *(Homo-mensura-Satz).* Eine vom Menschen unabhängige Wahrheit gibt es nicht; also gibt es auch keine Möglichkeit, die Gültigkeit von Aussagen und Normen *objektiv* zu überprüfen.

Gorgias von Leontinoi (ca. 485–380 v. Chr.) wendet die protagoreische Erkenntniskritik ins Grundsätzliche: Er bestreitet, in durchaus paradoxer Weise, dass etwas Existierendes erkannt und Erkanntes mitgeteilt werden kann.

Der sophist. **Skeptizismus** hat weitreichende Folgen: Wenn sich die Wahrheit menschlicher Einsicht bzw. Mitteilbarkeit entzieht, kann man sich in praktischen Fragen auch nicht auf eine solche Einsicht berufen; dann sind Normen und Werte nicht von der Natur vorgegeben, sondern das Ergebnis von *Vereinbarungen.*

Das bedeutet: **Physis** und **nomos,** (göttl.) Natur und (menschl.) Gesetz, treten auseinander, damit aber auch Sein und Sollen. Die pol. Praxis emanzipiert sich von der Theorie (Naturphilosophie), die pol. Ethik von Tradition und Gewohnheit.

Auf pol. Gebiet entspricht dem Primat der Praxis der **Primat der Rhetorik:** Wer seine Interessen durchsetzen will oder gar pol. Führung beansprucht, muss (über alles) reden können: »Wer reden kann, hat alle in seiner Gewalt.« (Gorgias)

Der sophist. Rhetorik kommt es nicht auf die Wahrheit, sondern auf den **Erfolg** an. Sophisten wollen nicht überzeugen, sondern den Gegner »niederwerfen«, und haben daher auch keine Bedenken, »das schwächere Argument zum stärkeren zu machen«. Gegenüber den Folgen der Rhetorik verhalten sie sich indifferent. (B)

Politische Positionen

Dem von Protagoras aufgestellten Grundsatz der **Antilogik,** wonach es über jede Sache zwei entgegengesetzte Aussagen gibt, entspricht die Vielfalt der von Sophisten vertretenen pol. Auffassungen:

Bedeutendster Vertreter des gemäßigten **Zentrums** ist Protagoras selbst. Er vertritt einen pol. Pragmatismus. Als Kulturwesen ist der Mensch auf die pol. Kunst *(politike techne)* angewiesen, da er ohne sie Opfer seiner aggressiven Natur werden würde. Im *Protagoras-Mythos* (aus dem gleichnamigen Platon-Dialog) bricht er eine Lanze für die Demokratie:

Zeus habe Scham *(aidos)* und Rechtsgefühl *(dike),* die Voraussetzungen des Gemeinschaftslebens, nicht Einzelnen verliehen, sondern gleichmäßig an alle verteilt. Es könnten keine Staaten bestehen, »wenn auch hierin nur wenige Anteil hätten wie an anderen Künsten«.

Eine gemäßigte, wenngleich **stärker konservative** Position bezieht auch der Autor des ›Anonymus Iamblichi‹, für den Recht und Gesetz die Grundlage jeder pol. Ordnung darstellen. Gut ist eine solche Ordnung dann, wenn sie Parteikämpfe verhindert, für Ruhe sorgt und dadurch ein ungestörtes Wirtschaften ermöglicht.

Die sophist. **Rechte** vertritt einen Realismus der Macht und argumentiert dabei v. a. mit dem Naturrecht des Stärkeren. Für Trasymachos, eine Gestalt aus dem ersten Buch der platon. ›Politeia‹, ist das Gerechte »nichts anderes als das den Stärkeren Zuträgliche«. Der Verfasser der pseudoxenophontischen Schrift ›Staat der Athener‹ reduziert alle Politik auf Interessen- und Machtpolitik. Kallikles, ein Sophist aus dem platon. Dialog ›Gorgias‹, bezeichnet den Nomos als eine Erfindung der Schwachen, mit der diese sich gegen die Starken zur Wehr setzen. Kritias (ca. 455–403 v. Chr.) behauptet in seinem nur fragmentar. überlieferten Satyrspiel ›Sisyphos‹, dass Gesetze nur das offen begangene Unrecht zügeln, die Verhinderung des heimlichen Verbrechens dagegen Sache der dazu eigens erfundenen Religion sei.

Die sophist. **Linke** folgert aus der Lehre vom nur gesetzten Nomos die natürliche Gleichheit der Menschen und gelangt von dort aus zu einer Kritik der Sklaverei: »Gott hat alle frei geschaffen, die Natur hat keinen zum Sklaven gemacht.« (Alkidamas). Antiphon unterwirft die herrschenden Rechtsnormen und Konventionen einer radikalen Kritik; auch für ihn sind die Menschen »von Natur aus … gleich geschaffen«, weshalb ihnen gleiche Rechte zuerkannt werden müssen. Die gleiche Forderung erhebt Lykophron, für den der Nomos nur »Vereinbarung« ist und »des Adels Glanz« auf dem bloßen Wort beruht.

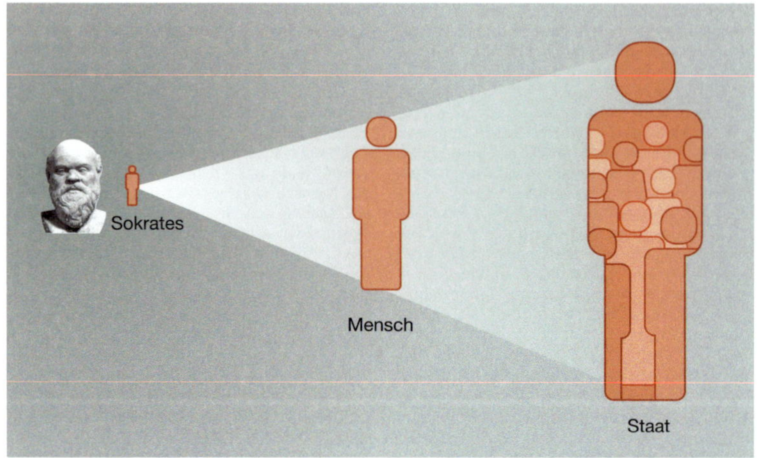

A Der Staat als Abbild des Menschen

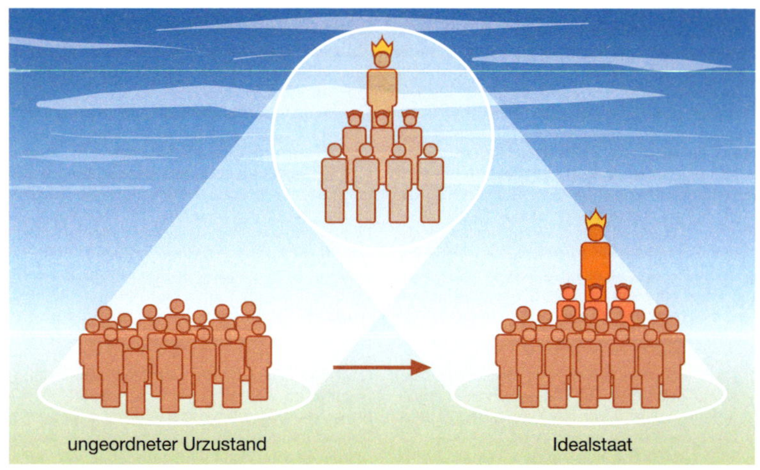

B Himmlisches Musterbild oder Utopie?

Seelenteil	Stand	Pflicht	Kardinal-tugenden	Tugend schlechthin
Vernunft Mut Begierde	Philosophen Wächter Bauern/ Handwerker/ Kaufleute	Lenken Ausführen Gehorchen	Weisheit Tapferkeit Besonnenheit	Gerechtigkeit (wenn jeder das Seinige tut)

C Analogie von Seele und Polis

Sokrates und sein Schüler **Platon** (427–347 v. Chr.) setzen der sophist. Rhetorik das ältere Ideal der Philosophie als Weisheitslehre entgegen: Sie wollen die Seelen nicht lenken, sondern *erziehen.* Für beide stehen Tugend und Wissen in einem engen Zusammenhang.

Sokrates zufolge setzt rechtes Handeln rechtes Wissen voraus; rechtem Wissen folgt notwendig das rechte Handeln, da »niemand wissentlich Unrecht tut«. Platon entwirft in seinem Hauptwerk ›Politeia‹ *(Der Staat),* einem philosoph. Dialog, einen Idealstaat, in dem nur die Wissenden zur Herrschaft berechtigt sind.

›Der Staat‹

Anders als seine Zeitgenossen, die sich mit Vermutungen und Meinungen zufriedengeben, will Sokrates, die Hauptfigur des Dialogs, *wissen,* was **Gerechtigkeit** ist. Einzig aus diesem Grund wendet er sich dem Staat, dem »großgeschriebenen Menschen« (A) zu. Freilich ist es nicht irgendein Staat, den Platon seiner Untersuchung zugrunde legt, sondern **der gute Staat.** Da dieser nicht existiert, muss er »in der Rede« konstruiert werden.

Utopie oder Ideal? Platon selbst war von der grundsätzl. Realisierbarkeit seines Entwurfs überzeugt. Zugleich hielt er die Realisierung aber für äußerst unwahrscheinlich. Die Bedeutung der ›Politeia‹ bestand für ihn letztl. in ihrem Vorbildcharakter. Die Staatsutopien der Neuzeit lehnen sich eng an die ›Politeia‹ an.

Platon lässt seinen *Idealstaat* in einem Drei-Phasen-Prozess aus einer Art Naturzustand herauswachsen. Allein dies macht deutlich, dass der Staat für ihn ein natürl. Phänomen darstellt. Allerdings entsteht er nicht als Folge eines natürl. Sozialtriebs des Menschen (wie später bei Aristoteles), sondern aufgrund der Schwäche des Einzelnen. Folgende Phasen der Polisbildung führt Platon an:

1. **Schweinepolis:** Zum Zweck der Bedürfnisbefriedigung schließen sich die Menschen zu Gemeinschaften zusammen; eine arbeitsteilige Güterproduktion sorgt für das Lebensnotwendige.
2. **Aufgeschwemmte Polis:** Produziert wird nicht mehr nur für das Überleben, sondern auch für das Wohlleben; mit den Ansprüchen wächst die Notwendigkeit territorialer Expansion. Die Folge sind Krieg und Soldaten, da ohne sie keine Kriege geführt werden können.
3. **Gereinigte Polis:** Sie zeichnet sich durch die Beschränkung der Aufgaben auf drei Grundfunktionen sowie ihre Aufteilung auf besondere Gesellschaftsklassen (*Ernährung:* Bauern, Handwerker, Gewerbetreibende; *Verteidigung:* Wächter; *Regierung:* Philosophen) aus.

Besonderen Nachdruck legt Platon auf **Erziehung** und **Lebensweise der Wächter,** da aus ihnen später die regierenden Philosophen rekrutiert werden.

Gymnastik und *musische Früherziehung* sollen die Körperkräfte stählen und den Charakter bilden, *Frauen-, Kinder-* und *Gütergemeinschaft* der Entstehung egoist. Konkurrenzdenkens vorbeugen.

Selektiert werden die Mitglieder des Wehrstands nach Leistungskriterien.

Sowohl Frauen als auch Angehörige des für die Ernährung zuständigen »dritten Standes« können bei entsprechender Begabung in den Wächterstand aufsteigen.

Im Interesse der Verwirklichung des guten Staates schreckt Platon nicht vor drastischen Maßnahmen wie staatl. Kontrolle des Sexualverkehrs, der Tötung Neugeborener und Zensur zurück.

Sämtl. Maßnahmen sollen dafür sorgen, dass die Wächter die ihnen zugedachten Aufgaben optimal erfüllen können und ihr Leben ganz dem Wohl der Gemeinschaft widmen. Sie zielen aber auch darauf ab, dass alle, Wächter und Ernährer, die Herrschaft der Philosophen und die Einschränkung ihrer persönl. Freiheit ohne Widerrede akzeptieren.

Als Herrschaftsmittel sind auch »edle Lügen« zulässig. Zu der bekanntesten zählt der **Metallmythos,** der u. a. die Besitzlosigkeit des Wächterstandes rechtfertigen soll: Alle Bürger seien Brüder; jedoch werde jedem Einzelnen bei der Geburt ein unterschiedl. Metall, entweder Gold, Silber oder Eisen und Erz, beigemischt, welches die Zugehörigkeit zu einem bestimmten Stand festlege. Bei den Wächtern handle es sich um Silber, bei den Philosophen um Gold.

Nach Platon herrscht eine **Analogie von Polis und Psyche,** d. h. in der ständischen Differenzierung der Polis spiegelt sich die Dreiteilung der menschl. Seele wider. Jedem Seelenteil ist eine bes. Tugend und ein Stand zugeordnet:

- der **Begierde** die *Besonnenheit* (Ausnahme von der Regel, da sie allen drei Ständen zukommt) bzw. der Nährstand;
- dem **Mut** die *Tapferkeit* bzw. die Wächter;
- der **Vernunft** die *Weisheit* bzw. die Philosophen. (C)

Gerechtigkeit, die vierte der sog. **Kardinaltugenden,** liegt dann vor, wenn jeder Seelenteil und jeder Stand »das Seinige tut«. Sie besteht also nicht in der Leistung eines Einzelteils, sondern im einträchtigen Zusammenwirken aller zum Wohle des Ganzen.

Die **Einheit von Seele und Polis** stellt sich ein, wenn jeder tut, wozu er »von Natur aus veranlagt ist«. Dabei kann es sich Platon zufolge immer nur um eine *einzige* Sache handeln; Vielgeschäftigkeit lehnt er ab, da sie zu Aufruhr und Ungerechtigkeit führt.

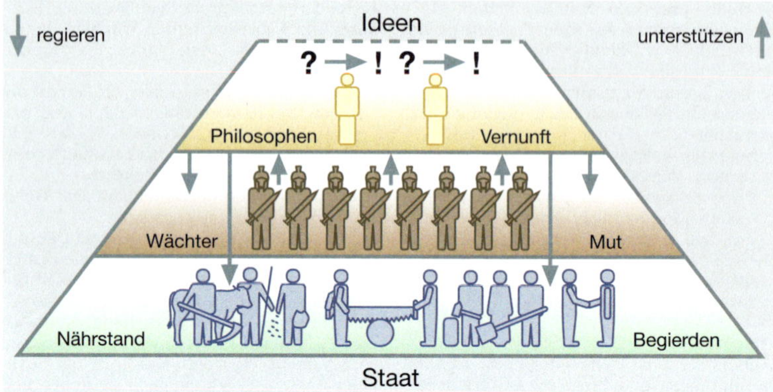

A Staatsaufbau nach Platon

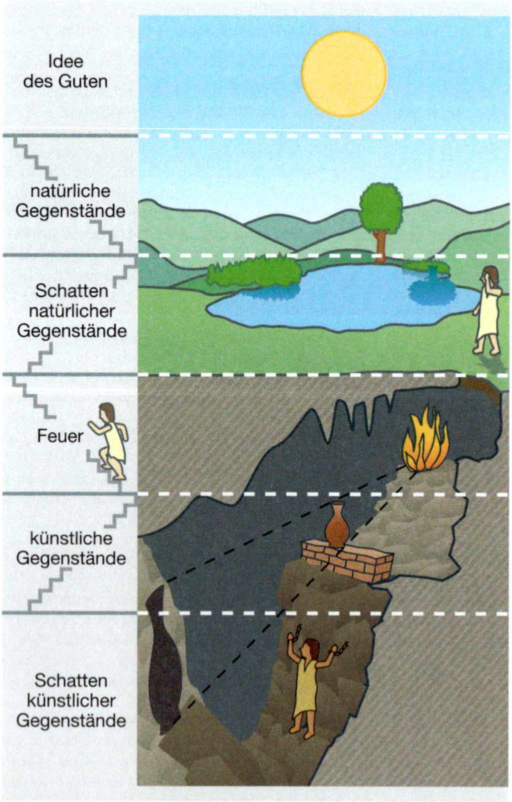

Idee des Guten

natürliche Gegenstände

Schatten natürlicher Gegenstände

Feuer

künstliche Gegenstände

Schatten künstlicher Gegenstände

B Platons Höhlengleichnis

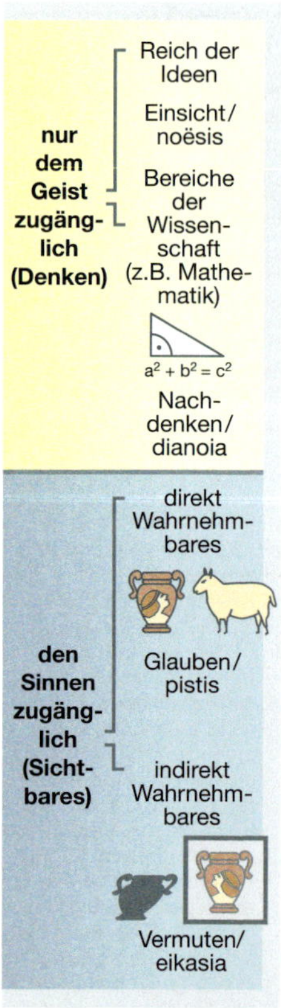

nur dem Geist zugänglich (Denken)

Reich der Ideen

Einsicht/ noësis

Bereiche der Wissenschaft (z.B. Mathematik)

$a^2 + b^2 = c^2$

Nachdenken/ dianoia

den Sinnen zugänglich (Sichtbares)

direkt Wahrnehmbares

Glauben/ pistis

indirekt Wahrnehmbares

Vermuten/ eikasia

C Platons Liniengleichnis

Die Philosophenherrschaft

Arbeitsteilung und Selbstbeschränkung sind nicht nur die notwendige Bedingung jeder vernünftigen Lebensweise, sondern zugleich das pol. Ordnungsmuster des Idealstaats. Wie in der Seele die Vernunft über die Begierden herrschen soll, so sollen im Staat die Vernünftigen, d.h. die Philosophen, über den Rest der Bevölkerung regieren (A):

»[W]enn nicht entweder die Philosophen Könige werden ... oder die ... Könige ... echte und gründliche Philosophen werden, ... so wird es ... mit dem Elend kein Ende haben, nicht für die Städte und auch nicht für das menschl. Geschlecht.«

Die Philosophenherrschaft ist *keine Gesetzesherrschaft.* Sie basiert einzig auf der Einsicht und der Tugend der Regierenden. Eine detailliert geregelte, Jahrzehnte währende Ausbildung inkl. strenger Prüfungen soll die Philosophen von den normalen Wächtern unterscheiden, die philosoph. und pol. Kompetenzen optimieren und einen möglichen Machtmissbrauch verhindern.

Die **Ideenlehre** stellt das metaphysische Fundament der ›Politeia‹ dar. Platon entwickelt sie anhand von *Gleichnissen,* wohl um anzudeuten, dass es sich um Erkenntnisse handelt, die sich nicht unmittelbar kommunizieren lassen. Herzstück der Ideenlehre ist die strikte Scheidung der Welt der Gegenstände bzw. Erscheinungen von der Welt der Ideen:

- Die unveränderl. **Ideen** *(eidos, idea)* sind *Urbilder* der Erscheinungswelt; sie existieren objektiv, d.h. unabhängig von der Erkenntnis durch das menschl. Bewusstsein.
- Die wandelbaren **Gegenstände** und **Lebewesen** sind *Abbilder* der Ideen; sie existieren nur qua »Nachahmung« *(mimesis)* der bzw. »Teilhabe« *(methexis)* an den Ideen.

Die Ideen haben verschiedene Funktionen: Zum einen ermöglichen sie *Erkenntnis* im Sinne allgemeingültigen Wissens, das sich auf die Gegenstände der Erscheinungswelt anwenden lässt. Zum anderen erlauben sie die Formulierung einer komplexen *Ontologie* (Seinslehre), die unterschiedl. Realitätsdimensionen miteinander vermittelt.

Im **Liniengleichnis** ordnet Platon beiden Welten spezif. Wissensbereiche und -arten zu: der minderwertigen **Welt des Sichtbaren** (Bilder, Gegenstände, Lebewesen, Pflanzen) *Vermuten* und *Glauben/Meinung,* der **Welt des Denkbaren** (Zahlen, Figuren, Ideen) den *Verstand* und die *vernünftige Einsicht.* (C)

Im **Sonnengleichnis** führt Platon die *Idee des Guten* ein und symbolisiert sie durch die Sonne: Ähnlich der Sonne, ohne die weder das Sichtbare existieren noch das Existierende gesehen werden könnte, verleiht die Idee des Guten »dem Erkennbaren Wahrheit ... und dem Erkennenden das Vermögen der Erkenntnis«.

Im **Höhlengleichnis** kritisiert Platon die bornierte Weltwahrnehmung des Menschen und verbindet sie mit einem philosophischen Erkenntnismythos:

Die Menschen werden mit von Geburt an gefesselten Höhlenbewohnern verglichen, die nur die Höhlenrückwand sehen können und daher den Schatten künstl. Gegenstände, den ein Feuer an diese Wand wirft, für die Gegenstände selbst halten. Die sichtbare Welt (Höhle) existiert nur als *Schein,* die Welt der Ideen (außerhalb der Höhle) existiert *wirklich.* Der Weg aus der Höhle führt den Menschen aus der **Scheinwelt** hinauf in die **eigentliche Realität.** Es ist zugleich der Weg der philosoph. Erkenntnis und der Tugend. (B)

Das Höhlengleichnis lässt sich auch als politischen Legitimationsmythos lesen: Das Gute ist Ziel und Ursprung allen Seins, der Ursprung aller Ideen und zugleich die Ursache für Ordnung, Maß und Einheit in der Welt. Nur im Lichte der Idee des Guten vermag der Mensch, das Sein zu erkennen und das Gute zu tun. Fähig zu dieser Erkenntnis sind allein die wahren Philosophen. Weil nur sie ihre Ketten abgestreift, sich umgewendet und die Idee des Guten (also auch die Idee der guten Polis) geschaut haben, sind auch nur sie zur Herrschaft legitimiert.

Verfall der Polis

Die gute Polis ist wie alles Irdische vergänglich, der Verfassungswandel das Schicksal eines jeden Staates. Platon inszeniert diesen Wandel idealtyp. als hist. **Verfallsprozess,** der von der Gerechtigkeit zur Ungerechtigkeit, von der Philosophenherrschaft (Aristokratie bzw. Monarchie) über Timokratie (Herrschaft der Wächter), Oligarchie (Herrschaft der Reichen) und Demokratie (Herrschaft der Armen) zur Tyrannis führt. Grund für den Verfassungswandel ist immer Uneinigkeit unter den Herrschenden.

Berühmt geworden ist Platons radikale **Demokratiekritik,** die die hist. Wirklichkeit karikiert: Er bezeichnet die Demokratie ihres »bunten Kleides« wegen als die »schönste Verfassung«. Ihr Kennzeichen sei die *Freiheit,* v.a. die Redefreiheit; tatsächl. handle es sich dabei jedoch um die Freiheit eines jeden, »zu tun, was er will«. Folglich herrsche in einer Demokratie Anarchie, Dilettantismus und Orientierungslosigkeit.

In seinem letzten Werk, den ›**Nomoi**‹ *(Die Gesetze),* entwirft Platon eine Polis, in der nicht mehr die Philosophen, sondern die Gesetze herrschen. Außerdem spricht er sich hier für eine aus Monarchie und Aristokratie zusammengesetzte Polis *(Mischverfassung)* aus, da diese eine einseitige Machtausübung verhindere und am stabilsten sei.

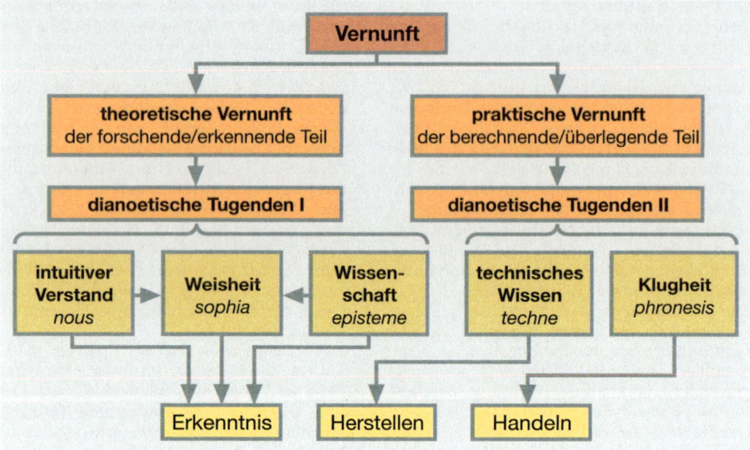

A Theoretische und praktische Vernunft

B Ethische Tugend als Mitte zwischen zwei Extremen

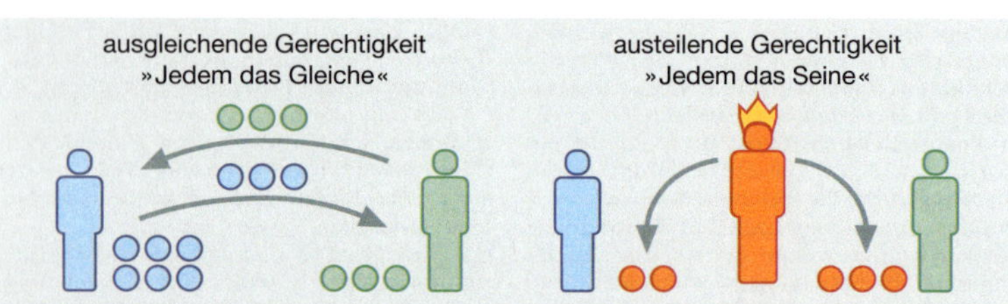

C Arten der Gerechtigkeit nach Aristoteles

Platons bedeutendster Schüler **Aristoteles** (384–322 v. Chr.) gilt als der **Begründer der Politischen Wissenschaft.** Als erster Denker unterschied er systemat. ethische und pol. Phänomene, denen er jeweils eigene Untersuchungen widmete, v. a. die ›Nikomachische Ethik‹ und die ›Politik‹.

Charakterist. für Aristoteles ist die **enge Verbindung von Ethik und Politikwissenschaft:** Beide sind keine theoret., sondern prakt. Disziplinen, die Handlungswissen bereitstellen und Handlungskompetenzen ausbilden helfen sollen.

Im Unterschied zu Platon wendet sich Aristoteles von der sinnl. wahrnehmbaren Welt nicht ab, sondern dieser zu. Sein gesamtes Denken gründet sich auf Beobachtung und Erfahrung. Gleichzeitig knüpft es an vorhandene Traditionen und Lehrmeinungen an, die es kritisch sichtet und auswertet.

Für die systemat. Einordnung der Politikwissenschaft bedeutsam ist die Differenzierung zwischen theoret. und prakt. Philosophie:

- Die **theoretische Philosophie** untersucht das, »was nicht anders sein kann«, ihr Ziel ist *Erkenntnis um ihrer selbst willen.*
- Die **praktische Philosophie** untersucht alles, »was anders sein könnte«, ihr Ziel ist *Erkenntnis um des Nutzens willen.*

Zur theoret. Philosophie rechnet Aristoteles Logik, Physik und Metaphysik, zur prakt. Philosophie Politikwissenschaft, Ethik und Ökonomie. Vollkommenes Wissen ist nur in den theoret. Disziplinen möglich; die prakt. Wissenschaften müssen sich mit einem geringeren Maß an Präzision zufriedengeben.

Im Rahmen der prakt. Philosophie trifft Aristoteles noch eine weitere bedeutsame Unterscheidung, die zwischen **»Herstellen«** *(poiesis)* und **»Handeln«** *(praxis):* Unter *poiesis* werden jene Tätigkeiten verstanden, die ein vom Tätigkeitsvorgang ablösbares Ziel verfolgen. *Praxis* bezeichnet dagegen eine Tätigkeitsweise, deren Zweck im Vollzug selbst liegt.

Moral. und pol. Handlungen sind in sich selbst wertvoll; ihr Zweck ist das Handeln selbst und nicht die Herstellung eines Zustandes wie Zufriedenheit oder Wohlstand.

Ziel der Ethik und der Politikwiss. ist das **Gute** *(agathon):* Die *Ethik* bestimmt das Gute für den Einzelnen, die *Politikwissenschaft* sucht das Gute für den Staat zu erkennen.

Das Gute definiert er in der ›**Nikomachischen Ethik**‹ als »dasjenige, wonach alles strebt«; es ist ein Ziel, das um seiner selbst willen und um dessentwillen alles andere gewollt wird. Höchstes Gut ist die **Glückseligkeit** *(eudaimonia).* Sie wird stets nur um ihrer selbst willen gesucht und besteht in der dauerhaften Tätigkeit der Seele gemäß der ihr eigenen Tugend *(arete).* Eine solche Tätigkeit ermöglichen Aristoteles zufolge nur zwei **Lebensformen:**

1. das *theoretische Leben,* weil es auf die Erkenntnis bzw. Betrachtung *(theoria)* des Ewigen bzw. Göttlichen zielt;
2. das *politische Leben,* weil sich hier die Gelegenheit bietet, die ethischen Tugenden zu verwirklichen.

Die meisten Menschen entscheiden sich nach Aristoteles für eine dritte Lebensform, das *Genussleben.* Es besteht im Verbrauch äußerer und körperl. Güter und führt daher auch nicht zur Glückseligkeit.

Zwei **Tugendarten** sind unterscheidbar:

1. die *ethischen Tugenden* (Gerechtigkeit, Großzügigkeit, Freundschaft etc.); sie bilden den Charakter und entstehen aufgrund von *Gewohnheit* bzw. *Übung;*
2. die *dianoetischen Tugenden* (Weisheit, Auffassungsgabe, Klugheit etc.); sie betreffen die Tätigkeit der Vernunft als solche und entstehen v. a. durch *Belehrung.*

Für das ethische Handeln entscheidend ist allein die **Klugheit** *(phronesis):*

Weisen die ethischen Tugenden das Ziel, so bestimmt die Klugheit den richtigen Weg. Aus dem Zusammenspiel von Klugheit und ethischer Tugend resultiert die sittliche Haltung *(hexis)* des Menschen.

Inhaltl. gekennzeichnet ist die Tugend als **Mitte** zwischen zwei Extremen: dem Mangel und dem Überfluss. Charakterist. Beispiele sind

- *Tapferkeit* (Mitte zwischen Feigheit und Tollkühnheit),
- *Mäßigung* (Mitte zwischen Stumpfheit und Wollust),
- *Großzügigkeit* (Mitte zwischen Geiz und Verschwendung). (B)

Aufgabe des Einzelnen ist es, »die Mitte zu treffen«; dies gelingt am besten, wenn die Extreme vermieden und das geringere Übel gewählt wird.

Die pol. bedeutsamsten Tugenden sind Freundschaft und Gerechtigkeit:

In der **Freundschaft** vollzieht der Mensch den Übergang vom Einzelwesen zur Gemeinschaft; auf der Freundschaft der Bürger und ihrem Willen zur »Eintracht« gründet die gute Ordnung der Polis.

Die **Gerechtigkeit** stellt die oberste Tugend dar; sie ist »das Gut des anderen«, also per se auf die Mitbürger bezogen. Zwei Formen von Gerechtigkeit sind zu unterscheiden (C):

1. Die *austeilende Gerechtigkeit* weist jedem das Seine nach Maßgabe des ihm proportional Zustehenden zu *(geometrische Proportionalität).*
2. Die *ausgleichende Gerechtigkeit* teilt jedem das Gleiche ohne Ansehen der Person zu *(arithmetische Gleichheit).*

Ein Beispiel für die austeilende Gerechtigkeit ist die Verteilung der Ämter im Staat, für die ausgleichende Gerechtigkeit die richtende bzw. strafende Gerechtigkeit.

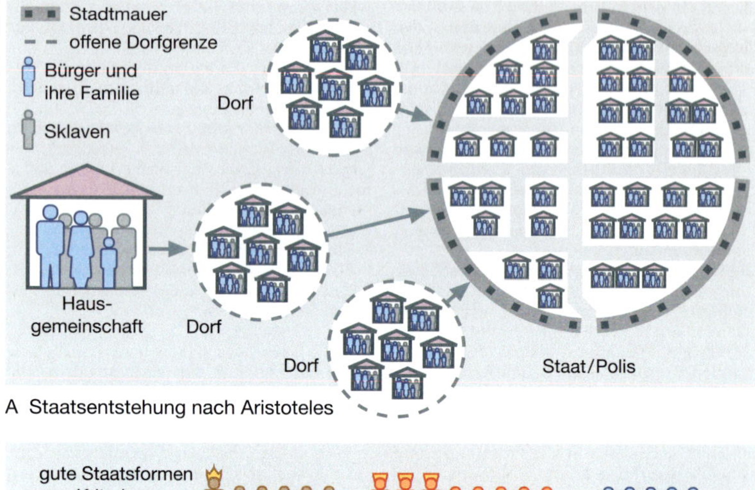

A Staatsentstehung nach Aristoteles

gute Staatsformen
Kriterium:
das allgemeine Wohl

Königtum | Aristokratie | Volksherrschaft (Politie)

entartete Staatsformen
Kriterium:
der Vorteil des/der Herrschenden

Tyrannis | Oligarchie | Pöbelherrschaft (Demokratie)

B Die drei guten Verfassungen und ihre Verfallsformen

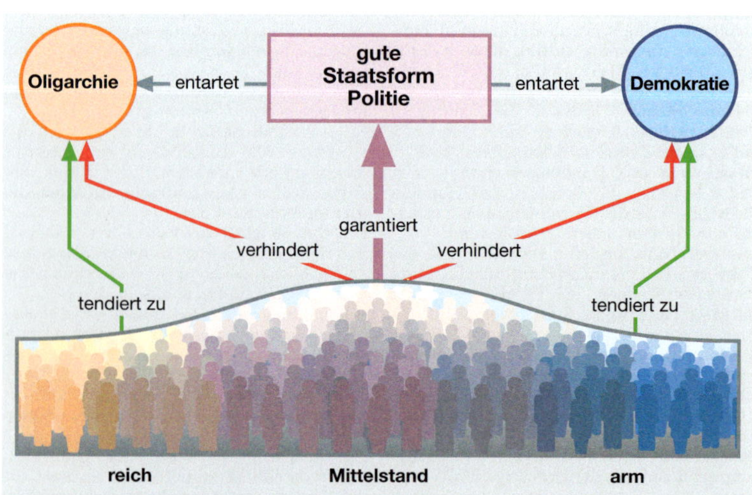

C Die Bedeutung des Mittelstandes in der Politie

Die ›Politik‹ (griech. *ta politika* 'die pol. Angelegenheiten') ist ebenfalls Teil der prakt. Philosophie. In dieser Schrift begründet Aristoteles die **Politische Wissenschaft** i. e. S.

Darunter versteht er eine Disziplin, die anhand empirischen Materials Wesen, Zweck und Funktion der staatl. Gemeinschaft erörtert und sich dabei von einem normativen Begriff des Politischen leiten lässt.

Ziel pol. Handelns ist Aristoteles zufolge die Gestaltung und Bewahrung einer soz. Ordnung, in der die Bürger ein tugendhaftes Leben führen können.

Aristoteles' Erkenntnisziel ist nicht der beste, sondern der *bestmögliche* Staat. Anders als Platon entwirft er keine Modellpolis, vielmehr vergleicht er hist. und existierende Staaten bzw. Staatsverfassungen miteinander und wertet sie nach versch. Kriterien, u.a. im Hinblick auf Gerechtigkeit und Stabilität, aus. Grundlage dürfte eine Sammlung von 158 Verfassungen gewesen sein, von der heute nur noch das Fragment ›Der Staat der Athener‹ erhalten ist.

Nach der berühmten Formel des Aristoteles ist der Mensch »von Natur aus ein **politisches Lebewesen**« *(anthropos physei politikon zoon)*. Damit ist nicht gemeint, dass sich jeder Mensch für Politik interessieren oder gar pol. betätigen soll. Aristoteles will damit nur sagen, dass ausschließl. das Leben in der Polis bzw. im Staat dem Menschen gemäß ist und »alle Menschen von Natur aus den Drang zu einer solchen Gemeinschaft [haben]«.

Der Staat ist nicht nur eine natürliche, sondern auch die »vollkommene Gemeinschaft«.

Nur der Staat garantiert jene »vollendete **Autarkie**« (Selbstgenügsamkeit, Unabhängigkeit), die dem einzelnen Menschen fehlt. Nur im Staat kann der Mensch sich sittlich vervollkommnen und das höchste Gut, die Glückseligkeit, verwirklichen.

Der Mensch wird von Aristoteles nicht nur als pol., sondern im Unterschied zum Tier auch als **sprachbegabtes Lebewesen** definiert. Mit Hilfe von Sprache und Vernunft kann er sich darüber verständigen, was nützlich oder schädlich, gut oder schlecht, gerecht oder ungerecht ist. Die Praxis kollektiver Verständigung über pol. Normen und Ziele stiftet Aristoteles zufolge überhaupt erst den Staat.

Der Staat ist für Aristoteles eine *Vielheit:* Er besteht nicht nur aus unterschiedl. Menschen, sondern auch aus versch. hierarch. aufeinander aufbauenden **Gemeinschaften:**

Aus den primären Gemeinschaftsformen Mann – Frau und Herr – Sklave bildet sich das *Haus* (Familie), aus einer Mehrzahl von Häusern das *Dorf* und aus dem Zusammenschluss mehrerer Dörfer schließlich der *Staat* (A).

Diese urspr. Gemeinschaftsformen, die alle zu einem bestimmten Zweck (Fortpflanzung, Lebenserhaltung, Wohlleben) entstanden sind, werden nach *Herrschaftsformen* differenziert: Über den Sklaven (ungleich und unfrei) regiert der Hausherr wie ein *Despot,* über Frauen und Kinder (ungleich, aber frei) wie ein *Staatsmann* bzw. *Monarch.* Beide Herrschaftsverhältnisse bestehen von Natur aus. Genuin pol. Charakter besitzt allerdings nur die Herrschaft über Freie.

Verfassung und Staatsformenlehre

Formprinzip des Staates ist die **Verfassung** (griech. ebenfalls *politeia*). Aristoteles versteht darunter kein geschriebenes Dokument, sondern die *Realverfassung* eines Gemeinwesens. Sie regelt Art und Verteilung der pol. Ämter und bestimmt, wer Staatsbürger ist: Als **Staatsbürger** *(polites)* gilt derjenige, der Zutritt zu allen Regierungsämtern (Volksversammlung, Gericht) besitzt, als **guter Bürger** derjenige, der es versteht, »sich sowohl regieren [zu] lassen, wie auch [zu] regieren«.

Die **Staatsformen** werden nach dem Kriterium der *Qualität* (Verfassungsziel) und nach dem der *Quantität* (Anzahl der Inhaber der Regierungsgewalt: einer, mehrere, viele) voneinander unterschieden. Das Ergebnis sind drei gute und drei »entartete« Verfassungen, wobei ein Umschlag der einen in die andere möglich ist (B):

- **gute Verfassungen:** *Königtum, Aristokratie, Politie;*
- **entartete Verfassungen:** *Tyrannis, Oligarchie, Demokratie.*

Die guten Verfassungen verfolgen das allg. Wohl, die entarteten Verfassungen den Vorteil der Regierenden. Eine eindeutige Rangordnung lässt sich nur für die entarteten Verfassungen angeben: Die Tyrannis ist die schlechteste Verfassung, die Oligarchie (Herrschaft der Reichen) die zweit- und die Demokratie (Herrschaft der Armen bzw. des Pöbels) die drittschlechteste.

Unter den guten Verfassungen nimmt die **Politie** (gemäßigte Volksherrschaft) eine Sonderstellung ein, da sie Aristoteles am ehesten realisierbar und am stabilsten erscheint.

In institutioneller Hinsicht ist die Politie eine Mischverfassung aus Oligarchie und Demokratie; soziolog. zeichnet sie sich durch einen starken Mittelstand aus. (C)

Die Politie berücksichtigt die wechselseitigen Ansprüche von Reichtum und Freiheit; regieren sollen die an Leistung und Einkommen Hervorragenden, mitreden und wählen sollen alle freien Männer, unabhängig von Besitz und Tugend. Sie entspricht darüber hinaus dem in der ›Nikomachischen Ethik‹ entwickelten Prinzip der Tugend als Mitte zwischen zwei Extremen.

Gute Verfassungen	Merkmale	Nachteile	Entartete Verfassungen	Merkmale
Monarchie	Fürsorge	kein Anteil des Volkes an der Regierung	Tyrannis	Hochmut eines Einzelnen
Aristokratie (Optimatenherrschaft)	Rat, Klugheit	keine Freiheit des Volkes	Oligarchie	Cliquen, Klüngel
Demokratie (Volksherrschaft)	Freiheit	keine Stufen der Würde	»Ochlokratie« (Pöbelherrschaft)	zügellose Freiheit

A Ciceros Staatsformenlehre

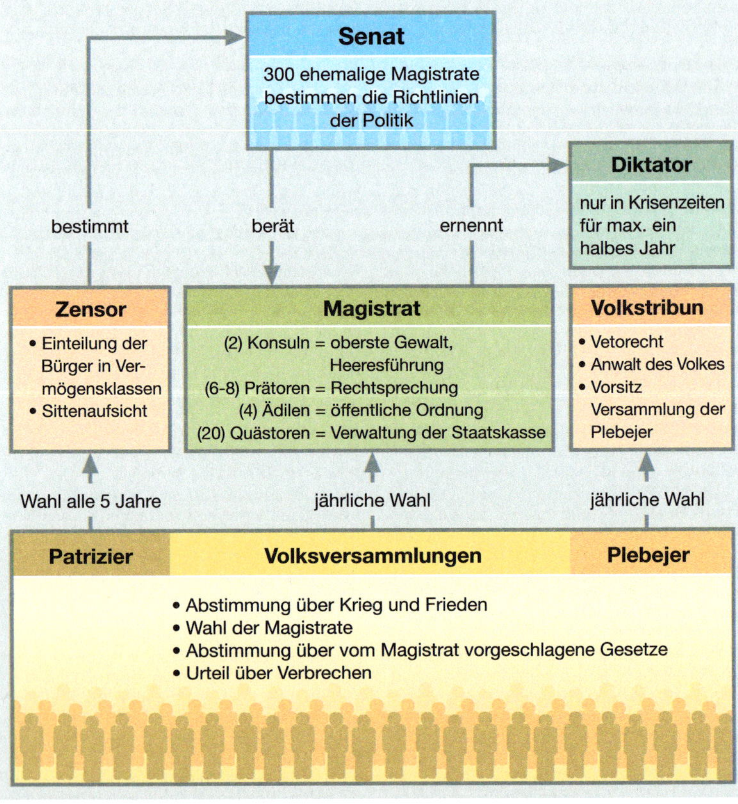

B Ciceros Vorbild – die Mischverfassung der Römischen Republik

Mit **Marcus Tullius Cicero** (106–43 v. Chr.) emanzipiert sich die pol. Theorie von ihren hist. Ursprüngen in Griechenland:

- Bezugspunkt ist nicht die kleinräumige griech. Polis, sondern der römische Flächenstaat (Imperium) und dessen institutionelle Ordnung.
- Die theoret. Einsicht tritt hinter die prakt. Erfahrung, der Philosoph hinter den Staatsmann zurück.

Die Verschmelzung von griech. Philosophie und röm. Wirklichkeitssinn steht ganz im Dienste einer Wissenschaft, der es nicht auf das bloße *Wissen,* sondern auf den konkreten *Nutzen* für den Staat, die *res publica,* ankommt.

Cicero (63 v. Chr. Konsul) verstand seine in den 50er-Jahren v. Chr. entstandenen Hauptwerke ›Über den Staat‹ (›De re publica‹) und ›Über die Gesetze‹ (›De legibus‹) als Beiträge sowohl zur pol. Theorie als auch zur pol. Praxis: Beide sollten seinen Kampf für die vom Untergang bedrohte Republik unterstützen.

Ciceros bedeutendste staatstheoret. Leistung stellt die wirkungsgeschichtl. äußerst folgenreiche Reformulierung der stoischen Lehre vom **Naturrecht** dar. Wie die Stoiker geht er von der Existenz eines *ewigen Gesetzes* aus, das als Erscheinungsform der göttl. Vernunft *(Logos)* die Welt *(Kosmos)* durchwaltet. Es steht im Rang über den hist. wandelbaren positiven Gesetzen, denen es als Richtschnur dient, und ist für alle Völker und Staaten sowie für alle Zeiten verbindlich.

Die Menschen haben qua eigener Vernunft Teil an der göttl. Vernunft; sie können daher auch aus eigener Kraft »die richtige Vernunft im Befehlen und Verbieten« erkennen und dieser Erkenntnis gemäß handeln. Weil alle Menschen dem Vernunftgesetz in gleicher Weise, unabhängig von Nationalität oder soz. Status, unterliegen, ist ihre jurist. Gleichbehandlung naturrechtl. geboten, die **Gleichheit des Gesetzes** Inbegriff von Recht und guter Ordnung:

»Das Gesetz [ist] das Band der bürgerl. Gemeinschaft, Recht aber die Gleichheit des Gesetzes.«

Ursache der **Entstehung von Staaten** ist die *gesellige Natur* des Menschen. Nur durch den Zusammenschluss mit anderen kann der einzelne Mensch die Gemeinschaftstugenden, allen voran das keimhaft in ihm angelegte Rechtsbewusstsein, entfalten.

Den **Staat** selbst nennt Cicero »eine Sache des Volkes« *(res populi).* Unter **Volk** versteht er aber nicht jede beliebige Menge von Menschen, sondern eine Gemeinschaft, »die in der Anerkennung des Rechts und der Gemeinsamkeit des Nutzens vereinigt ist«. Der Staat stellt m. a. W. eine *Rechts-* und *Interessengemeinschaft* dar. Seine Aufgabe ist die Verwirklichung des Rechts auf der Basis einer rechtl. Übereinkunft *(consensus iuris),* sein Ziel der gemeinsame Nutzen für alle *(communio utilitatis).* Um dauerhaft existieren zu können, bedarf er des guten Willens seiner Bürger und der Leitung »mittels vernünftigen Planens« *(consilium).* Die vernünftige Lenkung von Staaten ist Sache des Staatsmannes:

Im idealen **Staatsmann** *(optimus civis)* gehen das Streben nach Bewährung *(virtus)* und der Dienst für die Gemeinschaft eine unauflösl. Verbindung ein.

Mischverfassung und römische Republik

Die **Staatsformen** unterscheidet Cicero danach, wem die Leitung des Staatswesens übertragen wird: einem (Monarchie), mehreren (Aristokratie bzw. Optimatenherrschaft) oder allen (Demokratie bzw. Volksherrschaft). Jede dieser Staatsformen ist erträglich, solange sie das Recht wahrt, keine jedoch ist vollkommen:

Monarchie und Aristokratie schließen zu viele Menschen von der gemeinsamen Staatsleitung aus; die Demokratie verteilt pol. Ämter und Leistungen ohne Ansehen der Person. (A)

Alle drei Staatsformen sind strukturell ungerecht und nicht von langer Dauer. Ständig drohen Machtkämpfe, Revolutionen und die Entartung zur Tyrannis, zur Oligarchie oder zur Pöbelherrschaft. Nur eine aus diesen drei reinen Staatsformen »ausgeglichen und maßvoll« **gemischte Verfassung** kann den Kreislauf der Staatsformen verhindern und die Stabilität eines Staates garantieren:

»Diese Verfassung hat erstens eine gewisse Gleichheit aufzuweisen, die freie Männer kaum länger entbehren können, dann Festigkeit, weil jene ersten [reinen Verfassungen] leicht in die entgegengesetzten Fehler umschlagen.«

Vorzüglich verwirklicht ist nach Cicero das Konzept der Mischverfassung in der **Römischen Republik,** die daher auch den staatl. Idealzustand *(optimus status civitatis)* verkörpert. Jeder Bürger hat nach Maßgabe seiner Würde *(dignitas)* Anteil an der Regierungsgewalt; die *Konsuln* verkörpern das monarch., die *Senatoren* das aristokrat., die *Volksversammlungen* das demokrat. Element. (B)

Die innere Entwicklung der Römischen Republik beschreibt Cicero als zielstrebigen Prozess, der von der Dominanz des Monarchischen stufenweise zu einer angemessenen Beteiligung der verschiedenen soz. Kräfte geführt habe. Der Erfolg der Republik beruht dabei v. a. auf dem ausgeklügelten System der Gewaltenteilung bzw. -verschränkung, der Macht der Tradition und dem Willen zur Eintracht *(concordia).*

Eine selbständige pol. Theorie hat es im Mittelalter (ca. 500–1500) streng genommen niemals gegeben. Noch vor der Anerkennung des Christentums als röm. Staatsreligion (391) setzt ein umfassender Verinnerlichungsprozess ein, der in den folgenden Jh. zu einer **Entwertung der öffentlichen Existenz** führt.

Die christl. Ausrichtung des Lebens auf das jenseitige Heil relativiert die antike Hochschätzung der Politik. An die Stelle des Vertrauens in die Vernunft tritt der Glaube an einen gerechten Gott, an die Stelle vernünftigen Handelns in der Welt die Sorge um das Heil der unsterblichen Seele.

Die pol. Theorie verkümmert. Eine gewisse Bedeutung erlangt sie erst wieder im Hoch- und Spätmittelalter im Kontext der Auseinandersetzungen zwischen Kaiser und Papst bzw. Monarch und Ständen.

Gesellschafts- und Rechtsordnung

Die ma. Gesellschaft ist hierarchisch organisiert, die Staatsgewalt unter adligen *Grundherren* aufgeteilt, die mit eigenen Hoheitsrechten ausgestattet sind und über die auf ihrem Land lebende unfreie Bevölkerung, zumeist hörige Bauern, eine unbeschränkte Herrschaft *(Grundherrschaft)* ausüben.

Die pol. Ordnung i.e.S. beruht auf dem **Lehnsverhältnis,** d.h. auf dem persönl., Schutz und Gehorsam wechselseitig miteinander verknüpfenden *Treueverhältnis* zwischen Herrscher und Volk. Oberster Lehnsherr ist der **König,** der nicht nur *Lehen* (von ahd. *lehan* 'leihen') in Form von Grundbesitz, sondern auch Ämter und Rechte verleiht. Er bildet die Spitze der Lehenspyramide, besitzt im Unterschied zum röm. Kaiser jedoch keine absolute Stellung. Direkte Herrschaft übt er nur über die *Kronvasallen* aus, nicht aber über deren *Untervasallen.*

Vasallen sind Lehensmänner, die als Gegenleistung für die vom König oder von anderen Grundherren empfangenen Lehen Dienste und Abgaben leisten müssen.

Eine bes. Rolle spielt das röm. **Kaisertum.** Dem Kaiser wird theoret. eine höhere Würde *(dignitas)* zugestanden, da er als Schirmherr der Christenheit gilt. Der kaiserl. Anspruch auf Oberhoheit über sämtl. christl. Völker kann gegen den Widerstand des Adels und der im Laufe des MA. immer mächtiger werdenden nationalen Könige faktisch jedoch nicht eingelöst werden.

Charakteristisch für das MA. ist die **sakrale Auffassung des Königtums.** Als »Gesalbter des Herrn« ist der König ein von Gott eingesetzter und allein Gott verantwortlicher Herrscher *(Gottesgnadentum),* der sich nicht nur um das äußere Wohlergehen, sondern auch um das Seelenheil seiner Untertanen kümmern muss.

Religion und Philosophie

Im Zuge der Auseinandersetzung mit konkurrierenden Erlösungsreligionen und mit dem röm. Staat verfestigt sich die christl. Heilslehre bereits im 2. Jh. zur rechtsförmig geordneten Heilsanstalt *(Kirche)* mit festen Normen, verbindl. Textkorpus und hierarch. Verfassung. Der Prozess der *Dogmatisierung* (Konzil von Nizäa, 325) führt im Verein mit der autoritativen Durchsetzung des Christentums zu einer Einengung des Spielraums philosoph. Spekulation. Maßstab der Wahrheit ist die Heilige Schrift, nicht die Vernunft.

Die **Theologie** avanciert zur Leitwissenschaft, der sich die Philosophie unterzuordnen hat. Diese wird, bes. in der Zeit der Scholastik, zur »Magd der Theologie«, die Vermittlung von Vernunft- und Glaubenswahrheiten zu ihrer wichtigsten Aufgabe.

Scholastik (von lat. *scholasticus* 'zur Schule gehörend') nennt man jene kirchl. Wissenschaft, die anfängl. an Kloster- und Domschulen, seit dem 12. Jh. v. a. an den Universitäten praktiziert wird. Ihr herausragendes Merkmal ist die Wertschätzung systemat. Argumentation und die Ausbildung einer spezif. Methode: Strittige Fragen werden durch den Vergleich versch. Lehrmeinungen nach dem Prinzip des »Für und Wider« *(pro et contra)* entschieden.

Religion und Politik

Das pol. Denken der Spätantike und des frühen MA. konzentriert sich auf die **Trennung von Politik und Religion.** Gemäß der *Zwei-Reiche-Lehre* des Augustinus ist jeder Christ Bürger zweier Welten, einer irdischen und einer himmlischen. Vorrang hat die himml., die allein ewige Seligkeit verkörpert.

Staat und Politik werden abgewertet und zugleich entlastet. Sie gelten nicht als natürl. Einrichtungen, sondern als eine Folge der Erbsünde. Ihre Zuständigkeit beschränkt sich auf die Beseitigung der sündenbedingten Übel und die Gewährleistung eines friedvollen Zusammenlebens.

Augustinus nimmt damit eine Korrektur des christl.-paulinischen Staatsdenkens vor, das im Zeichen der *doppelten Autorität* von Kaiser und Gott gestanden hatte. Indem er die weltl. Macht der geistl. unterordnet, befreit er das christl. Denken zugleich aus seiner Fixierung auf den röm. Staat. An die Stelle des heidn. Roms tritt die christl. Heils- und Weltordnung, an die Stelle der doppelten Loyalität eine eindeutige Loyalitätshierarchie.

An der Pflicht zum Gehorsam gegenüber der weltl. Obrigkeit hält Augustinus gleichwohl fest. Diese gilt selbst für den Fall, dass der Herrscher sich als Tyrann entpuppt.

Augustinus' wirkmächtige Festlegungen verhindern für Jahrhunderte die Entwicklung einer eigenständigen Moralphilosophie bzw.

die Verdichtung des pol. Denkens zu einer Theorie von Staat und pol. Ordnung. Ihren Platz nehmen, bes. in der Karolingerzeit, sog. **Fürstenspiegel** ein, die ideale Verhaltensregeln skizzieren und Herrschaft v.a. als Dienst *(ministerium)* verstehen. Zu einer Renaissance der pol. Theorie kommt es erst im Gefolge der pol. Kontroversen, die sich im 11. Jh. an dem **Gegensatz von Kaiser und Papst** entzünden.

Ausgelöst werden die Kontroversen durch den theokrat. Führungsanspruch des Papsttums, der im **Investiturstreit** (Ausbruch 1075) erstmals offen zutage tritt: Unter dem Motto »Freiheit der Kirche« fordert Papst Gregor VII. (›Dictatus Papae‹, 1073) die »Fülle der Macht« *(plenitudo potestatis),* d.h. die Überordnung der geistl. über die weltl. Gewalt bzw. des Papstes über alle Herrscher, bes. den Kaiser.

Das Dogma vom geistl. *und* weltl. Primat der Kirche bricht mit der bis dahin gültigen, von Papst Gelasius I. († 496) verbindl. formulierten **Zwei-Schwerter-Lehre,** welche die Gleichursprünglichkeit der päpstl. und kaiserl. Gewalt behauptet hatte: Gott habe »beide Schwerter« unabhängig voneinander verliehen; daher besäßen beide Mächte eine je eigene göttl. Legitimation. (S. 32 A)

Der päpstl. Führungsanspruch provoziert auch in der Folgezeit den Widerspruch der weltl. Fürsten, die um ihre Souveränität fürchten und sich daher verstärkt um die theoret. Rechtfertigung der Königsmacht bemühen. Damit tritt, nach der machtpol. Schwächung des Kaisertums im 13. Jh., an die Stelle der Dauerkontroverse Kaiser – Papst der **Gegensatz von regnum und sacerdotium,** d.h. von Königsherrschaft und Papsttum.

Ein Aufschwung der ethischen Disziplinen, von dem auch Politik und pol. Theorie profitieren, setzt mit der durch arab. Übersetzer und Kommentatoren (Avicenna, Averroes) vermittelten Wiederentdeckung der aristotel. Schriften im 12. bzw. 13. Jh. ein.

Die **Aristotelesrezeption** stellt nicht nur die augustin. Metaphysik, sondern auch den pol. Platonismus, d.h. die ausschließl. theoriegeleitete, weitgehend empiriefreie Beschäftigung mit Politik, in Frage. Sie fördert die verstärkte Hinwendung zur Wirklichkeit und die weitere Rationalisierung des pol. Denkens.

Den Versuch einer Versöhnung von aristotel. Philosophie und Christentum unternimmt **Thomas von Aquin.** Für den bedeutendsten Theologen des MA. ist die sichtbare Welt ein von Gott geschaffenes, sinnvolles Ganzes, dessen natürl. Ordnung der Mensch mit Hilfe seiner Vernunft erkennen kann. Dazu gehören auch Staat und Gesellschaft, die als Teile dieser Ordnung zugleich *gottgewollte* Einrichtungen darstellen. Zwar werden sie von der Kirche überragt, doch besitzen sie aufgrund der Sozialnatur des Menschen eine von ihr unabhängige Würde und Autorität.

Wegweisend ist Thomas' naturrechtl. Argumentation: Über das positive Recht stellt er das *Naturrecht (ius naturalis).* Es ist qua Vernunft einsehbar, gilt unabhängig von der Offenbarung und besitzt den Charakter einer normativen Regel, die auch den Staat bindet.

Das **Widerstandsrecht** spielt in den pol. Diskussionen des MA. eine große Rolle. Nach Thomas erlischt die Gehorsamsverpflichtung des Volkes, wenn die Herrschaft auf Usurpation beruht oder der Herrscher gegen das Gesetz verstößt. Im Gegensatz zu Johannes von Salisbury (ca. 1115–80) lehnt er den Tyrannenmord jedoch ab. Zuvor hatte bereits Manegold von Lautenbach († nach 1103) dem Volk ein Widerstandsrecht zugestanden, sollte der Herrscher das Abkommen *(pactum),* aufgrund dessen er gewählt wurde, verletzen.

Im **Spätmittelalter** (14./15. Jh.) gerät mit der thomistischen Synthese die scholast. Theologie insgesamt in eine Krise. Wilhelm von Ockham (ca. 1280–1347) und andere üben heftige Kritik an den metaphys. Systemen der alten Schulen und suchen nach neuen Wegen. Dazu gehören v.a. die Neubelebung des *Nominalismus,* die Trennung von Theologie und Philosophie sowie die Hinwendung zu Logik und Einzelwissenschaften.

Der **Nominalismus** vertritt die Auffassung, dass ausschließlich Einzeldinge *(res)* mit individuellen Qualitäten existieren und die sie bezeichnenden Allgemeinbegriffe *(universalia)* bloße, durch Erfahrung vermittelte Namen sind, die den Einzeldingen angehängt werden. Was über die Erfahrung hinausgeht, ist vernünftiger Erkenntnis nicht zugänglich.

Die Emanzipation der Philosophie begünstigt die **Säkularisierung des politischen Denkens.** Im Kampf gegen das Papsttum und seinen Weltherrschaftsanspruch, letztmalig vertreten von Bonifatius VIII. [1294–1303] in der Bulle ›Unam sanctam‹, entwickeln frz. Kronjuristen unter Berufung auf das röm. Recht die Lehre von der Autonomie der weltl. Gewalt zum Prinzip der Autonomie des nationalen Königtums weiter.

Ockham, Marsilius von Padua und **Dante Alighieri** (1265–1321) fordern die radikale **Trennung von Politik und Religion.** Sie bestreiten sowohl die pol. als auch die kirchl. Vorrangstellung des Papsttums und plädieren stattdessen für ein erneuertes Kaisertum (Dante) bzw. für nationale Souveränität, kommunale Selbstverwaltung nach dem Vorbild der ital. Stadtrepubliken und die Vormachtstellung des Konzils gegenüber dem Papst (Marsilius).

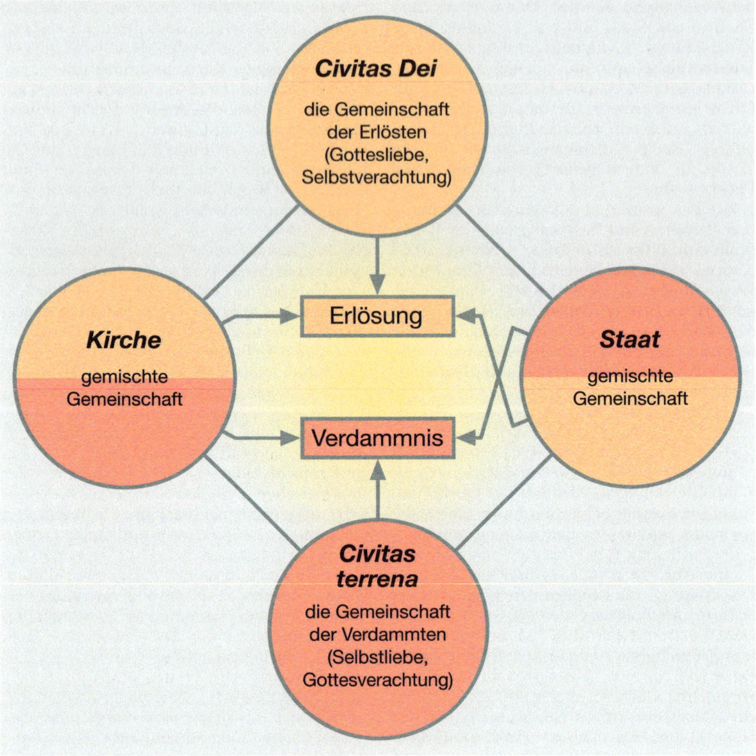

Civitas Dei
die Gemeinschaft
der Erlösten
(Gottesliebe,
Selbstverachtung)
Kirche
gemischte
Gemeinschaft
Erlösung
Verdammnis
Staat
gemischte
Gemeinschaft
Civitas
terrena
die Gemeinschaft
der Verdammten
(Selbstliebe,
Gottesverachtung)

A Die Lehre von den Gemeinschaften

Sündenfall
Zwietracht,
Krieg
Staat,
Herrschaft
Frieden
Eintracht
Wohlstand

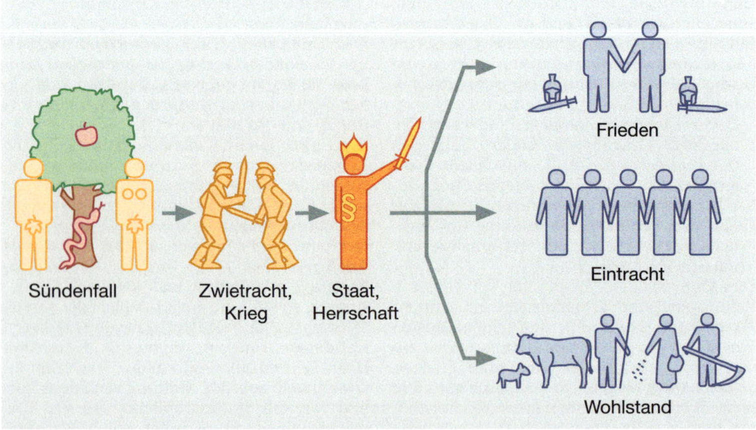

B Der irdische Staat als Folge des Sündenfalls

Aurelius Augustinus (354–430) gilt neben Thomas von Aquin als der bedeutendste Denker der Christenheit (»Lehrer der Kirche«). In seinem philosoph. Hauptwerk ›Vom Gottesstaat‹ (›De civitate Dei‹, 413–426/7) bricht er nicht nur mit der klass. Tradition des pol. Denkens, sondern auch mit der zyklischen Geschichtsauffassung der Antike und legt so die Fundamente für eine **politische Theologie,** die ihre Legitimation v. a. auf künftige Erlösung und jenseitiges Heil gründet.

›Vom Gottesstaat‹ stellt v. a. eine Abrechnung mit dem röm. Staat dar. Äußerer Anlass für die Abfassung war die Eroberung Roms durch den Westgotenkönig Alarich im Jahr 410. Dieses Ereignis markiert nicht nur das Ende der Antike; in der Interpretation Augustinus' bedeutet es zugleich das Ende des alten (weltl.) und den Beginn des neuen (überweltl.) Reiches: der Welt- und Heilsordnung des Christentums.

Augustinus ist kein pol. Denker. Sein Interesse gilt der christl. Botschaft und den Folgen, die sich aus ihr für den Einzelnen und die Gemeinschaft ergeben. Ausgangspunkt der augustin. Theologie ist die Überzeugung von der Allmacht Gottes.

> Gott ist der Ursprung der Welt, seine Schöpfung eine Schöpfung aus dem Nichts. Vom Willen Gottes hängt alles andere ab; insbes., wer der göttl. Gnade teilhaftig wird und wer nicht.

Nur durch die Gnade Gottes, nicht durch eigenes Handeln ist nach Augustinus das individuelle Seelenheil zu erlangen. Da infolge der göttl. Vorsehung bzw. Vorherbestimmung *(Prädestination)* immer schon entschieden ist, wer der Gnade teilhaftig wird und wer nicht, entsagt ein wahrer Christ der Welt (und damit auch der Politik), übt sich in Demut und Gebet und vertraut ansonsten auf Gott.

Gemäß seiner Gnadenlehre unterscheidet Augustinus zwei Arten von Menschen:

1. »die nach dem Menschen [leben]«: Ihr Prinzip ist die *Selbstliebe,* die bis zur Gottesverachtung führen kann;
2. »die nach Gott leben«: Ihr Prinzip ist die *Gottesliebe,* die die Selbstverachtung impliziert.

Die einen sind zur Verdammnis verurteilt, die anderen von Gott zur Erlösung bestimmt. Augustinus zieht daraus in Gestalt der **Zwei-Reiche-Lehre** geschichtsphilosoph. Konsequenzen:

> Gut und Böse stehen sich in der Weltgeschichte unversöhnl. gegenüber, und zwar in Gestalt zweier Reiche bzw. Gemeinschaften, die miteinander konkurrieren: Der **irdische Staat** *(civitas terrena)* ist die Gemeinschaft der Verdammten, der **Gottesstaat** *(civitas Dei)* die Gemeinschaft der von Gott Erwählten (A). Beide Gemeinschaften umfassen Tote wie Lebendige gleichermaßen.

In der histor. Wirklichkeit sind beide »Staaten« bzw. Bürgerschaften untrennbar miteinander verbunden *(civitas permixta),* was zur Folge hat, dass sie weder mit einem konkreten Staat noch mit einer bestimmten Gemeinschaft (z. B. Kirche) identifiziert werden dürfen. Getrennt werden sie erst am Ende der Zeiten, wenn das Weltgericht die Guten von den Bösen scheidet.

Der **Staat** i. e. S. ist für Augustinus das Ergebnis des Sündenfalls und daher ein notwendiges Übel, solange der Kampf der beiden Reiche andauert: Seine Aufgabe besteht im Wesentl. darin, das Böse niederzuhalten und die äußeren Voraussetzungen für ein gutes, d. h. christl. Leben herzustellen. (B)

»[A]uch der irdische Staat ... [strebt] nach irdischem Frieden und versteht die Eintracht der Bürger im Befehlen und Gehorchen als gleichmäßige Ausrichtung des menschl. Wollens auf die zum sterblichen Leben gehörenden Güter.«

Frieden und Eintracht lassen sich dann am besten verwirklichen, wenn sich Herrscher und Beherrschte an dem Verhältnis von »Fürsorge und Gehorsam« orientieren, das idealtypisch im Gottesstaat die Beziehung von Vorgesetzten und Untergebenen bestimmt:

> Der ideale Herrscher sichert den Frieden, schützt Kirche und Religion und sorgt so dafür, dass sich die Menschen auf das jenseitige Leben vorbereiten können.

Von bloßen Machtstaaten wie dem röm. Imperium unterscheiden sich die real existierenden christl. Staaten dadurch, dass sie die (wahre) **Gerechtigkeit** üben.

> Ohne Gerechtigkeit gibt es keinen Staat, der diesen Namen verdient, sind Reiche bloß »große Räuberbanden«.

Für Augustinus ist Gerechtigkeit freilich nicht nur eine Frage des angemessenen Verhaltens, sondern v. a. eine des richtigen Glaubens: *Wahre* Gerechtigkeit ist nur dort anzutreffen, wo der wahre Gott verehrt wird. Da dies in Rom nicht geschehen sei, sei der röm. Staat niemals eine Republik, sprich: eine (wahrhaft gerechte) *res publica,* gewesen.

Eine nachhaltige Rezeption hat Augustinus' auf römischen Wurzeln fußende **Lehre vom gerechten Krieg** (›bellum iustum‹) erfahren. Gemäß dieser Lehre ist zwischen dem *Recht zum Krieg (ius ad bellum)* und dem *Recht im Krieg (ius in bello)* zu unterscheiden. Für das *ius ad bellum* sind fünf Kriterien maßgeblich: 1. gerechter Grund, 2. legitime Autorität, 3. gerechte Absicht, 4. letztes Mittel, 5. Hoffnung auf Erfolg. Für das *ius in bello* gelten zwei Kriterien: 1. Unterscheidung von Kombattanten und Nichtkombattanten, 2. Verhältnismäßigkeit der Mittel.

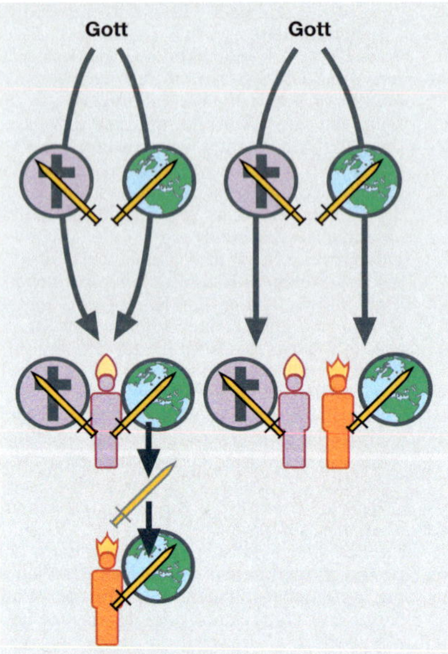

A Zwei-Schwerter-Lehre

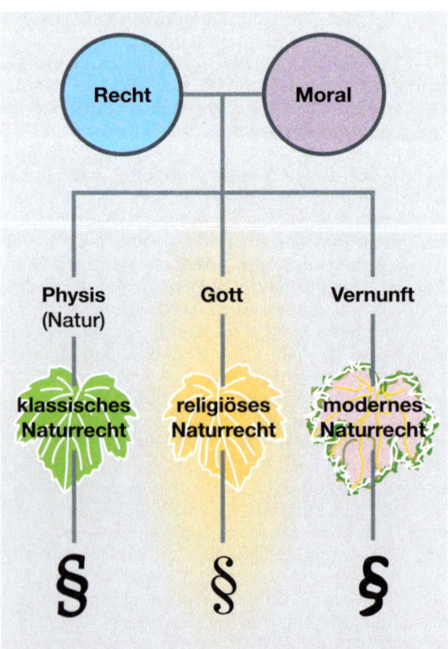

B Naturrechtsauffassungen im Wandel

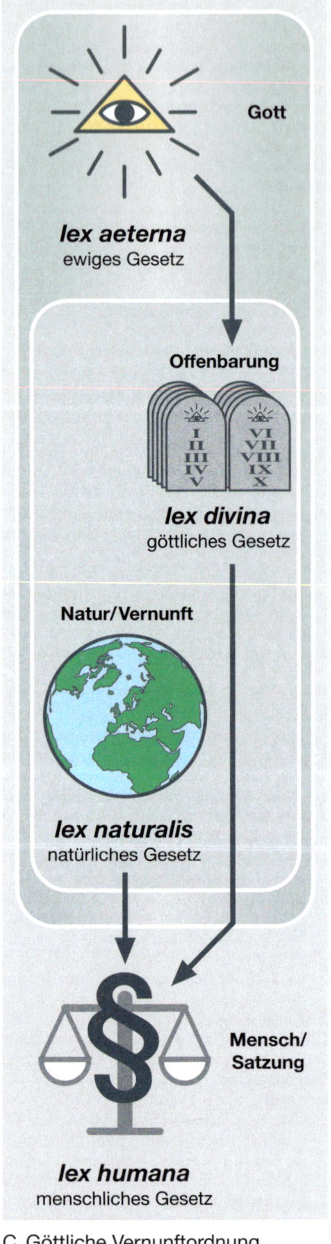

C Göttliche Vernunftordnung nach Thomas von Aquin

Thomas von Aquin (1224/5–74) ist der bedeutendste Theologe des MA. Sein umfangreiches Werk stellt nicht nur den Höhepunkt der orthodoxen Scholastik, sondern bis heute die Hauptrichtung der kath. Philosophie *(Neuthomismus)* dar. Hist. bedeutsam wurde bes. seine Synthese von christl. Religion und aristotel. Wissenschaft. Die Pol. Philosophie konzipiert Thomas als eine inhaltl. und methodisch eigenständige Wissenschaft.

Zu seinen wichtigsten Abhandlungen gehören die ›Summe wider die Heiden‹ (›Summa contra gentiles‹) und die ›Summe der Theologie‹ (›Summa theologica‹). Pol. relevant ist v. a. seine unvollendete Schrift ›Über die Herrschaft der Fürsten‹ (›De regimine principum‹).

Charakterist. für Thomas, wie für die Scholastik insgesamt, ist der Versuch einer **rationalen Begründung der christl. Glaubenswahrheiten.** Zwar hat sich nach Thomas die Vernunft dem Glauben unterzuordnen, dennoch kann der Mensch mit ihrer Hilfe Einsichten gewinnen, die sich für Lebensführung und pol. Handeln nutzbar machen lassen. Möglich ist dies, weil Gott die Welt vernünftig geordnet hat und diese sich daher auch »vernünftig« begreifen lässt.

In der göttl. Weltordnung haben alle Elemente ihren best. Platz und ihren bes. *Zweck.* Zweck bzw. wesenseigentüml. Ziel des Menschen ist die *Glückseligkeit (beatitudo).*

Vollkommene Glückseligkeit gibt es erst im Jenseits. Sie besteht in der Vereinigung mit Gott und erfordert bereits zu Lebzeiten eine gottgefällige Lebensführung.

Das tugendhafte Leben stellt eine Vorstufe der vollkommenen Glückseligkeit dar. Tugendhaft handelt, wer sich den **Gesetzen** unterwirft. Gesetze sind nach Thomas allgemeinverbindl. Regeln und Maßstäbe des Handelns. Er unterscheidet drei versch., einander hierarch. zugeordnete Typen (C):

1. Das *ewige Gesetz (lex aeterna)* ist identisch mit der das Weltall leitenden göttl. Vernunft bzw. Vorsehung und der transzendente Ursprung aller Gesetzeshandlungen *(ius).*
2. Das *natürliche Gesetz (lex naturalis)* ist jener Teil der lex aeterna, den der Mensch durch seine Vernunft erkennen kann. Es äußert sich in den natürl. Neigungen (z. B. Selbsterhaltung, Gemeinschaftsbildung), gilt unabhängig von göttl. Offenbarung und besitzt Zwangscharakter *(Sittengesetz).*
3. Das *menschliche Gesetz (lex humana)* setzt die Weisungen des natürl. Gesetzes in *positives Recht* um. Es bezieht sich ausschließl. auf äußere Handlungen und konkretisiert sich in Gestalt des Völkerrechts *(ius gentium)* sowie des bürgerlichen Rechts *(ius civile).*

Darüber hinaus gibt es noch das *göttliche Gesetz (lex divina),* dessen Anordnungen allein aufgrund göttl. Offenbarung (AT und NT) Gültigkeit besitzen; es lenkt den Menschen auf das letzte Ziel, die ewige Seligkeit, hin.

In seinem Fürstenspiegel entwickelt Thomas die Konturen einer normativen Politiktheorie. Wie für Aristoteles, so ist auch für Thomas der Mensch von Natur aus ein **geselliges Lebewesen** *(animal naturaliter sociale et politicum),* und zwar in doppelter Hinsicht: Nur in der Gemeinschaft mit anderen vermag der Einzelne seine Schwäche zu kompensieren und zugleich seiner *Doppelnatur* (als Mensch und als Christ) zu entsprechen.

Zweckursache der Gesellschaft ist nicht das Überleben, sondern **das gute Leben.** Der weltl. Gewalt obliegt es, ein solches Leben durch die Sorge für das Gemeinwohl zu gewährleisten. Sie schafft damit zugleich die Voraussetzungen dafür, dass der Einzelne ungestört nach dem ewigen Heil streben kann.

Staatl. Herrschaft ist weder eine Folge des Sündenfalls noch das Resultat eines Vertragsschlusses souveräner Individuen, sondern eine notwendige Konsequenz aus der gottgewollten Sozialnatur des Menschen.

In der **Staatsformenlehre** schließt sich Thomas eng an Aristoteles an. Er unterscheidet gute von schlechten Staatsformen nach dem Kriterium des Gemeinwohls *(bonum commune)* bzw. des Eigennutzes *(bona propria).* Beste Staatsform – hier trennt sich Thomas von Aristoteles – ist das **Königtum:**

Es entspricht am ehesten der Ordnung der Natur, in der alle Führung von einem Einzelnen ausgeht, und ist der Herrschaft Gottes über die Welt überdies am ähnlichsten.

Der *König* regiert seine Untertanen, wie die Seele den Leib und Gott die Welt lenkt. Er ist Herr und Hirte zugleich, von Gott auf seinen Platz gestellt, um an seiner statt Gerechtigkeit zu üben, den (inneren) Frieden zu erhalten bzw. zu bewahren und für die materielle Wohlfahrt zu sorgen. Als guter Christ unterwirft er sich in allen die ewige (Glück-)Seligkeit betreffenden Fragen der Autorität des Papstes und der Bischöfe.

Der geistl. Gewalt kommt Thomas zufolge ein höherer Rang zu als der weltlichen. Allerdings empfiehlt er keine unmittelbare Herrschaft der Kirche bzw. des Papstes in weltl. Dingen, sondern nur eine **»indirekte Gewalt«** *(potestas indirecta).*

Gegen einen ungerechten Herrscher sieht Thomas ein **Widerstandsrecht** vor. Da alle Menschen letztl. nur Gott unterworfen seien, dürfe man menschl. Machthabern den Gehorsam verweigern, wenn sie »keine rechtmäßige, sondern nur eine angemaßte Gewalt besitzen oder … Ungerechtes befehlen«. Die Entscheidung, einem Herrscher Widerstand zu leisten bzw. ihn abzusetzen, steht ausschließlich der Gesamtheit des Volkes zu.

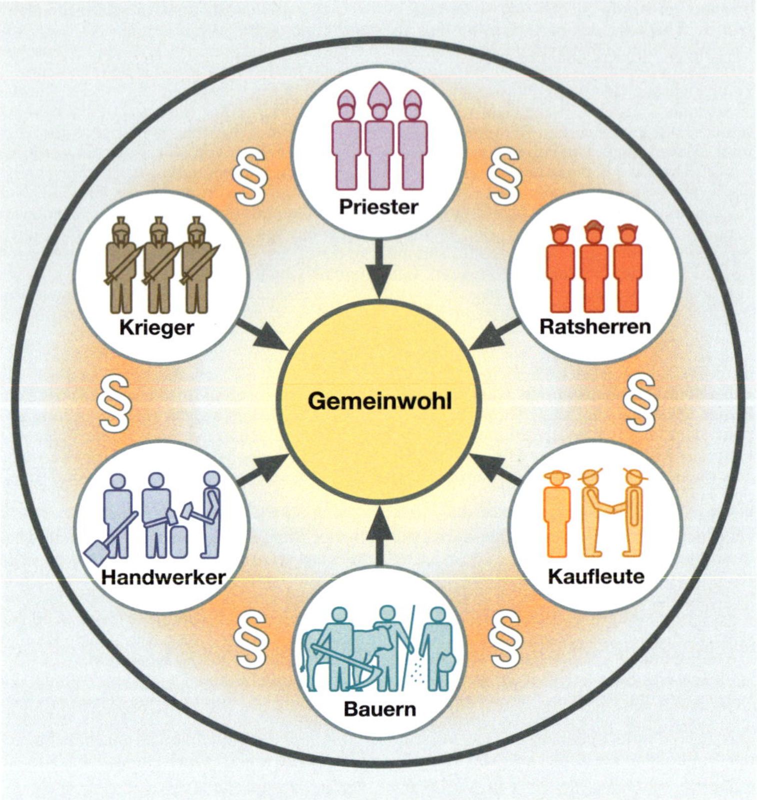

Priester
Ratsherren
Kaufleute
Bauern
Handwerker
Krieger
Gemeinwohl
§

A Organizistisches Staatsverständnis nach Marsilius von Padua

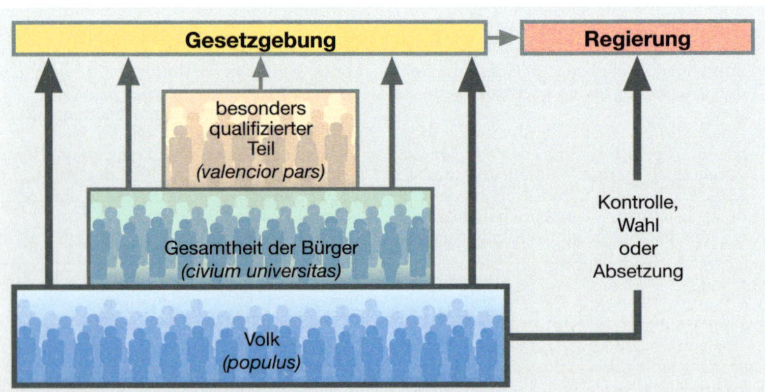

B Gesetzgebung und Gewaltentrennung

Einen wichtigen Beitrag zur Weiterentwicklung der pol. Theorie hat **Marsilius von Padua** (um 1280–1342/3) geleistet. In seiner Schrift ›Verteidiger des Friedens‹ (›Defensor pacis‹, 1324) streitet er unter steter Bezugnahme auf Aristoteles für die relative Autonomie der Politik und des Staates. Außerdem entwirft er darin die Grundzüge einer Theorie der Volkssouveränität, die als Ausgangspunkt modernen pol. Denkens gilt.

Historischer Hintergrund ist der Konflikt zwischen Kaiser Ludwig IV. [1328–47] und Papst Johannes XXII. [1316–34], in dem Marsilius den Kaiser als Berater unterstützt. Anders als sein Zeitgenosse Dante Alighieri vertritt er jedoch nicht die Idee der universalen Kaiserherrschaft, sondern das Prinzip der säkularen »Individualeinheiten« (Nationalstaaten).

Ausgangs- und Endpunkt des ›Defensor pacis‹ wie der pol. Theorie des Marsilius ist der **Friede** *(pax)*. Friede bedeutet Ruhe *(tranquillitas)*; er ist das Gegenteil des Streites und v. a. seiner »Früchte« wegen anzustreben, worunter Marsilius in erster Linie »den wechselseitigen Verkehr der Bürger« und den »Austausch ihrer Erzeugnisse« versteht.

Als Formalursache stellt der Friede die Voraussetzung für das harmonische Zusammenwirken aller Staatsorgane dar; er garantiert das ungestörte Funktionieren, den »gesunden Zustand« des Staates.

Bedroht wird der Friede durch den päpstl. Anspruch auf die höchste Gewalt *(plenitudo potestatis)*, das Verlangen der Kurie, auch über Staaten und Völker zu gebieten. Diesen Anspruch gilt es mit aller Macht abzuwehren:

»Kein röm. Bischof, Papst genannt, und kein anderer Bischof oder Priester und kein Diakon hat eine zwingende Regierungsgewalt oder Gerichtshoheit oder Rechtsprechung … oder darf sie haben.«

Diese hoheitl. Gewalt besitzt nur der Staat. Zur Bewahrung bzw. Wiederherstellung von Ruhe und Ordnung muss er sie ggf. auch gegen die Kirche und deren Vertreter anwenden, wenn diese den Frieden gefährden.

Die trad. christl. Lehre von den zwei Gewalten, dem geistl. und dem weltl. Schwert, wird dadurch auf den Kopf gestellt: Die Politik dominiert die Religion, Papst und Klerus müssen sich der weltl. Gewalt unterordnen, die über die Kirche zur Friedenswahrung ein Aufsichtsrecht ausübt.

Der **Staat** *(civitas)* ist eine Gemeinschaft aus eigenem Recht. Allerdings gründet er – und hier weicht Marsilius in einem entscheidenden Punkt von Aristoteles ab – nicht in der Sozialnatur des Menschen, sondern in dessen Biologie und Vernunft *(recta ratio)*. Die Vereinigung mit anderen ist aus Gründen der *Selbsterhaltung* bzw. *Bedürfnisbefriedigung* zwingend geboten.

Der Mensch ist ein Mängelwesen, »nackt geboren … und waffenlos«. Um seine Schwächen zu kompensieren, bedarf es »einer Vielzahl von Fertigkeiten« und »einer großen Zahl von Menschen«, die sie beherrschen.

Der Staat ist vollkommen, wenn jeder Teil der Gemeinschaft seine ihm zugewiesene Aufgabe erfüllt und alle Teile zum Wohl des Ganzen zusammenwirken *(organizistische Staatsauffassung)*. (A)

Recht ist nicht transzendentes Prinzip, sondern menschl. Satzung, nicht *gewiesenes*, sondern *geschaffenes Recht. Göttliches Recht* existiert zwar, doch bezieht es sich nur auf das Jenseits und kann auf Erden keine Verbindlichkeit beanspruchen.

Marsilius' Staatslehre gründet auf der Idee der **Volkssouveränität.** Sowohl der staatl. Zusammenschluss selbst als auch die Form dieses Zusammenschlusses sind eine Sache des Volkes bzw. der bürgerl. Gemeinschaft *(universitas civium)*. Das Recht zur **Gesetzgebung** liegt ebenfalls bei der Gemeinschaft, die es entweder selbst ausüben oder an einen (mehr oder minder großen) Teil delegieren kann:

Wahrgenommen wird das Gesetzgebungsrecht entweder von der Gesamtheit der Stände (Volk im engeren Sinne), von der über pol. Partizipationsrechte verfügenden Bürgerschaft oder von einem quantitativ und qualitativ bes. gewichtigen Teil, der die Gesamtheit vertritt. (B)

Ausschlaggebend ist immer der Wille der Mehrheit. Gesetzesänderungen, die das Volk nicht selbst verfügt hat, müssen von ihm autorisiert, die Gesetze selbst veröffentlicht und so dem Volk zugänglich gemacht werden.

Von der Zustimmung des Volkes hängen Legitimität und Durchsetzungsstärke der **Regierung** ab, die »die bewirkende Ursache der Ruhe« bzw. des Friedens ist. Sie wird vom Volk gewählt und ist dem Volk verantwortlich. Sie ist darüber hinaus an das Gesetz gebunden und dem Gemeinwohl verpflichtet.

Schlechte Regierungen bzw. Regierungsformen unterscheiden sich von guten dadurch, dass sie sowohl die Gemeinwohlverpflichtung als auch den Willen des Volkes ignorieren und zur Tyrannis, Oligarchie oder Demokratie entarten.

Für Marsilius sind versch. Regierungsformen denkbar: *Monarchie, Aristokratie* (kollektive Regierung des *»gewichtigeren Teils«*) oder *Politie* (Selbstregierung des Volkes bzw. der bürgerl. Führungsschicht). Er selbst hält eine auf Wahl beruhende Regierungsform für die beste. In jedem Fall ist es die Aufgabe des Gesetzgebers bzw. der Gemeinschaft der Bürger, den von ihm/ihr eingesetzten »regierenden Teil« zu kontrollieren und ggf. zurechtzuweisen bzw. zu bestrafen.

Die **politische Theorie der frühen Neuzeit** ist Ausdruck und Folge eines umfassenden Transformationsprozesses, in dessen Verlauf sich die überkommenen gesellschaftl. Verhältnisse auflösen und sich die pol. Ordnung Europas tief greifend verändert: An die Stelle des feudalen Personenverbandes tritt der **moderne Territorial-** bzw. **Nationalstaat,** an die Stelle der hierarch. Ordnung des MA. (mit Kaiser und/oder Papst an der Spitze) ein sich selbst regulierendes System miteinander konkurrierender pol. Einheiten.

Die Ursprünge dieses Prozesses liegen im Spätmittelalter, seine eigentliche Dynamik entfaltet er jedoch erst in den Jh., die auf Renaissance und Reformation folgen.

In der **Renaissance** (frz. für 'Wiedergeburt') schwindet der Einfluss der Religion auf das Geistesleben, gleichzeitig wächst das Vertrauen in die Fähigkeiten des Menschen und die Wertschätzung der individuellen Persönlichkeit. Die programmat. Hinwendung zur Antike fördert das Interesse an der diesseitigen Wirklichkeit. Neugier, Erfahrung und Beobachtung verdrängen die Berufung auf Tradition und Autorität.

Die Erfindung der Buchdruckerkunst durch Johannes Gutenberg (um 1397–1468) revolutioniert die Kommunikationsverhältnisse, der Übergang vom geozentr. zum heliozentr. Weltbild erschüttert das ma. Weltverständnis.

In der **Reformation** zerbricht die Einheit der christl. Welt: An die Stelle der *einen* Kirche treten verschiedene Konfessionen, die sich z. T. erbittert bekämpfen.

Martin Luther (1483–1546) vertritt das Prinzip der individuellen Glaubensverantwortung. Er bestreitet den päpstl. Primat, lehrt gleichzeitig jedoch den unbedingten Gehorsam gegenüber der weltl. Obrigkeit. Im Unterschied zu Luther betont Johann Calvin (1509–64) v. a. den Gedanken der *Prädestination* (Vorherbestimmung); berufl. Erfolg ist für ihn Zeichen des Erwähltseins. Pol. folgenreich wurde seine Lehre vom Widerstandsrecht.

Die Verwissenschaftlichung der Politik

Der Niedergang der Universalgewalten, der Aufstieg souveräner Stadtrepubliken und starker Monarchien und die Auflösung der ma. Religionseinheit schaffen pol. Reflexionsbedarf. Unter dem Problemdruck dieser Veränderungen professionalisiert sich die an den europ. Universitäten seit dem 13. Jh. institutionalisierte klass. Lehre von der Politik.

Vom 16. Jh. an kommt es zur Errichtung fester Lehrstühle *(professiones ethices vel politices)* und damit zur Begründung einer akadem. Lehrtradition, die bis zur Frz. Revolution den wiss. Umgang mit der Politik bestimmt.

Gleichzeitig entsteht eine völlig **neue Politische Wissenschaft,** die den Staat nicht mehr als Gemeinwesen, sondern als »Herrschaftsapparat« versteht und Herrschaftswissen vermitteln möchte. Zum einen handelt es sich dabei um die rein deskriptiv verfahrende **Staatslehre** (Statistik), zum anderen um jene mit dem Namen Niccolò Machiavelli verbundene **Staatsklugheitslehre,** die die ältere Einheit von Politik und Ethik in einer säkularen Machtlehre des Politischen auflöst.

Auffällig ist die Verschiebung des Erkenntnisinteresses: Die *klass. Politikwissenschaft* fragte v. a. nach dem Ziel der Politik, danach also, *wozu* Politik diene bzw. dienen solle. Die *neue Politikwissenschaft* interessiert sich für die Erscheinungsformen der Politik; sie will wissen, *wie* Politik gemacht wird.

Machiavellis Theorie ist Ausdruck einer weit fortgeschrittenen staatl. Desintegration. Sie lässt einzig noch den Primat der pol. Selbstbehauptung gelten und ordnet Recht, Moral und Religion rigoros den Imperativen der Machterhaltung unter.

Eine **Theorie der Staatsräson** (ital. *ragione di stato*) hat erstmals **Giovanni Botero** (1540–1617) vorgelegt, das Konzept geht jedoch auf Machiavelli zurück. Verstanden wird darunter: a) der Vorrang der Staatsinteressen vor allen anderen Interessen, b) die Maxime, dass staatl. Handeln in erster Linie den Nutzen des eigenen Staates zu vermehren hat, ggf. unter Inkaufnahme der Verletzung von Moral und Recht.

Die stärker staatstheoret. akzentuierten Reflexionen kreisen v. a. um den Begriff der **Souveränität,** die zum Wesensmerkmal moderner Staatlichkeit avanciert.

Wichtigstes Kriterium der Souveränität ist nach **Jean Bodin** die *Inappellabilität,* also die Nichtanfechtbarkeit *der Entscheidungen.* Der Souverän besitzt eine *uneingeschränkte Gesetzgebungskompetenz,* die das Recht zur Annullierung von Gesetzen einschließt.

Im Zentrum des Souveränitätsdiskurses steht die Frage, wer als legitimer Träger souveräner Herrschaft zu gelten habe: der Monarch oder das Volk *(Fürsten- vs. Volkssouveränität).*

Im Unterschied zu Bodin, der an der Monarchie als idealer Staatsform festhält, liegt für **Johannes Althusius** (1557–1638) die Souveränität allein beim Volk, das den Herrscher widerruflich mit der Ausübung der Regierung beauftragt. Auch die **Monarchomachen** (griech. für 'Monarchenbekämpfer'), eine Gruppe vorwiegend hugenott. Publizisten des 16./17. Jh. (v. a. **Théodore de Bèze** und **François Hotman**), berufen sich zur Begründung des *Widerstandsrechts* gegen eine tyrann. Obrigkeit auf das Prinzip der Volkssouveränität.

Die Idee des Gesellschaftsvertrags

Mit Althusius beginnt die neuzeitl. Tradition der **Vertragstheorie,** die das pol. Denken bis ins 18. Jh. hinein bestimmt.

Ansätze vertragstheoret. Denkens kennt bereits das MA.: Der ma. **Herrschaftsvertrag** ist Ausdruck eines *mutualistischen* (die Vertragspartner wechselseitig verpflichtenden) *Rechtsverständnisses.* Abgeschlossen wird er zwischen dem Volk (nur Adel und Klerus) und dem Herrscher.

Die Vertreter des **staatsphilosophischen Kontraktualismus** (von engl. *contract* 'Vertrag') der Neuzeit verfolgen eine andere Intention: Sie wollen eine bestimmte *Form* pol. Herrschaft rechtfertigen und die Kompetenzgrenzen staatl. Herrschaftsausübung festlegen. Zu diesem Zweck entwickeln sie die Idee des **Gesellschaftsvertrags:**

Staat und Sozialordnung werden als Folge einer am gegenseitigen Nutzen orientierten *wechselseitigen Übereinkunft* gedacht. Der Vertrag selbst stellt kein geschichtl. Ereignis, sondern eine rationalist. Konstruktion dar, die die Pflicht zum individuellen Gehorsam auf die *Zustimmung* und *freiwillige Selbsteinschränkung* der Herrschaftsunterworfenen gründet.

Charakterist. für die klass. Vertragstheorien ist ein Argumentationsdreischritt:

1. Ausgangsannahme ist ein fiktiver **Naturzustand;**
2. das Mittelglied stellt der **Vertrag** dar, der i. d. R. einen Rechtsverzicht bzw. eine Rechtsübertragung begründet;
3. Resultat des Vertragsabschlusses sind **Gesellschaft** und/oder **Staat.**

Als Vertragssubjekte fungieren, anders als im MA., keine Körperschaften, sondern souveräne Individuen. Der *Mensch* gilt nicht länger als pol. Lebewesen im aristotel. Sinn, sondern als urspr. freies, eigeninteressiertes und rational kalkulierendes Individuum, das über bestimmte natürl. Rechte verfügt, die es unter bestimmten Voraussetzungen zugunsten einer pol. Ordnung aufzugeben bereit ist.

Das neuzeitl. **Naturrecht** ist v. a. *Vernunftrecht* (s. S. 32 B). Es orientiert sich nicht mehr an einer natürl. Seins- oder göttl. Weltordnung, sondern an der vernünftig einsehbaren Rechtsnatur des Menschen bzw. an apriorischen Vernunftprinzipien. Es steht über dem positiven Recht, ist unveränderlich und besitzt universale Geltung. Begründer und zugleich der »Vater des Völkerrechts« ist **Hugo Grotius** (1583–1645).

Von Hobbes zu Rousseau

Zweck des Staates ist nicht das Seelenheil, sondern das irdische Wohl der Vertragsschließenden. Seine konkrete Gestalt wird von den versch. Autoren ganz unterschiedl. bestimmt:

Thomas Hobbes entwickelt, ausgehend von den Erfahrungen des konfessionellen Bürgerkrieges, eine kontraktualist. Begründung des *Absolutismus,* die zugleich das Methodenideal der Naturwissenschaften kopiert:

Die Individuen schließen einen **Begünstigungsvertrag,** worin sie sich gegenseitig verpflichten, zugunsten des Souveräns auf ihre eigenen (urspr. umfassenden) Rechte zu verzichten. Ziel des Vertragsabschlusses ist die Errichtung einer effektiven Herrschaftsordnung zur Sicherung der gesellschaftl. Koexistenz.

John Locke leitet mit Hilfe der Vertragstheorie den Übergang zum *liberalen Konstitutionalismus* ein:

Die über unveräußerl. Rechte wie Freiheit, Leben, Eigentum verfügenden Individuen schließen sich zum Zweck der Gewährleistung dieser Rechte qua Vertrag zu einer Gesellschaft zusammen; anschließend überträgt die Vertragsgemeinschaft dem Staat (Gesetzgeber, Regierung) in Form eines **Treuhandschaftsverhältnisses** die Aufgabe der Rechtsdurchsetzung.

Jean-Jacques Rousseau nutzt den staatsphilosoph. Kontraktualismus zur Begründung einer *direktdemokratischen* Herrschaftsform:

Die Individuen schließen sich freiwillig mittels eines **Gesellschaftsvertrags** zu einer moral. und pol. Gemeinschaft zusammen. Träger der Staatsgewalt ist das Volk (**Volkssouveränität**).

Eine Alternative zur Vertragstheorie legt um die Mitte des 18. Jh. **Charles de Montesquieu** vor, der v. a. als Theoretiker der liberalen Verfassung große Bedeutung erlangt.

Montesquieu ersetzt die naturrechtl. durch eine kulturhist. bzw. -soziolog. Argumentation. Sein Hauptanliegen gilt der Verhinderung des Machtmissbrauchs durch den Monarchen. Zu diesem Zweck entwickelt er am engl. Modell ein Konzept der **Gewaltenteilung,** das Macht beschränken und dadurch Freiheit sichern soll.

Montesquieu und Rousseau gehören neben Voltaire (1694–1778) und den sog. Enzyklopädisten (Denis Diderot, Jean d'Alembert) zu den prominentesten Vertretern der frz. **Aufklärung** (frz. *Lumières*) des 18. Jh.

Ihr Charakteristikum ist das Vertrauen in die Erkenntniskraft der Vernunft (lat. *ratio,* daher *Rationalismus*) und die Zuversicht, dass sich die Vernunft im Geschichtsprozess durchsetzen wird *(Fortschrittsglaube).*

Kritik üben die Aufklärer an allen Verhältnissen und Institutionen, die vor dem »Richterstuhl der Vernunft« (Kant) nicht zu bestehen vermögen. Dazu zählen bes. Feudalordnung und Absolutismus, aber auch alle Arten von Vorurteilen, Aberglauben, Religion und Intoleranz.

Staat
Republiken
Fürstentümer
neu erworben
ererbt
durch Glück
durch Verdienst
frei
Monarchien
unfrei
Tyrannis

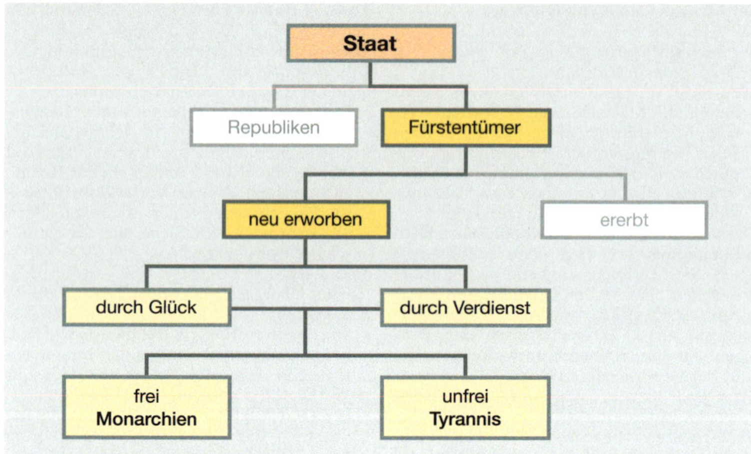

A Staatsformenlehre in ›Il Principe‹

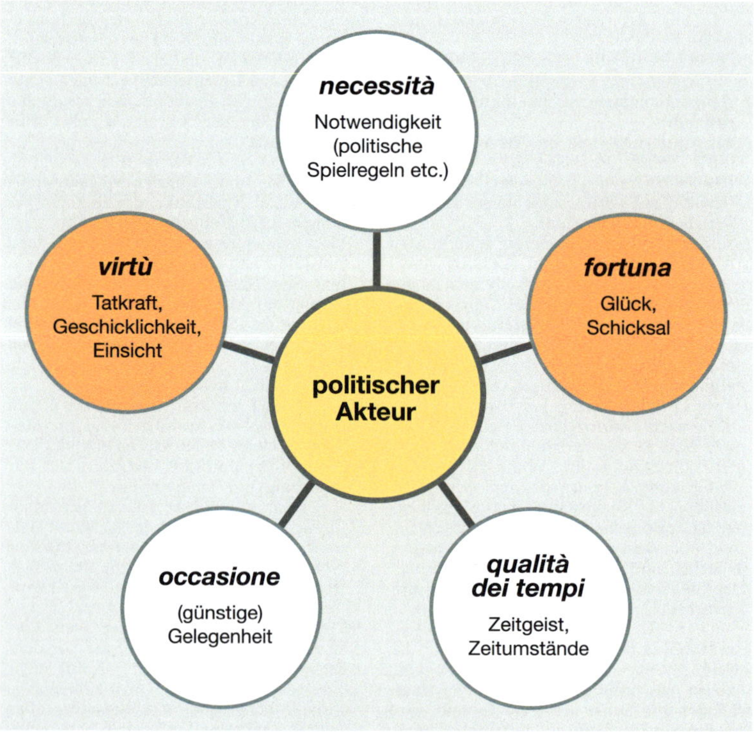

necessità
Notwendigkeit (politische Spielregeln etc.)
virtù
Tatkraft, Geschicklichkeit, Einsicht
fortuna
Glück, Schicksal
politischer Akteur
occasione
(günstige) Gelegenheit
qualità dei tempi
Zeitgeist, Zeitumstände

B Determinanten politischen Handelns nach Machiavelli

Kaum ein anderer hat das pol. Denken so nachhaltig beeinflusst wie **Niccolò Machiavelli** (1469–1527). Selbst viele Jahre als Diplomat und Staatsmann im Dienste seiner Heimatstadt Florenz tätig, entwickelt Machiavelli eine pol. Theorie, die v. a. eine Handreichung für die Praxis sein möchte.

Politischer Realismus

Machiavelli kehrt das aristotel. Teleologieprinzip um: Die Zwecke werden nicht mehr von der Natur, einer kosm. Weltordnung oder einem transzendenten Schöpfergott vorgegeben, sondern vom Einzelnen selbst gesetzt.

Das Individuum kalkuliert eigenverantwortl. Zwecke und Mittel und überprüft ihre Angemessenheit an den Resultaten, d. h. am Erfolg bzw. Misserfolg seines Handelns.

Pol. Handeln zielt wesentlich auf **Machterwerb** bzw. **Machterhaltung.** Beide werden in Machiavellis berühmt-berüchtigter Schrift ›Der Fürst‹ (ital. 1532) zum Selbstzweck, dem sich alle anderen Zwecke unterzuordnen haben.

Dem theoret. Perspektivenwechsel entspricht ein methodischer. Machiavelli möchte nicht mehr über Idealstaaten spekulieren, sondern die pol. Wirklichkeit analysieren:

»Zwischen dem Leben, wie es ist, und dem Leben, wie es sein sollte, ist ein so gewaltiger Unterschied, dass derjenige, der nur darauf sieht, was geschehen sollte, und nicht darauf, was in Wirklichkeit geschieht, seine Existenz viel eher ruiniert als erhält. ... Ich lasse also alles beiseite, was über Herrscher zusammenphantasiert wurde, und spreche nur von der Wirklichkeit.«

Politische Handlungslehre

Zu Machiavellis Verpflichtung der pol. Theorie auf die Wirklichkeit gehört das Gebot, von der menschl. Natur auszugehen. Diese Natur ist schlecht und war es immer, woraus er zwei bedeutsame Konsequenzen zieht:

1. Weil die menschl. Natur schlecht *ist,* muss der Staat in erster Linie als ein Ordnungsinstrument zur Zähmung dieser Natur verstanden werden.
2. Weil sie immer schlecht *war,* lassen sich aus den Ereignissen der Vergangenheit Lehren für die Gegenwart ziehen.

Die **Geschichte** ist für Machiavelli die große *Lehrmeisterin der Politik.* Sie ist es v. a. deshalb, weil die Menschen seit je von den gleichen Leidenschaften bewegt werden und zur Befriedigung dieser Leidenschaften zu den gleichen Mitteln greifen.

Aus diesem Grund lassen sich Handlungsregeln objektivieren, und ebendeshalb kann Machiavelli bei ihrer Aufstellung ebenso auf Beispiele aus der röm. Antike wie aus seiner eigenen Zeit (z. B. Cesare Borgia) zurückgreifen. Diese Regeln beziehen sich auf das *Notwendige* **(necessità),** auf das, was *im Allgemeinen* zu tun ist. Entscheidend für den Erfolg sind jedoch *Tatkraft* und *Geschicklichkeit* **(virtù)** der Akteure.

Wer über (Regel-)Wissen verfügt, ohne es anwenden zu können, gerät ebenso unter die Räder des *Schicksals* **(fortuna)** wie jener, der wohl draufloszuschlagen versteht, es aber blind tut und dadurch seine Kraft verschwendet.

Zwei Eigenschaften zeichnen die *virtù* aus:

1. die Fähigkeit zur Einsicht in die *Zeitabhängigkeit* pol. Handelns **(qualità dei tempi):** Was in der Vergangenheit funktioniert hat, muss nicht zwangsläufig auch in der Gegenwart zum Erfolg führen;
2. die Fähigkeit, sich bietende *Gelegenheiten* **(occasioni)** beim Schopf zu ergreifen. Die Gelegenheiten machen das *Glück (fortuna)* großer Männer; wer sie nicht zu nutzen versteht, ist zum Scheitern verurteilt. (B)

Trennung von Ethik und Politik

Normative Überlegungen werden im ›Fürst‹ ausgeklammert. Dazu zählt auch die Frage der *Legitimität:* Ob die Herrschaft rechtmäßig oder durch Usurpation bzw. Eroberung erworben wurde, spielt nur eine untergeordnete Rolle. Gleiches gilt für die *Tugend:* Ob der Fürst tugendhaft sein oder sich mit dem Anschein der Tugend begnügen soll, ist durch das Primärziel des Machterwerbs/-erhalts bereits vorentschieden:

»Ein Herrscher muss so klug sein, den schlechten Ruf jener Laster zu meiden, die ihn um die Macht bringen können. ... Es braucht ihn auch nicht zu berühren, den schlechten Ruf jener Laster auf sich zu nehmen, ohne die er sich nur schwer an der Macht halten kann; denn wenn man alles genau betrachtet, so wird man finden, dass manches, was als Tugend gilt, zum Untergang führt, und dass manches andere, das als Laster gilt, Sicherheit und Wohlstand bringt.«

Nirgendwo sonst kommt die (für die Neuzeit charakteristische) **Trennung von Ethik und Politik** so deutlich zum Ausdruck wie hier. Der Fürst ist frei in der Wahl seiner Mittel. Allein von den äußeren Umständen und von seiner Klugheit hängt es ab, welche Regeln er befolgt, welche Mittel und Techniken er anwendet. Weil die Menschen i. d. R. nur durch Gewalt zum Guten gezwungen werden können, dürfen auch Lüge und Betrug nicht von vornherein ausgeschlossen werden.

Über die Zulässigkeit der Mittel entscheidet allein der Erfolg. Aufgabe der Pol. Wissenschaft ist es, die *allgemein gültigen Regeln* freizulegen, die pol. Handeln bestimmen, nicht jedoch, dieses Handeln moral. zu bewerten.

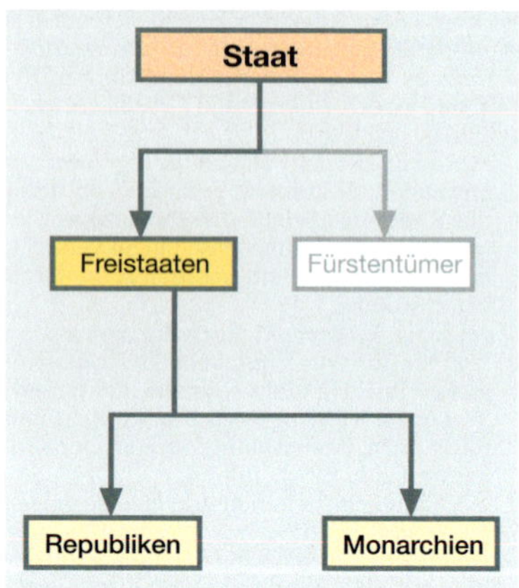

A Staatsformenlehre in den ›Discorsi‹

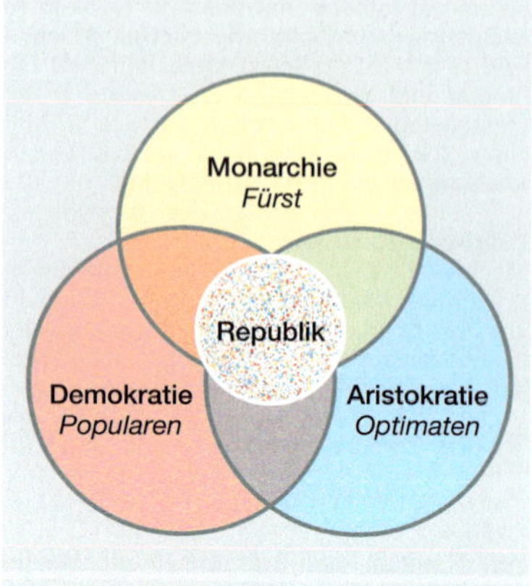

B Die republikanische Mischverfassung

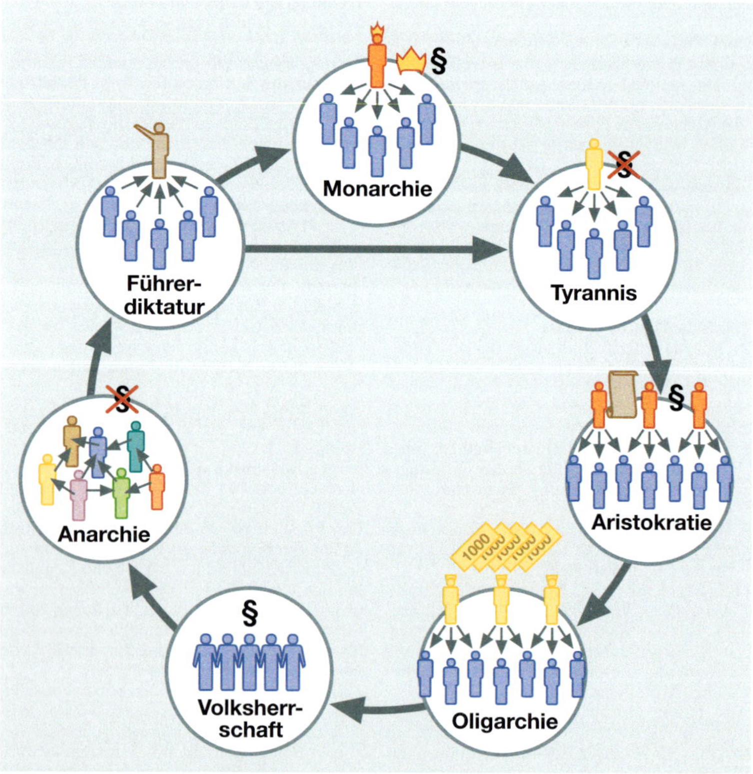

C ›Discorsi‹: Kreislauf der Staats- und Regierungsformen

Machiavellis Hauptwerk stellen die zwischen 1513 und 1517 entstandenen ›Betrachtungen über die ersten zehn Bücher des Titus Livius‹ (›Discorsi …‹, 1531 ersch.) dar. Sie halten am theoret. Ansatz des ›Fürst‹ fest, zeichnen sich jedoch durch eine veränderte Fragestellung aus. Gilt Machiavellis Erkenntnisinteresse dort dem pol. Handeln eines zur Alleinherrschaft drängenden und/oder auf deren Erhalt bedachten Einzelnen, so gilt es hier den **Freistaaten** bzw. **Republiken.**

Bereits im ›Fürst‹ hatte Machiavelli zwischen Republiken und Fürstentümern unterschieden, um sich in der Folge ausschließl. Letzteren zuzuwenden (s. S. 38 A). In den ›Betrachtungen‹ sind es die despot. regierten Alleinherrschaften bzw. Fürstentümer, die zugunsten der Freistaaten von der Untersuchung ausgeschlossen werden (A).

»Ich will nicht Staaten, die von … Anfang an einer anderen Macht unterworfen waren, in meine Überlegungen einbeziehen; vielmehr will ich nur von solchen Staaten sprechen, die von Anfang an frei von jeder äußeren Abhängigkeit waren und sich nach eigenem Gutdünken als Republiken oder Monarchien eingerichtet haben.«

Mit dem Themen- ist ein Perspektivenwechsel verbunden: Im Zentrum der ›Betrachtungen‹ steht nicht die Frage der Macht bzw. des Machterwerbs, sondern das Problem der **Freiheit.** Freiheit und Macht werden von Machiavelli aufs Engste miteinander verknüpft:

Nur von Anfang an freie Staaten können »eine große Entwicklung nehmen« und sich, wie es das röm. Beispiel lehrt, ggf. zu Weltreichen entfalten; nur »Freistaaten« bieten darüber hinaus die Gewähr für eine stabile pol. Ordnung und »staatl. Vollkommenheit«.

Freiheit ist für Machiavelli also kein Selbstzweck, sondern notwendige Bedingung einer zugleich friedl., dauerhaften und erfolgreichen pol. Ordnung. Ein übermäßiges Freiheitsverlangen des Volkes kann für den Staat genauso schädlich werden, wie es für gewöhnl. die unmäßigen Herrschaftsansprüche des Adels sind, und ist daher einzuschränken. Wo dies nicht geschieht, droht Tyrannis.

Der Kreislauf der Geschichte

Nicht das Stiften der Ordnung um jeden Preis ist Gegenstand der ›Betrachtungen‹, sondern die Stabilisierung der Ordnung im Rahmen eines republikan. Gemeinwesens. Diskutiert wird dieses Problem vor dem Hintergrund einer *zyklischen Geschichtstheorie,* die sich sowohl am anthropolog. Kreislauf von Geburt, Leben und Tod als bestimmendem Strukturprinzip als auch an antiken Kreislaufmodellen von pol. Herrschaft orientiert: Geschichte wiederholt sich, und zwar in Gestalt des Aufstiegs und Niedergangs einer pol. Ordnung. Der **Kreislauf der Staats- und Regierungsformen** (C) ist unvermeidlich:

»In diesem Kreislauf haben sich die Regierungen aller Staaten bewegt und tun es immer noch, doch kehren sie selten zu den gleichen Regierungsformen zurück; … kaum ein Staat besitzt so viel *virtù,* dass er solche Umwälzungen mehrmals überstehen könnte, ohne zugrunde zu gehen.«

Am Beispiel der röm. Republik demonstriert Machiavelli die Unausweichlichkeit dieses hist. Kreislaufs. Am Beispiel Roms entwickelt er freilich auch die Voraussetzungen für eine dauerhafte pol. Ordnung: *gute Gesetze* bzw. eine das Vorbild der röm. *Mischverfassung* nachahmende Regierungsform.

Theorie der gemischten Verfassung

Gute Gesetze sind für Machiavelli das Werk eines weisen Gesetzgebers, der einerseits über uneingeschränkte Macht verfügt und andererseits bereit ist, zugunsten des Allgemeinwohls auf diese Macht zu verzichten:

»Mag … auch ein Einzelner die Fähigkeit haben, eine Verfassung zu geben, so ist diese doch nicht von langer Dauer, wenn ihre Erhaltung nur auf den Schultern dieses einzelnen Mannes ruht; ist ihre Erhaltung aber der Sorge vieler anvertraut, so wird sie dauern.«

Die Konsolidierung der staatl. Ordnung ist Machiavelli zufolge also eine Angelegenheit der Allgemeinheit; sie erfordert daher eine Regierungsform, die die Allgemeinheit, d. h. das Volk in seiner Gesamtheit, an der Herrschaft beteiligt und zugleich jede Form soz. Diskriminierung vermeidet.

Für Machiavelli kommt hierfür nur eine **gemischte Verfassung** in Frage. Sie setzt sich aus den drei *guten,* jedoch kurzlebigen aristotel. Regierungsformen *(Monarchie, Aristokratie, Demokratie)* zusammen (B) und ermöglicht allen gesellschaftl. Kräften eine gleichmäßige Teilhabe an der Regierungsgewalt.

Nur wenn sich »Fürst, Adel und Volk, in ein und demselben Staat zur Regierung vereinigt, gegenseitig überwachen«, besteht Aussicht, dass weder ein Einzelner noch der »Übermut der Großen« oder die »Zügellosigkeit der Menge« den Staat zugrunde richten werden.

Es ist bezeichnend für Machiavellis an der röm. Antike geschulten Realismus, dass er die pol. Ordnung der Republik nicht auf eine vorgängige republikan. Moral, sondern auf einen grundsätzl. Interessenantagonismus, den *Dualismus von Adel und Volk,* gründet. Dieser ist einerseits für Parteienhader und Parteienkämpfe verantwortlich, andererseits aber auch die Ursache der Freiheit. Wer den Parteienstreit beseitigt, beseitigt die Voraussetzungen für den Erhalt der Freiheit bzw. eines freiheitl. Gemeinwesens.

nach einem Holzschnitt von Ambrosius Holbein aus der 1518 erschienenen Erstausgabe der ›Utopia‹ von Thomas Morus

A Die Insel ›Utopia‹

Die Stadt ist in Gestalt von sieben Ringmauern angelegt, die innen und außen mit Gemälden geschmückt sind, welche die verschiedenen Wissenschaften darstellen.

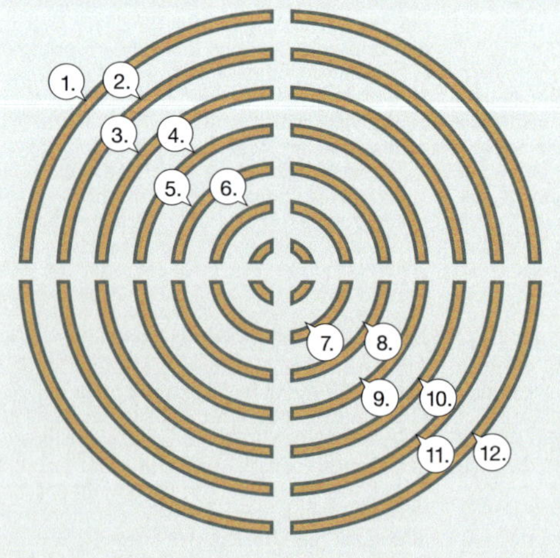

1. Beschreibung der Erde (Landkarten, Sitten und Gebräuche ...)
2. Gewässer der Erde, Flüssigkeiten, Getränke, atmosphärische Erscheinungen
3. Fische und Meerestiere
4. Reptilien, Insekten
5. an Land lebende Tiere
6. berühmte Wissenschaftler, Gesetzgeber und andere historische Persönlichkeiten
7. Werkzeuge
8. an Land lebende Tiere
9. Vögel
10. Bäume und andere Pflanzen
11. Mineralien, Metalle
12. mathematische Zeichen und Zahlen

B Tommaso Campanella: Modell der Sonnenstadt

Eine Alternative zum pol. Realismus Machiavellis erwächst Renaissance und Barock in der **Utopie** bzw. dem **Staatsroman,** für den die enge Verbindung von literar. Fiktion und pol. Sozialkritik charakteristisch ist. Zu den bekanntesten Autoren gehören **Thomas Morus** (1478–1535), **Francis Bacon** (1561–1626) und **Tommaso Campanella** (1568–1639).

Der **Begriff** *Utopie* geht auf Morus' 1516 erschienenen Roman ›Utopia‹ zurück; er setzt sich zusammen aus griech. *ou* 'nicht' und *topos* 'Ort', bedeutet also eigentl. »Nicht-Ort« oder »Nirgendwo«. Mit der Verwandlung der literar. Gattungsbezeichnung in einen pol. Kampfbegriff wird aus dem (Noch-)Nicht-Ort ein Un-Ort: Unter Utopien versteht man heute i.d.R. pol. Ideen oder Projekte, die als fantastisch, unrealistisch bzw. nicht durchführbar (»utopisch«) erscheinen.

Die Staatsromane der frühen Neuzeit sind sog. **Raumutopien.** Sie beschreiben, in enger Anlehnung an Platons ›Der Staat‹ und zumeist in Form eines fiktiven Reiseberichts, entfernte, hist. und geograf. nicht eindeutig lokalisierbare Länder, die sich durch einen gesellschaftl. *Idealzustand* auszeichnen.

Sämtl. utopischen Staatslehren stehen im denkbar größten Gegensatz zu den soziopol. Verhältnissen ihrer Entstehungszeit, die in ihnen krit. gespiegelt werden. Sie konstruieren Gegenwelten, die als Alternative zur schlechten Wirklichkeit gelesen werden wollen.

Fundament der Staatskonstruktion ist die menschl. Vernunftnatur, regulatives Prinzip die Idee einer *vernünftigen Einheit,* welcher sich alle Strukturelemente zu fügen haben.

Die Staatsutopien rekurrieren folgerichtig weder auf eine idealisierte Vergangenheit *(Goldenes Zeitalter)* noch weichen sie in die Transzendenz *(Paradies)* aus. Sie vertrauen vollständig auf die Fähigkeit des Menschen, die gesellschaftl. und pol. Verhältnisse vernünftig zu gestalten.

Charakteristisches Kennzeichen aller klass. Sozialutopien ist, neben der Auffassung von der rationalen Planbarkeit von Wirtschaft und Gesellschaft, der *Primat des Kollektivs:* Der Gemeinschaft, nicht dem Einzelnen und seinen Rechten, wird der Vorrang zuerkannt.

Morus' ›Utopia‹

Morus eröffnet sein »heilsames Büchlein« über die Sozialverfassung und die pol. Institutionen der Insel *Utopia* mit einer heftigen Kritik der bestehenden engl. Verhältnisse:

Verantwortlich für Ausbeutung und Elend ist das Privateigentum. Die pol. Einrichtungen zementieren die Spaltung der Gesellschaft in Klassen; sie sind das Ergebnis einer »Verschwörung der Reichen, die im Namen und unter dem Rechtstitel des Staates für ihren eigenen Vorteil sorgen«.

Das Gemeinwesen der Utopier zeichnet sich demgegenüber durch strikten Gemeinbesitz und stabile Sozialstrukturen aus; es lässt sich am besten als **kommunistischer Agrarstaat** bezeichnen: Alle Bürger sind zur Arbeit in der Landwirtschaft und zum Erlernen eines Handwerks verpflichtet. Die systemat. Anwendung der Technik ermöglicht eine gewaltige Steigerung der Produktion und die Verkürzung der tägl. Arbeitszeit auf sechs Std.

Die pol. Strukturen tragen Züge einer **Mischverfassung:**

Je 30 Familien wählen sich jährl. einen Vorstand; sämtliche Vorstände wählen aus vier vom Volk ausgesuchten Kandidaten das Staatsoberhaupt auf Lebenszeit, dessen Tätigkeit eine Art Senat unterstützt.

Bacons ›Nova Atlantis‹

In Bacons nur bruchstückhaft erhaltener Abhandlung ›Neues Atlantis‹ (engl. 1627) spielen nicht die Neuordnung der Besitzverhältnisse und eine neue Sozialmoral die entscheidende Rolle, sondern **Wissenschaft und Technik:** Gemäß seinem Grundsatz »Wissen ist Macht« erhofft sich Bacon die Lösung aller soz. Fragen von der rationalen Beherrschung der Natur.

Im Mittelpunkt des Buches steht das *›Haus Salomons‹* auf der Insel Bensalem. In den Laboratorien dieses arbeitsteilig organisierten Forschungsinstituts führen Wissenschaftler unter staatl. Aufsicht Experimente durch und entwickeln Techniken, die die Produktivität unaufhörlich steigern. Das Privateigentum existiert ebenso weiter wie das Patriarchat. Ein aufgeklärter Monarch sorgt für die reibungslose Abwicklung der Geschäfte.

Campanellas ›Sonnenstaat‹

Der ›Sonnenstaat‹ (ital. 1602) verkörpert die *autoritäre Variante* der klass. Sozialutopie: Nicht auf Freiheit gründet sich das Glück, sondern auf Zwang und Kontrolle.

Die Bewohner der Insel Taprobana sind in erster Linie Untertanen und Empfänger staatl. Subsidien. Sie besitzen kein Eigentum, kein Einkommen, kein Privatleben: Alles bei ihnen ist Gemeinbesitz.

Der rigorose **Güterkommunismus** soll, zusammen mit den zahlreichen gemeinsamen Verrichtungen, der mit dem Eigentum verknüpften *Selbstsucht* vorbeugen. Regiert werden die Solarier von einer streng hierarch. strukturierten theokrat. Funktionselite, die Rechte und Pflichten, öffentl. Dienste und Arbeiten nach festgelegten Grundsätzen verteilt. Ihr bes. Augenmerk gilt der Züchtung einer edlen Nachkommenschaft:

Die Fortpflanzung unterliegt staatl. Kontrolle. **Eugenische Maßnahmen** sollen die geistige und körperl. Überlegenheit der Solarier gewährleisten.

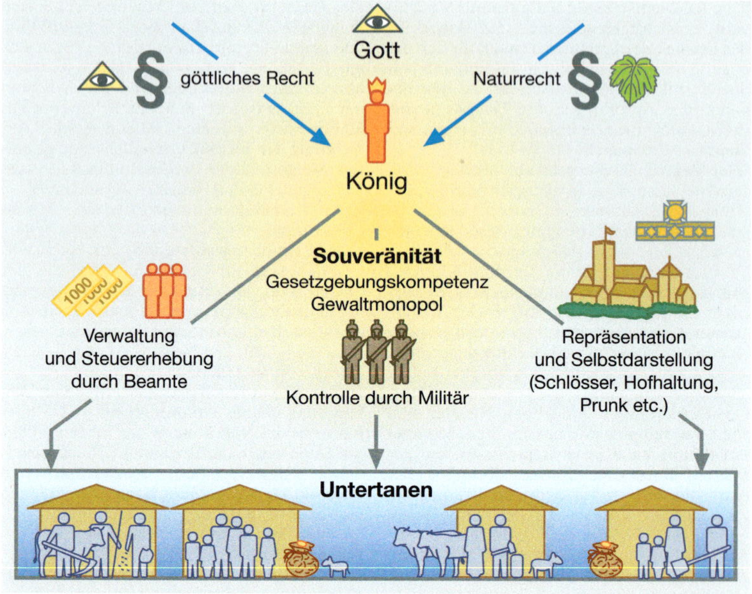

Gott
göttliches Recht
Naturrecht
König
Souveränität
Gesetzgebungskompetenz
Gewaltmonopol
1000
Verwaltung
und Steuererhebung
durch Beamte
Kontrolle durch Militär
Repräsentation
und Selbstdarstellung
(Schlösser, Hofhaltung,
Prunk etc.)
Untertanen

A Das Herrschaftssystem des Absolutismus (in Anlehnung an Bodin)

Gesellschaft
Staat
Familie
Herrscher
Untertanen
Familien-
oberhaupt
Familien-
mitglieder
Gesetzgeber
Richter
Feldherr
Ehemann
Vater
Herr
Eigentümer

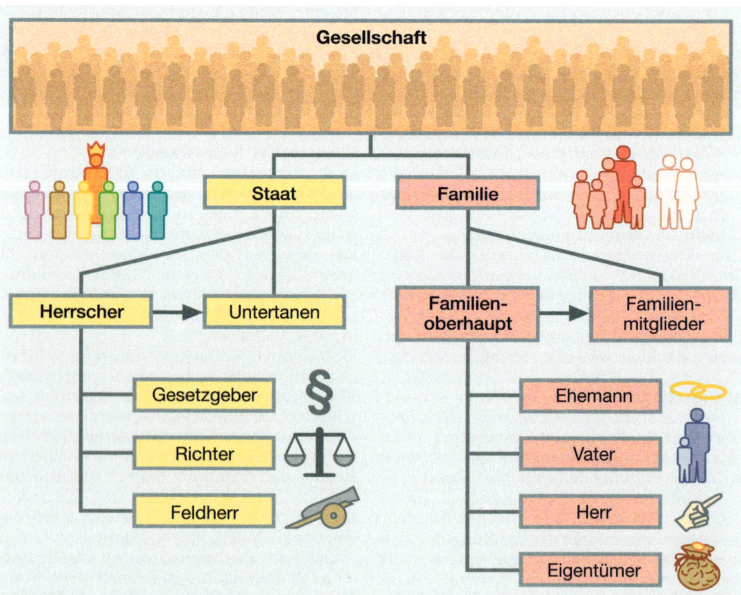

B Analogie von Staat und Familie nach Bodin

Der frz. Staatsrechtler **Jean Bodin** (1529(?)–96) gehört wegen seines Festhaltens an der Frage nach der guten pol. Ordnung noch der klass. Tradition der Pol. Philosophie an. Sein Eintreten für religiöse Toleranz und seine Souveränitätslehre weisen der staatstheoret. Reflexion jedoch bereits den Weg in die Moderne.

Bodins Hauptwerk ›Sechs Bücher über den Staat‹ (frz. 1576) enthält neben der theoret. Begründung des Absolutismus eine der frühesten Verfassungstheorien der Neuzeit.

Bodin war Mitglied der *Politiques,* einer Gruppe bürgerl. Politiker und Juristen, die sich, geprägt von dem Erlebnis der Religionskriege seit 1562 (Hugenottenkriege), um die Durchsetzung religiöser Toleranz sowie um eine Trennung von Politik und Religion bemühten. Die Wiederherstellung von Frieden und Rechtssicherheit erhofften sie sich von einem starken Staat bzw. absolutistisch regierenden Monarchen.

Wie einst Aristoteles rechnet auch Bodin das Studium der Politik zu den vornehmsten Wissenschaften. Dabei geht es ihm nicht um die »Kenntnis tyrannischer Winkelzüge«, sondern um die »heiligen Geheimnisse der Staatsphilosophie«. Heiligstes Geheimnis dieser Philosophie ist die Verpflichtung allen pol. Handelns auf das **Gemeinwohl.**

In seinem Hauptwerk verknüpft Bodin diese Verpflichtung mit dem Plädoyer für eine starke monarch. Zentralgewalt, die »nur Gott als Größeren über sich anerkennt«, allen anderen Personen bzw. Körperschaften, v.a. Papst, Kaiser und Ständen (Klerus, Adel), ein Mitspracherecht jedoch verweigert.

Aus der Verbindung von pol. Gemeinwohlverpflichtung und staatl. Gewaltmonopol resultiert das zentrale pol. Gut: die dauerhafte Ordnung des Gemeinwesens.

Theorie der Souveränität

Ein »wohlgeordneter« Staat zeichnet sich nach Bodin v.a. durch zwei Merkmale aus:

1. Er wird von einem Herrscher geleitet, der die »höchste Befehlsgewalt« *(summa potestas* bzw. *maiestas)* über seine Untertanen besitzt; diese **souveräne** Gewalt ist absolut und zeitl. unbefristet.
2. Er wird gemäß dem **göttlichen Recht** und den **Gesetzen der Natur** regiert.

Ausdruck der Souveränität des Herrschers ist das **Gesetzgebungsmonopol.** Aus ihm lassen sich alle weiteren Rechte ableiten: die Entscheidung über Krieg und Frieden, die höchstrichterl. Entscheidung, das Recht, Beamte zu ernennen und abzusetzen, das Begnadigungsrecht, das Besteuerungsrecht etc. Anders als seine Untertanen ist der Souverän an die von ihm selbst oder von anderen erlassenen Gesetze nicht gebunden *(princeps legibus solutus).* Er steht über den Gesetzen, die er aufheben oder ändern kann, wie es ihm beliebt.

Der Handlungsspielraum des Souveräns ist gleichwohl nicht grenzenlos: Zwar besitzt er die höchste Macht, doch darf er sie nicht beliebig verwenden. Sein Handeln hat sich an überpositiven Normen wie dem göttl. Recht und dem Naturrecht zu orientieren. (A)

Daraus erwachsen zahlreiche **Souveränitätseinschränkungen:** So darf der Souverän weder die Grundgesetze des Reiches (z.B. Salisches Gesetz) verändern noch die Krongüter veräußern. Unantastbar sind außerdem das Eigentum der Untertanen, zweifelhaft in ihrer Reichweite zumindest das Besteuerungs- und das Kriegsfinanzierungsrecht.

Theorie der Monarchie

Bodin zufolge konstituieren nicht egoist. kalkulierende Individuen, sondern **Familien,** d.h. von einem Oberhaupt geleitete Personenverbände, den Staat.

»Der Staat ist definiert durch die dem Recht gemäß geführte, mit souveräner Gewalt ausgestattete Regierung einer Vielzahl von Familien und dessen, was ihnen gemeinsam ist.«

Die Familie ist das wahre Urbild des Staates, die staatl. Gewalt ein Abbild der häuslichen. Eine am Vorbild der Familie bzw. des Familienvaters orientierte Regierungsform kann nicht anders denn monarchisch sein. Allein der **Monarch** verkörpert das Souveränitätsprinzip in Reinform. Nur ihm eignen »die wahren Attribute der Souveränität«, nur er kann ohne Zustimmung anderer allgemeinverbindl. Gesetze erlassen sowie »die Sicherheit seiner Untertanen, ihres Besitzes und ihrer Familien« gewährleisten.

Bedroht werden Sicherheit und Stabilität eines Gemeinwesens v.a. durch religiös-konfessionelle »Partei- und Gruppenbildungen«, die notwendig zu Aufruhr und Bürgerkriegen führen und daher zu verbieten bzw. in ihren Wirkungsmöglichkeiten rigoros einzuschränken sind. Eintracht und Frieden lassen sich nach Ansicht Bodins nur erreichen, wenn sich der Monarch über die konfessionellen (und andere) Gegensätze erhebt, sein Gewaltmonopol ohne Ansehen der Streitparteien zum Einsatz bringt und als »souveräner Richter« den Bürgerkrieg beendet:

»Wenn keine Befriedigung durch ein Urteil herzustellen ist, muss der Souverän zur Gewalt greifen, um dem Ganzen ein Ende zu machen, indem die Anführer bestraft werden.«

Keinesfalls darf er selbst Partei ergreifen, da er dabei nicht nur seine Krone, sondern auch sein Leben aufs Spiel setzen würde. Ein individuelles Widerstandsrecht der Untertanen gegen die Entscheidungen und Maßnahmen des Monarchen schließt Bodin aus.

Grundsätze → abgeleitete Sätze

Definitionen, Axiome → Lehrsätze, Theoreme → Folgesätze, Erläuterungen

A Mos geometricus (geometrische Methode) nach dem Vorbild Euklids

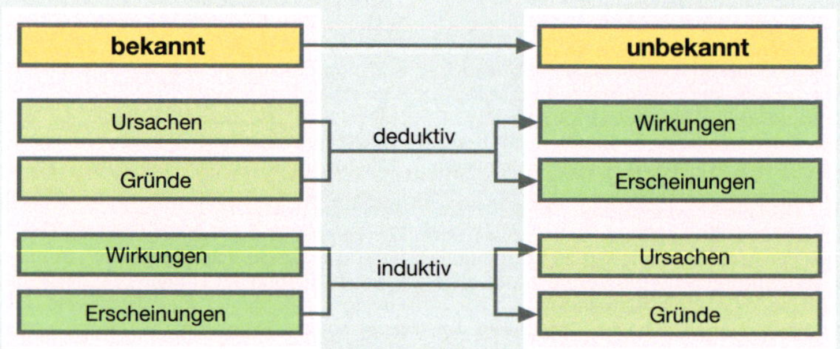

B Die Methoden der Philosophie/Wissenschaft nach Hobbes

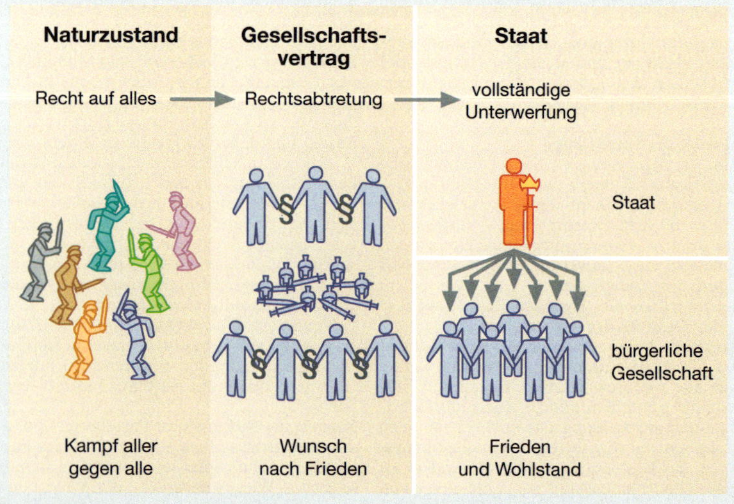

C Vom Naturzustand zum Staat

Das Erlebnis der konfessionellen Bürgerkriege und die Fortschritte der empir. Naturwissenschaften prägen das Werk von **Thomas Hobbes** (1588–1679). Der engl. Staatstheoretiker, der einer breiten Öffentlichkeit v. a. als Atheist und Theoretiker des Absolutismus bekannt geworden ist, gilt als der eigentl. **Begründer der neuzeitlichen Politischen Philosophie.**

Hobbes ist Empirist und Materialist:

- Als *Empirist* möchte er die Welt ausschließl. unter Zuhilfenahme von Erfahrungstatsachen erklären.
- Als (mechanist.) *Materialist* ist er der Überzeugung, dass diese Welt aus sich wechselseitig anziehenden und abstoßenden Körpern besteht, die sich zueinander in einer berechenbaren und eben deshalb auch erkennbaren Weise verhalten.

Will die Philosophie zu sicheren Erkenntnissen gelangen, muss sie sich auf Körper und ihre Bewegungen einlassen und wie die Naturwissenschaften *more geometrico* verfahren: Sie muss von unbezweifelbaren Axiomen und präzisen Definitionen ihren Ausgang nehmen bzw. diese Axiome aus den Wirkungen erschließen (A, B).

Für die Pol. Philosophie ergeben sich aus dieser Methode zwei bedeutsame Konsequenzen:

- Sie muss sich dem Menschen bzw. dem mit bestimmten natürl. Rechten ausgestatteten Individuum als »erzeugendem Grund« von Gesellschaft und Staat zuwenden.
- Sie muss Individuum und Gesellschaft als nach mechanist. Gesetzen sich bewegende Körper zu rekonstruieren versuchen.

Da Hobbes zufolge die Menschen v. a. von Affekten und Leidenschaften beherrscht werden, erfolgt die Rekonstruktion in Form einer Rückführung aller Handlungen auf bestimmte **Grundantriebe:** Liebe, Begehren und Lust auf der einen, Schmerz, Abneigung und Furcht auf der anderen Seite. Letztl. dominiert ein Zentralantrieb: der *Wille zur Selbsterhaltung.*

Was geschieht, wenn dieser Zentralantrieb ungehemmt zur Entfaltung gelangt, hat Hobbes im ›Leviathan‹ (engl. 1651, lat. 1670), seinem aufsehenerregenden Hauptwerk, beschrieben und zwar in Gestalt eines Gedankenexperiments:

Im (hypothet.) **Naturzustand** gibt es weder eine Gesellschaft noch Gesetze oder gar eine staatl. Gewalt, die ihre Einhaltung erzwingen könnte. Die Menschen sind frei und gleich geboren, und sie haben ein »Recht auf alles« sowie ein unstillbares Verlangen nach allem, v. a. nach Macht. Die Folge ist ein *Krieg aller gegen alle,* in dem jeder rücksichtslos sein Eigeninteresse verfolgt. Der Stärkere setzt sich durch und verschlingt die Schwächeren: Es gilt die berühmte Formel: *»Homo homini lupus«* (»Der Mensch ist dem Menschen ein Wolf«).

Der Gesellschaftsvertrag

Die immer gegenwärtige Furcht vor dem gewaltsamen Tod lässt in den Menschen den Wunsch reifen, den Naturzustand zu überwinden. Zu Hilfe kommen ihnen dabei die **natürlichen Gesetze,** allgemeine, von der Vernunft zu ermittelnde Handlungsregeln. Von Bedeutung sind die beiden ersten Gesetze:

- »Suche Frieden und halte ihn ein.«
- »Jedermann soll freiwillig, wenn andere ebenfalls dazu bereit sind, auf sein Recht auf alles verzichten.«

Der Zusammenschluss zur Gesellschaft ist das Resultat vernünftiger Einsicht, präziser: das Resultat eines **Gesellschaftsvertrags,** den jeder mit jedem abschließt. Die Pointe der hobbesschen Argumentation besteht darin, diesen Gesellschafts- mit einem **Unterwerfungsvertrag** (Begünstigungs- bzw. Autorisierungsvertrag) zu verknüpfen: Zugunsten eines unbeteiligten Dritten verzichten die vertragschließenden Individuen auf ihr natürl. »Recht auf alles« – mit Ausnahme des Rechts auf Selbsterhaltung. Dieser Dritte ist der Staat, dessen unumschränkter Gewalt sie sich als Untertanen unterwerfen. (C)

Wegen seiner Machtfülle bezeichnet Hobbes den Staat als *Leviathan* (ein biblisches Ungeheuer) oder *sterblichen Gott.* Da der Staat als Folge des Vertragsabschlusses über das Gewaltmonopol verfügt, kann er soz. Verhalten auch gegen Widerstand erzwingen und so den jederzeit mögl. Rückfall in den Naturzustand unterbinden. Zum Zweck der Friedenssicherung sind ihm alle Mittel, nicht zuletzt die Festlegung des rel. Kultes, erlaubt. Die äußere Form des Staates *(Monarchie* oder *Versammlungsherrschaft)* spielt für Hobbes nur eine untergeordnete Rolle.

Hobbes gründet den Staat auf die *Zustimmung* seiner Bürger und eröffnet damit den modernen Legitimationsdiskurs. Gleichzeitig verkoppelt er diese Zustimmung mit einer *bedingungslosen Rechtsaufgabe* und erweist sich so als Theoretiker staatl. Allmacht. Unbedingten Anspruch auf Loyalität kann der Staat allerdings nur erheben, wenn er nach innen und außen den Frieden zu sichern vermag. Gelingt ihm dies nicht, verfällt die Gehorsamsverpflichtung der Bürger bzw. Untertanen, die in diesem Fall von ihrem Recht auf Selbsterhaltung Gebrauch machen und sich den Anordnungen des Souveräns verweigern dürfen. Von einem Widerstands*recht* lässt sich dabei allerdings nicht sprechen, da der hobbessche Vorbehalt nur greift, wenn Leib und Leben des Einzelnen bedroht sind. Solange dies nicht der Fall ist, bedeutet jeder Widerstand gegen die Staatsgewalt einen Vertragsbruch und ist daher ausgeschlossen.

ursprüngliche Gütergemeinschaft
Aneignung durch Arbeit – begrenztes Eigentum
Akkumulation von Eigentum durch Einführung von Geld
natürliche Güter

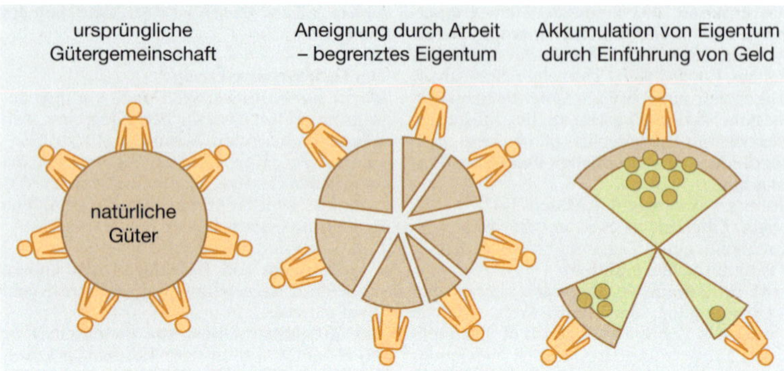

A Entstehung von Privateigentum

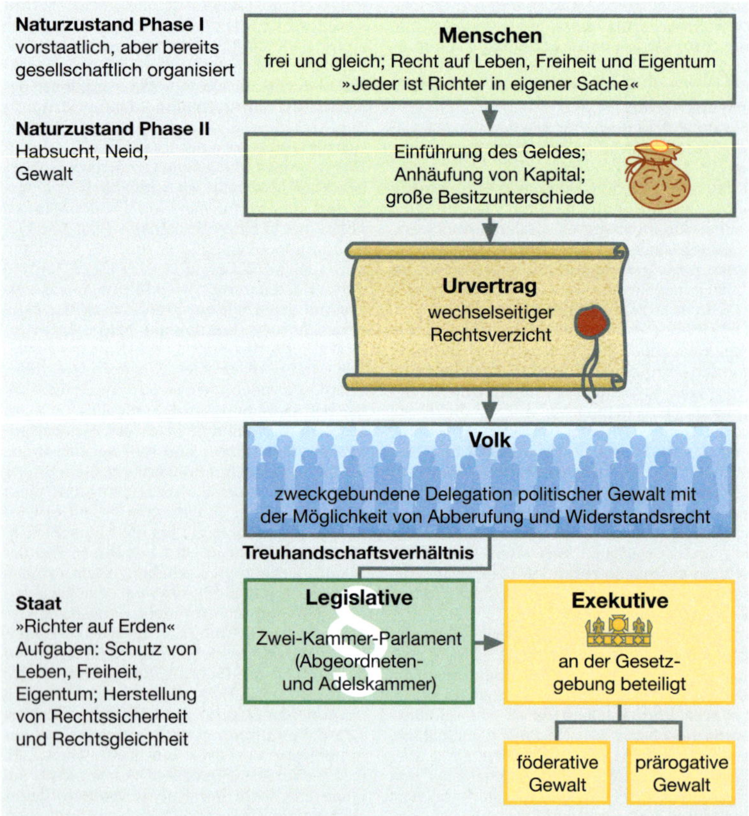

Naturzustand Phase I
vorstaatlich, aber bereits gesellschaftlich organisiert
Menschen
frei und gleich; Recht auf Leben, Freiheit und Eigentum
»Jeder ist Richter in eigener Sache«
Naturzustand Phase II
Habsucht, Neid, Gewalt
Einführung des Geldes; Anhäufung von Kapital; große Besitzunterschiede
Urvertrag
wechselseitiger Rechtsverzicht
Volk
zweckgebundene Delegation politischer Gewalt mit der Möglichkeit von Abberufung und Widerstandsrecht
Treuhandschaftsverhältnis
Staat
»Richter auf Erden«
Aufgaben: Schutz von Leben, Freiheit, Eigentum; Herstellung von Rechtssicherheit und Rechtsgleichheit
Legislative
Zwei-Kammer-Parlament (Abgeordneten- und Adelskammer)
Exekutive
an der Gesetzgebung beteiligt
föderative Gewalt
prärogative Gewalt

B Ableitung der politischen Gewalt nach Locke

John Locke (1632–1704) ist der bedeutendste Theoretiker der frühbürgerl. Gesellschaft und einer der Wegbereiter des pol. **Liberalismus.** In seinen ›Zwei Abhandlungen über die Regierung‹ (engl. 1690) werden erstmals die Konturen des modernen **Verfassungsstaates** sichtbar.

Im Mittelpunkt seiner pol. Theorie stehen die Freiheit und die natürl. Rechte des Individuums. Aufgabe des Staates ist es, den Schutz dieser Rechte zu gewährleisten.

Naturzustand und natürliches Gesetz

Im urspr. **Naturzustand,** einem Zustand vollkommener Freiheit und Gleichheit, unterstehen alle Menschen als Geschöpfe Gottes dem von Gott gegebenen und durch die menschl. Vernunft erkennbaren **Gesetz der Natur.** Dieses Gesetz schließt ein

- das *Recht auf Selbsterhaltung* und
- die *Pflicht zur Erhaltung der Mitmenschen.*

Aus dem Recht auf Selbsterhaltung folgert Locke das Grundrecht auf Freiheit, Leben und persönl. Besitz, aus der Pflicht zur Erhaltung der Menschheit die Pflicht zur Toleranz und zur Bestrafung derjenigen, die das Naturgesetz missachten:

»Damit nun alle Menschen davon abgehalten werden, die Rechte anderer zu beeinträchtigen ..., so ist in jenem [Natur-]Zustand die Vollstreckung des natürlichen Gesetzes in jedermanns Hände gelegt.«

Der lockesche Naturzustand ist kein Willkür-, sondern ein prinzipiell friedlicher und bereits gesellschaftl. organisierter **Rechtszustand,** freilich ohne Rechtssicherheit und Rechtsgleichheit. In Ermangelung einer zentralen staatl. Autorität ist jeder »Richter in eigener Sache«. Nicht zuletzt als Folge dieses Mangels verwandelt sich, in einer zweiten Phase, der friedliche Natur- in einen **Kriegszustand,** »voll von Furcht und ständiger Gefahr«.

Bedroht ist v. a. das Eigentum, dessen unbegrenzten und dauerhaften Erwerb die Einführung des Geldes mögl. gemacht hat. (A) Als Folge dieser Erfindung schwindet die Gleichheit, an ihre Stelle tritt die Spaltung der Gesellschaft in Besitzende und Nichtbesitzende, treten Habsucht, Neid und Gewalt. Dies ist für Locke der Augenblick, da die Menschen sich zum Zwecke des Friedens und der Selbsterhaltung zur *bürgerlichen Gesellschaft* vereinigen.

Gesellschaftsvertrag

Locke gehört wie Hobbes zu den sog. Vertragstheoretikern, die Gesellschaft und Staat auf einen **Sozialkontrakt** (Urvertrag) zurückführen. Leiten lässt er sich von dem Grundsatz, dass nur die *freiwillige Zustimmung* der Individuen pol. Herrschaft legitimieren kann. Zweck des Zusammenschlusses ist der **Schutz des Eigentums,** wozu Locke nicht nur das persönliche Eigentum i. e. S., sondern auch Freiheit und Leben rechnet.

Den Vertrag selbst konzipiert Locke als wechselseitigen *Rechtsverzicht:* Alle Vertragspartner verzichten zugunsten der Gemeinschaft auf ihr natürl. Recht, das Naturgesetz auszulegen, sowie auf ihr Recht, Zuwiderhandlungen gegen dieses Gesetz zu bestrafen. Der Gemeinschaft obliegt es, staatl. Gewalten einzusetzen, denen *Gesetzgebung, Rechtsprechung* und *Rechtsdurchsetzung* übertragen werden können.

Die Pointe der lockeschen Argumentation besteht darin, dass diese Übertragung ein **Treuhandschaftsverhältnis** begründet: Pol. Gewalt wird zweckgebunden delegiert und zu *treuen Händen* übergeben; sie beruht auf Vertrauen und kann im Falle des Vertrauensbruchs auch wieder entzogen werden *(Abberufungs-* bzw. *Widerstandsrecht).*

Dass die Einsetzung staatl. Gewalt (wie alle künftigen Beschlüsse) die Anwendung des *Mehrheitsprinzips* erfordert, versteht sich für Locke von selbst, da für ihn anderenfalls eine pol. Willensbildung unmöglich und der pol. Körper handlungsunfähig wäre.

Gewaltenteilung

Die Frage der Staatsform spielt für Locke nur eine untergeordnete Rolle. Entscheidend ist, dass pol. Herrschaft auf der Zustimmung (der Mehrheit) der Beherrschten gründet und nach festen Regeln *(Gesetzesherrschaft)* sowie im Sinne des Gemeinwohls ausgeübt wird.

Der Verhinderung des Machtmissbrauchs trägt Lockes **Gewaltenteilungslehre** Rechnung; danach sind zur Vermeidung staatl. Machtkonzentration die staatl. Grundfunktionen auf voneinander unabhängige, gleichwohl miteinander verschränkte und einander hierarchisch zugeordnete Staatsorgane aufzuteilen (B):

- Die **Legislative** ist das wichtigste Staatsorgan. Locke plädiert für ein *Zwei-Kammern-Parlament,* bestehend aus einer vom Volk gewählten *Abgeordneten-* und einer *Adelskammer;* beide Kammern wirken gleichberechtigt an der Gesetzgebung mit.
- Die der Legislative untergeordnete **Exekutive** (Regierung) liegt in der Hand des Monarchen; ohne seine Zustimmung kommt kein Gesetz zustande. Ihr zugeordnet sind die **föderative Gewalt** (Außenpolitik) und die **Prärogative** (eine Art Notstandsrecht). Gleiches gilt für die **Judikative** (richterliche Gewalt), die von unabhängigen Gerichten wahrgenommen wird.

Das letzte Wort hat immer das Volk: Das Volk vergibt die Gewalten, und es kann sie daher im Fall eines Vertrauensbruches auch wieder zurückfordern.

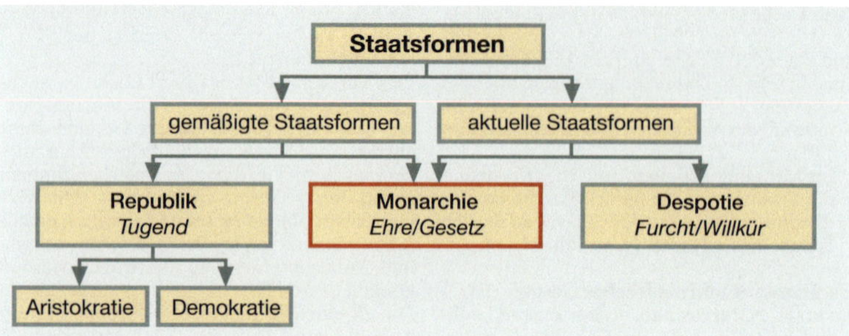

A Staatsformenlehre nach Montesquieu

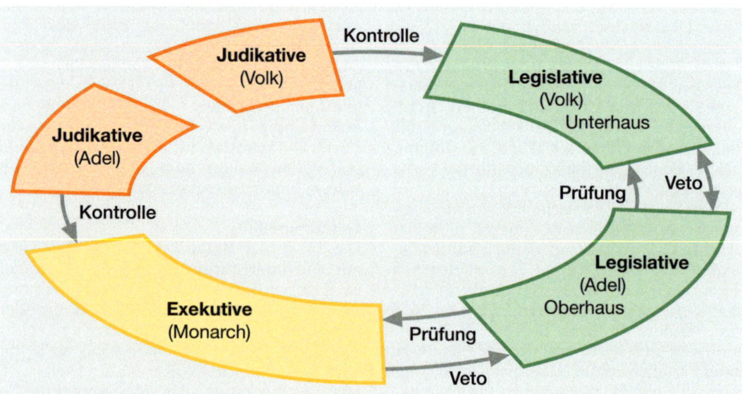

B System der Gewaltenteilung nach Montesquieu

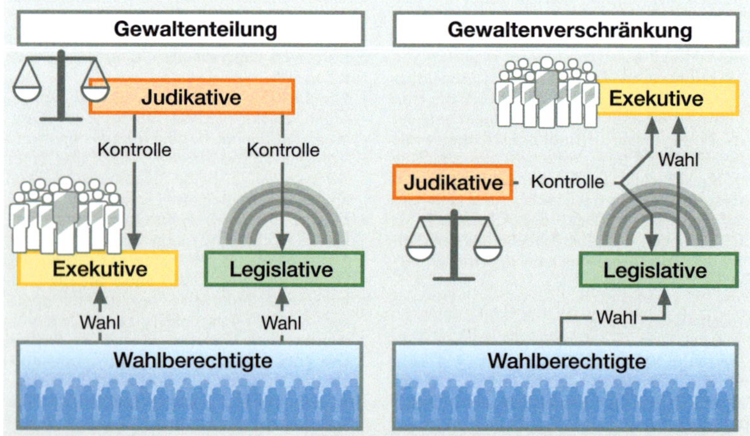

C Gewaltenteilung vs. Gewaltenverschränkung

Charles-Louis de Secondat, Baron de Montesquieu (1689–1755) hat Geschichtsschreibung, Rechtswissenschaft und Soziologie gleichermaßen beeinflusst. Zum Klassiker der Politikwissenschaft ist er durch seine *Gewaltenteilungslehre* geworden.

Aufsehen erregte Montesquieu erstmalig als Verfasser der ›Persischen Briefe‹ (frz. 1721), einer satir. Kritik an den Zuständen im absolutist. Frankreich. Sein Hauptwerk ›Vom Geist der Gesetze‹ (frz. 1748) setzt diese Kritik nicht nur fort, sondern ist zugleich Ausdruck einer neuen, kultursoziolog. Betrachtungsweise von Staat und Gesellschaft.

Gesetzesbegriff

Montesquieu möchte Recht und Politik wissenschaftl. *begründen.* Wie Hobbes ist er dabei auf der Suche nach einschlägigen **Gesetzmäßigkeiten;** allerdings will er diese nicht »mathematisch« konstruieren, sondern unter Zuhilfenahme umfangreichen hist. Materials aus der Vielfalt wechselseitig sich beeinflussender Faktoren empirisch rekonstruieren.

Leiten lässt sich Montesquieu bei seiner Untersuchung von der **Natur der Dinge,** die er ganz im Geiste der Stoa mit der universalen menschl. Vernunft identifiziert:

Sitten, Gebräuche und jurist. Normen eines best. Landes – die Gesetze im Besonderen also – sind für ihn raum- und zeitabhängige Spezifikationen dieser allg. Vernunft, »notwendige Beziehungen, die sich aus der ›Natur der Sache‹ ergeben« und im **allgemeinen Geist eines Volkes** (»esprit général d'une nation«) auf einzigartige Weise verdichten.

Der Gesetzgeber muss auf diesen Geist Rücksicht nehmen. Er muss darüber hinaus die allg. Grundsätze der Gesetzgebung beachten, sprich: die Gesetze den (Standort-)Faktoren anpassen:

»Sie [die Gesetze] müssen ... in Beziehung stehen zu der Natur des Landes, dem ... Klima, der Beschaffenheit, Lage und Größe des Bodens, der Lebensweise ..., und sie müssen dem Grad der Freiheit entsprechen, den die Verfassung gestatten kann, der Religion der Bewohner, ihren Neigungen, ihrem Reichtum, ihrer Zahl, ihrem Handel, ihren Sitten und Gewohnheiten.«

Staatsformenlehre

Was für die (Staats-)Gesetze gilt, gilt ebenso für die **Staatsformen,** die allesamt zu den genannten Faktoren in Beziehung zu setzen sind. Ihrer *Natur* (der Form der Machtausübung) und ihrem *Prinzip* (der der Natur entsprechenden Verhaltensweise) nach unterscheidet Montesquieu drei Varianten (A):

1. In der **Republik** regieren alle *(Demokratie)* oder nur einige *(Aristokratie);* Prinzip ist die *Tugend* (der Vaterlandsliebe).
2. In der **Monarchie** regiert einer; Prinzip ist die *Ehre.*
3. In der **Despotie** regiert ebenfalls nur einer; Prinzip ist die *Furcht.*

Nur Monarchie und Despotie sind für Montesquieu »aktuelle« Staatsformen. Der Monarch regiert nach unverletzl. Gesetzen, kontrolliert von einem System von Zwischengewalten; der Despot herrscht willkürlich und auf Kosten v. a. des Adels.

Theorie der Gewaltenteilung

Republik und Monarchie zählt Montesquieu zu den guten Staatsformen, weil bzw. insofern ihr gemeinsames Kennzeichen die *pol. Freiheit* ist. Diese Freiheit findet sich nur in Staaten, die nach dem Muster der engl. Monarchie ein **System der Gewaltenteilung** institutionalisiert haben, das den jederzeit möglichen und anthropolog. höchst wahrscheinlichen *Machtmissbrauch* verhindert:

»Damit die Macht nicht missbraucht werden kann, müssen die Dinge so eingerichtet sein, dass die Macht der Macht Schranken setzt.«

Am besten eingerichtet sind die Dinge dann, wenn die drei staatl. Zentralfunktionen Legislative, Exekutive und Judikative von unabhängigen Organen wahrgenommen werden, die sich gegenseitig kontrollieren. Deshalb darf die strikte Trennung nicht das letzte Wort sein. Montesquieu plädiert – wie zuvor schon Locke – für eine *wechselseitige Verschränkung* der Staatsfunktionen. Demnach ist die

- **Legislative** die gesetzgebende Gewalt, aufgeteilt auf zwei Kammern: ein im eigentl. Sinne »gesetzgebendes« *Unterhaus* und ein an der Gesetzgebung beteiligtes, kontrollierendes *Oberhaus;* die
- **Exekutive** die vollziehende Gewalt, ausgestattet mit einem Vetorecht, und die
- **Judikative** die rechtsprechende Gewalt, gleichermaßen von Adel und Bürgertum ausgeübt. (B)

Montesquieus eigentliches Ziel ist nicht verfassungs-, sondern ordnungspolitischer Natur. Verfassungssystematisch zur Zusammenarbeit gezwungen werden nämlich nicht nur die verschiedenen Organe, sondern auch die »sozialen Gewalten« Monarch, Adel und Bürgertum. Montesquieu verteilt sie auf die zwei entscheidenden Staatsfunktionen Gesetzgebung und Regierung/Verwaltung und sorgt so für ihren Ausgleich: *Monarch*-Exekutive, *Adel*-Oberhaus, *Volk* bzw. *Bürgertum*-Unterhaus.

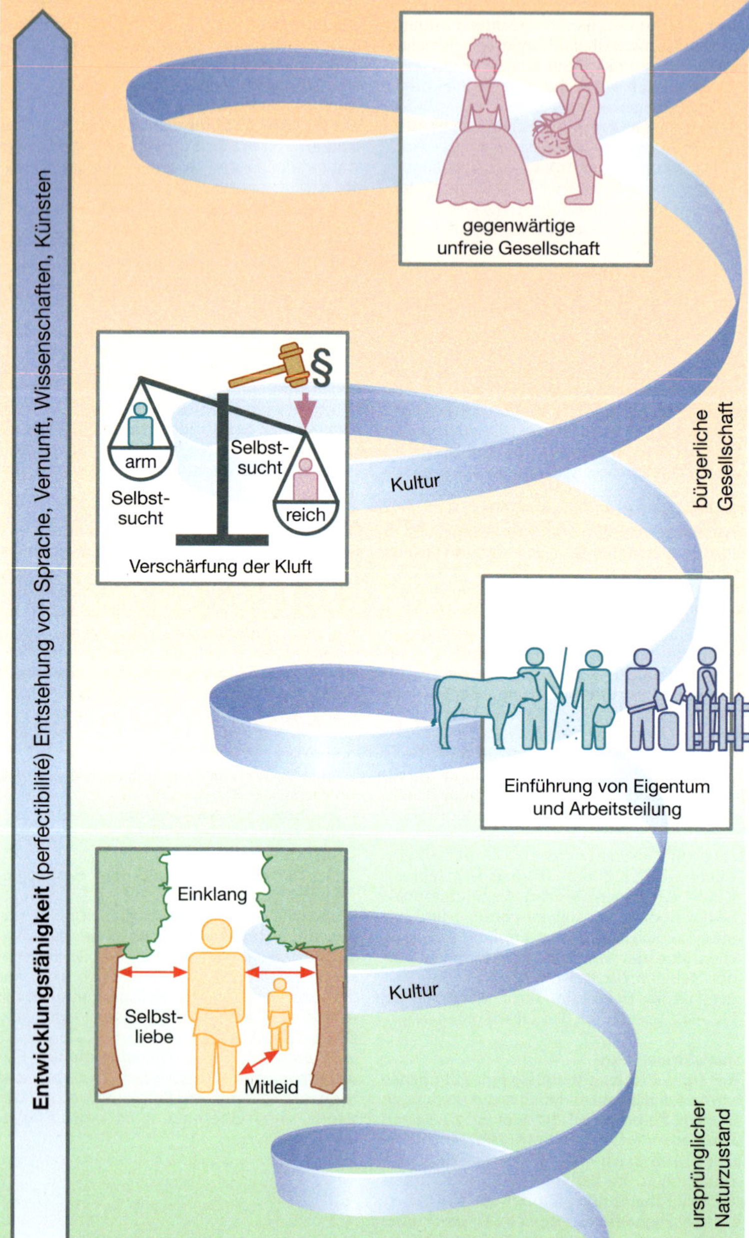

Die Entstehung der Ungleichheit nach Rousseau (2. Diskurs)

Jean-Jacques Rousseau (1712–78) gehört zu den bedeutendsten Vertretern der Aufklärung; zugleich stellt er die Gewissheiten dieses Zeitalters radikal infrage.

Den Vernunft- und Fortschrittsglauben der Aufklärung kontert er mit einer **Kulturkritik,** die von einer *Sehnsucht nach der Natur* (und einer an der Natur bzw. am Gefühl orientierten Lebensweise) getragen wird.

Der ›Erste Diskurs‹

Einem größeren Publikum bekannt wurde Rousseau mit der ›Abhandlung über die Wissenschaften und Künste‹ (frz. 1750), einer preisgekrönten Antwort auf die von der Akademie von Dijon gestellte Frage, ob der Fortschritt der Wissenschaften und Künste zur Läuterung der Sitten beigetragen habe.

Wissenschaften und Künste, so seine provokante These, haben nicht nur nichts zum moral. Fortschritt beigetragen, sondern geradezu das Gegenteil bewirkt: Weil sie ihren Ursprung dem Müßiggang und den Lastern verdanken und umgekehrt beide von ihnen gefördert werden, zeichnen sie für eine allg. Sittenverderbnis verantwortlich, deren bedauernswertestes Opfer die *natürliche Moral* ist. Lüge und Verstellung, Neid, Habsucht und Konkurrenz sind im Laufe der Geschichte an die Stelle der ersten Natur des Menschen, seiner urspr. Güte, getreten und zur zweiten, ungeselligen Natur geworden.

Der ›Zweite Diskurs‹

Im Namen einer natürl. Moral macht Rousseau der unnatürl. **Zivilisation** den Prozess. Dieses Thema steht auch vier Jahre später im Mittelpunkt seiner zweiten Arbeit:

Während der ›Erste Diskurs‹ v.a. gegen die *Folgen* eines Fortschritts polemisiert, der Rousseau zufolge mit dem Abfall von der (urspr. guten) Natur teuer erkauft worden war, konzentriert sich der ebenfalls auf eine Akademie-Preisfrage zurückgehende, ungleich bedeutendere ›Zweite Diskurs‹ von 1755 (›Abhandlung über den Ursprung und die Grundlagen der Ungleichheit unter den Menschen‹) auf die Frage nach den *Ursachen* dieses sittl. Verfallsprozesses.

Auffällig ist die sozialkrit. Radikalisierung der Argumentation: Die **Entfremdung** des Menschen von der Natur und von seinesgleichen rekonstruiert Rousseau im Diskurs über die Ungleichheit als eine Folge der Entstehung soz. Klassen- bzw. Besitzunterschiede. Die Spaltung der Gesellschaft in Reiche und Arme mündet in eine Art hobbesschen Bürgerkrieg und, als Folge davon, in die absolutistische Despotie.

Wie konnte es dazu kommen? Um diese Frage zu beantworten, greift Rousseau auf die Rekonstruktion eines hypothet. **Naturzustands** zurück. Im Unterschied zu Hobbes entwirft er jedoch ein dynamisches Modell, das in zwei völlig verschiedene, chronolog. aufeinander folgende Teile zerfällt, die sich zueinander wie Gut und Böse verhalten:

- in den urspr. Naturzustand und
- in die bürgerl. Gesellschaft.

Im **ursprünglichen Naturzustand** gibt es keinen Krieg. Die »Naturmenschen« *(hommes naturels)* sind *frei* und prinzipiell *gleich* an Kräften und Begabungen. V.a. sind sie *gut,* jedoch nicht im moral. Sinn – moral. Begriffe existieren ebenso wenig wie Sprache, Vernunft, Eigentum und Recht –, sondern weil sie nicht wissen, was es heißt, böse zu sein, und weil sie mit ihresgleichen ein *natürl.* Mitleid *(pitié, commisération)* empfinden. Einzig auf ihre Selbsterhaltung bedacht, leben sie im Einklang mit der Natur.

Aufgrund des zufälligen Zusammentreffens mehrerer äußerer Ursachen (Naturkatastrophen etc.) schließen sich die Einzelgänger zu größeren Gemeinschaften zusammen, aus denen schließlich die **bürgerliche Gesellschaft** hervorgeht.

Die wichtigste Zäsur stellt neben dem Aufkommen der Arbeitsteilung die Einführung von Privateigentum dar:

»Der erste, der ein Stück Land eingezäunt hatte und es sich einfallen ließ zu sagen: dies ist mein und der Leute fand, die einfältig genug waren, ihm zu glauben, war der wahre Gründer der bürgerlichen Gesellschaft.«

Kultur und Zivilisation, Staat, Recht und Moral sind ebenso eine Folge dieser Entwicklung wie »Verbrechen, Kriege, Mordtaten, Elend und Scheußlichkeit«. Die natürl. **Selbstliebe** *(amour de soi)* weicht der zerstörerischen **Eigenliebe** bzw. Selbstsucht *(amour propre),* das Mitleid bleibt auf der Strecke. Die Menschen verwandeln sich in egoistische Nutzenmaximierer, die nur auf ihren eigenen Vorteil bedacht sind, und in Besitzende bzw. Nichtbesitzende, die sich unversöhnl. gegenüberstehen. Die neu geschaffenen pol. Institutionen sollen den Sieg der Reichen legalisieren und absichern.

Die Pointe der Argumentation ist unübersehbar: Die Fähigkeiten der Menschen entwickeln sich (Sprache, Vernunft, Wissenschaften, Künste etc.), gleichzeitig weicht im Laufe des Zivilisationsprozesses die Gleichheit im Naturzustand einer fundamentalen *soz. Ungleichheit* bzw. extremen Abhängigkeits- und Herrschaftsverhältnissen, die diesen Prozess korrumpieren. Ein »Zurück zur Natur« gibt es nicht, die Rückkehr in den sprach- und vernunftlosen Urzustand ist ausgeschlossen. Die Menschen sind, nicht zuletzt aufgrund ihrer **Entwicklungsfähigkeit** *(perfectibilité),* zur Zivilisation verdammt – freilich auch mit der Fähigkeit ausgestattet, sie »vernünftig« zu überwinden. (Abb.)

Geld, Eigentum

Gesellschaftsvertrag

Natur → bürgerliche Gesellschaft → sittliche Gemeinschaft

Naturmensch → Untertan/Bourgeois → Bürger/Citoyen

Selbstliebe → Eigenliebe → Gemeinwohlorientierung

natürliche Freiheit → Unfreiheit → bürgerliche Freiheit

Filter

Filter

amoralisch → unmoralisch → moralisch

A Vom Naturzustand zur sittlichen Gemeinschaft

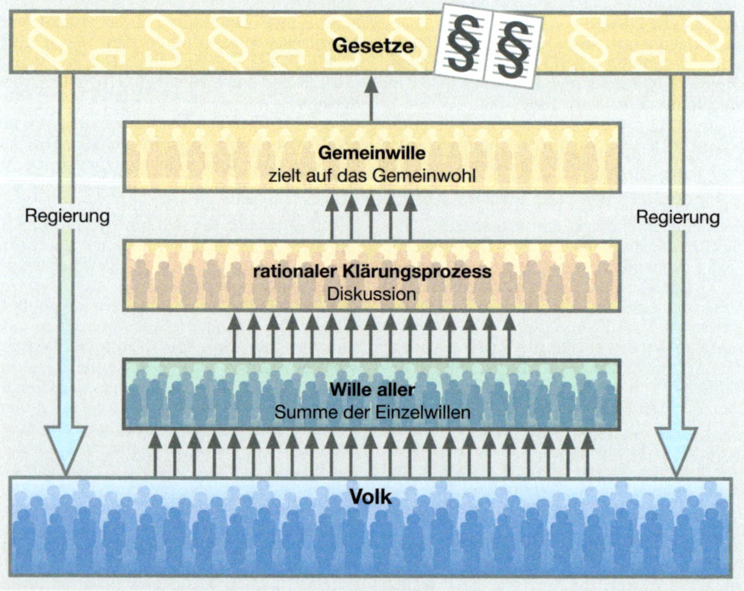

B Das Konzept identitärer Demokratie nach Rousseau

In seinem Werk ›Vom Gesellschaftsvertrag oder Grundsätze des Staatsrechts‹ (frz. 1762) entwirft Rousseau eine die klass. Vertragslehre radikalisierende Theorie zur demokrat. Neubestimmung des Verhältnisses von Individuum und Staat bzw. Gesellschaft. Insbes. spürt er der Frage nach, welche pol. Vorkehrungen getroffen werden müssen, damit sich unter den Voraussetzungen der Zivilisation ein Stück Natur, ein Stück urspr. Freiheit bzw. Gleichheit zurückgewinnen lässt.
Ausgangspunkt seiner Überlegungen ist die Annahme eines **Gesellschaftsvertrages.** Nur eine Vereinbarung, die alle mit allen schließen, kann zugleich

- das Prinzip der *Gleichheit* garantieren und
- die *Legitimität* einer pol. Ordnung stiften.

Rechtmäßig im formalen wie moralischen Sinn ist eine solche Übereinkunft allerdings nicht allein schon dadurch, dass alle ihr zustimmen, sondern erst dann, wenn die zu einem Volk *und* zu einem pol. Körper sich vereinigenden Individuen auch nach Vertragsabschluss im Besitz ihrer Freiheit verbleiben. Folgendes Problem gilt es zu lösen:

»Finde eine Form des Zusammenschlusses, die mit ihrer ganzen gemeinsamen Kraft die Person und das Vermögen jedes einzelnen Mitglieds verteidigt und schützt und durch die doch jeder, indem er sich mit allen vereinigt, nur sich selbst gehorcht und genauso frei bleibt wie zuvor.«

Zur Auflösung dieses Paradoxons schlägt Rousseau eine Doppelstrategie vor, die zweierlei miteinander kombiniert:

- den **Rechtsverzicht:** Die vertragschließenden Individuen treten, in Form einer »totalen Entäußerung« *(abaliénation totale)*, alle ihre natürl. Rechte an die Gemeinschaft ab. Zugunsten der *bürgerlichen,* d.h. rechtl. Freiheit und des *bürgerlichen* Eigentums verzichten sie vollständig und vorbehaltlos auf ihre *natürliche* Freiheit und ihren *natürlichen* Besitz;
- die **Volkssouveränität:** Die Souveränität bleibt auch nach Vertragsabschluss beim Volk. Die legislative Gewalt wird nicht an ein Vertretungsorgan delegiert, sondern von der Gemeinschaft selbst ausgeübt *(direkte Demokratie)*, die sich dadurch ihre Freiheit sichert; so gehorcht jeder nur Gesetzen, an deren Zustandekommen er selbst beteiligt war.

Sonderwille und Gemeinwille

Rousseaus Gesellschaftsvertrag ist ein Entäußerungs-, jedoch kein Herrschaftsvertrag. Die Vertragspartner unterwerfen sich nicht dem Willen eines Einzelnen oder einer repräsentativen Versammlung, sondern ausschließl. der »Richtschnur« des **Gemeinwillens** *(volonté générale)*. Sie gehen damit eine doppelte Verpflichtung ein:

- Als **Untertanen** *(bourgeois)*, d.h. als Glieder des *Staates*, die sich qua Vertrag zum Gehorsam gegenüber dem Gemeinwillen verpflichtet haben, sind sie der Gemeinschaft verantwortlich, die sie ggf. auch zur Verantwortung ziehen kann (Todesstrafe!).
- Als **Bürger** *(citoyen)*, d.h. als an der Gesetzgebung aktiv beteiligte Glieder des *Souveräns*, sind sie verpflichtet, ihre Privatinteressen zu unterdrücken und sich bei ihren pol. Entscheidungen ausschließlich am Gemeinwillen zu orientieren.

Rigoros ordnet Rousseau die individuellen **Sonderwillen** *(volonté particulière)* dem einzig auf das Gemeinwohl zielenden, gleichermaßen *unfehlbaren* wie *unveräußerlichen* Gemeinwillen unter. Damit handelt er sich das schwerwiegende Problem ein, wie sichergestellt werden kann, dass die zu beschließenden Gesetze mit dem Gemeinwillen übereinstimmen.
Da der Gemeinwille mit der **Summe der Einzelwillen** *(volonté de tous)* nicht zwangsläufig zusammenfällt, bilden Mehrheitsentscheidungen keine hinreichende Gewähr für seine Bestimmung, obgleich nur durch sie der Gemeinwille erkannt werden kann. Eine solche Gewähr für die Identität von *volonté générale* und *volonté de tous* ist Rousseau zufolge nur dann gegeben, wenn best. Voraussetzungen erfüllt sind: Die Menschen müssen einander kennen; die Besitz- bzw. Einkommensunterschiede dürfen nicht zu groß sein; organisierte Sonderinteressen (Parteien) sind aus dem Gesetzgebungsprozess auszuschließen.

Rousseau sieht eine Vielzahl von Maßnahmen vor, um aus urspr. selbstsüchtigen Individuen gute Bürger und treue Untertanen zu machen. Neben staatsbürgerl. Erziehung gehört dazu auch die Kontrolle der öffentl. Meinung durch ein Zensoramt und die Einführung einer Art **Staatsreligion.**

Gesetz und Verordnung

Mit modernen Demokratien hat Rousseaus ausdrückl. nur für Stadt- und Kleinflächenstaaten bestimmtes Staatsideal kaum etwas gemeinsam: Grundrechte, die einen individ. Menschenrechtsschutz begründen könnten, gibt es ebenso wenig wie eine Teilung der pol. Gewalten. Die **Regierung** (Exekutive) ist lediglich. Vollzugsorgan der vom Volk beschlossenen Gesetze und von diesem jederzeit abberufbar. Sie bleibt jedoch eine notwendige Einrichtung, weil das Volk in seiner Eigenschaft als Souverän zwar Gesetze beschließen (und ggf. ändern bzw. aufheben), nicht jedoch Einzelfälle entscheiden kann.

Gesetze sind »Akte des Gemeinwillens« und können sich daher nur auf Gegenstände von allg. Bedeutung beziehen; der Reg. ist es vorbehalten, auf dem Verordnungsweg Einzelfallentscheidungen zu treffen.

Im 19. Jh. trennen sich nicht nur Philosophie und Wissenschaft voneinander, sondern auch Philosophie und Politische Theorie. Die Pol. Philosophie verkümmert; ihre Stelle nehmen pol. Weltanschauungen und (pseudo-)wissenschaftl. Gesellschaftstheorien ein.

Die **Wissenschaften** erfahren in dieser Zeit einen ungeheuren Entwicklungsschub. Vorherrschendes Erkenntnisideal ist die exakte Feststellung und Erforschung von Tatsachen *(Positivismus)*, erkenntnisleitendes Interesse die prakt. Anwendung (Technik). Für die Pol. Theorie bedeutsam sind bes. die allg. Hinwendung zur Geschichte (G. W. F. Hegel, *Historismus*) und die Dominanz des Nützlichkeitsdenkens *(Utilitarismus)*.

Pol. Theorien treten im 19. Jh. v. a. in Gestalt von Ideologien in Erscheinung.

Unter **Ideologien** versteht man Weltdeutungen mit umfassendem Wahrheitsanspruch, die i. d. R. in enger Verbindung mit bestimmten pol. *Bewegungen* (Parteien) stehen, deren Handeln sie anleiten bzw. rechtfertigen sollen.

Zu den bekanntesten zählen *Liberalismus, Nationalismus, Konservatismus, Sozialismus* und *Anarchismus.*

In einem gewissen Gegensatz dazu steht das Bemühen um eine **Verwissenschaftlichung der Politik:** Zum einen konstituieren sich neue Einzelwissenschaften wie die *Nationalökonomie,* die *Geschichte* und die *Soziologie* (M. Weber), die politikwissenschaftl. relevante Erkenntnisse produzieren. Zum anderen erheben die Protagonisten der am Vorbild der Naturwissenschaften orientierten Gesellschaftswissenschaften (v. a. A. Comte) den Anspruch, durch die Anwendung empir. Methoden auf Gesellschaft und Politik die Dynamik des soz. Wandels kontrollieren und den Fortschritt steuern zu können.

Die ältere Ethik, Politik und Ökonomie umfassende Politiklehre verkümmert. An ihre Stelle tritt in Deutschland die **Allgemeine Staatslehre** bzw. das Staatsrecht.

Politische Revolutionen und ihre Folgen

Herausragende Bedeutung für die Entwicklung des modernen pol. Denkens besitzen die Amerikan. und die Frz. Revolution.

In beiden spielen pol. Grundprinzipien der modernen Welt *(Freiheit, Gleichheit, Selbstbestimmung)* eine entscheidende Rolle, beide besitzen eine weit über den regionalen Rahmen hinausreichende Ausstrahlungskraft.

Die **Amerikanische Revolution** (1775 ff.) übersetzt die Prinzipien des klass. Liberalismus (Verfassungsstaat, Rechtsstaat, Volkssouveränität) erstmalig in die Praxis einer bundesstaatl. verfassten, demokrat. Republik, welche die radikalste Alternative zu allen bisherigen Gesellschafts- und Staatsformen darstellt.

Die *amerikan. Verfassung* von 1787 (offiziell in Kraft seit 1789) dient vielen Verfassungen des 19. und 20. Jh. als Vorbild; die zwei Jahre später als integraler Bestandteil der Verfassung verabschiedeten zehn ›Zusatzartikel‹ (›Amendments‹), auch bekannt als amerikan. ›Bill of Rights‹, stellen die weltweit erste Erklärung der **Grund- und Menschenrechte** dar.

In der **Französischen Revolution** (1789–99) nimmt jener Geist der Kritik und des Widerspruchs pol. Gestalt an, der von den Philosophen der Aufklärung geweckt wurde. Sie beseitigt, z. T. gewaltsam, den alten Feudalstaat mit seiner ungerechten Privilegienordnung und ersetzt ihn durch Staatsformen, die die Herrschaft des »Dritten Standes« (Besitz- und Bildungsbürgertum) sicherstellen sollen (konstitutionelle Monarchie, Republik).

Zu ihren pol. Grundprinzipien gehören die Anerkennung der individuellen Freiheit, die Gleichheit vor dem Gesetz, das Recht auf Eigentum und die Trennung von Staat und Kirche.

Eine auch von pol. Teilhabe bislang ausgeschlossene Bevölkerungsgruppen mobilisierende Kraft gewinnt die Idee der **Nation:**

Während sich das frz. Nationalbewusstsein auf die Idee der *Staatsnation* (E. J. Sieyès) gründet, fußt das dt. Nationalgefühl auf der Idee der *Kulturnation* (J. G. Herder), sprich: auf dem Bewusstsein gemeinsamer Kulturwerte wie Sprache, Geschichte, Brauchtum, Sitte, Recht oder Religion.

Für den in der Frz. Revolution erwachenden und sich anschließend in Gestalt von Nationalbewegungen über ganz Europa ausbreitenden **Nationalismus** ist das Bestreben kennzeichnend, alle Angehörigen einer Nation in einem *Nationalstaat* zu vereinigen.

Verstanden als pol. Ausdruck der organ. Einheit der Nation, löst dieser im Lauf des 19. Jh. endgültig den dynastischen Feudalstaat ab; der Nationalismus selbst entwickelt sich zu einem der bis heute wichtigsten (und gefährlichsten) Grundmuster pol.-ideolog. Massenmobilisierung.

Eine pol. Reaktion auf den Rationalismus der Aufklärung und die Frz. Revolution stellen die verschiedenen Varianten des Konservatismus (bes. E. Burke) dar.

Der **Konservatismus** sucht die überkommenen Lebensformen und Einrichtungen zu verteidigen. Staat, Gesellschaft und Kultur werden als organisch sich entwickelnde, hist. einzigartige Wesenheiten betrachtet, die sich nicht auf der Grundlage von (naturrechtl.) Ideen oder Theorien verändern lassen. Der Einzelne gilt als Glied einer hierarch. gestuften Gemeinschaft, in die er sich einzufügen hat.

Im Zuge der Durchsetzung der kapitalist. Marktökonomie (privates Unternehmertum, Lohnarbeit) löst sich die feudale Stände- in der bürgerl. **Klassengesellschaft** auf. Die von England ausgehende »industrielle Revolution« überwindet die bisherigen Produktionsmethoden (Handwerk, Manufaktur) und ersetzt sie durch ein System gewerbl. Massenfertigung.

Anwalt der neuen Produktionsweise ist der **Wirtschaftsliberalismus** (begründet von A. Smith), der im freien Wettbewerb und Handel die Voraussetzung sowohl für wirtschaftl. Wohlstand als auch für soz. Harmonie und Gerechtigkeit sieht und jeden Eingriff des Staates ablehnt.

Die **Industrialisierung** revolutioniert Lebens- und Arbeitswelt gleichermaßen; in Verbindung mit dem sprunghaften Bevölkerungswachstum produziert sie zugleich ein soz. Massenelend, das als dringlichstes Problem die »soziale Frage« aufwirft.

Der im zweiten Drittel des 19. Jh. sich herausbildende **Sozialismus** will dieses Problem lösen. Sämtlichen sozialist. Konzepten *(Utopischer Sozialismus, Marxismus, Anarchismus)* gemeinsam ist die Forderung nach besseren Lebensbedingungen, einer gerechten Eigentums- und Gesellschaftsordnung und der pol. Gleichberechtigung des »Vierten Standes« (Arbeiter, Bauern).

In pol. Hinsicht unterscheiden sie sich v. a. durch die konträren Strategien, die sie zur Veränderung der gesellschaftl. Verhältnisse bzw. zur Verwirklichung des Sozialismus empfehlen. Im Wesentlichen geht es dabei um die Frage »Reform oder Revolution?«.

Der **Marxismus** stellt die folgenreichste Sozialismuskonzeption dar. Er macht aus der sozialen eine *Arbeiterfrage* und stellt Theorie bzw. Wissenschaft in den Dienst der emanzipator. Praxis der *Arbeiterbewegung* bzw. der Verwirklichung des **Kommunismus.**

Zum Marxismus i. w. S. werden auch die Weiterentwicklungen der marxschen Lehre gerechnet. Dazu zählen v. a. der **(Marxismus-)Leninismus** und die **Kritische Theorie** der sog. *Frankfurter Schule.* W. I. Lenin passt den Marxismus an die vorrevolutionären russischen Verhältnisse an, die Vertreter der Krit. Theorie (M. Horkheimer, Th. W. Adorno, H. Marcuse) kritisieren die Umwandlung der marxist. Theorie in eine pol. Heilslehre bzw. Rechtfertigungsideologie.

Im 20. Jh. wandeln sich Status und Selbstverständnis der Pol. Theorie erneut. Sie wird zu einer Subdisziplin der sich v. a. als Demokratiewiss. begreifenden Politikwiss. Gleichzeitig überlagern empir., den Forschungsprozess unterstützende moderne pol. Theorien die ältere normative Theorietradition.

Der Grund für die Renaissance der Pol. Theorie bzw. Philosophie nach dem Ende des Zweiten Weltkriegs sind nicht nur die Erfahrungen mit antidemokrat. Systemen und Ideologien *(Totalitarismustheorie),* sondern auch die Struktur- und Zielkonflikte westl. Demokratien, die theoret. anspruchsvolle Lösungsanstrengungen motivieren (J. R. Rawls, J. Habermas).

Moderne **Demokratietheorien** bemühen sich um eine theoret. Begründung bzw. Kritik jener Regierungsformen, die im Gefolge der bürgerl. Revolutionen bzw. als Resultat pol. Strukturreformen im 19. und 20. Jh. entstanden sind. Im Zentrum dieser Theorien steht das Problem der Freiheit, genauer: die Frage des Verhältnisses von individ. Freiheit und staatl. Zwang bzw. gesellschaftl. Gleichheit. Grundsätzlich lassen sich zwei Theorievarianten voneinander unterscheiden:

1. Die zumeist an Rousseau anschließenden **Identitätstheorien** (z. B. Staatssozialismus, C. Schmitt) gehen von der Existenz eines homogenen Volkswillens aus, der von den staatl. Organen zu verwirklichen ist. Sie unterstellen oder zielen auf die *Identität von Regierenden und Regierten.*
2. Die **Pluralismustheorien** (z. B. E. Fraenkel) leugnen die Existenz und/oder Feststellbarkeit eines einheitl. Volkswillens und gehen stattdessen vom Vorhandensein unterschiedl. Interessen und Interessengruppen in einer Gesellschaft aus. Das Gemeinwohl wird von gewählten Volksvertretern in den Institutionen der repräsentativen Demokratie ausgehandelt, es gibt also *keine Identität von Regierenden und Regierten.*

Eine Variante der Pluralismustheorie stellt die **Konkurrenztheorie** von J. A. Schumpeter (1883–1950) dar. Dieser sieht in der Demokratie v. a. eine Methode der Herrschaftsbestellung bzw. der Generierung pol. Entscheidungen. Pol. Eliten konkurrieren um die Stimmen des Bürgers, der aus dem »Leistungsangebot« auf der Basis einer vernünftigen Interessenabwägung seine Auswahl trifft.

Normative Fragestellungen werden von den ökonomischen Demokratietheorien, zu denen Schumpeters Ansatz gehört, weitgehend ausgeblendet. Ihre Wiederaufnahme ist das Verdienst von **John Rawls,** der unter Rückgriff auf die Idee des Gesellschaftsvertrags allg. akzeptierbare Grundsätze für eine gerechte liberal-demokrat. Gesellschaftsordnung zu begründen versucht.

Ein anderes Anliegen verfolgen die Vertreter des **Kommunitarismus** (Ch. Taylor, A. MacIntyre, M. Walzer). Sie diagnostizieren eine fundamentale Legitimations-, Identitäts- und Sinnkrise moderner Gesellschaften, machen dafür den Individualismus bzw. (Neo-)Liberalismus verantwortl. und fordern im Gegenzug eine Rückbesinnung auf die Gemeinschaft bzw. das Gemeinwohl.

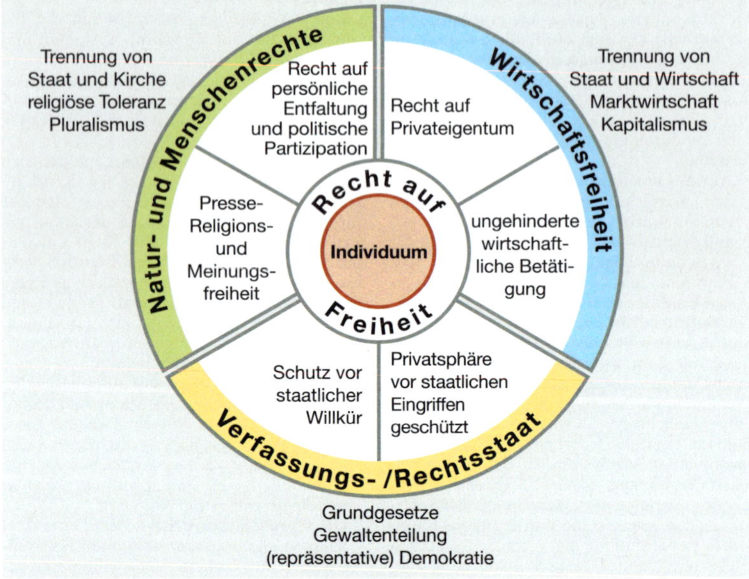

A Politische Wertvorstellungen des Liberalismus

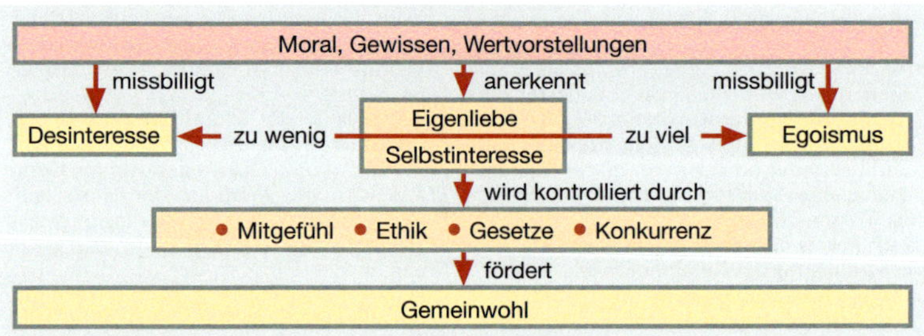

B Adam Smith: Moral, Selbstinteresse und Gemeinwohl

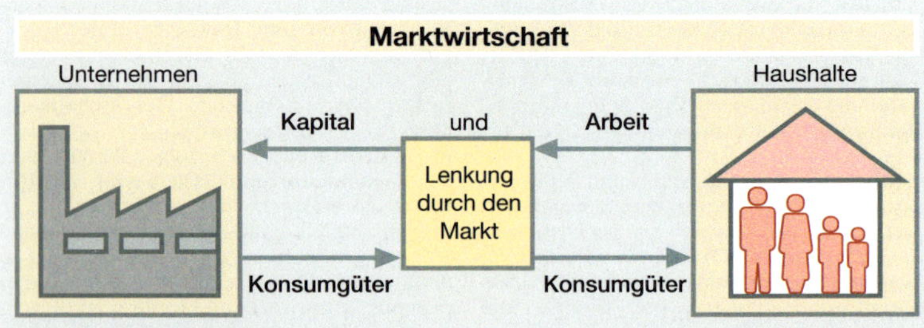

C Prinzip der freien Marktwirtschaft

Der **Liberalismus** (lat. *liberalis* 'freiheitlich') hat seit seiner Entstehung im 18. bzw. 19. Jh. Theorie und Praxis der Politik nachhaltig beeinflusst. Er kann als die erste umfassende Ideologie der Moderne bezeichnet werden. Seinen pol. Grundsätzen (Toleranz, Gewaltenteilung, Rechtsstaat) sind heute alle demokrat. Gesellschaften verpflichtet.

Zu den bedeutendsten liberalen Denkern gehören, neben dem Ökonomen **Adam Smith** (1723–90) und dem Philosophen **Immanuel Kant** (1724–1804), die Engländer **Jeremy Bentham** (1748–1823) und **John Stuart Mill** (1806–73) sowie der Franzose **Alexis de Tocqueville** (1805–59).

Als Stammvater des Liberalismus gilt **John Locke.**

Der **Begriff** »Liberalismus« lässt sich erstmals 1812 nachweisen. Geprägt wurde er nach den »Liberales«; so nannten sich die Anhänger der span. Verfassungsbewegung, die gegen die Wiedererrichtung des absolutist. Regimes kämpften und dabei an die napoleon. Propaganda *(idées libérales)* anknüpften.

Der europ. Liberalismus entstand als Reaktion des wirtschaftl. erstarkenden, pol. jedoch machtlosen Bürgertums auf die Beschränkungen des ständischen Feudalismus und des fürstl. Absolutismus. Seine geistesgeschichtl. Wurzeln reichen bis in die Renaissance zurück, liegen aber v.a. in der Naturrechtslehre und im Vernunftoptimismus bzw. Fortschrittsdenken der Aufklärung. Zum Durchbruch gelangte er mit der Frz. Revolution, zur Blüte in den Verfassungskämpfen und »bürgerl. Revolutionen« von 1830 und 1848.

Wichtige Dokumente des pol. Liberalismus stellen die engl. ›Bill of Rights‹ (1689), die Unabhängigkeitserklärung (1776) und die Verfassung (1787) der USA sowie die frz. Erklärung der Menschen- und Bürgerrechte (1789) dar.

Im Zentrum liberalen Denkens steht das Individuum. Wichtigster Wert ist die Freiheit, wichtigstes Ziel die freie Entfaltung der Persönlichkeit. (A)

Politischer Liberalismus

Bereits in seiner Frühphase wendet sich der Liberalismus gegen alle Hindernisse, die die freie Entfaltung der Persönlichkeit verhindern. Dazu gehören v.a. ständische Privilegien, gesellschaftl. Zwang und staatl. Bevormundung. Im Gegenzug fordert er rel. Toleranz (Trennung von Staat und Kirche), Meinungs-, Rede-, Presse- und Versammlungsfreiheit sowie das Recht auf pol. Partizipation (Prinzip der Volkssouveränität). Hauptanliegen ist der Schutz der Individualsphäre, Hauptforderung die Errichtung eines **Verfassungs-** bzw. **Rechtsstaates,** der sich durch eine rigorose Beschränkung des staatl. Interventionsrechts und dessen Bindung an best. Regeln auszeichnet:

- *Gewaltenteilung* und *Grundgesetze* (sog. Konstitutionen) sollen die staatl. Machtausübung begrenzen,
- *Grund-* und *Menschenrechte* einen umfassenden *Rechtsschutz* gewährleisten.

Die Mitwirkung des Bürgertums erfolgt durch die **Wahl** einer Vertretungskörperschaft *(Repräsentation),* der neben der Gesetzgebungsbefugnis und Steuerbewilligung auch das Recht der Regierungskontrolle zusteht *(parlamentarisches Regierungssystem).*

Kein Denker hat die Freiheit in ähnlich kompromissloser Weise in das Zentrum seiner pol. Philosophie gerückt wie **J. St. Mill.** In seinem Essay ›Über die Freiheit‹ (engl. 1859) setzt er sich für das Recht des Individuums ein, sein Leben nach eigenen Vorstellungen zu führen; der Staat hat diese Freiheit zu schützen, ansonsten jedoch so wenig wie möglich einzugreifen.

Wirtschaftsliberalismus

Der Wirtschaftsliberalismus lehnt staatl. Eingriffe in das Wirtschaftsleben ab (Prinzip des »laissez faire«). Das Prinzip der **Selbstregulierung der Wirtschaft** wurde bes. von **A. Smith** in seinem epochemachenden Werk ›Der Reichtum der Nationen‹ (engl. 1776) dargelegt: Voraussetzung für einen fairen Wettbewerb ist die ungehinderte ökonom. Aktivität des Einzelnen. Das Marktgesetz von *Angebot* und *Nachfrage* sorgt dafür, dass sich am Ende gesellschaftl. Harmonie und soz. Gerechtigkeit einstellen. Es wirkt wie eine »unsichtbare Hand«. (B)

Eine zentrale Rolle spielt das **Recht auf Privateigentum,** das als bes. schutzwürdig angesehen wird und daher durch den Staat zu garantieren ist.

Die *Besitzungleichheit* wird, von Ausnahmen (J. St. Mill) abgesehen, nicht thematisiert: Sie gilt als unvermeidl. Folge des Wettbewerbs. Im Gefolge der Industrialisierung auftretende soz. Probleme erscheinen als Ausdruck individ. Versagens.

In der pol. Praxis trat der Wirtschaftsliberalismus für die Abschaffung des Zunftsystems und der Zollschranken sowie für den Freihandel ein.

Der Mitte des 20. Jh. als theoret. Grundlage der Soz. Marktwirtschaft entstandene **Neoliberalismus** (W. Eucken) anerkennt die Notwendigkeit einer Rechtsordnung und staatl. Interventionen in den ökonom. Bereich; beide sollen den Wettbewerb fördern, privater Monopolbildung vorbeugen und so die individuelle Freiheit sichern helfen.

Seit den 1990er-Jahren wird der Ausdruck überwiegend polem. zur Bezeichnung der Anhänger einer radikalen Marktliberalisierung verwendet.

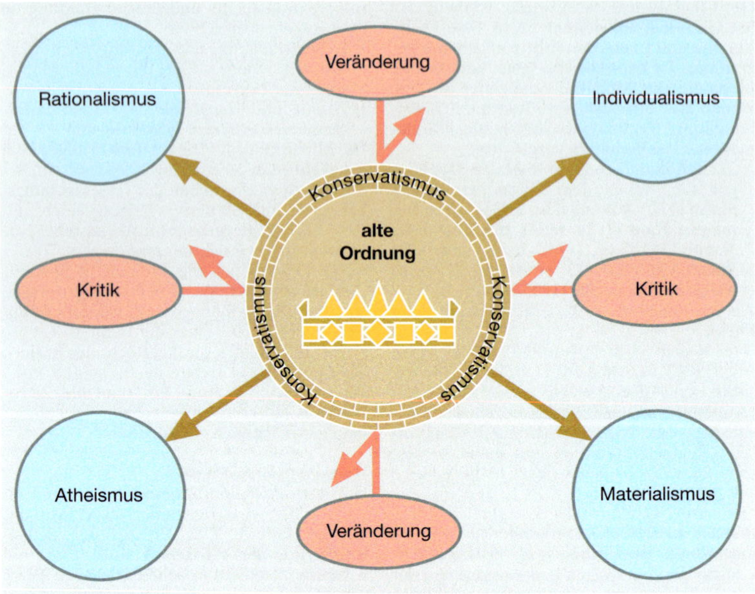

A Der Konservatismus und die Verteidigung des Bestehenden

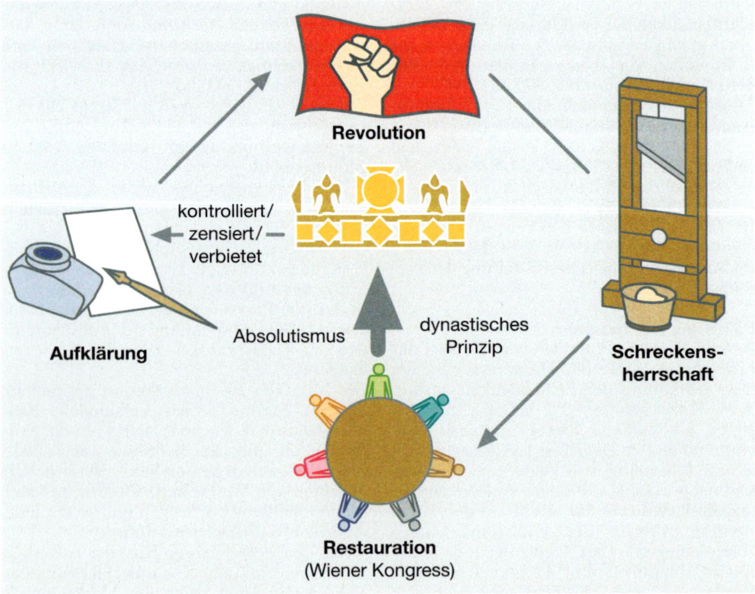

B Das Prinzip der Restauration

Anders als seine Antipoden Liberalismus und Sozialismus hat es der **Konservatismus** (von lat. *conservare* 'erhalten, bewahren') nie zu einer konsistenten pol. Theorie gebracht. Gleichwohl lassen sich typ. Denkmuster und Ordnungsprinzipien identifizieren, die sich in der Summe zu einer *konservativen Weltanschauung* verdichten.

Der **Begriff** »Konservatismus« wurde erstmals von dem frz. Schriftsteller und Staatsmann François René de Chateaubriand (1768–1848) verwendet, der eine Zeitung mit dem Titel ›Le Conservateur‹ (1812–20) gründete; 19 Jahre später benutzt ihn auch das ›Dictionnaire de l'Académie Française‹ zur Bezeichnung einer Partei, die das Ancien Régime verteidigt.

Im urspr. Sinn meint Konservatismus keine Weltanschauung, sondern eine Lebenseinstellung, die am Überlieferten festhält, allem Neuen krit. gegenübersteht und den behutsamen Wandel der abrupten Veränderung vorzieht (A). In eine pol. Ideologie wandelt sich dieser unreflektierte Traditionalismus gegen Ende des 18. bzw. im frühen 19. Jh.:

Die Aufklärung zersetzt die geistig-moral., die Frz. Revolution die soziopol. Fundamente der feudalen Gesellschaftsordnung. Beide zus. erschüttern das Weltbild der herrschenden Eliten (Adel, Klerus, Beamtenschaft) und veranlassen diese dadurch zu einer grundsätzl. Rückbesinnung.

Pol. in Erscheinung tritt der Konservatismus erstmals als **Ideologie der Gegenaufklärung** bzw. **Konterrevolution.** Die frz. *Legitimisten* (J. de Maistre, L. de Bonald) machen Individualismus, Rationalismus und Atheismus für die Revolution verantwortlich. Sie verteidigen die Monarchie als einzig legitime Regierungsform i. Allg. und das göttl. Herrschaftsrecht der Dynastien (Gottesgnadentum) i. Bes. Ihr pol. Ziel ist die **Restauration,** d. h. die Wiederherstellung der alten Ordnung (B).

Für den brit. Politiker **Edmund Burke** (1729–97), den Begründer des mod. Konservatismus, sind Veränderungen unausweichlich, soll alles so bleiben, wie es ist. In seinen 1790 erschienenen ›Betrachtungen über die Französische Revolution‹ erkennt er die Notwendigkeit von **Reformen** ausdrückl. an. Diese Veränderungen müssen allerdings behutsam und »so genau als nur möglich … im Stil des alten Gebäudes« vorgenommen werden. Eine Politik, die das (hist.) Kontinuitätsprinzip ignoriert und sich auf abstrakte Theorien statt auf die in den gesellschaftl. Institutionen kondensierte Erfahrung stützt, führe zwangsläufig ins Verderben.

Dem dogmat. Rationalismus der Frz. Revolution setzt Burke die Ehrfurcht vor Tradition und Geschichte sowie den Glauben an eine göttl. Weltordnung entgegen, ihrem Individualismus ein organisches Verständnis von Staat und Gesellschaft.

Den **Staat** begreift Burke als eine moral. Gemeinschaft der Lebenden, der Toten und der Noch-nicht-Geborenen. Die Notwendigkeit staatl. Herrschaft resultiert für ihn aus der Unvollkommenheit der menschl. Natur, die Notwendigkeit hierarch. Gesellschaftsorganisation aus der Ungleichheit der Menschen.

Konservatismus im deutschsprachigen Raum

Der deutschsprachige Konservatismus reicht ideengeschichtlich in die Zeit des aufgeklärten Absolutismus zurück. Aus der urspr. ständisch motivierten Kritik an Aufklärung und/oder rationalist. Verwaltungszentralismus (z. B. Justus Möser, 1720–94) wird nach dem Ausbruch der Frz. Revolution eine pol. Bewegung zur Verteidigung des ständischen Gesellschaftssystems und der (preuß.) Monarchie. Drei Richtungen des dt. Konservatismus lassen sich unterscheiden:

1. Der **patriarchalische Konservatismus** knüpft in der Person **Carl Ludwig von Hallers** (1768–1854) an den frz. Legitimismus an. In seinem Werk ›Restauration der Staatswissenschaft‹ (1816–34) stellt Haller der Lehre vom Gesellschaftsvertrag die auf dem Recht des Stärkeren beruhende natürl. Herrschaftsordnung gegenüber.

   Der Staat ist privatrechtl. Eigentum *(patrimonium)* des nur Gott verantwortlichen Fürsten **(Patrimonialstaat),** der mit unumschränkter Gewalt zum Wohle seiner Untertanen regiert.

2. Wichtigster Vertreter der **politischen Romantik** ist **Adam Heinrich Müller** (1779–1829). In ›Die Elemente der Staatskunst‹ von 1809 skizziert er die Konturen eines christl. Ständestaates, der als hist. gewachsene Kultur- und Schicksalsgemeinschaft die Vermittlung zw. den soz. und pol. Gegensätzen leisten soll. Die Ablehnung des rationalist. Naturrechts und der Rekurs auf das MA. verbinden Müller mit Friedrich v. Hardenberg, gen. **Novalis** (1772–1801), der in ›Die Christenheit oder Europa‹ von 1799 (ersch. 1826) das MA. als »Goldenes Zeitalter« idealisiert.

3. Der **konstitutionelle Konservatismus** geht v. a. auf **Friedrich Julius Stahl** (1802–61) zurück, der die Aussöhnung des konservativen Denkens mit der (liberalen) Theorie vom Verfassungsstaat vorangetrieben hat. Zwar verbürgt auch für Stahl nur das »monarchische Prinzip« – die »gottverordnete Autorität« – die Einheit der staatl. Gemeinschaft. Der Schutz der persönl. Freiheitsrechte vor obrigkeitlicher Willkür erfordere jedoch eine (ständische) Verfassung und Gewaltenteilung. Die religiöse Begründung des Staates als »Anstalt Gottes« soll den Gegensatz zwischen Gottesgnadentum und Volkssouveränität entschärfen.

A Kerngedanken des Nationalismus

Französischer Originaltext

Allons enfants de la Patrie,
Le jour de gloire est arrivé!
Contre nous de la tyrannie,
L'étendard sanglant est levé.
Entendez-vous dans les campagnes
Mugir ces féroces soldats?
Ils viennent jusque dans vos bras
Egorger vos fils, vos compagnes.

Refrain:
Aux armes, citoyens,
Formez vos bataillons,
Marchons, marchons!
Qu'un sang impur
Abreuve nos sillons!

Deutsche Übersetzung

Auf, Kinder des Vaterlands!
Der Tag des Ruhms ist da.
Gegen uns wurde der Tyrannei
Blutiges Banner erhoben.
Hört ihr auf den Feldern
die grausamen Krieger brüllen?
Sie kommen bis in eure Arme,
eure Söhne, eure Kameradinnen niederzumetzeln!

Refrain:
Zu den Waffen, Bürger!
Formiert eure Bataillone,
Vorwärts, marschieren wir!
Damit unreines Blut
unserer Äcker Furchen tränke!

B Patriotismus – 1. Strophe der ›Marseillaise‹ (1792/95)

Der **Nationalismus** (von lat. *natio* 'Geburt, Geschlecht, Art, Stamm, Volk') stellt neben dem Sozialismus die stärkste pol. Kraft im 19. Jh. dar. Er entsteht in der Frz. Revolution, entfaltet seine pol. Sprengwirkung in den europ. Nationalbewegungen und kulminiert schließlich in der Errichtung unabhängiger Nationalstaaten. Als spezif. *Integrationsideologie* nationaler Großgruppen ist mit ihm auch heute noch zu rechnen.

Der **Begriff** findet sich erstmals 1774 in einer Schrift Johann Gottfried Herders. Er geht zurück auf den älteren Ausdruck »Nation«, der in der Antike die über längere Zeit bestehende Lebensgemeinschaft, im MA. und in der Frühen Neuzeit v.a. die Rechtsgemeinschaft bezeichnete, der jemand von Geburt an angehört. Bis zur Frz. Revolution wurde »Nation« i.d.R. gleichgesetzt mit den das Land repräsentierenden Ständen (Adel, Klerus).

Unter **Nationen** werden seit der Frz. Revolution gesellschaftl. Großgruppen verstanden, deren Mitglieder aufgrund unterschiedl. Faktoren (Herkunft, Sprache, Religion, Geschichte, Kultur etc.) ein Bewusstsein pol. bzw. kultureller Eigenständigkeit und Zusammengehörigkeit *(Nationalgefühl)* ausgebildet haben (A).

Im Konzept des **Nationalstaats** verbinden sich die Ideen der *Nation*, der *Volkssouveränität* und der *Selbstbestimmung* miteinander; es richtet sich gegen die hist. gewordenen pol. Herrschaftsverhältnisse i. Allg. und gegen das dynastische Prinzip pol. Herrschaft i. Bes.

Für **Nationalisten** stellt die Nation bzw. die (ggf. erst noch herzustellende) *Einheit der Nation* den höchsten Wert dar; das Interesse der eigenen Nation bzw. des eigenen Volkes hat Vorrang vor den Interessen anderer Nationen oder Völker.

Der frühe Nationalismus fordert die Ablösung des absolutist. Machtstaats durch den bürgerl. Nationalstaat. Er ist Ausdruck erwachenden nationalen (Selbst-)Bewusstseins, zugleich aber auch Reflex der Bedürfnisse des liberalen Bürgertums nach einem einheitl. Wirtschaftsraum.

Zwei Nationalismus-Varianten stehen sich gegenüber: die eine konzentriert sich um den Begriff der Staatsnation, die andere um den Begriff der Kulturnation. In der pol. Wirklichkeit sind beide Konzepte eng miteinander verwoben.

Sieyès und die Idee der Staatsnation

Nach dem Zusammenbruch der Institutionen des Ancien Régime gründet sich die frz. Nation neu als **politische Willensgemeinschaft;** zu ihr gehört jeder, der sich zu den Ideen von 1789 und zur *»grande patrie«* bekennt.

Über die Zugehörigkeit zur Nation entscheidet m.a.W. weder die soz. oder ökonom. Stellung noch die ethnische Herkunft oder religiöse Überzeugung, sondern ausschließl. der durch die Tat bezeugte Wille zur Gemeinschaft der Staatsbürger.

Emmanuel-Joseph Sieyès (1748–1836) hat dem neuen Prinzip der **Staatsnation** in seiner einflussreichen Flugschrift ›Was ist der Dritte Stand?‹ (frz. 1789) klass. Ausdruck verliehen:

»Was ist eine Nation? Eine Gesellschaft, welche unter einem gemeinschaftlichen Gesetz lebt und durch ein und dieselbe gesetzgebende Versammlung vertreten wird.«

Den Adel rechnet Sieyès ausdrückl. nicht zur Nation, da ihn seine Vorrechte und Privilegien von der Gemeinschaft der Bürger absondern. Zum Volk und damit zum pol. handlungsberechtigten Souverän erklärt er allein den von pol. Machtteilhabe bislang ausgeschlossenen sog. *Dritten Stand* (Besitz- und Bildungsbürgertum).

Herder und die Idee der Kulturnation

Eine Alternative zum Konzept der Staatsnation hat **Johann Gottfried Herder** (1744–1803) in seinen ›Ideen zur Philosophie der Geschichte der Menschheit‹ von 1784 maßgeblich entwickelt. Im Konzept der **Kulturnation** spielen nicht gemeinsame pol. Ideale, sondern Abstammung und Sprache die entscheidende Rolle.

Die Zugehörigkeit zur Nation hängt nicht vom Willen des Einzelnen *(Voluntarismus)*, sondern von »objektiven« Faktoren *(Determinismus)* ab. Sie ist keine Angelegenheit der Politik, sondern eine des Schicksals.

Für Herder sind Völker bzw. Nationen spirituelle menschl. Gemeinschaften mit unverwechselbaren Eigenschaften wie »Volksgeist«, »Nationalcharakter«, die v.a. durch die Sprache repräsentiert werden. Die Sprache drückt die Individualität eines Volkes aus und formt es zugleich zur Nation. Auf der Existenz und Einheit der Nation gründet der **»natürliche Staat«,** dessen Grenzen mit den Volksgrenzen übereinstimmen. Er kommt nur zustande, wenn das Volk sich seines einheitl. Charakters bewusst geworden ist.

Pol. Virulenz entfaltete die Idee des natürl. Staates v.a. in den mittel- und osteuropäischen Nationalbewegungen, die gegen den Widerstand der herrschenden Fürsten die von Herder angestrebte Identität von Kultur- und Staatsnation herzustellen suchten.

Für den liberaldemokrat. Nationalismus bildeten nationale Einheit und pol. Freiheit ebenso wenig Gegensätze wie Vaterland und Völkerbund. Im Verlauf des 19. Jh. verwandelte sich jedoch in nahezu allen europ. Ländern das Bewusstsein der Differenz in ein Superioritätsbewusstsein, an das der **radikale Nationalismus** des 20. Jh. (v.a. der Nationalsozialismus) anschließen konnte.

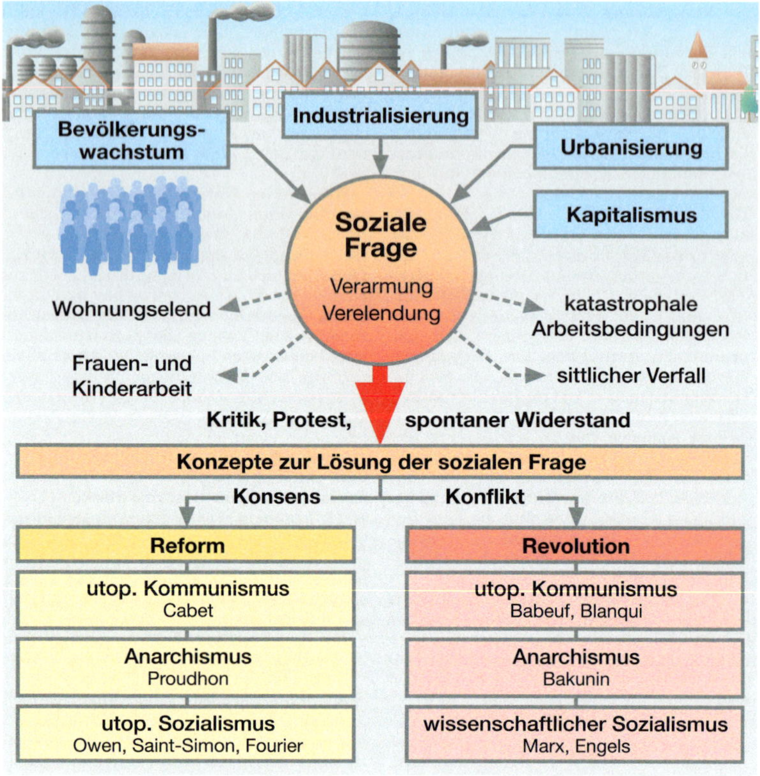

Bevölkerungs-
wachstum
Industrialisierung
Urbanisierung
Kapitalismus
Soziale Frage
Verarmung
Verelendung
Wohnungselend
katastrophale Arbeitsbedingungen
Frauen- und Kinderarbeit
sittlicher Verfall
Kritik, Protest, spontaner Widerstand
Konzepte zur Lösung der sozialen Frage
Konsens
Konflikt
Reform
utop. Kommunismus
Cabet
Anarchismus
Proudhon
utop. Sozialismus
Owen, Saint-Simon, Fourier
Revolution
utop. Kommunismus
Babeuf, Blanqui
Anarchismus
Bakunin
wissenschaftlicher Sozialismus
Marx, Engels

A Sozialistische Konzepte zur Lösung der sozialen Frage

solidarischer Anarchismus
Mutualismus (gegenseitige Hilfe), gewaltfrei
P.-J. Proudhon
libertärer Anarchismus
individuelle Freiheit und Anarchie
W. Godwin, M. Stirner
kollektiv-sozietärer Anarchismus
Arbeiterassoziationen, Gemeinschaftseigentum, revolutionäre Gewalt als legitimes Mittel
M. Bakunin
kommunistischer Anarchismus
Sozialisierung von Produktion und Konsum, Autonomie der sozialen Einheiten
P. Kropotkin

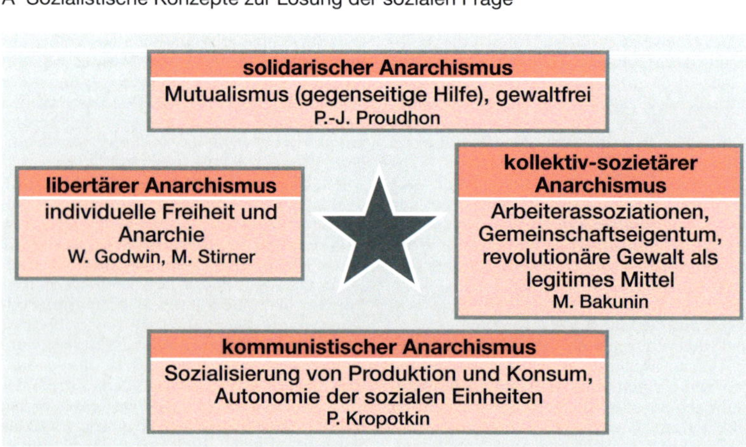

B Varianten des Anarchismus

Die ideengeschichtl. Wurzeln des **Sozialismus** (lat. *socialis* 'gesellig, kameradschaftlich') reichen bis zu den Sozialutopien der Renaissance zurück, seine pol. Dynamik entfaltet er jedoch erst im 19. Jh. als Reaktion auf Industrialisierung, Urbanisierung und Kapitalismus sowie im Kontext der entstehenden Arbeiterbewegung (A).

Hauptforderungen sind eine gerechte Eigentums- und Gesellschaftsordnung, Gleichberechtigung und Wohlstand auch für die soz. schwachen Klassen.

Der Frühsozialismus

Mit diesem Sammelbegriff werden alle sozialist. Theorien bezeichnet, die zwischen 1789 und 1848 entstanden sind. Dazu zählen der *utopische Sozialismus,* der *utopische Kommunismus* sowie der frühe *Anarchismus.*

Sämtl. Theorien reflektieren den Widerspruch zwischen Anspruch und Wirklichkeit der bürgerl. Gesellschaft. Dabei verbinden sie die Kritik der bestehenden Sozial- und Wirtschaftsordnung mit dem Entwurf einer besseren Gesellschaft. Mit der Rechtsgleichheit geben sich die Frühsozialisten nicht zufrieden; sie streben nach *gesellschaftl. Gleichheit* und halten diese für unmittelbar erreichbar.

Utopischer Sozialismus

Die Vertreter des utop. Sozialismus wollen die Gesellschaft von einem einzigen Ansatzpunkt aus verändern. Zur Durchsetzung ihrer Ideen appellieren sie an Vernunft und Gewissen der Besitzenden. Sie unterschätzen dabei i. d. R. die Bedeutung der pol. Gewalt für die Durchsetzung sozialer Reformen.

Claude Henri de Saint-Simon (1760–1825) und seine Schüler erhoffen sich die Lösung der soz. Probleme von der **Entwicklung der Produktivkräfte,** d. h. in erster Linie von Wissenschaft und Technik.

Sie wollen den Kapitalismus nicht beseitigen, sondern technokrat. organisieren und durch ein neu zu verbreitendes Sozialethos moralisieren bzw. humanisieren.

Der Staat hat den ökonom. Fortschritt zu gewährleisten und die »Müßiggänger« in den Kreis der »Produzenten« (Unternehmer, Arbeiter, Bauern etc.) einzugliedern.

Charles Fourier (1772–1837) setzt der schlechten Wirklichkeit das Bild einer »sozietären Ordnung« entgegen, in der alle Widersprüche in »universeller Harmonie« aufgelöst sind. Ihre Verwirklichung verspricht er sich von der **Neuorganisation der Produktionsverhältnisse** in Form freiwilliger landwirtschaftl. und industrieller Produktionsgenossenschaften. Diese *Produktivassoziationen* (»Phalanstères«) vergesellschaften die Produktionszweige und die Arbeit, nicht jedoch das Eigentum. Alle Assoziationen sollen sich zu *Föderationen,* alle Föderationen zu einem *Weltbund* zusammenschließen und pol. Herrschaft auf diese Weise tendenziell überflüssig machen.

Robert Owen (1771–1858) unterscheidet sich von den vorgenannten Theoretikern durch sein Interesse an praktischer Sozialreform und sein gesellschaftl. Engagement als Unternehmer und Gründer von *Musterkolonien,* z. B. New Harmony, USA.

Im Zentrum steht die Idee der **Arbeiterselbsthilfe.** Durch die Gründung von auf soz. Gleichheit und Gütergemeinschaft basierenden *Produktionsgenossenschaften* und die Errichtung eines auf den »Arbeitswert« gestützten *Tauschsystems* soll das Handelskapital ausgeschaltet und den Beschäftigten der »volle Arbeitsertrag« gesichert werden. Langfristiges Ziel ist die Beseitigung der soz. Klassengegensätze.

Utopischer Kommunismus und Anarchismus

Die Vertreter des utop. Kommunismus radikalisieren die Idee der soz. Gleichheit und verknüpfen sie mit der Idee einer totalen Umgestaltung der Gesellschaft. Sie wollen nicht nur das Eigentum an Produktionsmitteln, sondern auch das Eigentum an Konsumgütern abschaffen. Und sie wollen die neue Gesellschaft sofort durchsetzen, entweder durch Gewalt wie **Gracchus Babeuf** (1760–97) und **Louis Auguste Blanqui** (1805–81) oder durch Aufklärung und Erziehung wie **Étienne Cabet** (1788–1856).

Die Vertreter des **Anarchismus** (von griech. *anarchia* 'Herrschaftslosigkeit') lehnen jede Form soz. und pol. Herrschaft ab. Sie wollen nicht nur die Ausbeutung, sondern auch alle staatl. Institutionen, bes. Militär und Justiz, abschaffen. An ihre Stelle soll das freie Ermessen des Einzelnen bzw. die freiwillige Assoziation der Vielen treten.

Mehrere Spielarten des Anarchismus werden unterschieden. Zu den wichtigsten gehören

1. der *libertäre Anarchismus;* er zielt auf größtmögliche individ. Freiheit und Autonomie; seine bedeutendsten Theoretiker sind **William Godwin** (1756–1836) und **Max Stirner** (1806–56);
2. der *solidarische Anarchismus;* er wurde v. a. von **Pierre-Joseph Proudhon** (1809–65) begründet, der Zwang und Gewalt ablehnt; die neue, auf der Idee gegenseitiger Hilfe basierende Ordnung wird nicht im pol. Kampf errungen, sondern schrittweise von den Produzenten geschaffen;
3. der *kollektiv-sozietäre Anarchismus;* er tritt für Gemeinschaftseigentum und Arbeiterassoziationen ein und wird v. a. von **Michail Bakunin** (1814–76) vertreten. Gewalt und Zerstörung sind legitime pol. Mittel; gefordert wird die soz. Revolution, die unmittelbar zu ökonom. Gleichheit führe. (B)

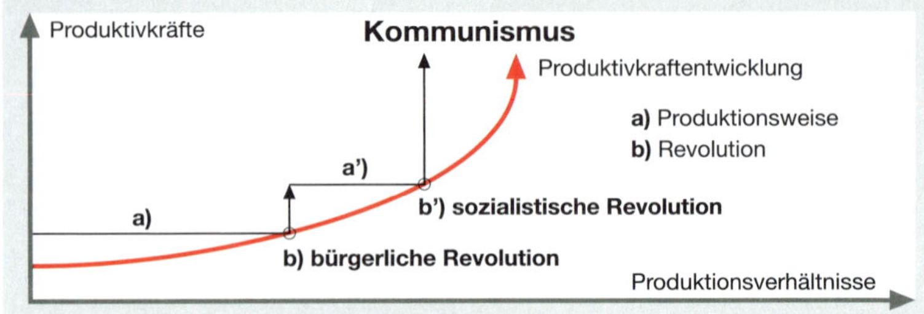

A Dialektik von Produktivkräften und Produktionsverhältnissen nach Marx

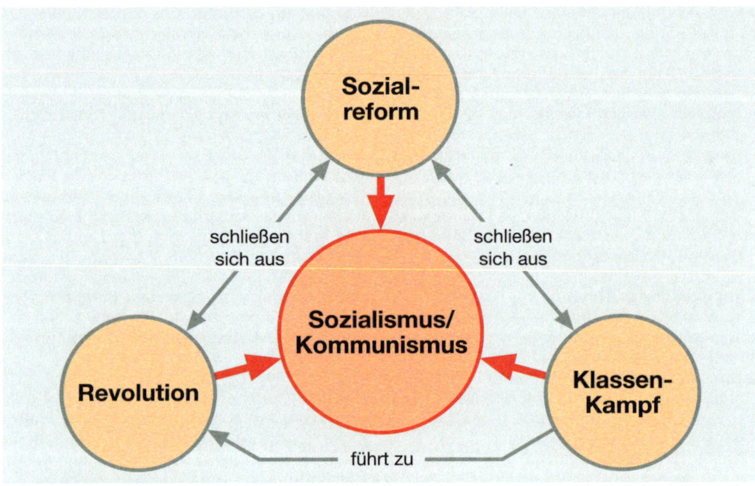

B Strategien der Gesellschaftsveränderung

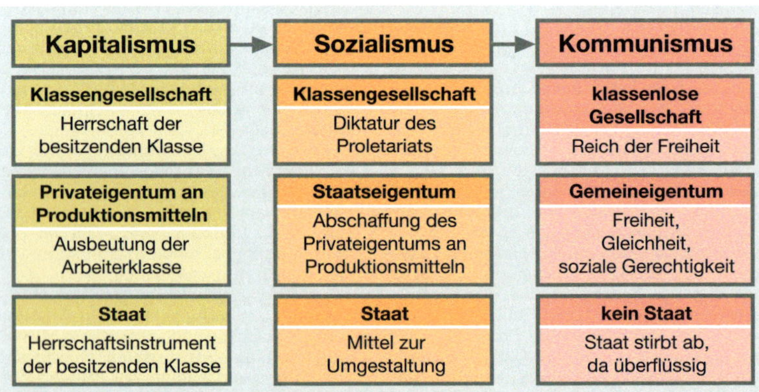

C Modell der Gesellschaftsveränderung nach Marx und Engels

Mit dem Begriff **Marxismus** bezeichnet man sowohl die Lehren von **Karl Marx** (1818–83) und **Friedrich Engels** (1820–97) als auch die ihrer Anhänger.

Marx und Engels gelten als Begründer des **wissenschaftlichen Sozialismus.** Im Unterschied zu den Frühsozialisten sind für sie Sozialismus und Kommunismus das Ergebnis einer hist. Entwicklung, deren Notwendigkeit sich wiss. demonstrieren lässt.

Charakteristisch für den klass. Marxismus ist die **Einheit von Denken und Handeln** bzw. von Theorie und Praxis.

»Die Philosophen haben die Welt nur verschieden *interpretiert;* es kommt darauf an, sie zu *verändern.*« (Marx, Engels: ›Die Deutsche Ideologie‹, geschrieben 1845/46, ersch. 1932)

Die Theorie hat also eine doppelte Funktion: Sie dient der radikalen Kritik alles Bestehenden und ist zugleich Voraussetzung einer pol. Praxis, die das Bestehende transformiert.

Historischer Materialismus

Methodisch basiert der wiss. Sozialismus von Marx und Engels auf den in der Auseinandersetzung mit dem Werk G.W.F. Hegels (1770–1831) entwickelten Grundsätzen des **Historischen Materialismus.** Wichtigster Grundsatz ist das *Basis-Überbau-Theorem.*

Danach bilden in allen Gesellschaftsformationen (Urgesellschaft, antike Sklavenhaltergesellschaft, Feudalismus, Kapitalismus) die ökonom. Strukturen und Prozesse die Basis. Politik, Recht, Wissenschaft, Religion etc. gehören zum ideolog. Überbau; sie sind von der Basis abhängig, können diese ihrerseits aber beeinflussen.

Die Geschichte selbst entwickelt sich *dialektisch.* Ihr Bewegungsprinzip ist der Spannungsbezug zw. *Produktionsverhältnissen* (= Eigentumsverhältnissen) und *Produktivkräften* (A). Dieser führt nicht nur zu gesellschaftl. Gegensätzen, sondern auch zu Klassenkämpfen, die sich in Revolutionen entladen und eine neue Gesellschaftsformation hervorbringen. Der Sieg des Proletariats über die Bourgeoisie beendet diesen Prozess, indem er mit dem Privateigentum an Produktionsmitteln zugleich die Klassengegensätze beseitigt. Fortan vollzieht sich Geschichte planmäßig und nach dem Willen der Menschen.

Kritik der Politischen Ökonomie

Ihr Hauptaugenmerk richten Marx und Engels auf die *Strukturanalyse des Kapitalismus.* Ziel dieser Analyse ist es, dessen Widersprüche aufzudecken und Mittel zu seiner Überwindung aufzuzeigen.

Hauptwiderspruch der kapitalist. Produktionsweise ist der **Gegensatz von Kapital und Arbeit.** Sämtl. Produktionsmittel befinden sich im Privatbesitz einer kleinen Zahl von Eigentümern *(Kapitalisten),* die sich den von den Lohnarbeitern *(Proletariern)* kollektiv erzeugten Mehrwert *(Profit)* aneignen.

Als **Mehrwert** gilt die Differenz zwischen Lohnkosten und Produkterlös (= unbezahlte Arbeit); seine Aneignung durch den Kapitalisten erfolgt durch die Ausbeutung des Arbeiters, der aus Selbsterhaltungsgründen gezwungen ist, seine Arbeitskraft unter Wert zu verkaufen.

Ziel der kapitalist. Produktionsweise ist die Akkumulation von Kapital, also die Anhäufung von Mehrwert. Produktion und Absatz von Waren haben die Funktion, dieses Ziel realisieren zu helfen; entscheidend ist daher nicht ihr *Gebrauchs-,* sondern ihr *Tauschwert.* Für den Zusammenbruch der kapitalist. Produktionsweise zeichnen Konzentrationsprozesse und zyklische *Krisen* (v. a. Überproduktionskrisen) verantwortlich.

Die fortschreitende Kapitalkonzentration reduziert die Anzahl der Kapitalisten, der techn.-industrielle Fortschritt vergrößert die »industrielle Reservearmee« (Arbeitslose) und fördert die Entwicklung eines *Klassenbewusstseins.*

Sozialismus und Kommunismus

Der Zusammenbruch des Kapitalismus erfolgt notwendig, nicht jedoch automatisch. Es ist die hist. Aufgabe des zahlenmäßig überlegenen Proletariats, sich als Klasse zu organisieren und den Kapitalismus durch eine internat. Revolution zu beseitigen.

Während der Revolution ergreifen die Arbeiter gewaltsam von der Staatsmacht Besitz und errichten mit ihrer Hilfe die **»Diktatur des Proletariats«.**

Bedeutsam ist die von Marx/Engels getroffene Unterscheidung zwischen einer Übergangsphase (Sozialismus) und dem Endziel (Kommunismus) der Revolution (C):

- Im **Sozialismus** sind die Produktionsmittel verstaatlicht, Planung und Verteilung der Produktion erfolgen unter staatl. Kontrolle. Es gilt das *Leistungsprinzip:* »Jeder nach seinen Fähigkeiten, jedem nach seiner Leistung.«
- Im **Kommunismus** sind alle gesellschaftl. Unterschiede beseitigt, die Produktionsmittel Eigentum der sich selbst regierenden Gesellschaft(en). Es herrscht das *Bedürfnisprinzip:* »Jeder nach seinen Fähigkeiten, jedem nach seinen Bedürfnissen.«

Staat und Recht, in der bürgerl. Gesellschaft Instrumente der kapitalist. Klassenherrschaft, im Sozialismus notwendige Mittel zur Umgestaltung, d. h. zur Niederhaltung der gestürzten Klasse und zur Erziehung des Proletariats, sterben im Kommunismus ab:

»An die Stelle der Regierung über Personen tritt die Verwaltung von Sachen und die Leitung von Produktionsprozessen.«

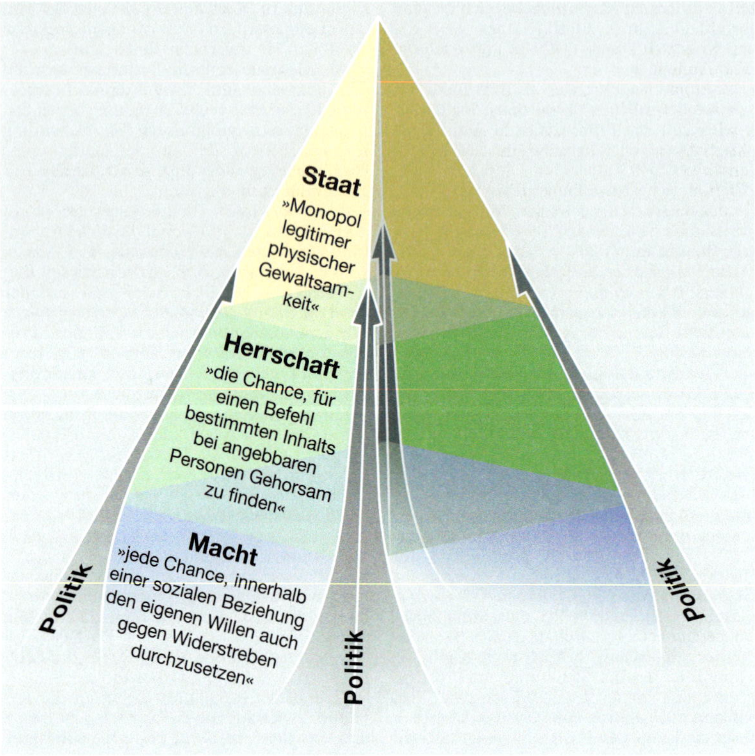

Staat
»Monopol legitimer physischer Gewaltsamkeit«
Herrschaft
»die Chance, für einen Befehl bestimmten Inhalts bei angebbaren Personen Gehorsam zu finden«
Macht
»jede Chance, innerhalb einer sozialen Beziehung den eigenen Willen auch gegen Widerstreben durchzusetzen«
Politik
Politik
Politik

A Macht und Herrschaft bei Max Weber

Vertrag
legal-rationale Herrschaft
traditionale Herrschaft
charismatische Herrschaft

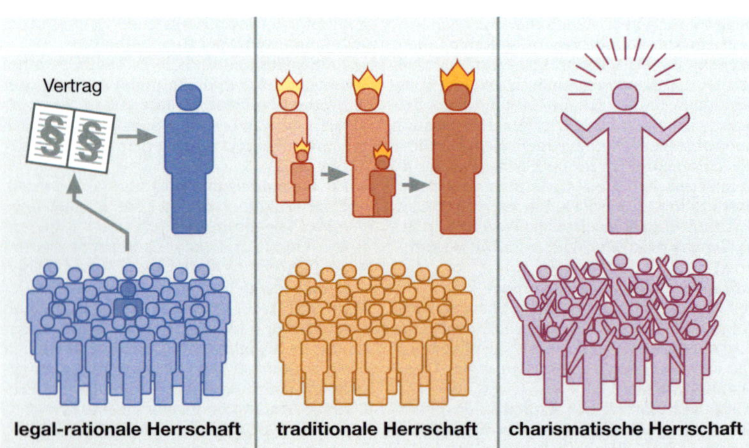

B Typen legitimer Herrschaft

Die Ausbildung einer noch heute aktuellen Begrifflichkeit des Politischen ist ebenso wie die Neubestimmung des Verhältnisses von Wissenschaft und Politik bzw. von Politik und Ethik das Verdienst von **Max Weber** (1864–1920). Sein 1922 posthum erschienenes Hauptwerk ›Wirtschaft und Gesellschaft‹ gilt als Meilenstein der modernen Sozialwissenschaft.

Charakteristisch für Webers Wissenschaftsverständnis ist das **Postulat der Wertfreiheit,** das zu einer strikten Trennung von (empir.) Wissenschaft und (werthafter) Politik zwingt. Methodisch arbeitet er mit dem Konzept des Idealtypus: **Idealtypen** sind keine exakten Abbilder der Wirklichkeit, sondern durch Komplexitätsreduktion gewonnene »gedankliche Mittel zum Zweck der geistigen Beherrschung des empir. Gegebenen«.

Seinem Wissenschaftsverständnis gemäß bestimmt Weber **Politik** nicht von ihren Gegenständen, Zielen oder Aufgaben her, sondern durch die Mittel, mit denen sie operiert. Das für die Politik typ. Mittel ist »physische Gewaltsamkeit«, ihr spezif. Handlungstypus der *Kampf um Macht* (A):

> Wer Politik treibt, erstrebt Macht, entweder als Mittel im Dienst anderer Ziele oder um ihrer selbst willen.

Unter **Macht** versteht Weber

> »jede Chance, innerhalb einer sozialen Beziehung den eigenen Willen auch gegen Widerstreben durchzusetzen«.

Macht ist amorph, d.h. sie hat keine festen Konturen und kann aus den unterschiedlichsten Quellen entspringen. Greifbar wird sie erst dort, wo sie sich in Herrschaft transformiert. **Herrschaft** ist institutionalisierte, auf allg. Regeln gegründete und nur für einen bestimmten Verband verbindl. Macht.

> »Herrschaft soll heißen die Chance, für einen Befehl bestimmten Inhalts bei angebbaren Personen Gehorsam zu finden.«

Eine Sonderform der pol. Herrschaft ist der **Staat.** Darunter versteht Weber diejenige menschl. Gemeinschaft, die innerhalb eines best. Gebietes »das Monopol legitimer physischer Gewaltsamkeit« mit Erfolg für sich beansprucht. Der moderne Staat zeichnet sich v.a. durch seinen rationalen Anstaltscharakter aus: Verwaltungsstab und sachl. Betriebsmittel sind getrennt. *Berufsbeamte* führen Regeln, Vorschriften und Verfahren aus, auf deren Entstehung sie keinen Einfluss haben; *Berufspolitiker* werben um Zustimmung für die (Beeinflussung der) Leitung des Staates.

Das Konzept der legitimen Herrschaft

Nach Weber ist der Staat nicht nur ein auf Gewalt gegründetes, sondern auch ein *rechtfertigungsbedürftiges* Herrschaftsverhältnis. Seine Existenz hängt davon ab, dass sich

> »die beherrschten Menschen der beanspruchten Autorität der jeweils herrschenden *fügen*«.

Von den »äußeren Mitteln« sind mithin die »inneren Rechtfertigungsgründe« zu unterscheiden; sie erst stiften jene Folgebereitschaft *(Gehorsam),* welche Herrschaft ermöglicht.

Drei Typen legitimer Herrschaft werden von Weber unterschieden (B):

1. Die *legal-rationale Herrschaft* basiert auf legaler Satzung und sachl. Kompetenz bzw. auf Verfahrensrationalität und Pflichterfüllung; sie ist das Merkmal der Moderne.
2. Die *traditionale Herrschaft* fußt auf der Autorität der Tradition bzw. auf dem Glauben an die Heiligkeit der von jeher geltenden Ordnungen und Gewalten.
3. Die *charismatische Herrschaft* gründet auf der persönl. Ausstrahlung und Anziehungskraft eines Einzelnen; sie fordert die Hingabe einer Gefolgschaft an ihren Führer.

In der Wirklichkeit kommen die drei Idealtypen nur gemischt vor. Deutlich wird dies am Problem der »Veralltäglichung des Charisma«: Tatsächlich ändert sich nach einer gewissen Zeit der Charakter der soz. Beziehung zwischen charismat. Führer (bzw. Verwaltungsstab) und Gefolgschaft; Traditionalisierung oder Legalisierung der Herrschaft sind die unvermeidliche Folge.

Der Typus charismat. Herrschaft kehrt auch im weberschen Konzept der **plebiszitären Führerdemokratie** wieder. Danach sind in modernen Massengesellschaften nur noch charismat. Führerpersönlichkeiten, die eine pol. Gefolgschaft um sich geschart haben, in der Lage, pol. Entscheidungen gegen bürokrat. verfestigte Strukturen durchzusetzen.

Das Problem der politischen Ethik

In ›Politik als Beruf‹ (1919) diskutiert Weber das Problem von Gesinnungs- und Verantwortungsethik in der Politik:

- Die **Gesinnungsethik** lässt als einzigen Maßstab pol. Handelns die persönl. Überzeugung gelten.
- Die **Verantwortungsethik** stellt die Frage nach der Verantwortbarkeit der Folgen pol. Handelns in den Mittelpunkt.

Aufgabe des pol. Handelnden ist es, eine Balance zw. beiden herzustellen. Letztlich versteht es jedoch nur der Verantwortungsethiker, mit dem spezif. pol. Mittel der Gewaltsamkeit in sachangemessener Weise umzugehen.

> *Verantwortungsgefühl, Augenmaß* und *Leidenschaft* (für die Sache) unterscheiden den wahren, zu echter Führerschaft berufenen Politiker vom verantwortungslosen Gesinnungspolitiker ebenso wie vom bloßen Macht- bzw. gesinnungslosen Realpolitiker und vom reinen Berufspolitiker.

Sachgebiete	spezifisches Kriterium im Sinne einer »letzten Unterscheidung«
das Moralische	gut/böse
das Ästhetische	schön/hässlich
das Ökonomische	nützlich/schädlich (rentabel/unrentabel)
das Politische	**Freund/Feind**

A Das Politische als eigenständiges Sachgebiet

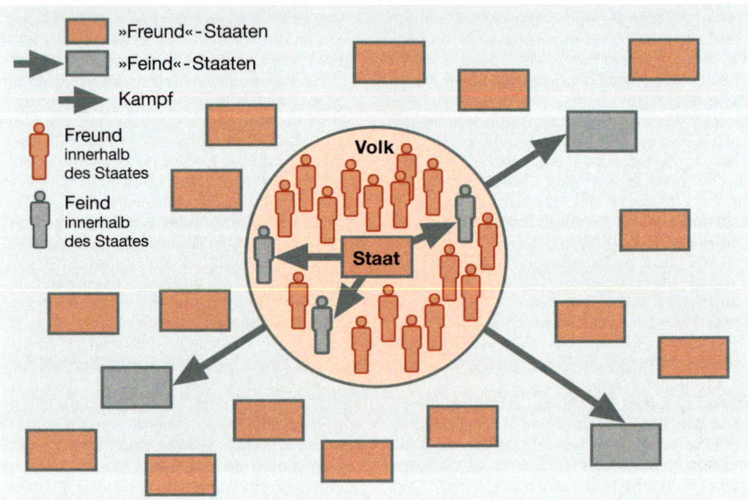

B Die Freund-Feind-Unterscheidung des Staates

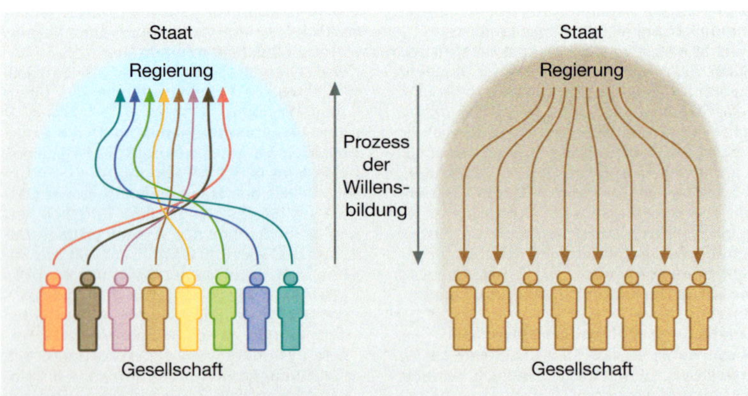

C Pluralistische und autoritäre Willensbildung

Carl Schmitt (1888–1985) gehört zu den einflussreichsten, infolge seiner späteren Verstrickungen in den Nationalsozialismus zugleich aber auch umstrittensten Staatsrechtlern der Weimarer Republik.

Sein Beitrag zum pol. Denken besteht v. a. in einer existenziellen Neubestimmung des Politischen sowie in einer damit eng verbundenen dezisionistischen Neufassung des Souveränitätsbegriffs (s. u.).

Auf Schmitts gleichnamiges Werk von 1922 geht die Bezeichnung **»Politische Theologie«** zurück. Sämtliche Begriffe der modernen Staatslehre sind für ihn »säkularisierte theologische Begriffe«. So entwickelt sich bspw. der pol. Begriff der Souveränität aus dem theolog. Begriff der göttl. Allmacht.

In seiner Schrift ›Der Begriff des Politischen‹ (1927, erweitert 1932) grenzt Schmitt das **Politische** durch ein spezif. Kriterium von bes. »Sachgebieten« wie dem Moralischen, Ästhetischen und Ökonomischen ab, die sich alle durch nur ihnen eigentümliche »letzte Unterscheidungen« (gut/böse, schön/hässlich, nützlich/schädlich bzw. rentabel/nicht rentabel) auszeichnen (A):

»Die spezifisch politische Unterscheidung, auf welche sich die politischen Handlungen und Motive zurückführen lassen, ist die Unterscheidung von Freund und Feind.«

Unter »Feind« versteht Schmitt ausschließl. den »öffentlichen Feind«, d. h. denjenigen, der die Existenz des eigenen Volkes oder Staates bedroht; mit ihm sind im Extremfall bewaffnete Konflikte möglich (B).

Von Politik kann folglich nur dort gesprochen werden, wo die »reale Möglichkeit des Kampfes« besteht. Das Politische liegt jedoch nicht im Kampf selbst, sondern »in einem von dieser realen Möglichkeit her bestimmten Verhalten«.

Der **Staat** ist jene pol. Größe, die stellvertretend für die Gesamtheit eines Volkes die Freund-Feind-Unterscheidung vornimmt. Er verfügt über das *ius ad bellum*, d. h. über das Recht, kraft eigener Entscheidung den Feind zu bestimmen und zu bekämpfen.

Das Wesen staatl. Autorität lässt sich am besten vom Ausnahmefall her begreifen.

Der *Ausnahmezustand* bspw. hebt das geltende Recht, nicht jedoch den Staat auf; seine Feststellung ist daher auch nicht die Folge der Anwendung einer Rechtsnorm, sondern das Resultat einer *souveränen Entscheidung*.

Der souveräne Staat entscheidet sowohl darüber, ob eine existenzielle Bedrohung vorliegt, als auch darüber, welche Maßnahmen zu ihrer Abwendung ergriffen werden sollen. Es gilt das Prinzip des **Dezisionismus:** Auf die faktische Entscheidung, nicht auf ihre theoret. Begründung kommt es an.

Die *Legitimität* staatl. Herrschaft bemisst sich nicht an einem außerpol. Maßstab (Moral, Recht, Verfassung), sondern allein an dem Willen und der Fähigkeit, solche Entscheidungen zu treffen.

Mit der Ausrufung des Ausnahmezustands verwandelt sich der Staat in eine **Diktatur.** Schmitt unterscheidet zwei Typen:

1. Zweck der *»kommissarischen Diktatur«* ist es, die Geltung der bestehenden Rechtsordnung vorübergehend auszusetzen, um auf diese Weise ihre künftige Fortexistenz zu gewährleisten.
2. Die *»souveräne Diktatur«* will nicht die existierende Verfassung bewahren, sondern eine neue, nämlich die »wahre Verfassung«, herstellen; sie will m. a. W. den »wahren« pol. Willen der Gemeinschaft gegen den bestehenden, jedoch diesem Willen nicht entsprechenden Verfassungstext durchsetzen.

Diktatur und Demokratie stellen für Schmitt keine Gegensätze dar: Jede Verfassung gründet auf einer *»substanziellen* Gleichheit« (gleiche Rasse, gleicher Glaube, gleiche Tradition, gleiches Schicksal); sie setzt mithin eine Gleichartigkeit voraus, die zugleich das Charakteristikum der **Demokratie** darstellt:

»Jede wirkliche Demokratie beruht darauf, dass nicht nur Gleiches gleich, sondern … das Nichtgleiche nicht gleich behandelt wird. Zur Demokratie gehört also notwendig erstens Homogenität und zweitens – nötigenfalls – die Ausscheidung oder Vernichtung des Heterogenen.«

Die Idee der Demokratie (»Prinzip der Identität der Regierenden und Regierten«) verlangt, dass gemäß dem Willen der Regierten zu regieren sei, wobei die Kundgebung dieses Willens auch per Akklamation erfolgen könne. Sollte dieser Wille nur von einer Minderheit erkannt bzw. repräsentiert werden, ist Demokratie eben auch in der Form einer Diktatur denkbar.

Die **Repräsentation** des pol. Willens bzw. der pol. Einheit stellt für Schmitt das eigentl. Problem des Staates im 20. Jh. und die zentrale Frage der dezisionistischen pol. Theorie dar. Da sie der Sphäre des Politischen angehöre, sei sie ihrem Wesen nach etwas Existenzielles und in der Reg. anzusiedeln: »Nur wer regiert, hat teil an der Repräsentation.«

Der Parlamentarismus ist Schmitt zufolge zu einer echten Repräsentation nicht in der Lage, da er sich an einem hist. überholten Paradigma (Prinzip der öffentl. Diskussion) orientiere und aufgrund des permanenten Parteienstreits statt zur Festigung zur Auflösung der pol. Einheit beitrage.

In einer parlamentar. Demokratie würden soz. und ökonomische Mächte mit Hilfe parlamentar. Mehrheiten die staatl. Institutionen ihren Interessen dienstbar machen und so den Staat paralysieren.

Hegel	Marx/Engels	Freud
Dialektik als Bewegungsprinzip der Wirklichkeit und der Erkenntnis Begriff der Totalität	Kapitalismus- und Gesellschaftskritik	Psychoanalyse Kulturkritik

Kritische Theorie

Frankfurter Schule
M. Horkheimer Th. W. Adorno H. Marcuse

- Kritik der bürgerlich- kapitalistischen Gesellschaft bzw. der Herrschaft- und Unterdrückungsmechanismen
- Kritik der traditionellen Wissenschaft
- Kritik der instrumentellen Vernunft
- Ideologiekritik
- Kritik der Kulturindustrie (Medien)

Eine freie Gesellschaft mündiger Menschen

A Kritikdimensionen der Kritischen Theorie

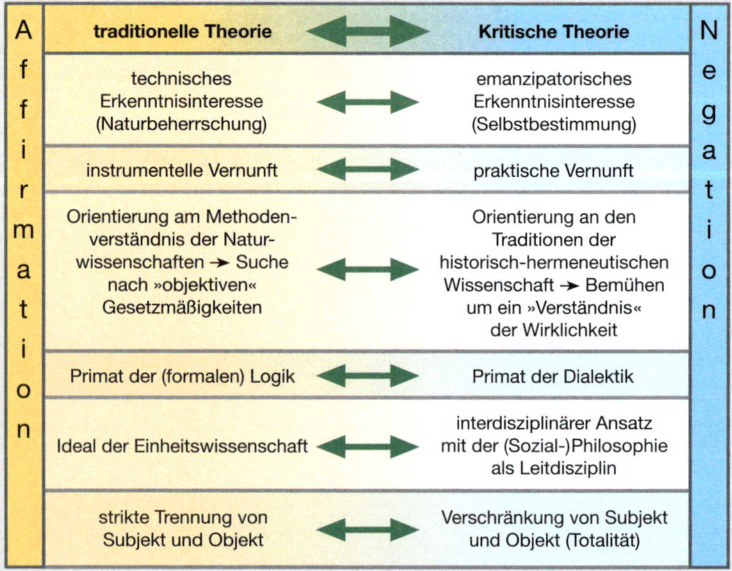

B Traditionelle und Kritische Theorie

Die **Kritische Theorie** ist das gemeinsame Werk einer Gruppe von Intellektuellen, die sich in den späten 1920er-Jahren am Frankfurter ›Institut für Sozialforschung‹ (daher auch ›**Frankfurter Schule**‹) bzw. im Umkreis der ›Zeitschrift für Sozialforschung‹ (1932–41) herausbildete. Zu ihren wichtigsten Vertretern zählen **Max Horkheimer** (1895–1973), **Theodor W. Adorno** (1903–69) und **Herbert Marcuse** (1898–1979).

»Allgemeine Kriterien für die kritische Theorie als Ganzes gibt es nicht ... Ebenso wenig existiert eine gesellschaftliche Klasse, an deren Zustimmung man sich halten könnte.«

Für Horkheimer bezeichnet Krit. Theorie daher in erster Linie ein *kritisches Verhalten,* das das Bestehende radikal verneint und mit seinen eigenen »objektiven« Möglichkeiten konfrontiert.

Im Unterschied zur traditionellen Theorie *(Positivismus, Szientismus)* will die ältere Krit. Theorie nicht bei der Feststellung von Tatsachen oder der Erkenntnis von Teilaspekten stehen bleiben, da dies nur die Verdoppelung der schlechten Realität, nicht aber ihre Aufhebung bedeuten würde. Ihr Ziel ist eine integrative **Theorie der Gesellschaft,** die versch. Einzeldisziplinen zusammenführt, um sie für ein Verständnis der Gegenwart fruchtbar zu machen: Marxist. Kapitalismuskritik, empir. Sozialforschung und philosoph. sowie sozialpsycholog. Zeitdiagnostik sind in dieser frühen Phase mit dem Interesse an der Beseitigung von Ausbeutung, Unterdrückung und Entfremdung eng verknüpft.

Die Gesellschaft selbst erscheint als antagonist. **Totalität,** die von den Menschen produziert wird und daher auch von ihnen verändert werden kann. Aufgabe des Wissenschaftlers ist es, diesen Veränderungsprozess zu unterstützen, ohne seine Unabhängigkeit preiszugeben.

Zum **Neomarxismus** wird die Krit. Theorie gerechnet, weil ihre Vertreter grundsätzlich am marxist. Ansatz festhalten, die Bedeutung der Ökonomie jedoch relativieren. Im Zentrum steht nicht die Kritik der vom Kapitalismus erzeugten Ungleichheiten, sondern die **Ideologiekritik.**

Dialektik der Aufklärung

Während des amerikan. Exils (1934–49) von **Horkheimer** und **Adorno** löst sich die urspr. Einheit von Krit. Theorie und revolutionärer Praxis auf. An die Stelle der interdisziplinären, verhalten optimist. Gesellschaftstheorie tritt in der von Horkheimer und Adorno gemeinsam verfassten ›Dialektik der Aufklärung‹ (1947) eine pessimist. **Kultur-** bzw. **Vernunftkritik,** die den »Zusammenbruch der bürgerlichen Zivilisation« (Stalinismus, Faschismus, amerikan. Massenkultur) auf den selbstzerstörerischen Fortschritt der Aufklärung zurückführt. Motor dieser weit in die Vergangenheit zurückreichenden Verfallsgeschichte ist nicht der Klassenkampf, sondern der *Kampf zwischen Mensch und Natur.*

In dem Maße, in dem die Menschen die Natur mit Hilfe einer rationalist. verkürzten Vernunft unterwerfen und sich als Subjekte konstituieren, entfremden sie sich von ihr und von ihrem eigenen Wesen.

Die Vernunft verwandelt sich in *instrumentelle Vernunft,* die Herrschaft des Menschen über die Natur in die »Herrschaft des blind Objektiven, Natürlichen« über den Menschen.

Aufklärung, versteinert zur Ideologie der Naturbeherrschung, schlägt um in Mythologie und wird »totalitär«.

Versuche, den durch die Agenturen der »Kulturindustrie« (Zeitschriften, Radio, Fernsehen, Kino etc.) hergestellten »Verblendungszusammenhang« zu durchbrechen, sind in der »verwalteten Welt« zum Scheitern verurteilt.

Herbert Marcuse beschreibt in seinem Hauptwerk ›Der eindimensionale Mensch‹ (engl. 1964, dt. 1967) die fortgeschrittene Industriegesellschaft als einen lückenlosen Zusammenhang von Manipulation und Herrschaft.

Durch die Manipulation von Sprache und Denken, v.a. aber durch die Befriedigung künstl. (»falscher«) Bedürfnisse erzeugt sie unter den Vorzeichen von Wohlstand und Freiheit einen systemstabilisierenden *Konformismus,* der den Wunsch nach soz. Wandel unterbindet und Kritik lähmt.

Technik und Wissenschaft sind ideolog. geworden: Sie generieren Sach- bzw. Handlungszwänge, denen sich die Menschen freiwillig unterwerfen, und stabilisieren dadurch die bestehenden Verhältnisse. Das Ergebnis ist eine Gesellschaft ohne Opposition und Widerspruch, deren Mitglieder das »Muster eindimensionalen Denkens und Verhaltens« unbewusst reproduzieren.

Irrational ist diese Gesellschaft, weil sie die vorhandenen, bes. die techn. Möglichkeiten nicht zur Herstellung eines Zustandes nutzt, in dem die Menschen frei und selbstbestimmt über sich verfügen können.

Im Unterschied zu Horkheimer und Adorno hält Marcuse gleichwohl an der paradoxen Hoffnung fest, dass in einer fast vollständig gleichgeschalteten Welt eine widerständige Praxis möglich ist.

Zur »Großen Weigerung« imstande sind jedoch nicht Arbeiter oder Angestellte, sondern ausschließl. subversive, noch nicht vollständig ins System integrierte Minderheiten (Randgruppen, Unterprivilegierte etc.).

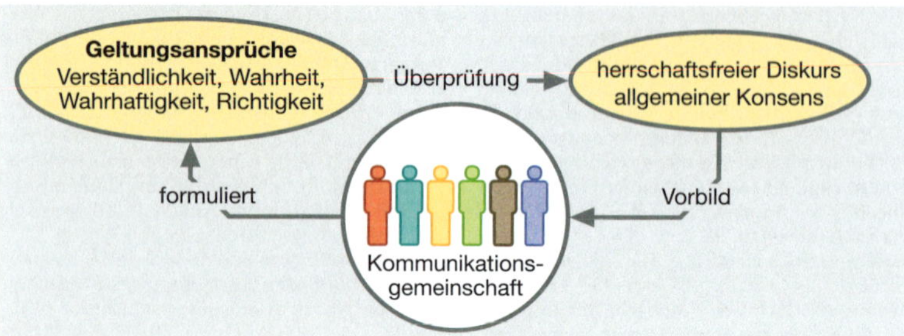

A Geltungsansprüche und ihre Überprüfung in einem herrschaftsfreien Diskurs

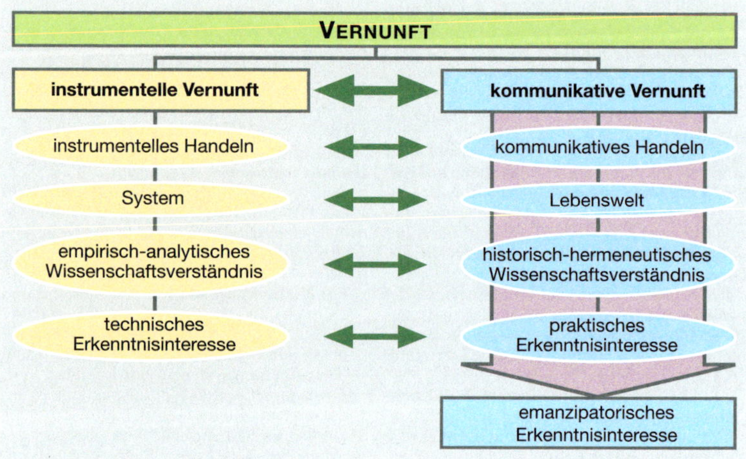

B Vernunft und Erkenntnisinteresse

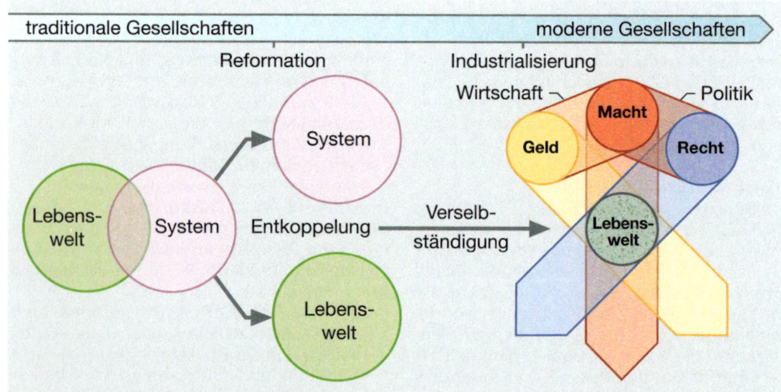

C Kolonialisierung der Lebenswelt

Jürgen Habermas (geb. 1929) gehört zu den Vertretern der **neueren Kritischen Theorie.** Mit der älteren Frankfurter Schule verbindet ihn u. a. das Interesse an *Emanzipation,* d. h. an Befreiung des Menschen von überflüssiger gesellschaftl. Herrschaft.
In seinem Hauptwerk ›Theorie des Kommunikativen Handelns‹ (1981) rekonstruiert er die normativen Fundamente einer krit. Gesellschaftstheorie, die das »Projekt der Moderne« (Aufklärung) nicht verabschieden, sondern als zeitgemäße Theorie der Demokratie fortführen möchte.

Der das Werk von Habermas prägende **kommunikationstheoretische Ansatz** wird bereits in seiner Habilitationsschrift ›Strukturwandel der Öffentlichkeit‹ (1962) sichtbar. Normativer Horizont der Untersuchung ist ein emphatischer Begriff von Öffentlichkeit, der sich am liberalen Prinzip öffentlicher Diskussion orientiert und jeden anderen Zwang als den von Argumenten ausschließt.

Die Idee eines allgemeinen Konsensus
Habermas ist davon überzeugt, dass Gewalt als Mittel der Konfliktlösung hist. abgelöst werden könne durch die Praxis vernünftiger Einigung. Seiner Ansicht nach verweist bereits das einer krit. Gesellschaftstheorie eigentümliche »Interesse an Mündigkeit« und Selbstbestimmung auf die *Sprache,* da deren Strukturen die Idee eines »allgemeinen und ungezwungenen Konsensus« antizipieren.

Wer spricht, setzt immer schon voraus, dass eine Einigung möglich ist. Er erhebt sog. universale **Geltungsansprüche,** deren Einlösbarkeit er unterstellen muss. Dazu gehören *Verständlichkeit* (des Ausdrucks), *Wahrheit* (der Aussage), *Wahrhaftigkeit* (der Intention) und *Richtigkeit* (der Normen). (A)

Diese Geltungsansprüche stellen nicht nur die universalen Bedingungen möglicher Verständigung und als solche implizite moralische Verpflichtungen dar; sie beinhalten darüber hinaus einen Begriff unverkürzter kommunikativer Rationalität, der sich gegen die Identifizierung von Vernunft mit Zweckrationalität geltend machen lässt.

Die von Habermas gemeinsam mit Karl-Otto Apel (geb. 1922) entwickelte **Diskursethik** geht davon aus, dass prakt. Fragen nur argumentativ entschieden werden können. Im Zentrum des habermasschen Ansatzes steht das Konzept einer *idealen Sprechsituation,* in der systemat. Verzerrungen der Kommunikation ausgeschlossen sind und strittige Geltungsansprüche auf der Grundlage der wechselseitigen Anerkennung der Diskursteilnehmer in »herrschaftsfreien Diskursen« auf ihre Verallgemeinerungsfähigkeit hin geprüft werden.

Kolonialisierung der Lebenswelt
Eine zentrale Bedeutung für die habermassche Gesellschaftstheorie besitzt die Unterscheidung von Lebenswelt und System:

- Die symbolisch strukturierte **Lebenswelt** ist der Bereich der *Alltagswelt.* Sie ist für die soz. Integration der Individuen verantwortlich und vermittelt jene Normen, Werte und Fähigkeiten, die kommunikativem Handeln zugrunde liegen.
- In formal organisierten **Systemen** (Wirtschaft, Politik etc.) ersetzen *generalisierte Steuerungsmedien* (Geld, Macht, Recht) kommunikatives Handeln. Systeme sind das Ergebnis von Rationalisierungsprozessen und entscheidend für den Fortschritt der letzten zwei Jh. verantwortlich.

In der Neuzeit kommt es zu einer Entkoppelung von System und Lebenswelt und in der Folge zu einer **Kolonialisierung der Lebenswelt:** Die Systeme (v. a. Wirtschaft und Verwaltung) gewinnen an Komplexität und verselbständigen sich, die Systemimperative (z. B. ökonomische Rentabilität und bürokratische Effektivität) dringen in die Lebenswelt ein und verändern deren Charakter. (C)

An die Stelle verständigungsorientierten Handelns tritt zunehmend instrumentelles, mediengesteuertes Handeln. Orientierungs- und Freiheitsverluste sind die Folge. Die für den soz. Zusammenhalt unverzichtbare Lebenswelt droht zu verkümmern.

In ›Faktizität und Geltung‹ (1992) entwickelt Habermas eine **deliberative Demokratie- und Rechtstheorie** (von lat. *deliberare* 'abwägen, beraten'), die v. a. auf die Klärungskraft öffentl. Debatten und die Möglichkeit zivilgesellschaftl. Selbstorganisation setzt. Ausgangs- und Angelpunkt ist die demokrat. Selbstbestimmung mündiger Bürger, die sich in einem »inklusiven Meinungs- und Willensbildungsprozess« darüber verständigen (sollen), »welche Ziele und Normen im gemeinsamen Interesse aller liegen«.

Verbindlichkeit können nur Normen und rechtl. Regelungen beanspruchen, die in *rationalen Diskursen* unter gleichberechtigter Mitwirkung aller möglicherweise Betroffenen erörtert wurden und allg. Zustimmung gefunden haben.

Grundrechten, Rechtsstaat und Gewaltenteilung wächst die Aufgabe zu, die anspruchsvollen Kommunikationsvoraussetzungen des demokrat. Verfahrens zu gewährleisten.

Für Habermas verweisen Rechtsstaat und (radikale) Demokratie wechselseitig aufeinander: Ohne Demokratie haben die Bürger und Bürgerinnen eines Staates keinen Anteil an der Gesetzgebung; ohne rechtsstaatl. verbürgte Grundrechte kann die egalitäre Mitwirkung am Willensbildungsprozess nicht gesichert werden.

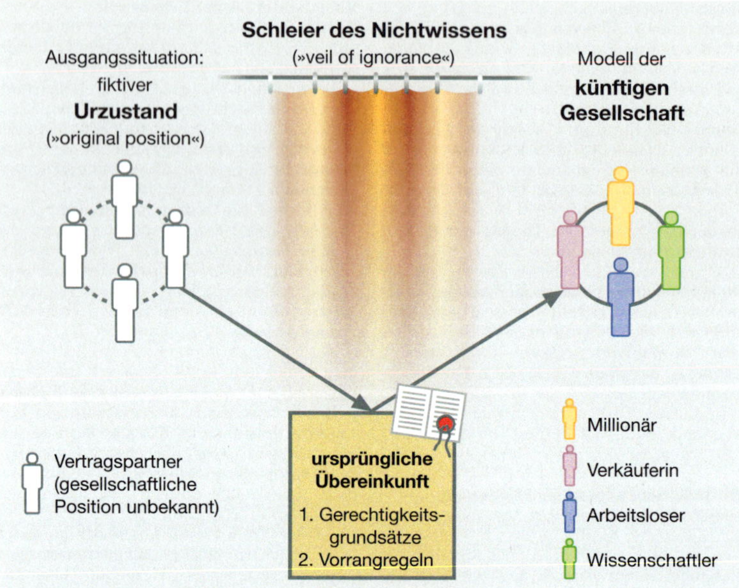

A Theorie der Gerechtigkeit oder Gerechtigkeit als Fairness

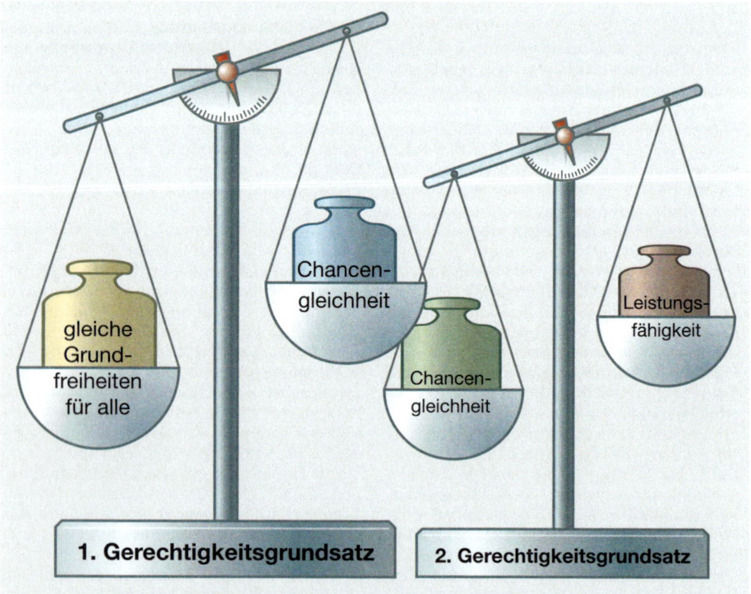

gleiche Grund-freiheiten für alle

Chancen-gleichheit

Chancen-gleichheit

Leistungs-fähigkeit

1. Gerechtigkeitsgrundsatz

2. Gerechtigkeitsgrundsatz

B Vorrang des ersten Gerechtigkeitsgrundsatzes

Die Renaissance der Pol. Philosophie nach dem 2. Weltkrieg ist das Werk des amerikan. Philosophen **John Rawls** (1921–2002). In ›Eine Theorie der Gerechtigkeit‹ (engl. 1971) entwickelt er im Anschluss an Rousseau und Kant eine **kontraktualistische Gerechtigkeitskonzeption,** die in den englischsprachigen Ländern zu einer Erneuerung des Liberalismus geführt hat.

Im Zentrum der rawlsschen Theorie steht nicht die Frage des richtigen moral. bzw. pol. *Handelns,* sondern das Problem einer gerechten *Gesellschaftsordnung.* Eine solche ist dann gegeben, wenn die soz. Güter, Chancen und Lasten von den gesellschaftl. Institutionen (Verfassung, Wirtschafts-, Sozialsystem) *fair* verteilt werden.

Das **Prinzip der Fairness** erfordert zweierlei:

- Alle müssen ohne Ausnahme sowohl an den Gütern (Rechte, Einkommen, Vermögen und Chancen) als auch an den Lasten beteiligt werden.
- Bedürfnisse, Interessen und Leistungsfähigkeit eines jeden Gesellschaftsmitglieds sind bei der Verteilung angemessen zu berücksichtigen.

Aufgabe einer Gerechtigkeitstheorie ist es, die *Verteilungsprinzipien* bzw. die zugrunde liegenden *Gerechtigkeitsgrundsätze* festzulegen und zu begründen. Dabei spielt das Fairnessprinzip ebenfalls eine wichtige Rolle: Als gerecht – und zugleich legitim – dürfen danach nur Grundsätze gelten, denen unter fairen Bedingungen »freie und vernünftige Menschen« zustimmen würden.

Da in der soz. Wirklichkeit solche Bedingungen i. d. R. nicht vorliegen, müssen sie konstruiert bzw. simuliert werden. Rawls greift in diesem Zusammenhang auf das *Vertragsmodell* und die ihm zugrunde liegende Idee einer *urspr. Übereinkunft* zurück, um es für den Zweck der Prinzipienrechtfertigung zu modifizieren: »Ausgangssituation« *(original position)* ist ein fiktiver **Urzustand,** in dem Menschen zusammenkommen, um gemeinsam die Grundregeln ihrer künftigen Verbindung festzusetzen (»Verfassungswahl«). Die Unparteilichkeit der Entscheidung wird dadurch gewährleistet, dass sich die Menschen hinter einem **Schleier des Nichtwissens** *(veil of ignorance)* befinden, der ihnen die Kenntnis sämtlicher entscheidungsrelevanter Einzeltatsachen vorenthält (A):

> »Vor allem kennt niemand seinen Platz in der Gesellschaft, seine Klasse oder seinen Status; ebenso wenig seine natürlichen Gaben, seine Intelligenz, Körperkraft usw.«

Die Entscheidung unter Unsicherheit zwingt den Beteiligten einen moral. Standpunkt auf: Weil sie nicht voraussehen können, welche Folgen die versch. Grundsätze für ihr eigenes Leben haben werden, beurteilen sie sie »in ihrem eigenen Interesse« ausschließl. unter allg. Gesichtspunkten, wobei sie dem Maximin-Prinzip folgen.

Der Terminus **Maximin-Prinzip** stammt aus der *Spieltheorie:* Er bedeutet *maximum minimorum,* also *Max*imum der *Min*ima. Als Handlungsmaxime lenkt er die Aufmerksamkeit auf die ungünstigsten Folgen, die eine bestimmte Handlung nach sich ziehen kann. Der Handelnde ist gehalten sich so zu entscheiden, dass die schlechtest denkbare Konsequenz seiner Handlung möglichst gut ist.

Rawls ist überzeugt, dass sich in der Situation des Urzustandes alle Beteiligten auf zwei Gerechtigkeitsgrundsätze verständigen:

1. auf das **Prinzip der Freiheit und Gleichheit;** dieses besagt, dass jedermann das gleiche Recht auf ein Maximum gleicher Grundfreiheiten haben soll, das für alle möglich ist. Es fordert neben der gleichen Verteilung von Rechten und Pflichten die Maximierung individueller Freiheit;
2. auf das **Differenzprinzip,** wonach soz. und wirtschaftl. Ungleichheiten unter der Voraussetzung zulässig sind, dass a) alle, bes. die am wenigsten Begünstigten, davon einen Vorteil haben und b) niemand von soz. und pol. Machtpositionen ausgeschlossen wird (Prinzip der Chancengleichheit).

Beide Grundsätze stehen zueinander in einer »lexikalischen Ordnung«, die Konflikte von vornherein ausschließen soll (B):

- Der *Vorrang der Freiheit* bedeutet, dass wirtschaftl. Vorteile oder wirtschafts- und sozialpol. Maßnahmen nicht zu Lasten der Freiheit gehen dürfen. Eine Einschränkung der Grundfreiheiten ist daher nur möglich, wenn dadurch das Gesamtsystem der Freiheiten für alle gestärkt wird.
- Der *Vorrang der Gerechtigkeit* (vor Leistungsfähigkeit und Nutzenmaximierung) legt fest, dass wirtschaftl. Vorteile und entsprechende pol. Maßnahmen nur gestattet sind, wenn dadurch die Chancen der Benachteiligten verbessert werden.

Rawls zufolge stimmen Fairnessnormen, Gerechtigkeitsgrundsätze und Vorrangregeln mit unseren von Vorurteilen bereinigten, wohlerwogenen Gerechtigkeitsvorstellungen und moral. Alltagsurteilen überein (»Überlegungsgleichgewicht«).

Später hat Rawls den umfassenden Anspruch seiner Gerechtigkeitstheorie relativiert und die Aufgaben der Pol. Philosophie neu gefasst. In dem Buch **›Politischer Liberalismus‹** geht es ihm um die Entwicklung einer genuin pol. Gerechtigkeitskonzeption für den demokrat. Verfassungsstaat, die vom Faktum des Pluralismus ausgeht, auf trad. philosoph. Begründungsmuster verzichtet und stattdessen v. a. auf den Aspekt der pol. Nützlichkeit (Konsens- und Friedensstiftung) abstellt.

Markt
wirtschaftliche Freiheit
Staat
sozialer Ausgleich
Solidarität
Subsidiarität
Erneuerung der Sozialkultur
moralische Erneuerung
Prinzip
kollektive Selbsthilfe
kooperative Selbstregulierung
Politikziel
Staatsentlastung
Entbürokratisierung
Gesellschaft
Identität
Gemeinschaft
Tugend
Primat des Gemeinwohls

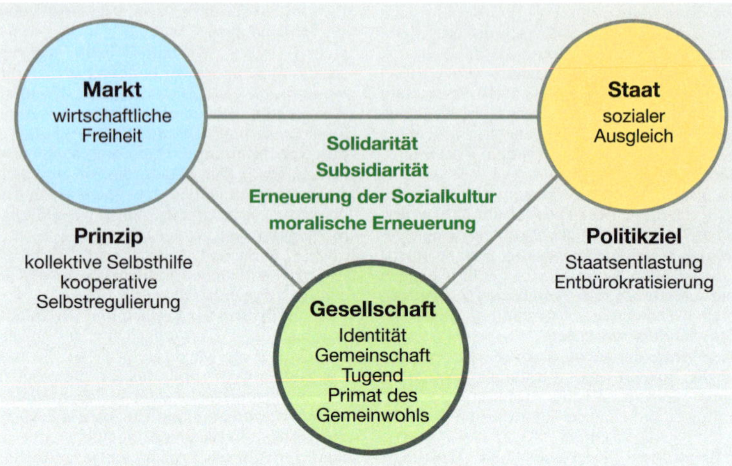

A Kommunitarismus – Primat der Gemeinschaft

Unbehagen an der Moderne
Kommunitarismus
Kritik am Liberalismus
radikaler Individualismus
Überbetonung individueller Rechte, privater Selbstverwirklichung und ökonomischer Nutzenorientierung auf Kosten des Gemeinwohls
Primat der Gemeinschaft
Orientierung am Gemeinwohl
Appell an den Gemeinsinn (Bürgertugenden, Verantwortungsbewusstsein etc.)
Plädoyer für die Stärkung der Basisgemeinschaft (Familie, Nachbarschaft etc.)
Substanzialisten
M. Sandel, Ch. Taylor, A. MacIntyre
Prinzip der Identifikation
Vorrang der Gemeinschaft vor individuellen Rechtsansprüchen
»Verpflichtung dazuzugehören«
Rückbesinnung auf Tugend und Tradition
Vorrang des Patriotismus
Republikaner
A. Etzioni, M. Walzer
Prinzip der Partizipation
Korrektur bzw. Ergänzung des Liberalismus
Anerkennung unterschiedlicher »Gerechtigkeitssphären«
Stärkung der partizipativen Demokratie

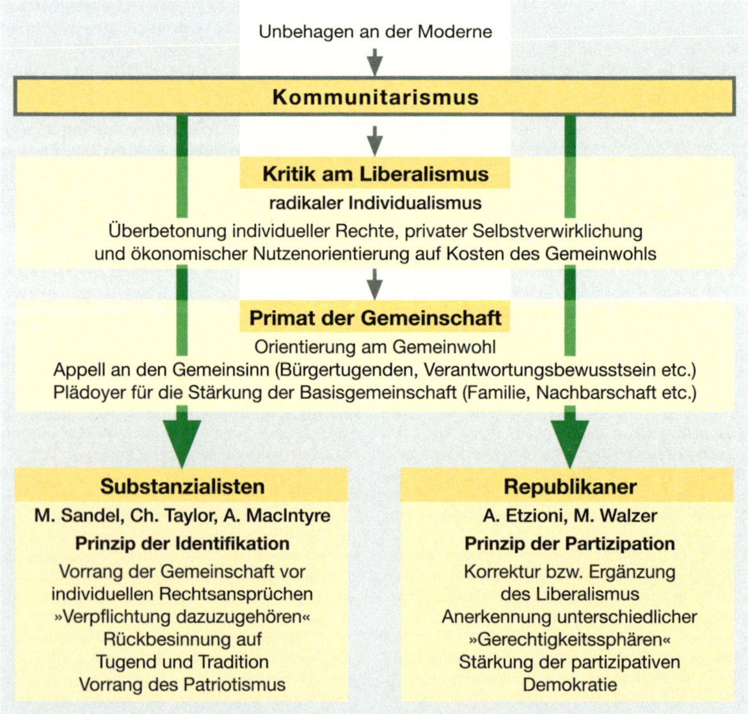

B Grundsätze und Richtungen des Kommunitarismus

Unter dem Begriff **Kommunitarismus** *(communitarianism)* werden Strömungen zusammengefasst, die ein Unbehagen an der Moderne i. Allg. und am Liberalismus i. Bes. artikulieren. Zu den bekanntesten Vertretern gehören die Philosophen Michael Sandel (*1953), Charles Taylor (*1931) und Alasdair MacIntyre (*1929), der Ökonom Amitai Etzioni (*1929) sowie der pol. Theoretiker Michael Walzer (*1935).

Die **Liberalismus-Kommunitarismus-Debatte** entzündete sich in den 1980er-Jahren an der Gerechtigkeitstheorie von J. Rawls. Aus der urspr. fachphilosoph. Auseinandersetzung entwickelte sich eine Grundsatzkontroverse über die moral. Fundamente der mod. Gesellschaft, die in den 1990er-Jahren in den USA sogar zur Gründung einer kommunitarist. Bewegung führte.

Der Primat der Gemeinschaft

Die Kommunitaristen vertreten weder eine gemeinsame Theorie noch bilden sie eine einheitl. Schule. Was sie miteinander verbindet, ist die **Kritik am Liberalismus** und eine Rückbesinnung auf die **Idee der Gemeinschaft** *(community)*. Der Liberalismus, so der kommunitarist. Generalvorwurf, zeichne sich durch einen *radikalen Individualismus* aus, der zu einer Überbetonung individueller Rechte führe und einseitig private Selbstverwirklichung und ökonom. Nutzenmaximierung fördere. Er zerstöre dadurch nicht nur die gemeinschaftl. Grundlagen des Zusammenlebens, sondern letztlich auch seine eigenen kulturellen Voraussetzungen. In Kontrast dazu setzen sie den Primat der Gemeinschaft (A) und die *Orientierung am Gemeinwohl*, ohne die demokrat. Gesellschaften auf Dauer nicht lebensfähig seien.

Der Appell an den Gemeinsinn zielt auf die Stärkung der moral. Grundlagen moderner Gesellschaften, das Plädoyer für Familie, Nachbarschaft, Gemeinde und Verein auf die Stärkung der zivilgesellschaftl. Basisgemeinschaften.

Der Primat des Guten

Aus kommunitarist. Perspektive bilden nicht Institutionen und Rechte, sondern gemeinsame Werte und moral. Überzeugungen den Kern eines pol. Systems. Diese Werte können nicht rationalistisch *begründet*, sie müssen vielmehr (als immer schon gültig) *vorausgesetzt* werden. Philosoph. Ansätze, die in der Nachfolge Kants die Verbindlichkeit pol. Normen auf die Vereinbarung autonomer Individuen gründen, ignorieren diese Tatsache und sind daher weder zur Normenrechtfertigung noch zur praktisch-pol. Bestimmung des Gemeinwohls geeignet:

Zum einen unterstellen sie ein »ungebundenes Selbst« (Sandel) bzw. ein »atomistisches Individuum« (Taylor), das eine reine Fiktion darstelle. Zum anderen beschränken sie sich auf die Konstruktion abstrakter Prinzipien, die keine Antwort auf die Frage nach den konkreten Bedingungen einer gerechten Gesellschaft liefern.

Nur unter Rückbezug auf eine gemeinsame **Idee des Guten,** sprich: auf von allen Mitgliedern einer Gemeinschaft geteilte Vorstellungen des guten Lebens und/oder einer guten Ordnung, lassen sich Einzelnormen oder umfassende Gerechtigkeitskonzeptionen rekonstruieren. Umgekehrt gilt, dass eine gute Politik ihren Bürgern ein gemeinschaftl. Gut (Frieden, Sicherheit, Wohlergehen, kollektive Identität) zugänglich machen muss.

Innerhalb des Kommunitarismus können zwei Richtungen identifiziert werden (B):

Die **Substanzialisten,** zu denen Taylor und MacIntyre gehören, gehen von der Notwendigkeit einer starken *Identifikation* der Einzelnen mit dem Gemeinwesen aus. **Taylor** argumentiert in der Tradition Hegels; wie dieser ordnet er der sittl. Wirklichkeit der Gemeinschaft die Rechte des Individuums unter. Da ein Leben außerhalb der Gemeinschaft nicht mögl. ist, gebührt ihren Ansprüchen der Vorrang gegenüber individuellen Rechtsansprüchen. Rechte gelten nicht bedingungslos, sondern beruhen auf einer soz. Voraussetzung: der »Verpflichtung, dazuzugehören«. **MacIntyre** vertritt einen *konservativ-patriotischen Kommunitarismus;* die »moral. Katastrophe« der Gegenwart führt er auf einen v. a. der Aufklärung anzulastenden »Verlust der Tugend« zurück, der zu einer Rückbesinnung auf die klass. Tugendethik i. Allg. und die »lebendige Tradition« i. Bes. zwingt.

Die **Republikaner** stellen die Notwendigkeit allg. *Partizipation* in den Mittelpunkt. Im Gegensatz zu den Substanzialisten wollen sie den modernen Liberalismus nicht abschaffen, sondern ergänzen bzw. korrigieren. Dies trifft bes. auf **Walzer** zu, der in seinem Buch ›Sphären der Gerechtigkeit‹ (engl. 1983) eine pluralistische Gerechtigkeitstheorie mit einem partizipatorischen Republikanismus verbindet.

Für Walzer wird Gerechtigkeit nicht durch eine einfache, sondern durch eine *komplexe Gleichheit* definiert, die die Differenz der versch. »Gerechtigkeitssphären« (Kultur, Wirtschaft, Politik etc.) ausdrückl. anerkennt und in der Konsequenz zu einem komplexen *Verteilungspluralismus* führt.

Aufgabe des Staates ist es, die Diversität der unterschiedl. Lebensbereiche und Gerechtigkeitssphären zu gewährleisten. Da nur eine kleine, übersichtliche Gemeinschaft dem Leben ihrer Mitglieder Gestalt und Sinn verleihen kann, ist sie vom Zentralstaat, ggf. durch Machtabgabe bzw. Stärkung der partizipativen Elemente der Demokratie, zu fördern.

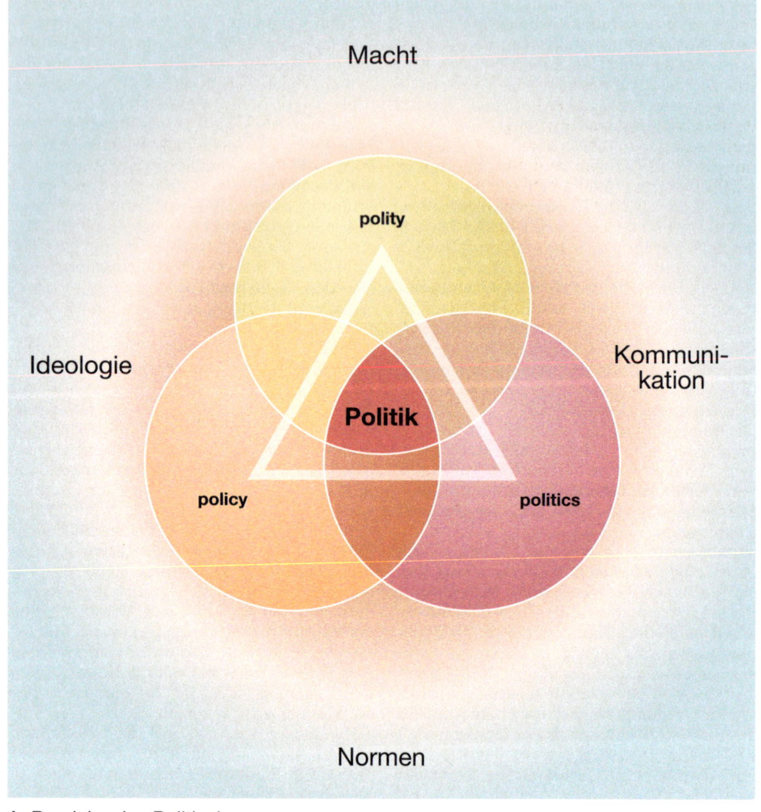

A Bereiche des Politischen

Dimension	Begriff	Erscheinungsform	Merkmal
Form	**polity**	Verfassung, Gesetze, Normen, Institutionen	Ordnung, Strukturen, Verfahrensregeln
Prozess	**politics**	Interessen und Konflikte	Macht, Durchsetzung, Konsens
Inhalt	**policy**	Werte, Ziele, Aufgaben, Probleme	Zielorientierung, Problemlösung und Gestaltung

B Dimensionen des Politischen und ihre Begriffe

Das gegenseitige Bedingungsgefüge von Struktur und Leistungsfähigkeit pol. Systeme ist seit jeher zentraler Untersuchungsgegenstand der Politikwissenschaft. »Vergleichende Politikwissenschaft«, »Vergleichende Analyse politischer Systeme«, »Vergleichende Politische Systemforschung« oder »Vergleichende Regierungslehre« – die Bezeichnungen für die den pol. Systemen gewidmete politikwiss. Subdisziplin sind variantenreich, spiegeln im großen Ganzen aber einen lediglich im Detail anderen Fokus des jeweiligen Erkenntnisinteresses.
Der **Staat** ist zwar nicht das einzige pol. System, jedoch sowohl hinsichtlich seiner Bedeutung das wichtigste als auch in seiner Gestalt das am klarsten strukturierte.
Der **Vergleich** pol. Systeme erstreckt sich bes. auf deren *innere Funktionslogik* und rechtl. Verfasstheit mitsamt den Voraussetzungen für ihr Funktionieren und auf die unterschiedl. *Architektur der jeweiligen Staats- und Regierungsform.*
Miteinander verglichen werden nicht nur unterschiedliche Systeme versch. Länder, sondern auch unterschiedliche (Sub- oder Teil-)Systeme im selben Land zu unterschiedl. Zeiten und in unterschiedl. Funktionszusammenhängen.

Der Politikbegriff der Politischen Systemlehre
In der Politischen Systemlehre und -forschung hat sich ein (empirisch-analytischer) Politikbegriff durchgesetzt, der mithilfe der englischsprachigen Begriffe *polity, politics* und *policy* drei **Dimensionen des Politischen** differenziert (A, B).
Der Begriff **»polity«** bezieht sich auf die strukturgebende Dimension des Politischen, d.h. den **pol. Handlungsrahmen.** Dieser wird abgesteckt durch die geltenden *Normen* und *Gesetze* sowie bes. die *Verfassung,* in der grundlegende Prinzipien (wie Demokratie, Grundrechte und Rechtsstaatlichkeit) sowie das Verhältnis der einzelnen staatl. Organe zueinander verbindlich definiert werden. Hinzu treten völkerrechtl. und andere Verpflichtungen, die sich aus der Mitgliedschaft in internat. Organisationen wie der UNO oder (in noch stärkerem Maße) der EU ergeben. Der Handlungsrahmen der Politik wird zudem begrenzt durch die jeweilige *politische Kultur,* d.h. durch die in der Gesellschaft vorherrschenden Überzeugungen, Einstellungen, Orientierungsmuster und Verhaltensweisen.
»Politics« beschreibt den **Prozess des Politischen,** in dem sich die pol. *Willens-* und *Entscheidungsfindung* vollzieht. Dabei ist bes. von Interesse, wer warum und von wem an diesem Prozess in welcher Form und in welchem Umfang beteiligt wird bzw. wer wen wie warum (und mit welchem Erfolg) davon auszuschließen versucht. Bedeutung kommt also einerseits dem Ringen um Macht und Einfluss, andererseits aber auch dem Werben um oder dem Erzwingen von Gefolgschaft zu.
»Policy« schließlich meint die **inhaltliche Dimension des Politischen,** sowohl im Hinblick auf die konkreten *Ergebnisse* des pol. Handelns als auch hinsichtlich der ihm zugrunde liegenden *Programme.*
Politik unterliegt demgemäß einem (zumindest) **dreifachen Prinzip** – nämlich einem sowohl *institutionellen* als auch *inhaltlichen* und *prozessualen.*
Auch wenn sich der durch diese Begriffstrias umrissene Politikbegriff für die Forschung als ausgesprochen sinnvoll und methodisch gut handhabbar erwiesen hat, so ist damit keine abschließende Definition dessen gegeben, was Politik insgesamt ist. So kommt etwa die *normative Dimension* des Politischen zweifellos zu kurz. Auch über die Bedeutung einzelner Prozessdeterminanten – wie etwa *Konflikt, Konsens, Interesse* und *Macht* – oder formaler und inhaltlicher Einzelaspekte wird man kaum Einigkeit erzielen können. Dies nicht allein, weil ihr Gewicht von Fall zu Fall erheblich differiert, sondern v.a. weil die Einschätzung, welchem Faktor im konkreten Fall welche Bedeutung zukommt, entscheidend von der jeweils gewählten Perspektive abhängig ist.

Das zentrale **Leistungsmerkmal** eines pol. Systems ist seine **Problemlösungskompetenz** in konkreten Politikfeldern. Von ebenso großem Interesse für die Forschung sind aber auch die kultur- und gesellschaftshistorische Genese bestimmter Merkmale eines pol. Systems, die sich hieraus ergebenden typischen Verfahrens- sowie die z.T. informellen »Spiel«-Regeln des pol. Umgangs. Nicht nur dabei spielen kulturell gewachsene Wertüberzeugungen eine erheblich Rolle. Sie bestimmen wesentlich auch die unterschiedl. Ansichten über die Bedeutung und Funktion einzelner Staats- und Rechtsprinzipien, wie z.B. des Föderalismus bzw. Zentralismus in den USA, Dtl. oder Frankreich. Dasselbe gilt für die Kompetenzen einzelner Staatsorgane oder Fragen des Wahlsystems.

Im **Verhältnis von Politik und Gesellschaft** lässt sich das pol. System als ein Subsystem der Gesellschaft bezeichnen, für die es v.a. die Produktion der notwendigen allgemeinen Verbindlichkeiten (Normen, Gesetze, Verordnungen etc.) übernimmt: Sein Kern ist die *institutionalisierte Autorität.*

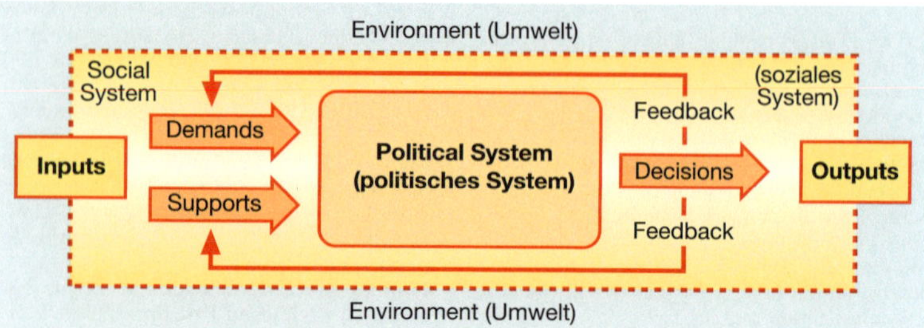

A Vereinfachtes Modell des politischen Systemprozesses nach David Easton

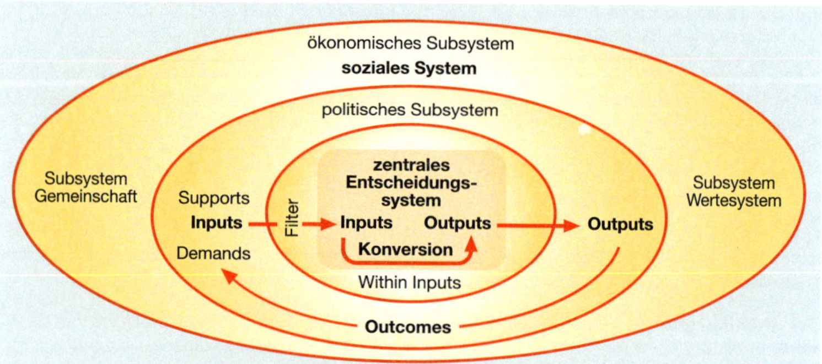

B Das politische System im System seiner Umwelt

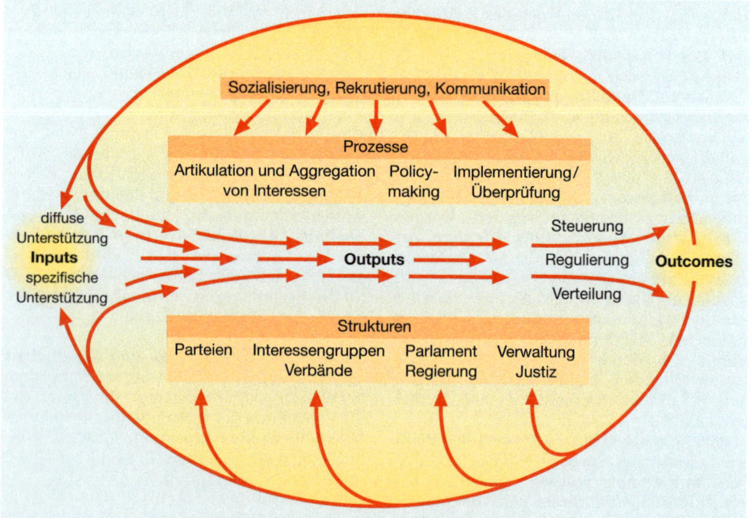

C Differenzierteres Modell des politischen Systemprozesses

Das pol. System ist ein in sich höchst komplexes Beziehungs- und Wirkungsgeflecht, das seinerseits unterschiedl. Subsysteme integriert. Wie jedes System steht es zugleich in einem funktionalen Beziehungsverhältnis zu seiner Umwelt. Für diese erfüllt es bestimmte Funktionen, ebenso wie es umgekehrt von ihr Leistungen bezieht.

Die zentralen Steuerungsinstanzen des pol. Systems bilden das sog. **Regierungssystem.** Hierzu gehören i.e.S. die Regierung selbst, das Parlament und die obersten Gerichte.

Nachgeordneten Gerichten, den Behörden sowie den Elementen des sog. *intermediären Systems* (Parteien, Verbände und Bürgerinitiativen, Medien) kommt eine Scharnier- oder Brückenfunktion zwischen den zentralen und peripheren Elementen des pol.-gesellschaftl. Gesamtsystems zu.

Die auf vielfältige Weise wechselseitig wirksamen funktionalen Abhängigkeiten der versch. Funktionsebenen und -elemente des pol. Systems sind das Forschungsfeld der **Politischen Systemtheorie** oder **Politischen Kybernetik.**

Ganz ähnlich wie in einem kybernet. Regelkreis in der Physik werden hier die Wechselbeziehungen zwischen den versch. pol. Subsystemen sowie zwischen dem pol. System und seiner (auch internationalen) Umwelt in Modellkreisläufen vor- und dargestellt: Demnach werden von den versch. gesellschaftl. Subsystemen sog. **Inputs,** z.B. die Forderungen von Interessengruppen, in das pol. Entscheidungssystem eingespeist, wo sie durch die entsprechenden Entscheidungen in der einen oder anderen Form zu sog. **Outputs** verarbeitet werden.

Das Erkenntnisinteresse **David Eastons,** des Begründers der Pol. Systemtheorie, richtete sich v.a. auf die Voraussetzungen, die ein pol. System erfüllen muss, um sich selbst dauerhaft in einem stabilen Gleichgewicht zu halten (und damit fortzubestehen). Dazu untersuchte er (u.a. in ›The Political System‹, 1953) die Wirkungszusammenhänge zwischen pol. Systemen und ihrer »Umwelt«. Die von außen in den pol. Systemprozess eingespeisten Erwartungen, Forderungen *(demands)* und Unterstützungen *(supports)* werden in einem *Konversions-* (oder *Umwandlungs-*)*Prozess* zu verbindl. Entscheidungen verarbeitet. Die *Outputs* dieses Prozesses (z.B. Gesetze, Verordnungen, internat. Verträge) haben wiederum ihrerseits gesellschaftl. *Feedbacks* in Form neuerlicher Forderungen und/oder Unterstützungen zur Folge usf. (A)

Untersuchungsgegenstände der Pol. Kybernetik oder Systemtheorie sind im Kontext des Systemganzen v.a. die einzelnen *Akteure* mit ihren jeweils eigenen Motiven, Einflussmöglichkeiten und gegenseitigen Abhängigkeiten. Ausgangspunkt ist die Theorie selbstregulativer Systeme.

Der **Output-Bereich** steht in enger Wechselbeziehung mit den zentralen pol. Institutionen, bes. mit der Spitze der Exekutive. Er umfasst alle *Strukturen* und *Funktionen,* die der Durchführung der im zentralen pol. Entscheidungssystem getroffenen Entscheidungen (über Normen, Güter und die Verteilung von Ressourcen) dienen. Dazu gehören v.a. sämtl. Formen der staatl. Verwaltung, wie Ordnungsverwaltung (innere und äußere Sicherheit), Leistungsverwaltung (Verkehr, Kommunikationsinfrastruktur, Energieversorgung, Wissenschaft und Bildung) oder Betreuungsverwaltung (Sozialhilfe etc.).

Die einzelnen Elemente eines Systems sind miteinander nicht beliebig kombinierbar, sondern müssen innerhalb des Strukturgefüges zueinander passen und sich mit Blick auf die *Funktion des Ganzen* ergänzen.

Dysfunktionale Strukturen, falsche Verknüpfungen und mangelnde Rückkoppelung an die an das Gesamtsystem gestellten Forderungen ziehen nachhaltige Störungen des Regelkreises nach sich. Dies erklärt, weshalb sich im Zuge tiefgreifender sozialer Wandlungsprozesse auch das pol. System um seiner Stabilität willen ändern muss.

Bsp.: Um die Funktionsfähigkeit des Gesamtsystems zu erhalten, reicht es angesichts der sich dramatisch verändernden demografischen Rahmenbedingungen nicht aus, an versch. Stellen des staatl. Systems der gesetzl. Renten-, Kranken- und Pflegeversicherung versicherungsmathematische Nachjustierungen vorzunehmen. Für die Stabilität des Gesamtsystems ist es notwendig, die gerechte Berücksichtigung der z.T. widerstreitenden Interessen der Generationen sicherzustellen. In diesen Kontext gehört auch die z.B. in Dtl. immer lauter werdende Forderung nach einem *Wahlrecht ab Geburt.*

Historisch betrachtet gab es bislang nur wenige pol. Systeme, denen es über einen längeren Zeitraum gelungen ist, den für die Systemstabilität notwendigen Ansprüchen pol. Führung und pol. Legitimität gleichermaßen gerecht zu werden. Jedes (pol.) System verfügt über Schwachstellen und Defizite. Die daraus erwachsenden Funktionsmängel führen früher oder später zu Stabilitätsproblemen für das überkommene System. Zwar scheinen die westl. Demokratien am ehesten in der Lage zu sein, die zur Stabilisierung des Systems nötigen Veränderungen systemimmanent zu bewältigen, dass dies aber nicht auf Dauer gelingen muss, lässt sich anhand der Schwierigkeiten erahnen, die zu Beginn des 21. Jh. viele Industrienationen mit der Reform ihrer sozialen Sicherungssysteme haben.

liberaler
demokratischer
Verfassungsstaat
Willensbildung
konkurrierend
autoritäres
System
politischer
Gestaltungsanspruch
begrenzt
monopolisiert
unbegrenzt
Herrschaftsstruktur
totalitäres
System
monistisch
gewaltenteilend

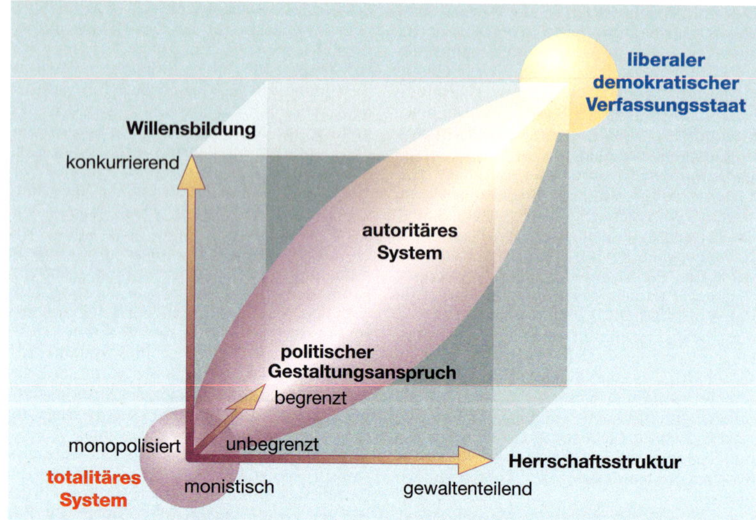

A Typen politischer Systeme

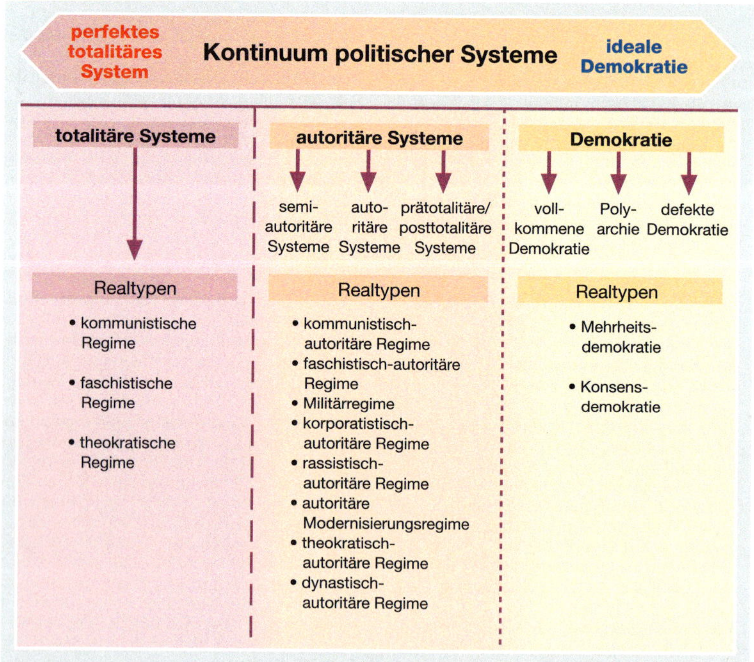

perfektes
totalitäres
System
Kontinuum politischer Systeme
ideale
Demokratie
totalitäre Systeme
autoritäre Systeme
Demokratie
semi-
autoritäre
Systeme
auto-
ritäre
Systeme
prätotalitäre/
posttotalitäre
Systeme
voll-
kommene
Demokratie
Poly-
archie
defekte
Demokratie
Realtypen
• kommunistische Regime
• faschistische Regime
• theokratische Regime
Realtypen
• kommunistisch-autoritäre Regime
• faschistisch-autoritäre Regime
• Militärregime
• korporatistisch-autoritäre Regime
• rassistisch-autoritäre Regime
• autoritäre Modernisierungsregime
• theokratisch-autoritäre Regime
• dynastisch-autoritäre Regime
Realtypen
• Mehrheits-demokratie
• Konsens-demokratie

B Kontinuum politischer Systeme nach Wolfgang Merkel

Seit Aristoteles, der die ihm bekannten Staaten nach der Anzahl der Herrschenden sowie danach unterschied, ob ihre Herrschaft dem Gemeinwohl oder dem eigenen Nutzen diente, gehört die Typologisierung pol. Systeme zum politikwiss. Handwerk.

Je nachdem, welchem Zweck sie dienen soll, kann man eine **Typologie politischer Systeme** nach unterschiedl. Kriterien erstellen (A, B). So kann außer zwischen diktatorischen und demokratischen Systemen, Republiken und Monarchien etwa auch zwischen Einheits- und Bundesstaaten unterschieden werden. Die wichtigste Unterscheidung ist jedoch heutzutage die zwischen demokrat. und nichtdemokrat. Systemen, wobei die Übergänge in der Praxis merklich unschärfer sind als in der Theorie, wie etwa die Staaten Osteuropas belegen, die sich in einem großteils noch nicht abgeschlossenen Übergangsprozess befinden.

Als **Herrschaftslegitimation** kommt in der *Demokratie* der Gegenwart nur der in freien Wahlen und Abstimmungen zur Geltung gebrachte *autonome (selbstbestimmte) Volkswille* in Betracht. Für *diktatorische Regime* ist im Unterschied dazu eine *heteronome (fremdbestimmte) Legitimation* kennzeichnend, die sich auf einen hypothetisch konstruierten »wahren Volkswillen« beruft, über den man das Volk selbst aber grundsätzlich nicht (zumindest nicht frei) abstimmen lässt.

Außer hinsichtlich der Legitimation bestehen die gravierendsten Unterschiede zwischen Demokratie und Diktatur in den Strukturen sowohl des Gesellschaftssystems als auch und bes. des Regierungs- und Rechtssystems.

Kennzeichnend für **demokratische politische Systeme** sind das *Rechtsstaatsprinzip,* d. h. die der staatlichen Willkür enthobene Geltung des Rechts, sowie *Gewaltenteilung,* die die Macht der einzelnen Herrschaftsträger begrenzt. Wesensmerkmal der Demokratie ist darüber hinaus die *Garantie von Menschen- und Bürgerrechten,* die die Herrschaft der Staatsmacht grundsätzlich beschränken. Sie sind zugleich Voraussetzung für ein pluralist. Gemeinwesen, in dem es möglich sein muss, unterschiedl. Interessen ohne Angst vor Repressionen frei zu artikulieren. In diesen Kontext gehört die Pressefreiheit.

Bei allen Unterschieden im Detail sind einige Faktoren für alle Formen **nichtdemokratischer Systeme** charakteristisch: Während in der Demokratie das Recht unverbrüchlich gilt, tut es dies in der Diktatur lediglich nach der pol. Maßgabe der Herrschenden. Weil die *monopolisierte Staatsgewalt* nach *Aufhebung der Gewaltenteilung* gegen mögliche Opposition immunisiert werden muss, tritt an die Stelle des Rechtsstaats der *Polizeistaat.* Ausdruck dieses Prinzips ist die quasipolizeiliche Indienstnahme der gesamten Bürokratie zur *Kontrolle* der Gesellschaft.

Die Verweigerung jeglichen (effektiven) Rechtsanspruchs auf pol. Teilhabe und die deshalb strenge Bewachung jeglichen Zugangs zur Macht führen unabdingbar zur Begrenzung des gesellschaftl. und pol. Pluralismus, zur *Einschränkung der Bürger- und Menschenrechte* sowie der Pressefreiheit.

Wahlen in nichtdemokrat. Systemen sind, wenn sie überhaupt stattfinden, weder frei noch geheim und haben keinen kompetitiven Charakter, d. h. der »Wähler« hat nicht wirklich eine Wahl zwischen versch. miteinander konkurrierenden Alternativen.

Neben diesen Gemeinsamkeiten verschiedener nichtdemokratischer Systeme gibt es aber auch gravierende Unterschiede, die weiter gehende Differenzierungen nötig machen. Bes. ist zwischen autoritären und totalitären Systemen zu unterscheiden.

Überall da, wo demokrat. Mitwirkungsrechte zugunsten von Sondervollmachten der Regierung in irgendeiner Weise beschnitten werden, wird das pol. System autoritär. Auch demokrat. pol. Systeme können zu *autoritären Demokratien* mutieren, wenn die Regierung zur Abwendung von realen, vermeintlichen oder vorgeblichen Gefahren für das Gemeinwesen Grund- und Bürgerrechte einschränkt.

Der **autoritäre Staat** unterscheidet sich vom totalitären u. a. dadurch, dass er einen *begrenzten Pluralismus* toleriert. Als kennzeichnend für autoritäre Systeme gilt bes. das Fehlen einer konkreten und v. a. absoluten *Ideologie* sowie die meist nur geringe pol. Teilnahme der Bevölkerung. Dazu im Gegensatz stehen die für den **totalitären Staat** kennzeichnende *Massenmobilisierung* und die starke *Ideologisierung* des gesamten öffentl. Lebens.

Bei allen Unterschieden im Detail waren die kommunistischen und faschistischen Diktaturen (bzw. in Deutschland: die nationalsozialistische) des 20. Jh. hinsichtlich der *Herrschaftstechnik* gleichermaßen paradigmatisch für den totalitären Systemtypus, der gekennzeichnet ist durch gesellschaftliche *Gleichschaltung, Führerkult* und gewaltsame *Unterdrückung jedweder Opposition.*

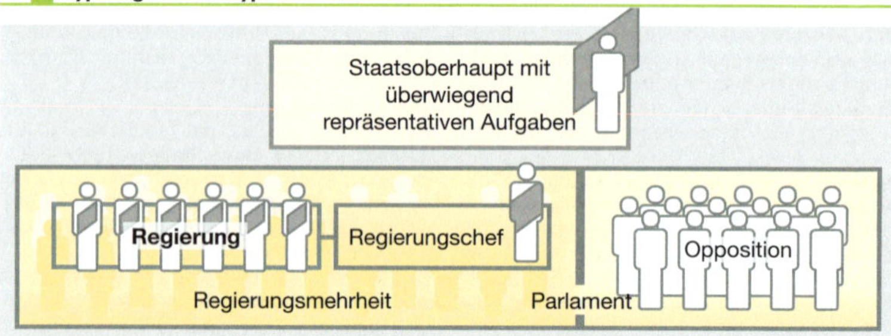

A Parlament und Regierung in einem parlamentarischen Regierungssystem

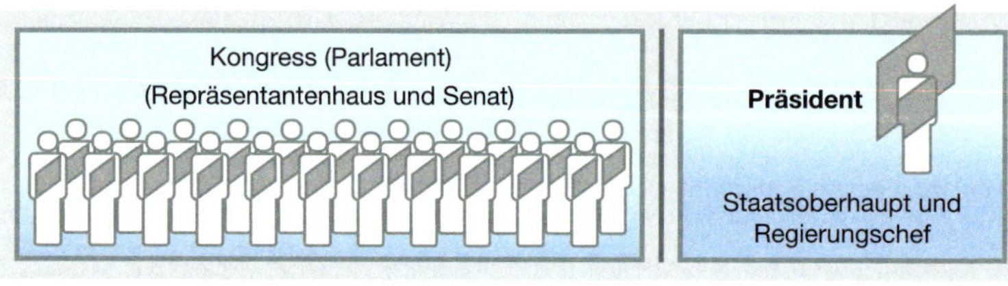

B Parlament und Regierung im präsidentiellen System der USA

parlamentarisches System	präsidentielles System	semipräsidentielles System
doppelte Exekutive, Regierungsmacht liegt beim Premierminister (Kanzler)	geschlossene Exekutive, Staatsoberhaupt (Präsident) ist zugleich Regierungschef	bipolare Exekutive, zwischen Präsident und Premierminister geteilte Exekutivmacht
Regierung geht aus dem vom Volk gewählten Parlament hervor	voneinander unabhängige Wahlen von Präsident und Parlament	voneinander unabhängige Wahlen von Präsident und Parlament
keine Inkompatibilität von Amt und Mandat	Inkompatibilität von Amt und Mandat	(meist) Inkompatibilität von Amt und Mandat
Regierung und Parlament sind voneinander abhängig: Parlament kann durch die Regierung aufgelöst, die Regierung vom Parlament abgesetzt werden	Präsident und Parlament sind voneinander unabhängig: es besteht kein gegenseitiges Abberufungs- bzw. Auflösungsrecht	Regierung ist vom Präsidenten und vom Parlament abhängig, Parlament ist vom Präsidenten abhängig, Präsident ist von Parlament und Regierung unabhängig

C Parlamentarische, präsidentielle und semipräsidentielle Systeme im Vergleich

Ein zentrales **Unterscheidungskriterium** zwischen den verschiedenen pol. Systemtypen ist die **Legitimation der Regierung.** Bei der Klassifizierung von bes. Interesse ist das Verhältnis zwischen Parlament und Regierung.

Parlamentarische und präsidentielle Regierungssysteme

Unter den repräsentativ-demokrat. Systemen unterscheidet man zwischen parlamentarischen, präsidentiellen sowie semipräsidentiellen (oder: parlamentarisch-präsidentiellen).

Wesentliches Merkmal des **präsidentiellen Regierungssystems** ist eine *geschlossene Exekutive,* d.h. das Staatsoberhaupt ist zugleich Chef einer vom Parlament unabhängigen Regierung (B). Für **parlamentarische Regierungssysteme** ist dagegen eine *doppelte Exekutive* kennzeichnend, in der die Ämter des (hauptsächl. mit repräsentativen Aufgaben betrauten) Staatsoberhauptes und des Chefs der aus dem Parlament hervorgehenden Reg. voneinander getrennt sind (A).

Ein weiteres, damit zusammenhängendes Unterscheidungskriterium ist, ob die Reg. durch das Parlament abberufen werden kann oder nicht. Anders als in präsidentiellen Systemen ist dies in parlamentar. grundsätzlich der Fall (in Dtl. z.B. durch ein konstruktives Misstrauensvotum).

Während die Reg. in parlamentarischen Systemen aus dem vom Volk gewählten Parlament hervorgeht, werden in präsidentiellen, wie dem der USA, Parlament und Reg. in voneinander unabhängigen Wahlen vom Volk bestellt. In präsidentiellen Systemen kann deshalb weder das Parlament vom Präs. aufgelöst noch der Präs. aus pol. Gründen vom Parlament abgesetzt werden.

Lediglich für den Fall, dass der Präs. des Hochverrats oder eines schweren kriminellen Vergehens überführt wird, kann er – wie in einem Rechtsstaat jeder Amtsträger – aus dem Amt entfernt werden.

Semipräsidentielle Regierungssysteme

Für die parlamentarisch-präsidentielle oder **semipräsidentielle** Systemvariante, für die das frz. Regierungssystem ein Beispiel ist, ist eine *bipolare Exekutive* kennzeichnend, wobei für die Reg. ein doppeltes Abhängigkeitsverhältnis besteht: einerseits zum Präs., andererseits zum Parlament, obwohl sie von diesem nicht ins Amt gebracht wird.

Wie in präsidentiellen Systemen gehen Parlament und Präs. aus je eigenen Volkswahlen hervor, doch hat der »Semi-Präsident« anders als der Präs. in präsidentiellen Systemen das Recht, das Parlament aufzulösen – während er selbst weiter im Amt bleibt. Das Parlament seinerseits kann den Präs. nicht absetzen, wohl aber verfügt es über die Möglichkeit, die Reg. abzuberufen.

Der Präs. hat in semipräsidentiellen Systemen deutlich mehr Kompetenzen als in parlamentar., weshalb die Stellung der Reg. im Vergleich zu parlamentar. Systemen schwächer ist. Der Präs. ernennt (wenn auch mit Rücksicht auf die Mehrheitsverhältnisse im Parlament) »seinen« Regierungschef sowie die ihm von diesem vorgeschlagenen Minister. Bes. in der Außen- und Verteidigungspolitik verfügt er zudem über weitreichende eigene Exekutivkompetenzen.

Wie in präsidentiellen Systemen dürfen die Mitglieder der Reg. dem Parlament in den meisten semipräsidentiellen Systemen nicht angehören, d.h. für Regierungsamt und Abgeordnetenmandat gilt das *Inkompatibilitätsprinzip.* (C)

In der Praxis ist das Machtverhältnis zwischen Präs. und der parlamentar. Reg. im semipräsidentiellen Regierungssystem abhängig davon, ob beide demselben pol. Lager angehören oder nicht. Tun sie dies, bestimmt der Präs. die Leitlinien der Politik auf sämtlichen Gebieten. Tun sie dies nicht, spricht man in Frankreich von einer *Kohabitation* (von frz. *cohabiter* 'zusammenleben'). In solchen Phasen werden die Leitlinien der Innenpolitik wie in der Verfassung vorgesehen von der Reg. bestimmt, während die Außen- und Sicherheitspolitik auch während einer Kohabitation die Domäne des Präs. bleibt.

Neben der frz. Systemvariante einer bipolaren parlamentarisch-präsidentiellen Exekutive mit einem starken Präs. existieren auch Systeme von eher *präsidentiell-parlamentarischem* Zuschnitt. Ein solches System, in dem die Position des Präs. noch deutlich dominanter angelegt ist als in Frankreich, ist bspw. dasjenige Russlands. Hier ist die Stellung des Präs. gegenüber Parlament und Reg. derart übermächtig und gewährt dem Staatsoberhaupt einen so weiten Entscheidungsspielraum, dass statt von einem semipräsidentiellen eher von einem *superpräsidentiellen* Regierungssystem gesprochen werden muss.

Regierungsbänke
Oppositionsbänke
Regierunshinterbänkler
Abgeordnete mit Ministerrang
Kabinett
Schattenkabinett
Oppositionshinterbänkler

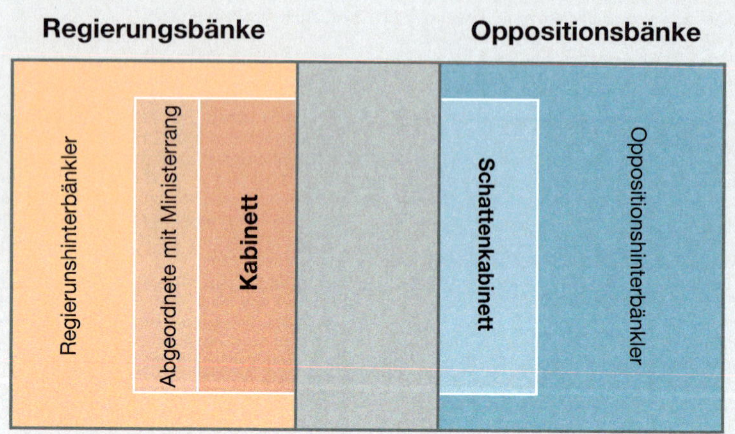

A Sitzordnung als Spiegel der parlamentar. Frontstellung in der Mehrheitsdemokratie

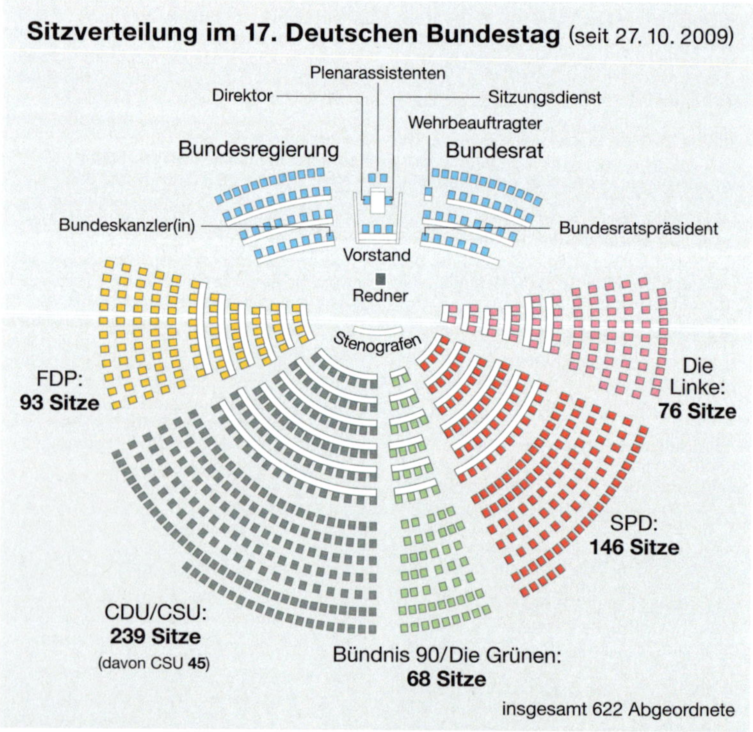

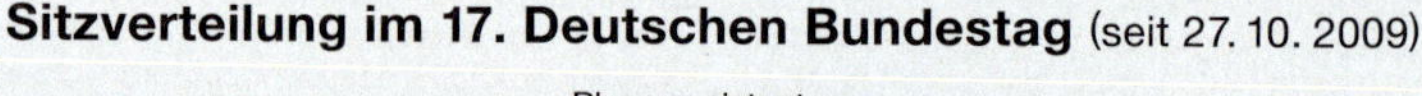

Sitzverteilung im 17. Deutschen Bundestag (seit 27. 10. 2009)
Plenarassistenten
Direktor
Sitzungsdienst
Wehrbeauftragter
Bundesregierung
Bundesrat
Bundeskanzler(in)
Bundesratspräsident
Vorstand
Redner
Stenografen
FDP:
93 Sitze
Die Linke:
76 Sitze
SPD:
146 Sitze
CDU/CSU:
239 Sitze
(davon CSU 45)
Bündnis 90/Die Grünen:
68 Sitze
insgesamt 622 Abgeordnete

B Sitzordnung in Verhandlungsdemokratien am Bsp. des Deutschen Bundestags

Es lassen sich eine Reihe **weiterer Differenzierungen** demokrat. Systeme vornehmen. Von Bedeutung ist bes. die u. a. mit dem *Wahlsystem* zusammenhängende Unterscheidung von Mehrheits- und Konsensdemokratien bzw. Konkurrenz- und Konkordanzdemokratien:

Als **Mehrheitsdemokratie** bezeichnet man pol. Systeme, in denen (wie z. B. in Großbritannien)

- ein Mehrheitswahlsystem für klare Mehrheitsverhältnisse im Parlament sorgt, weshalb zur Regierungsbildung keine Koalition nötig ist, und
- die Gestaltungsmacht der Einparteienregierung nicht nennenswert durch institutionelle Gegengewichte eingeschränkt wird.

Für die Mehrheitsdemokratie ist deshalb die klare Zurechenbarkeit von Entscheidungen kennzeichnend: Es ist die Reg., die gestützt auf ihre Parlamentsmehrheit entscheidet. Auch die Rolle der Opposition ist klar umrissen und besteht v. a. darin, sich zu jeder Zeit deutlich als sowohl sachliche wie personelle Alternative zur gegenwärtigen Reg. zu profilieren. Zu diesem Zweck bildet sie ein »Schattenkabinett«. Der parlamentar. Stil ist ganz überwiegend offen konfrontativ.

Die auf die Konkurrenz zwischen Mehrheit und Opposition zugeschnittene Architektur des mehrheitsdemokratischen pol. Systems kommt auch in der dafür typischen »konfrontativen« Gestaltung des Plenarsaals zum Ausdruck (A), die sich deutlich von der in verhandlungsdemokratischen Systemen üblich gewordenen Sitzanordnung unterscheidet (B).

Das Parlament in der Mehrheitsdemokratie ist v. a. ein *Redeparlament,* d. h. die Regierung macht hier die von ihr getroffenen Entscheidungen öffentlich und verteidigt sie gegen die Einwände der Opposition.

In Konsensdemokratien ist dagegen der Typus des *Arbeitsparlaments* vorherrschend, in dem ein Großteil der parlamentar. Arbeit in *Parlamentsausschüssen* stattfindet.

Von einer **Konsens-** oder **Verhandlungsdemokratie** spricht man hinsichtlich pol. Systeme, deren Reg. institutionelle Gegengewichte berücksichtigen muss und überdies zumeist selbst schon auf einem Kompromiss beruht, nämlich eine Koalitionsregierung ist. So kann man von einer Konsens- oder Verhandlungsdemokratie z. B. mit Blick auf die BRD sprechen, wo

- aufgrund des (personalisierten) Verhältniswahlrechts zur Regierungsbildung i. a. R. das Eingehen von Koalitionen nötig ist und
- die Bundesländer über den Bundesrat erhebliche Einflussmöglichkeiten bes. auf die Gesetzgebung des Bundes haben und darüber hinaus weitere institutionelle Gegengewichte zur Reg. und Kontrollinstanzen (wie v. a. das Bundesverfassungsgericht) bestehen.

Ein zu Mehrheits- und Konsensdemokratie analoges Begriffspaar bilden die Konkurrenz- und die Konkordanzdemokratie. Während für die Mehrheits- oder **Konkurrenzdemokratie** der offene Konfliktaustrag (zwischen Reg. und Opposition) typisch ist (A), ist die **Konkordanzdemokratie** dadurch gekennzeichnet, dass Entscheidungen unter dem *Zwang zur Kompromissfindung* auf dem Verhandlungsweg zustande kommen oder auch unter strikter *Berücksichtigung von Proporzkriterien* (B).

Proporzkriterien spielen z. B. bei der Regierungsbildung in der Schweiz, dem Paradebeispiel einer Konkordanzdemokratie, eine große Rolle (»Zauberformel«), sind aber auch in Dtl. z. B. bei der Besetzung von Regierungs- und öffentl. Ämtern oder bei der innerparteilichen Kandidatennominierung für Wahllisten von Bedeutung.

Das dauerhafte Funktionieren einer Konkurrenzdemokratie setzt einen belastbaren allg. Wertekonsens sowie eine verinnerlichte *Streitkultur* voraus, in der Entscheidungsverfahren und pol. Grundordnung unstrittig sind. Dagegen bietet die Konkordanzdemokratie v. a. solchen Gesellschaften die Chance zur Integration, denen ebendiese Voraussetzungen fehlen.

Problematisch ist die Tendenz zur Bildung von Elitenkartellen. Auch lassen sich in (nicht selten komplexen) Kompromissen ausgehandelte Entscheidungen oft nur schwer zuordnen, wodurch die programmat. Konturen von Reg. und Opposition in der öffentl. Wahrnehmung leicht verschwimmen. Da der Konflikt aber auch der für die Mobilisierung der Wählerschaft notwendigen Kenntlichmachung der Unterschiede zwischen den Parteien dient, werden Differenzen in der Außendarstellung der Parteien gerne überzeichnet.

Konsens-, konkordanz- oder verhandlungsdemokratische Systemtypen erscheinen trotz der ihnen inhärenten Probleme – zu denen auch die Dauer und Komplexität der Entscheidungsfindung gehört – einer hochgradig differenzierten, individualisierten und pluralistischen Gesellschaft eher angemessen als der nicht nur personell, sondern auch sachpolitisch auf eine klare Ja-Nein-Konfrontation verkürzte Politikstil der Mehrheits- oder Konkurrenzdemokratie. Gerade bei hochgradig kontroversen Themen und in Fragen von sehr weitreichenden Konsequenzen ist für die Mehrheitsdemokratie zudem die demokrat. Legitimation ihrer Entscheidungen problematisch, weil wegen des mehrheitsbildenden Effekts des Wahlsystems eine große Minderheit der Stimmen bei der Wahl unberücksichtigt bleibt.

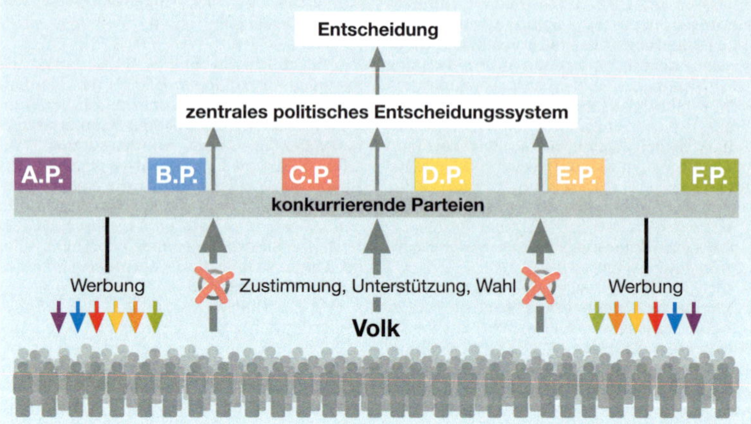

A Konkurrenzdemokratie

Identitätstheorie der Demokratie		Konkurrenztheorie der Demokratie
Demokratie als Identität von Regierung und Regierten	**theoretische Leitideen**	Demokratie als Regierung durch gewählte Repräsentanten
Volksabstimmung		Parlamentarismus
imperatives Mandat von Delegierten		freies Mandat von Abgeordneten
einheitlicher Volkswille		konkurrierende Interessen
objektives einheitliches Gemeinwohl		Gemeinwohl als Ausgleich der legitimen Einzel-interessen
Autoritarismus	**Praxis**	Pluralismus
radikale Demokratie bis zur Diktatur		parlamentarisch-repräsentative Demokratie
zwanghafte Fixierung auf ein fiktives Gemeinwohl	**Gefahren**	private Interessen unterlaufen das Gemeinwohl
Machtusurpation durch Parteielite		Elitenpluralismus; Machtkonzentration durch Elitenkartelle
Mangel an persönlicher Freiheit; Erziehungsdiktatur		»Freiheit« als zügelloser Egoismus; pragmatischer Rationalismus ohne Wertbezug

B Identitäts- und Konkurrenztheorie der Demokratie

Die **Demokratie** gilt heute als die einzig legitime Staats- und Regierungsform. Selbst Diktaturen nehmen i. a. R. eine wie auch immer geartete demokrat. Legitimation für sich in Anspruch.

Der Begriff »Demokratie« ist außerordentlich weit. Etymolog. ist seine Bedeutung schnell zu bestimmen: Zusammengesetzt aus den griech. Worten für »Volk« *(demos)* und »herrschen« *(kratein),* heißt »Demokratie« demnach nichts anderes als Herrschaft des Volkes. Es handelt sich also um eine Regierungsform, in der die Macht bei den Regierten selbst liegt. Und dies sollte nach Auffassung der Vertreter der **Identitätstheorie der Demokratie** (B) auch im wortwörtlichen Sinn gelten.

Auch wenn Demokratie im heutigen Verständnis nicht mit der tatsächl. Identität von Herrschern und Beherrschten gleichzusetzen ist, gibt die Etymologie des Begriffs gleichwohl einen Hinweis auf das, was durchgängig als Verfassungsideal aller demokrat. Staaten gilt und was dem – dem *Pluralismus* verpflichteten – Demokratiemodell der **Konkurrenztheorie der Demokratie** entspricht: die mittelbare, d. h. repräsentative Demokratie, in der sich die Herrschaft des Volkes darin manifestiert, dass sich jede hoheitliche Handlung auf die Legitimation durch das Volk, also auf eine Ermächtigung durch die von ihm gewählten Vertreter, zurückführen lassen muss *(ununterbrochene Legitimationskette).* (A, B)

Leitidee der Konkurrenztheorie der Demokratie ist ausdrücklich nicht die Identität von Herrschern und Beherrschten, sondern die **Repräsentation der Bürger** (genauer: der Wähler) durch gewählte Vertreter.

Nach dem heute überwiegenden Verständnis meint Demokratie also nicht direkte Volksherrschaft, sondern eine dem Volk jederzeit verantwortliche Regierungsherrschaft. Diese ist immer **Herrschaft auf Zeit** und muss sich regelmäßig dem Votum des (Wahl-)Volkes stellen. Lediglich bei Wahlen (und Abstimmungen) liegt die Staatsgewalt also unmittelbar beim Volk.

Um demokrat. Herrschaft legitimieren zu können, müssen **Wahlen** bestimmte Anforderungen erfüllen: Sie müssen nicht nur in *regelmäßigen Abständen* stattfinden, sondern zugleich *allgemein, unmittelbar, frei, gleich* und *geheim* sein.

Für den Wähler muss eine wirkliche Auswahlmöglichkeit zwischen versch. Alternativen bestehen. Dies ist grundsätzlich nur bei *kompetitiven* Wahlen gegeben, d. h. es muss echte Konkurrenz zwischen mehreren Parteien bestehen.

Um *nichtkompetitive* Wahlen handelt es sich im *Einparteiensystem* sog. Volksrepubliken. Von einem Einparteiensystem spricht man auch dann, wenn dem Namen nach versch. Parteien eine einzige Wahlliste bilden.

Dies war z. B. in der DDR der Fall, wo sämtliche Parteien sowie Gewerkschaften im Rahmen der ›Nationalen Front‹ unter Führung der Sozialistischen Einheitspartei Deutschlands (SED) faktisch gleichgeschaltet waren. Bei den Wahlen zur DDR-Volkskammer konnten sich die sog. Blockparteien über eine Einheitsliste nur scheinbar um Parlamentssitze »bewerben«, denn das Votum der »Wähler« war für das Wahlergebnis letztlich irrelevant. Der Verteilungsschlüssel für die auf die einzelnen Parteien entfallenden Mandate wurde bereits vor der Wahl festgelegt, das Votum des Wählers bestand in Wirklichkeit nur in der Zustimmung zur Einheitsliste: ein klassisches Beispiel für sog. *akklamatorische Wahlen.*

Eines der zentralen Merkmale der Demokratie heute ist der ihr zugrunde liegende pol. wie gesellschaftl. **Pluralismus,** d. h. die vielgliedrige Struktur, wie sie für moderne, sozial hochgradig differenzierte Gesellschaften kennzeichnend ist. Sie findet ihren Ausdruck in einer Vielfalt von Lebensstilen und (ggf. auch widerstreitenden) Interessen, die sich in Vereinen, Verbänden und nicht zuletzt Parteien organisieren und um gesellschaftl. und pol. Einfluss konkurrieren.

Zu den *normativen Grundannahmen* des Pluralismus gehört die grundsätzlich gleichberechtigte Geltung unterschiedl. Weltanschauungen und pol. Einstellungen. Zu den Wesensmerkmalen der pluralistischen oder »offenen Gesellschaft« (Karl Popper) sind deshalb auf der Seite des pol. Systems die Mechanismen der Machtkontrolle zu rechnen, die Reg. und Exekutive an die Gesellschaft rückbinden sollen. Ganz bes. Bedeutung kommt deshalb im demokrat. Staat neben dem Parlament bzw. der (parlamentarischen) Opposition einer *unabhängigen Judikative* zu.

Dem pluralistischen Gesellschafts- und Staatsmodell liegt bei all dem die Annahme zugrunde, dass das Gemeinwohl nicht *a priori* zu bestimmen ist, sondern letztlich nur *a posteriori* im Ausgleich der – berechtigten – Einzelinteressen erreicht werden kann.

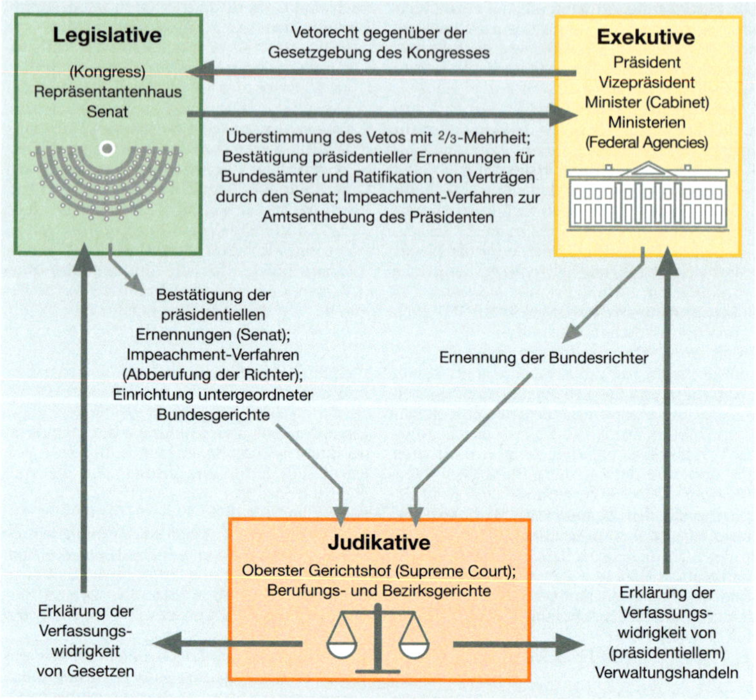

Legislative
(Kongress)
Repräsentantenhaus
Senat
Vetorecht gegenüber der Gesetzgebung des Kongresses
Exekutive
Präsident
Vizepräsident
Minister (Cabinet)
Ministerien
(Federal Agencies)
Überstimmung des Vetos mit 2/3-Mehrheit; Bestätigung präsidentieller Ernennungen für Bundesämter und Ratifikation von Verträgen durch den Senat; Impeachment-Verfahren zur Amtsenthebung des Präsidenten
Bestätigung der präsidentiellen Ernennungen (Senat); Impeachment-Verfahren (Abberufung der Richter); Einrichtung untergeordneter Bundesgerichte
Ernennung der Bundesrichter
Judikative
Oberster Gerichtshof (Supreme Court); Berufungs- und Bezirksgerichte
Erklärung der Verfassungswidrigkeit von Gesetzen
Erklärung der Verfassungswidrigkeit von (präsidentiellem) Verwaltungshandeln

A Gewaltentrennung und -kontrolle im präsidentiellen System der USA

Kanzlerwahl, konstruktives Misstrauensvotum, Unterstützung von Regierungsvorhaben
Legislative
Bundestag
verfassungsrechtliche Kontrolle
Mehrzahl der Gesetzesinitiativen, Mitglieder häufig gleichzeitig Abgeordnete
Mitwirkung bei Gesetzgebung
Bundesrat
Wahl der Verfassungsrichter
Antragsrecht
(z.B. Verfassungswidrigkeit von Parteien)
verfassungsrechtliche Kontrolle
Ernennung
Exekutive
Bundesregierung
Judikative
Bundesverfassungsgericht

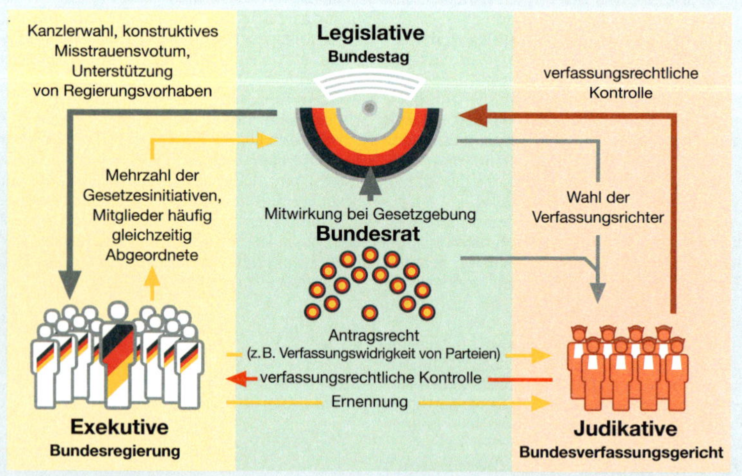

B Gewaltenteilung und -verschränkung im parlamentarischen System der BRD (Bundesebene)

Das Rechtsstaatsprinzip und das mit ihm verknüpfte Prinzip der Gewaltenteilung dienen der *strukturellen Machthemmung* und der *Verhinderung von Machtmissbrauch* sowie der *Absicherung der bürgerlichen Freiheiten.*
Beim **Begriff des Rechtsstaats** sind ein formeller und ein materieller Bedeutungshorizont zu unterscheiden:

- Der **formelle Rechtsstaatsbegriff** meint die grundsätzl. Bindung allen staatl. Handelns an das Recht und die Einhaltung von *Verfahrensvorschriften* (z. B. bei der Gesetzgebung), außerdem die *Rechtsschutzgarantie,* die eine unabhängige Gerichtsbarkeit voraussetzt, sowie die *Gewaltenteilung.*
- Der **materielle Rechtsstaatsbegriff** bindet den Staat darüber hinaus an eine ihm selbst und den Gesetzen vorgehende *höherrangige Werteordnung.* Ihr entstammen die *Menschen-* und die *Grundrechte* als Abwehrrechte des Bürgers gegen den Staat.

Zu den elementaren Prinzipien des Rechtsstaats gehört, dass in die bürgerl. Freiheits- und Eigentumsrechte nur auf der Grundlage eines hierzu ermächtigenden Gesetzes eingegriffen werden darf. Zudem ist die Legislative bei dem, was sie wie gesetzlich regelt, grundsätzlich an das **Verhältnismäßigkeitsprinzip** gebunden. Dieses besagt, dass der Staat in die Rechtssphäre seiner Bürger nur um eines *zulässigen Zweckes* willen eingreifen darf und die dafür eingesetzten *Mittel* sowohl *geeignet* und *erforderlich* als auch *angemessen* und damit *zumutbar* sein müssen.

In die Grundrechte darf – wenn überhaupt – nur ausnahmsweise eingegriffen werden. In Dtl. soll die sog. *Wesensgehaltsgarantie* zumindest den Kern der Grundrechte vor Eingriffen des Gesetzgebers grundsätzlich schützen (Art. 19 II GG): »In keinem Falle darf ein Grundrecht in seinem Wesensgehalt angetastet werden.«

Die **Gewaltenteilung** im demokrat. Staat soll der Konzentration der Macht entgegenwirken und ihren Missbrauch erschweren. Die **horizontale Gewaltenteilung,** also die Verteilung der *legislativen, exekutiven* und *judikativen* Gewalt auf voneinander unabhängige, sich gegenseitig kontrollierende Träger, soll sicherstellen, dass die Staatsgewalt nicht in einem Machtzentrum monopolisiert werden kann. Andernfalls könnte sich die Herrschaft jeder wirksamen Kontrolle entledigen und somit auch die unumschränkte Definitionshoheit über das Recht erlangen. Neben der horizontalen soll die **temporale Gewaltenteilung** (d. h. die zeitliche Beschränkung der Regierungsdauer) verhindern, dass sich die Macht in einem Zentrum verfestigt.
Die konkrete verfassungsrechtliche, pol.-kulturelle und praktisch-pol. Ausgestaltung der horizontalen Gewaltenteilung differiert zwischen den versch. demokrat. Systemen und Systemtypen z. T. erheblich.

Während etwa für das Verhältnis von Parlament und Reg. im präsidentiellen System strikte *Gewaltentrennung* kennzeichnend ist (A), herrscht in parlamentar. Regierungssystemen wegen der engen Verknüpfung von Parlamentsmehrheit und Reg. eine mehr oder weniger weit gehende *Gewaltenverschränkung* (B).

Auch wenn hinsichtlich der Stellung der rechtsprechenden Gewalt gegenüber Legislative und Exekutive Unterschiede bestehen, ist allen Rechtsstaaten die **Unabhängigkeit der Judikative** wesentlich, zu der auch eine eigene Verwaltungsgerichtsbarkeit gehört, die von jedermann angerufen werden kann, um gegen hoheitliche Akte (oder Unterlassungen) vorzugehen.
In *Bundesstaaten* wie den USA oder Dtl. ist neben der horizontalen die **vertikale Gewaltenteilung** von Bedeutung. Hier existieren die exekutiven, legislativen und judikativen Institutionen nicht nur auf gesamtstaatlicher Ebene, sondern – mit eigenen Kompetenzen – auch in den Teilstaaten. Außerdem haben in föderalen Systemen die Gliedstaaten auch auf Bundesebene Anteil an der Legislative (sowie z. T. auch an der Verwaltung).

In den USA entsendet jeder Staat zwei direkt gewählte Vertreter in die zweite Kammer (Senat) des Bundesparlaments (Kongress). In Dtl. wirken die Bundesländer über den Bundesrat an der Gesetzgebung des Bundes mit und können bei entsprechender Mehrheit die Macht der Bundesregierung im Gesetzgebungsprozess überall dort entscheidend hemmen, wo die Zustimmung des Bundesrates zwingend erforderlich ist. Dies ist u. a. grundsätzl. bei einer Änderung des Grundgesetzes der Fall.

Auch die *Übertragung nationalstaatl. Kompetenzen* an supranationale Einrichtungen wirkt vertikal gewaltenteilend. Dies gilt in bes. Maß für die Mitgliedstaaten der Europäischen Union, deren Rechtsakte in vielen Punkten Vorrang vor nationalen Regelungen haben.

Außer den genannten staatsrechtl. Aspekten der Gewaltenteilung ist die öffentl. Meinung wegen ihrer großen Bedeutung für den Machterwerb und Machterhalt im demokrat. Staat als ein Element der Gewaltenhemmung zu nennen, weshalb die *Medien* in der Sache nicht ganz unzutreffend (und dennoch irreführend) oft als **»vierte Gewalt«** neben Legislative, Exekutive und Judikative bezeichnet werden. Irreführend ist die Rede von der vierten Gewalt, weil die Medien, obwohl ihr tatsächl. Einfluss auf den pol. Willensbildungsprozess erheblich ist, über keine den gewählten Verfassungsorganen vergleichbare demokrat. Legitimation verfügen.

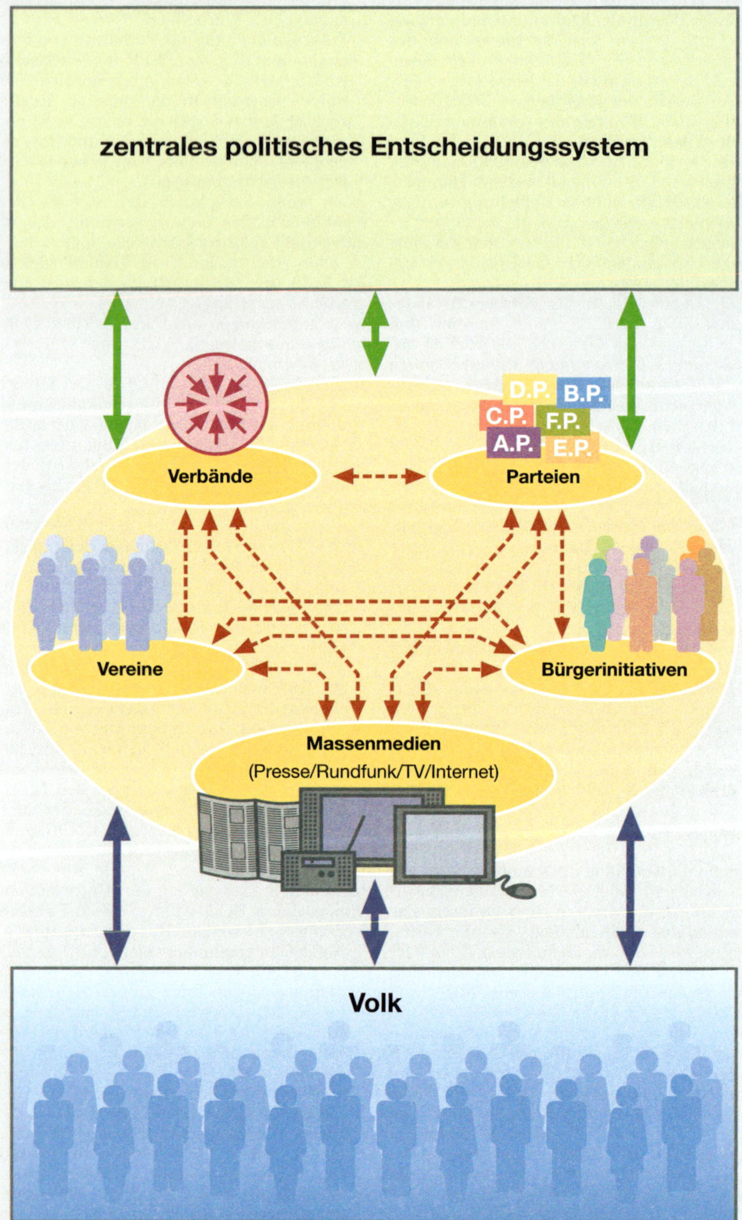

Das intermediäre System

Parteien, Verbände, Bürgerinitiativen, Vereine und Medien bilden in einem demokrat. Staat gemeinsam das **intermediäre System,** das zwischen den versch. gesellschaftl. Kräften und dem zentralen pol. Entscheidungssystem vermittelt (Abb.). Es handelt sich – wie bei der Gesellschaft insgesamt – um ein freies Wirkungsgefüge im Rahmen und unter dem Schutz des Rechts, in dem sich die Funktionen der einzelnen Teile gegenseitig bedingen und auch verändern können.

Politische Parteien (von lat. *pars,* Genitiv *partis,* 'der Teil') sind auf Dauer angelegte, formelle Zusammenschlüsse von pol. Gleichgesinnten, die zur Durchsetzung gemeinsamer und (dem Anspruch nach) zugleich allg. gesellschaftl. Ziele danach streben, durch unmittelbare Teilhabe an der pol. Macht auf die staatl. Willensbildung direkt Einfluss zu nehmen. Die Kandidatur bei Wahlen gehört zu ihren vorrangigen Merkmalen.

In den repräsentativen Demokratien der Gegenwart kommt den pol. Parteien eine herausgehobene Stellung zu, weil sie allein – die erfolgreiche Teilnahme an Wahlen vorausgesetzt – dazu legitimiert sind, in der Gesellschaft vorhandene Interessen nicht nur an den Staat heran-, sondern direkt in das Entscheidungszentrum des Staates hineinzutragen.

Die pol. Parteien integrieren mithin (zumindest idealiter) die Gesellschaft in den Staat und lösen damit das der pluralistisch-repräsentativen Demokratie aufgegebene Vermittlungsproblem zwischen der gesellschaftl. Vielfalt der Interessen und der notwendigen Einheit der Entscheidung.

Zentrale **Aufgaben** der pol. Parteien im demokrat. Staat sind:

- **Interessenartikulation:** Die Erwartungen der Bürger sowie gesellschaftl. Gruppen und ihre Forderungen an das zentrale pol. Entscheidungssystem werden mit Aussicht auf Erfolg am ehesten in den pol. Parteien artikuliert, die sie in das pol. System hineintragen.
- **Programmformulierung:** Parteien integrieren die versch. Interessen ihrer Mitglieder in eine programmatische Leitvorstellung sowie in konkrete pol. Forderungen und werben hierfür um Zustimmung in der Gesellschaft.
- **Partizipationsfunktion:** Parteien eröffnen dem einzelnen Bürger die Möglichkeit der aktiven Teilhabe an der Politik. Sie stellen die zentrale, die Bürgerschaft und das zentrale pol. Entscheidungssystem miteinander verbindende Systemkomponente dar.
- **Legitimationsfunktion:** Zugleich erfüllen die Parteien die Aufgabe, die pol. Ordnung und die sie sowie die Gesellschaft insgesamt tragenden Werte in der Gesellschaft zu verankern.
- **Rekrutierungsfunktion:** Die Parteien vollziehen die personelle Vorauswahl für die Besetzung pol. Ämter.

Die Parteien erfüllen auf diese Weise nicht nur für ihre Mitglieder, sondern für die ganze Gesellschaft und deren pol. System zentrale Funktionen. In Dtl. genießen sie deshalb Verfassungsrang (Art. 21 GG) und erhalten in Abhängigkeit von ihren Wahlerfolgen auch staatl. Zuwendungen zu ihrer Finanzierung.

Parteiensysteme

Ob sich in einem Staat ein *Ein-, Zwei-, Mehr-* oder *Vielparteiensystem* herausbildet, hängt außer von den jeweiligen pol.-kulturellen, histor. und sozialen Gegebenheiten auch von den Wettbewerbsbedingungen ab, die maßgeblich durch das jeweilige Wahlsystem geprägt werden:

- Im sog. **Einparteiensystem** nichtdemokrat. Staaten kann von pol. Wettbewerb keine Rede sein, auf die Ergebnisse bei »Wahlen« haben die »Wähler« keinen Einfluss. *Die* Partei steht hier als Teil für das Ganze, dem sich alle gesellschaftl. Gruppen unterzuordnen haben.
- Mehrheitswahlsysteme begünstigen tendenziell ein **Zweiparteiensystem,** das durch die *sehr deutliche Dominanz zweier Großparteien* gekennzeichnet ist, die allein (zumindest landesweit) in der Lage sind, Wahlen für sich zu entscheiden und die Regierung zu bilden.
- **Mehrparteiensysteme:** Beschränkt wird die Anzahl der Parteien, die für eine Regierungsbildung ernsthaft in Frage kommen, durch Mischformen von Mehrheits- und Verhältniswahl, wie z. B. die (überdies mit einer Sperrklausel versehene) *personalisierte Verhältniswahl* in Deutschland.
- Ein reines Verhältniswahlrecht führt hingegen meist zu einem ausgeprägten **Vielparteiensystem,** wie etwa in der Weimarer Republik (1918–33) oder der Vierten Republik in Frankreich (1946–58). Dass ein Vielparteiensystem aber nicht, wie häufig unterstellt, zwangsläufig auch pol. Instabilität zur Folge haben muss, beweisen in der Gegenwart die Niederlande oder Dänemark.

Trotz dieser empirisch gut belegten Wirkungszusammenhänge ergibt sich das Parteiensystem nicht zwangsläufig aus dem jeweiligen Wahlsystem. Regionale Besonderheiten und Hochburgenbildungen können die Effekte eines Wahlsystems überspielen. Zuletzt musste z. B. in Kanada 2006 trotz des Mehrheitswahlsystems eine Minderheitsregierung gebildet werden. Eine der Minderheitsreg. vergleichbare Situation kann entstehen, wenn Parlament und Reg. aus je eigenen Wahlen hervorgehen (z. B. Kohabitation in Frankreich).

Staat
1789/Demokratische Revolution
Arbeit
Land
1917/Oktoberrevolution
Zentrum
16./17. Jh. Reformation
Peripherie
19. Jh. Industrielle Revolution
Stadt
Kapital
Kirche

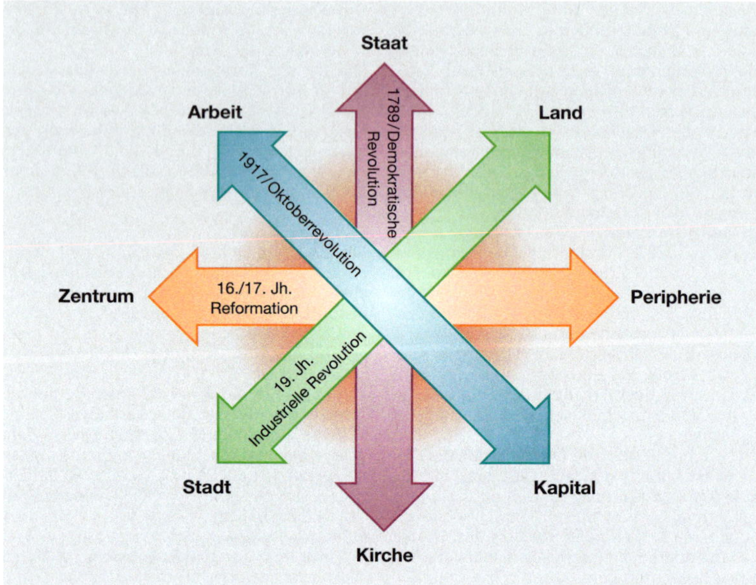

A Histor. Ursprungskonflikte der europäischen Parteiensysteme nach Lipset/Rokkan

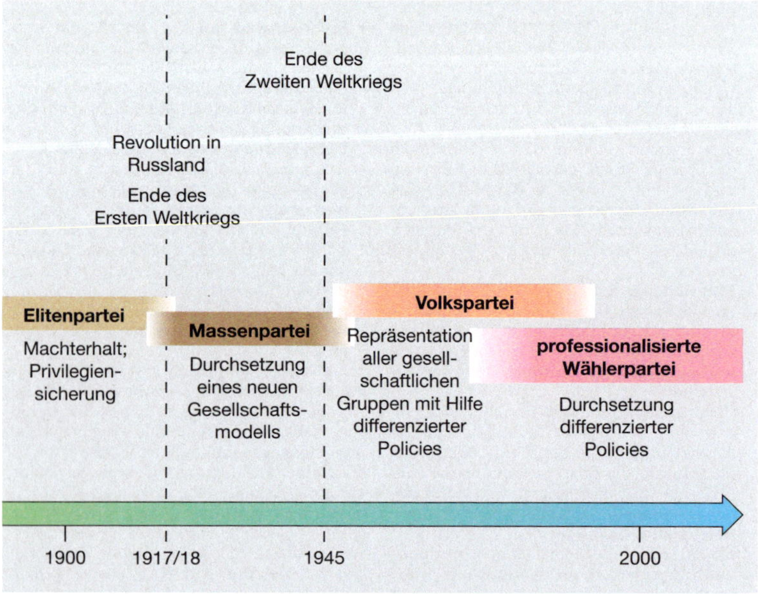

Ende des Zweiten Weltkriegs
Revolution in Russland
Ende des Ersten Weltkriegs
Elitenpartei
Machterhalt; Privilegien-sicherung
Massenpartei
Durchsetzung eines neuen Gesellschafts-modells
Volkspartei
Repräsentation aller gesell-schaftlichen Gruppen mit Hilfe differenzierter Policies
professionalisierte Wählerpartei
Durchsetzung differenzierter Policies
1900
1917/18
1945
2000

B Der vorherrschende Parteitypus in den westeuropäischen Parteiensystemen

Die **Gründung von Parteien** erfolgt i.a.R. durch eine gesellschaftl. Gruppe, die sich als Opposition gegen den waltenden sozialen, ökonom., kulturellen, religiösen oder pol. Status quo organisiert. Dementsprechend lassen sich auch die histor. Entwicklungslinien von Parteiensystemen entlang der Geschichte der jeweils vorherrschenden Gesellschaftskonflikte erklären.

Maßgeblichen Einfluss auf diesbezügl. Typisierungen der westeurop. Parteienlandschaft hatten **Seymour Lipset** und **Stein Rokkan** mit einer 1967 vorgelegten Untersuchung, in der sie für die Parteiensysteme **vier konstitutive Konfliktlinien** *(cleavages)* herausarbeiteten, nämlich die zwischen *Zentrum* und *Peripherie* (d.h. zwischen den die Gesellschaft dominierenden und den ihr unterworfenen Kräften der Gesellschaft), *Staat* und *Kirche*, *Stadt* und *Land* (bzw. Industrie- und Agrarinteressen) sowie *Arbeit* und *Kapital* (A).

Entsprechend der unterschiedl. zeitlichen Folge, Dauer und Ausprägung dieser Konfliktlinien haben sich in den einzelnen europ. Ländern im Detail unterschiedl. Parteiensysteme ausdifferenziert, doch konnten sich in allen westeurop. Systemen christlich-demokrat., sozialdemokrat. und/oder sozialistische, liberale sowie seit Beginn der achtziger Jahre des 20. Jh. auch »grüne« Parteien etablieren.

Letztere repräsentieren den sich Anfang der siebziger Jahre neu herausgebildeten und seitdem bestehenden Konflikt zwischen Ökonomie und Umweltbewegung.

Damit sich eine **neue Partei** durchsetzen kann, muss sie nach Lipset/Rokkan **vier Hürden** überwinden: Sie muss zunächst die Öffentlichkeit von der Legitimität ihres Protestes überzeugen, zweitens über hinreichende pol. Rechte und personelle Ressourcen verfügen, sich drittens gegenüber den bestehenden Parteien (die den neuen Protest, wenn sie können, zumindest teilw. absorbieren) hinreichend profilieren sowie viertens die Beharrungstendenzen der etablierten Strukturen in Politik und Gesellschaft überwinden.

Im Anschluss an Lipset/Rokkan hat **Klaus v. Beyme** eine **Typologie** entworfen, die insgesamt **zehn Parteifamilien** umfasst:

1. liberale Parteien (gegen das alte Regime)
2. konservative Parteien (Verteidiger des alten Regimes)
3. Arbeiterparteien (gegen das bürgerliche System)
4. Agrarparteien (gegen das Industriesystem)
5. Regionalparteien (gegen Zentralismus)
6. christliche Parteien (gegen Laizismus)
7. kommunistische Parteien (gegen den »Sozialdemokratismus«)
8. faschistische Parteien (gegen Demokratie)
9. rechtspopulistische Parteien (gegen den bürokratischen Wohlfahrtsstaat)
10. ökologische Parteien (gegen die Wachstumsgesellschaft).

Parteitypen in Westeuropa seit dem 19. Jh.
Außer entlang der Ursprungskonflikte lassen sich Parteien-Typisierungen auch anhand von Merkmalen wie pol. Stil und personeller Zusammensetzung vornehmen (B).

So herrschte in Westeuropa vom ausgehenden 19. Jh. bis etwa 1918 der Typus der **Elitenpartei** vor, die in organisatorischer Hinsicht lokale Wahlkomitees lose miteinander verknüpfte. Neben den Parlamentariern und lokalen Honoratioren spielten in diesen Parteien die wenigen übrigen Mitglieder kaum eine Rolle. Zwischen den Weltkriegen wurde die Elitenpartei, u.a. als Folge der Wahlrechtsreformen, allmählich vom Typus der **Massenpartei** abgelöst. Zunächst entstanden v.a. christl. und sozialist. Parteien, deren Repräsentanten (und Wähler) sich über ihre gesellschaftl. und konfessionelle Gruppenzugehörigkeit definierten. Mit der Erosion der sozialen Milieus nach 1945 schrumpfte die Klientel der Massenparteien. An ihre Stelle trat der Typus der **Volkspartei** mit einer sowohl hinsichtlich ihrer Mitglieder- als auch ihrer Wählerschaft sehr viel breiteren gesellschaftl. Basis.

Eine Folge dieser Entwicklung ist die anhaltende Tendenz zu einer immer diffuseren, primär am Ziel der Wählerstimmenmaximierung ausgerichteten Programmatik.

Diese Entwicklung hat sich in den letzten Jahrzehnten fortgesetzt und angesichts der durchgängigen Professionalisierung der Politik sowie des stetig zunehmenden Finanzbedarfs (u.a. für immer aufwändigere Wahlkämpfe) den heute vorherrschenden Typus der **professionalisierten Wählerpartei** hervorgebracht, die in ihrem programmat. Zuschnitt vielfach als konturschwache »Allerweltspartei« erscheint, mit der sich sowohl die Mitglieder als auch ihre Anhängerschaft immer weniger identifizieren können, mit der Folge stetig schrumpfender Mitgliederzahlen.

Die seit Jahren zunehmend zu beobachtende Integrationsschwäche der etablierten Parteiensysteme ist eine der Hauptursachen für das **Entstehen** sowohl **neuer Parteien** als auch von neuen **sozialen Bewegungen** sowie **Bürgerinitiativen,** zu deren Anliegen außer der Lösung kommunal- und umweltpol. Probleme in vielen Demokratien verstärkt auch die Öffnung des pol. Systems für die direktdemokrat. Teilhabe am pol. Entscheidungsprozess gehört.

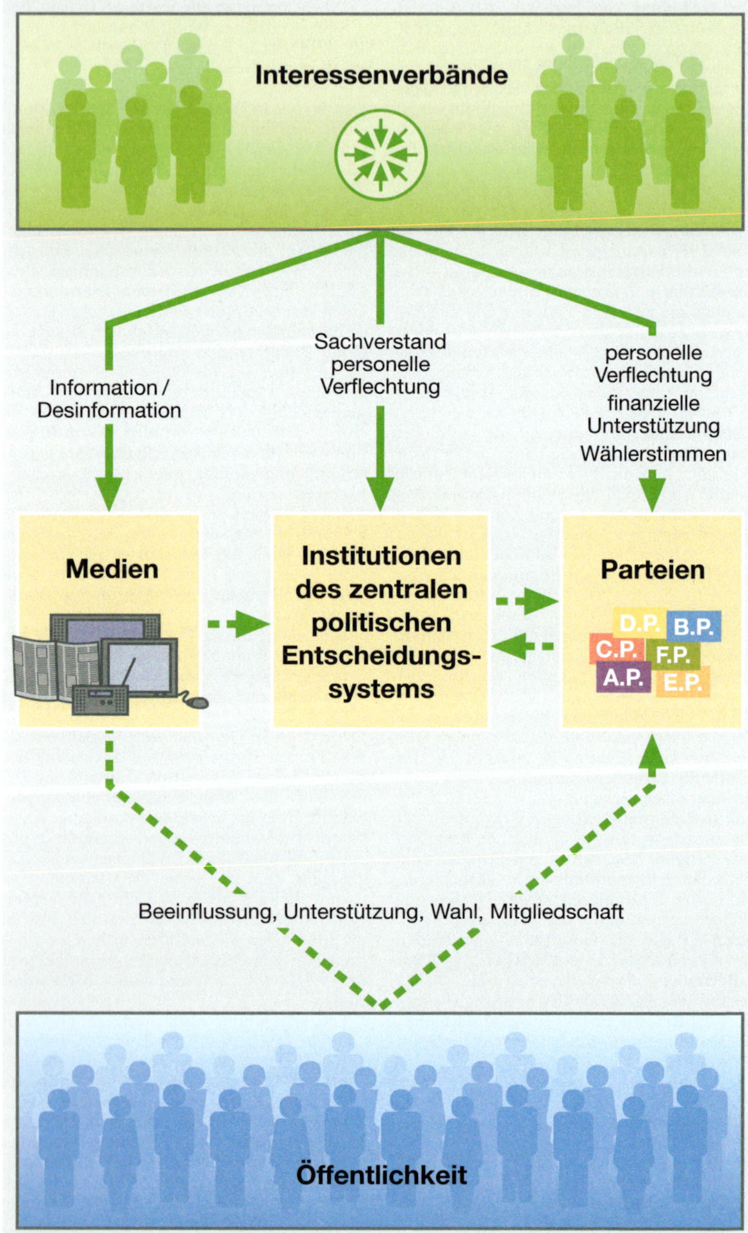

Einflusskanäle der Verbände

Außer von den Parteien wird der pol. Prozess in der Demokratie auch von Verbänden maßgeblich mitbestimmt (Abb.).

Als **Verbände** bezeichnet man auf Dauer angelegte Zusammenschlüsse von Personen, Unternehmen oder Institutionen, deren Zweck die Vertretung der gemeinsamen Interessen ihrer Mitglieder ist. Sie haben ihren Platz im pol. System in der sog. *Lobby* (wörtl.: der Vorhalle des Parlaments), wo sie versuchen, pol. Entscheidungsträger dafür zu gewinnen, Verbandsinteressen in den pol. Entscheidungsprozess einfließen zu lassen.

Wie für pol. Parteien sind **zentrale Funktionen** der Verbände die *Aggregation* (Bündelung) und *Selektion* (Auswahl) *von Interessen* sowie deren *Artikulation* (öffentl. Vertreten). Wesentliche **Unterschiede zu den pol. Parteien** bestehen v.a. darin, dass Verbände sich selbst nicht um Parlamentsmandate bewerben und in ihrer Organisation und Zielsetzung sehr viel stärker an die zumeist (direkt oder indirekt) materiellen Interessen ihrer Mitgliederschaft gebunden sind.

Je nach Mitgliederschaft und den zugrundeliegenden Zielen sind Verbände unterschiedlich strukturiert. *Gewerkschaften* gehören ebenso dazu wie *Berufsverbände* und *Standes-* oder *Berufsorganisationen* (Journalistenverband, Beamtenbund etc.), *spezielle Interessenverbände* (Haus- und Grundbesitzerverein, ADAC etc.) oder *Fachverbände* für einzelne Handwerks- oder Industriezweige.

Die verbandspol. Arbeit zielt neben der direkten Interessenvertretung gegenüber Staat und Politik auf die Mobilisierung von Unterstützung durch mannigfache Formen der Öffentlichkeitsarbeit.

Die zunehmende Komplexität der in der Gesellschaft zu regelnden Gegenstände hat im Verbund mit den in den Verbänden vorhandenen Ressourcen an Fachwissen dazu geführt, dass diese als Partner einer »kooperativen Gesetzgebung« regelmäßig an der **Vorbereitung von Gesetzen** beteiligt werden. Dies geschieht z.B. dadurch, dass entsprechende Verbandsgremien zu Gesetzentwürfen der zuständigen Ministerien Stellung nehmen und auch konkrete Änderungen und Formulierungen vorschlagen, die häufig Eingang in den in das formelle Gesetzgebungsverfahren eingebrachten Entwurf finden.

Traditionell ist die Verbandszusammenarbeit der Ministerien für Wirtschaft und Landwirtschaft bes. eng. Auch sind die entsprechenden Parlamentsausschüsse stark mit verbandsgebundenen Parlamentariern durchsetzt. Dies gilt in Dtl. in starkem Maße auch für den Innenausschuss, der von (verbandlich organisierten) Beamten dominiert wird.

Die Struktur und die Wirkweise der Verbandsarbeit variieren von Staat zu Staat z.T. erheblich.

Während etwa in Dtl. und anderen westeurop. Ländern die Parteien- und Verbändestruktur die Bevorzugung von gut organisierten gesellschaftl. Gruppen zur Folge hat, spielen in den USA lokale und persönl. Interessen eine deutlich größere Rolle. Dies hängt v.a. mit der dort aufgrund der Persönlichkeitswahl stärkeren Bindung der Abgeordneten an ihre Wahlkreise zusammen.

Verflechtung von Parteien und Verbänden

In Dtl. sind die großen Interessenverbände auf personeller Ebene auf vielfältige Weise mit den Parteien verknüpft: Während die gleichzeitige Mitgliedschaft in mehr als einer Partei ausgeschlossen ist, ist gleichzeitige Mitgliedschaft in mehreren Verbänden und einer Partei nicht nur möglich, sondern weit verbreitet. In den Parlamenten sind Verbandsvertreter in ihren Politikfeldern nicht selten die maßgebenden Experten und haben erheblichen Einfluss auf die Willensbildung ihrer Fraktion.

Gestärkt wird der Einfluss der Verbände dadurch, dass sie für die Parteien eine erhebl. personelle und finanzielle Ressource darstellen, was sich ebenso als Druckmittel einsetzen lässt wie das Wählerpotenzial ihrer Mitgliederschaft. Im Ergebnis führt dies dazu, dass sich in Großverbänden gut organisierte (und organisierbare) Sonderinteressen in der pol. Willensbildung im Zweifel gegenüber dem schlechter organisierbaren Allgemeininteresse (wie dem nach sauberer Luft, guten Schulen etc.) durchsetzen. Angesichts ihres großen Einflusses auf die Politik ist darüber hinaus auch der vielfach konstatierte *Mangel an innerer Demokratie* in den Interessenverbänden problemat. Institutionalisierte Vorkehrungen, die der internen Kontrolle der Verbandsspitze durch die Mitgliederschaft dienen, sind oft nur rudimentär ausgebildet.

Innergesellschaftlicher Interessenausgleich

Verbände haben außer der Interessenvertretung gegenüber dem Gesetzgeber *weitere* wichtige *gesellschaftl. Funktionen.* Dazu gehört der Interessenausgleich zwischen verschiedenen gesellschaftl. Gruppen, wie z.B. zwischen Arbeitgebern und Arbeitnehmern. So handeln Arbeitgeberverbände und Gewerkschaften für ihre Mitglieder Tarifverträge aus, in denen Entlohnung, Urlaubsanspruch, Kündigungsschutz etc. verbindlich geregelt werden.

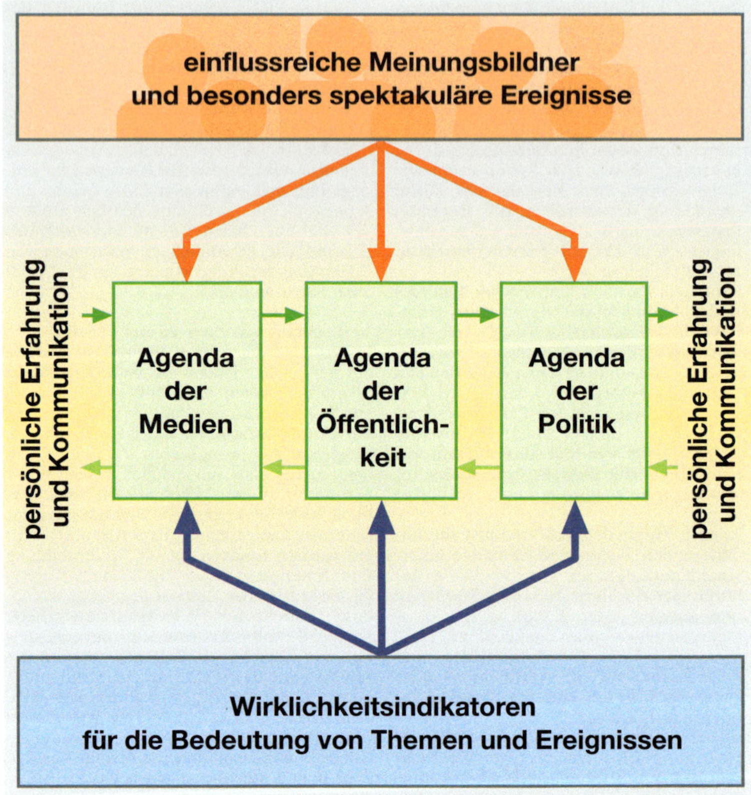

A Der Agenda-Setting-Prozess

Agenda	Dimension 1: Sichtbarkeit	Dimension 2: Salienz (Hervorhebung)	Dimension 3: Valenz
Medien	Prominenz des Themas	(vermutete) Aufmerksamkeit des Publikums	Grad der Zustimmung
Öffentlichkeit	Vertrautheit	Aufmerksamkeit	Grad der Zustimmung
Politik	Unterstützung	Wahrscheinlichkeit einer Handlung	Freiheit zu handeln

B Agenda-Dimensionen

Als dritte große Gruppe des intermediären Systems nehmen die (Massen-)**Medien** wichtige **Funktionen** für das gesamte pol. System wahr. So sorgen sie (idealiter)

- durch die **Information** der Öffentlichkeit über den pol. Prozess für dessen Transparenz,
- durch die **Kontrolle** sämtlicher öffentlichen Institutionen dafür, dass Entscheidungen argumentativ begründet und gegen Einwände verteidigt bzw. revidiert werden müssen,
- durch die **Artikulation** der versch. in der Gesellschaft vorhandenen Interessen und pol. Meinungen für einen thematischen Orientierungsrahmen des pol. Handelns.

Anderen pol. Systemen sind Demokratien nicht zuletzt deshalb überlegen, weil sie sich durch die Medien als Instanz einer kritischen Öffentlichkeit unter einen permanenten Lernzwang setzen lassen.

Schon aus Legitimationsgründen ist Politik darauf angewiesen, dass über die Entscheidungsprozesse und deren Ergebnisse öffentl. und unabhängig informiert wird. Die Medien transportieren im demokrat. Staat aber nicht nur Information, sie stellen darüber hinaus eine **gesellschaftliche Kritik-** und **Kontrollinstanz** dar, die Missständen in Regierung, Verwaltung und Rechtsprechung nachspürt, diese öffentl. macht und so etwaigem Machtmissbrauch entgegenwirken kann.

Während der nichtdemokrat. Staat zur Sicherung seiner Existenz auf die Unterdrückung der Meinungsfreiheit und die Gleichschaltung der Medien angewiesen ist, hängt die Demokratie unmittelbar von der **Meinungs-** und **Kommunikationsfreiheit** ab, die im Rechtsstaat Anspruch auf bes. staatl. Schutz genießt.

Art. 5 GG, Abs. 1: »Jeder hat das Recht, seine Meinung in Wort, Schrift und Bild frei zu äußern und zu verbreiten und sich aus allgemein zugänglichen Quellen ungehindert zu unterrichten. Die Pressefreiheit und die Freiheit der Berichterstattung durch Rundfunk und Film werden gewährleistet. Eine Zensur findet nicht statt.«

In Dtl. hat das BVerfG die herausragende Bedeutung der Medien für das Funktionieren der Demokratie mehrfach hervorgehoben, weil die Pressefreiheit Voraussetzung einer freien Meinungsbildung ist.

Ihre bes. pol. Bedeutung erwächst den Medien v. a. aus ihrer Vorherrschaft im Prozess des sog. **Agenda-Setting** (von engl. *agenda*, 'Tagesordnung') (A). Die von den Medien kommunizierten Ereignisse und Themen sind für die Bürger i. a. R. die wichtigsten und zu allermeist auch die einzigen Informationen über das pol. Geschehen.

»Alles, was wir wissen, wissen wir aus den Medien.« (Niklas Luhmann)

Die Medien besitzen mithin die weitgehende *Definitionshoheit darüber, was pol. wichtig (und richtig) ist.* Erfolg im pol. Wettbewerb hängt deshalb wesentlich davon ab, welchen Einfluss pol. Akteure auf das Agenda-Setting der Medien nehmen können, inwieweit es ihnen also gelingt, die Tagesordnung der Themen selbst zu bestimmen.

Der enorme **Einfluss der Medien auf die politische Wahrnehmung** ist alles andere als unproblematisch, nicht zuletzt deshalb, weil das Bild, das die Medien von der Wirklichkeit zeichnen, ein notwendig hochgradig selektives ist und sich v. a. am sog. *Nachrichtenwert* orientiert, d. h. daran, ob und wie sich eine Nachricht medial verwerten lässt. Dies gilt auf einer zweiten Ebene des Agenda-Setting-Prozesses (dem sog. *Priming*) auch für Einzelaspekte innerhalb eines Themas: Die Medien entscheiden nicht nur darüber, *welche* Themen öffentl. wahrgenommen werden, sondern auch über die *»gefühlte« Relevanz* von Einzelaspekten sowie das einzelnen Problemlösungsstrategien zugeschriebene Erfolgsversprechen.

Daran ändert vermutlich auch die Tatsache nichts, dass das Vermittlungsmonopol der herkömmlichen Massenmedien neuerdings durch das Internet durchbrochen wird.

Der Nachrichtenwert eines Ereignisses oder Themas korrespondiert mit dem Grad an emotionaler Betroffenheit, den es beim Rezipienten auslöst. Aus diesem Grund finden Überraschendes und Skandalöses sowie der offene pol. Schlagabtausch leichter den Weg in die Öffentlichkeit als die sachliche Diskussion kniffliger Detailfragen.

Das Selektionsprinzip der Medien und das auf ihre Medienpräsenz gerichtete strategische Kalkül der pol. Akteure, die sich der Gesetzmäßigkeiten der medialen Verwertung gezielt bedienen, verstärken sich dabei gegenseitig und forcieren die hieraus erwachsenden Probleme für die pol. Kultur sowie letzten Endes auch die Problemlösungskapazität des pol. Systems.

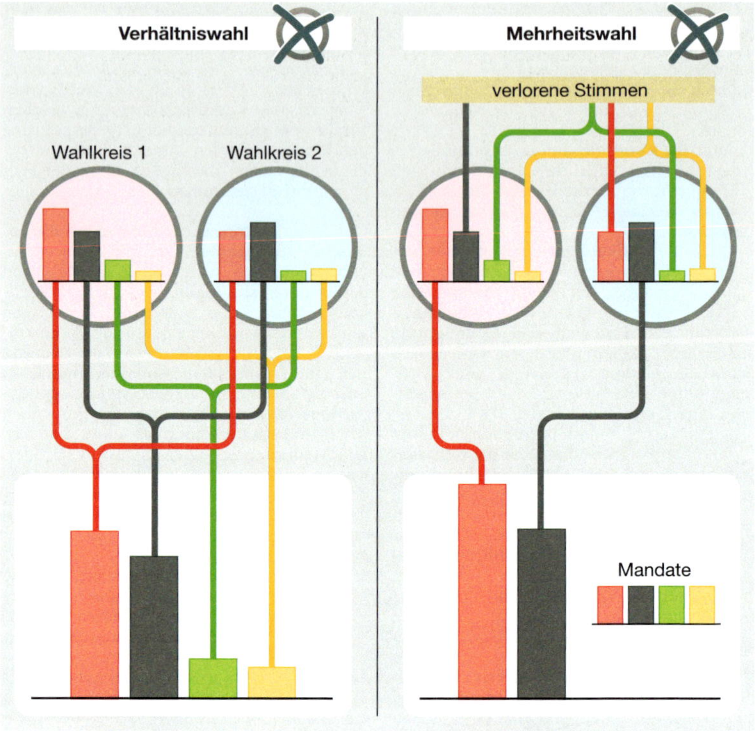

Verhältniswahl

Wahlkreis 1

Wahlkreis 2

Mehrheitswahl

verlorene Stimmen

Mandate

A Repräsentationsprinzipien: Verhältniswahl und Mehrheitswahl

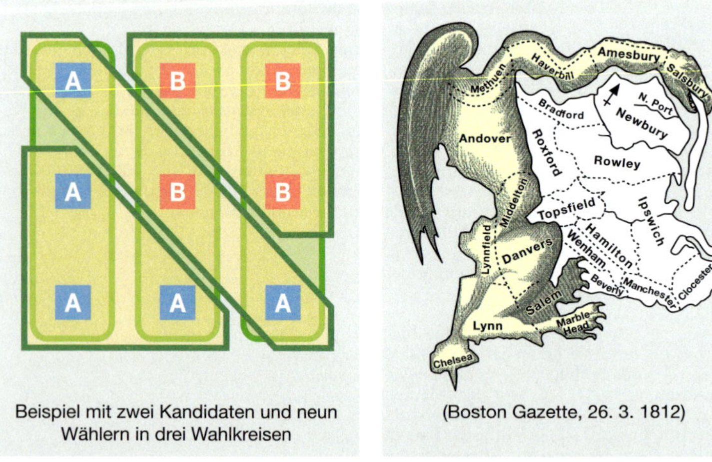

B Wahlkreisgeometrie

C Wahlkreisgeometrie des Elbridge Gerry

Im demokrat. Staat leisten **Wahlen,** in denen die pol. Parteien in *echter Konkurrenz* um den Zuspruch der Wähler werben *(kompetitive Wahlen),* einen entscheidenden Beitrag zur Strukturierung des Regierungs-, Parteien- und Gesellschaftssystems. Sie haben dabei v. a. die folgenden **Funktionen:**

- *Legitimation* der Regierung,
- *Rekrutierung* der pol. Elite,
- *Integration* und *Repräsentation* der in der Bevölkerung vorhandenen Interessen,
- *Mobilisierung* der Wählerschaft für gesellschaftl. Werte und pol. Ziele.

Die Methoden, mit denen die Wählerstimmen in (Parlaments-)Mandate umgerechnet werden, weichen – mit z.T. weitreichenden Konsequenzen für das pol. System – erheblich voneinander ab:

Die beiden **Grundwahlsysteme** der *Mehrheits-* und der *Verhältniswahl* stehen im Zielkonflikt zwischen einerseits einer möglichst gerechten, d.h. zum Wahlergebnis proportionalen Verteilung der insgesamt zu vergebenden Mandate und andererseits einer effektiven Mehrheitsbildung.

Mehrheitswahl

Das Prinzip der klassischen **Mehrheitswahl** (schweizer.: Majorzwahl) lässt sich im Kern auf die Formel »The winner takes it all« reduzieren: Nur ein Kandidat kann das in jedem Wahlkreis allein zu vergebende Mandat gewinnen. Die Mehrheitswahl wird deshalb auch als **Persönlichkeitswahl** bezeichnet.

Das Wahlgebiet wird in ebenso viele Wahlkreise aufgeteilt, wie Mandate zu vergeben sind. Je nach der konkreten Ausgestaltung des Mehrheitswahlsystems entscheidet entweder die *absolute* oder die *relative Mehrheit* der abgegebenen Stimmen über die Vergabe des Mandats, alle übrigen sind für den Ausgang der Wahl bedeutungslos (A).

Beispiele für das Mehrheitswahlsystem sind die Wahlen zum Unterhaus im Vereinigten Königreich, die Präsidentschaftswahlen und die Wahlen zum Repräsentantenhaus in den USA. Bei den Wahlen z.B. zur frz. Nationalversammlung oder dem schweizerischen Ständerat ist ein zweiter Wahlgang nötig, wenn kein Kandidat im ersten die absolute Mehrheit erreicht.

Vorrangiges Ziel der Mehrheitswahl ist nicht die Willens*messung,* sondern die Willens- bzw. Mehrheits*bildung:* Die Mehrheit in ihrem Wahlkreis siegreicher Kandidaten verhilft *einer* Partei im Parlament zu einer absoluten Mehrheit der Mandate. In Ländern mit einem Mehrheitswahlsystem bildet sich regelmäßig ein von zwei großen Parteien sehr deutlich dominiertes (und deshalb so bezeichnetes) *Zweiparteiensystem* heraus. Neue Parteien können sich in einem solchen System nur sehr schwer etablieren.

So nötig eine klare und stabile Mehrheit für die Handlungsfähigkeit einer Reg. ist, so problematisch ist aus demokratietheoret. Sicht, dass der *mehrheitsbildende Effekt* des Mehrheitswahlsystems auf der *Disproportionalität von Stimmen und Mandaten* beruht. Selbst die Umkehrung der Relation von Stimmen und Mandaten ist dabei leicht möglich: Die Reg. wird dann von der Partei gebildet, deren Kandidaten ihre Wahlkreise zwar mehrheitlich gewonnen haben, die aber insgesamt weniger Stimmen erhalten hat als die unterlegene Partei.

Welches Ausmaß der mehrheitsbildende Effekt der Mehrheitswahl tatsächlich hat, hängt (neben der Hochburgenverteilung) entscheidend von der Wahlkreiseinteilung ab. Das Mehrheitswahlsystem ist deshalb ganz bes. anfällig für den Versuch, Wahlergebnisse durch einen gezielt manipulativen Zuschnitt von Wahlkreisen zu steuern (B).

Ein bes. bizarres Beispiel dafür ist die als *»Gerrymandering«* bekannt gewordene Wahlkreisgeometrie zugunsten von Elbridge Gerry (1744–1814). Dem Gouverneur von Massachusetts hatte seine Partei per Gesetz aus der Stadt Boston einen sicheren Wahlkreis zurechtgeschnitten (C) und durch eine auch ansonsten geschickte Wahlkreiseinteilung maßgeblich darauf hingewirkt, dass bei den Wahlen 1812 die oppositionellen *Federalists* trotz insgesamt erreichter 51% der Stimmen nur 11 der 40 Wahlkreise gewannen.

Verhältniswahl

Verhältnis- oder **Proporzwahlsysteme** basieren dagegen auf dem Prinzip, dass die zu vergebenden Mandate auf die Parteien, die mit Wahllisten an der Wahl teilnehmen (deshalb auch *Listenwahl*), entsprechend ihrem Anteil an der Summe der abgegebenen Stimmen verteilt werden (A). Dies geschieht mit im Detail voneinander abweichenden Ergebnissen nach unterschiedl. mathemat. Verfahren. Das Ziel dabei ist aber immer dasselbe: die in der Gesellschaft vorhandenen pol. Strömungen möglichst unverzerrt im Parlament abzubilden.

Aus demokratietheoret. Perspektive und unter dem Aspekt der Gerechtigkeit erscheint die von Verhältniswahlsystemen angestrebte möglichst genaue Proportionalität von erzieltem Stimmenanteil und der Anzahl der zugeteilten Mandate zweifellos wünschenswert, weil auch kleinere Parteien pol. Mitwirkungsrechte erhalten. Doch geht dies in reinen Verhältniswahlsystemen – z. B. solchen ohne jede *Sperrklausel* wie etwa die 5%-Klausel in Dtl. – meist auf Kosten einer effektiven Mehrheitsbildung und ist verbunden mit der Gefahr einer Destabilisierung des pol. Systems (Bsp.: Weimarer Republik).

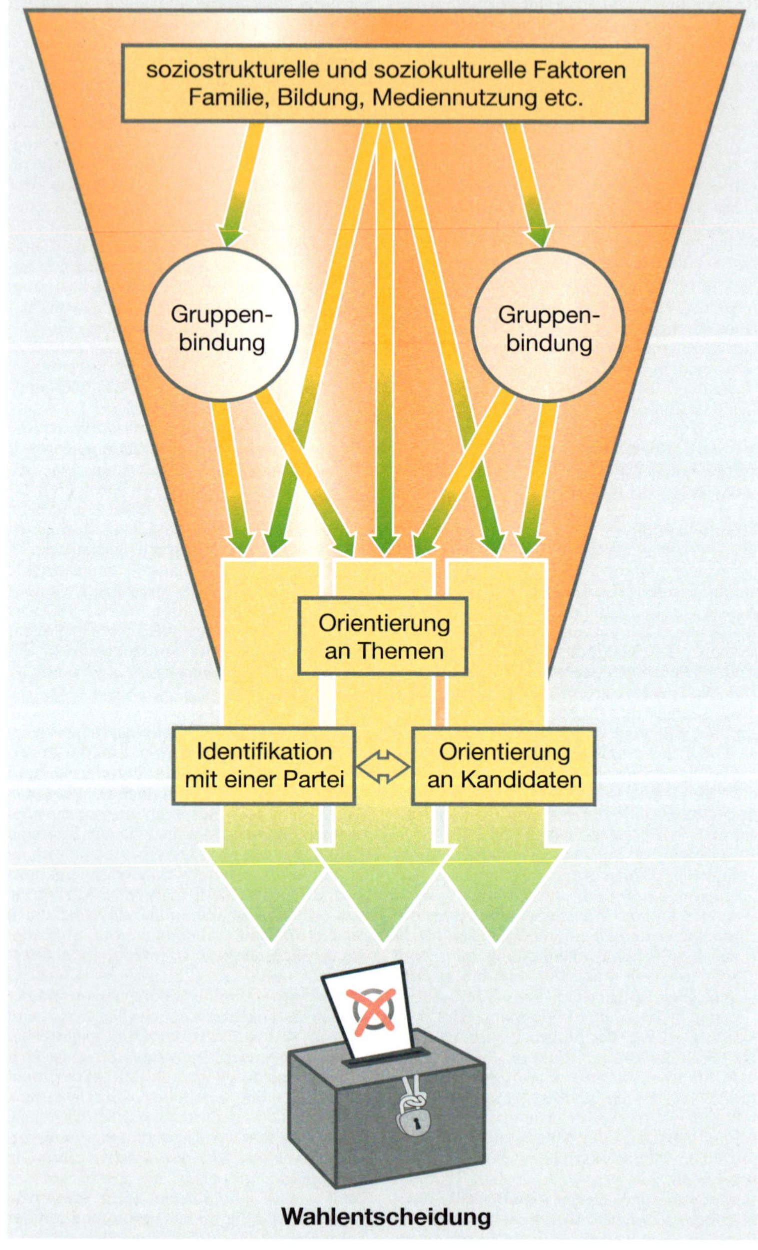

Kausalitätstrichter der empirischen Wahlforschung

Die **empirische Wahlforschung** befasst sich außer mit wahlsystematischen Aspekten v. a. mit drei Grundfragen:

1. Wer beteiligt sich an einer Wahl und warum, wer enthält sich und warum?
2. Wer wählt wen und warum?
3. Welche Prognosen sind hinsichtlich des Ausgangs zukünftiger Wahlen möglich?

Was die method. Bearbeitung dieser Fragen betrifft, lassen sich im Wesentlichen drei (einander ergänzende) Modelle des Wahlverhaltens unterscheiden:

1. Das Modell des zweckrationalen Wählers
Wahlforschungsansätze, die auf der Grundlage einer *instrumentellen Theorie des rationalen Wählers* basieren, nehmen an, der Wahlakt sei eine mit der ökonom. Entscheidungssituation vergleichbare *Kosten-Nutzen-Abwägung.* Im Vordergrund entsprechender Untersuchungen stehen demgemäß v. a. wirtschaftspol. Themen. Dieses Modell hat ganz überwiegend kurzfristige Wahlmotive im Blick, die für sich allein allerdings wenig aussagekräftig sind. Mitberücksichtigt werden müssen auch längerfristige Orientierungen, Werte- und Parteibindungen des Wählers sowie der Einfluss seiner sozialen Umwelt. Diese Aspekte der Wahlentscheidung sind Gegenstand soziologischer und sozialpsychologischer Ansätze der Wahlforschung.

2. Das soziologische Modell
Gesellschaftl. und familiären Loyalitäten sowie anderen für die Wahlentscheidung u. U. bedeutsamen Einflussfaktoren im sozialen Umfeld widmen sich *expressive Theorien des Wählens.* Diese begreifen das Wahlverhalten des Einzelnen nicht als (primär) zweckrational (was es de facto auch kaum sein kann, da der tatsächl. Einfluss der einzelnen Stimme auf den Wahlausgang sehr nahe null liegt), sondern als Ausdruck (Expression) der eigenen (Werte-)Überzeugungen und Gruppenbindung:

a) Bei der *mikrosoziologischen Wahlforschung* liegt der Schwerpunkt des Interesses auf den soziostrukturellen Faktoren, die bei der Wahlentscheidung eine Rolle spielen, etwa der Zugehörigkeit zu sozialen Gruppen, die durch mehr oder weniger fest gefügte pol. Verhaltens- und Beurteilungsnormen gekennzeichnet sind.

Je klarer definiert und fester gefügt die Wahlnormen der Gruppe sind, desto unwahrscheinlicher ist ein von der Gruppennorm abweichendes Wahlverhalten einzelner Gruppenmitglieder.

b) In Anknüpfung an die Ergebnisse der Parteienforschung von Lipset und Rokkan wird demgegenüber mit Hilfe *makrosoziologisch* ausgerichteter Forschungsdesigns v. a. nach den Determinanten längerfristiger Wahlmuster gefragt, die mit relativ stabilen Konfliktlinien *(cleavages)* innerhalb der Gesellschaft korrespondieren.

Beispiele für solche z. T. sehr schwer auflösbaren »Cleavages« sind in Dtl. etwa die Konfliktlinie zwischen »Ost« und »West«, histor. die zwischen Staat und Kirche oder Stadt und Land.

3. Das psychologische Modell
Der persönliche Entscheidungsprozess, die Ausbildung von Parteibindungen sowie bes. das kurzfristige Abweichen davon sind Gegenstand *sozialpsychologisch ausgerichteter Wahlforschungsansätze.*
Bes. bedeutsam für die ggf. von längerfristigen Bindungen abweichende Wahlentscheidung sind sowohl der Grad der Identifikation mit den aktuellen Programmaussagen der Parteien zu den als wichtig eingeschätzten pol. Gestaltungsaufgaben als auch v. a. die Kompetenzvermutung, die den einzelnen Kandidaten sowie der jeweiligen Partei entgegengebracht wird. Die Berücksichtigung kurzfristiger Einflussfaktoren ist bes. für die Erklärung und Prognose des Verhaltens sog. Wechselwähler unverzichtbar.
Die Gesamtheit der Faktoren, die den aktuellen persönlichen Wahlentscheidungsprozess bestimmen, können als eine Art Wahrnehmungs- und Bewertungsfilter in Form eines Trichters aufgefasst werden (Abb.).

Datengrundlage der empirischen Wahlforschung sind statistisch aufbereitete und ausgewertete *Individual-* oder *Mikrodaten,* die mit Hilfe standardisierter Befragungen erhoben, z. T. aber auch durch Beobachtung gewonnen werden. Damit kombinierbar sind sog. *Kontextdaten,* die Auskunft über den Zusammenhang pol. Einstellungen mit dem jeweiligen sozialen Umfeld geben (z. B. Familie, Freunde und Kollegen).
Aussagekräftiger als Querschnittserhebungen, die nicht viel mehr als Momentaufnahmen bieten, sind Längsschnittuntersuchungen, die sich über mehrere Jahre erstrecken. Bes. aufschlussreich sind dabei sog. *Panelstudien,* bei denen identischen Untersuchungsgruppen in best. zeitlichen Abständen immer wieder die gleichen Fragen gestellt werden. Auf diese Weise ist es möglich, Einstellungs- und Verhaltensänderungen sehr genau zu messen und hinsichtlich ihrer Ursachen zu analysieren. Dies ermöglicht gut abgesicherte Prognosen.

Mit Hilfe von Panelstudien lassen sich v. a. längerfristige Parteibindungen analysieren, wie etwa der Zusammenhang von Gewerkschafts- oder Verbandsmitgliedschaft und der Anhängerschaft einer bestimmten Partei.

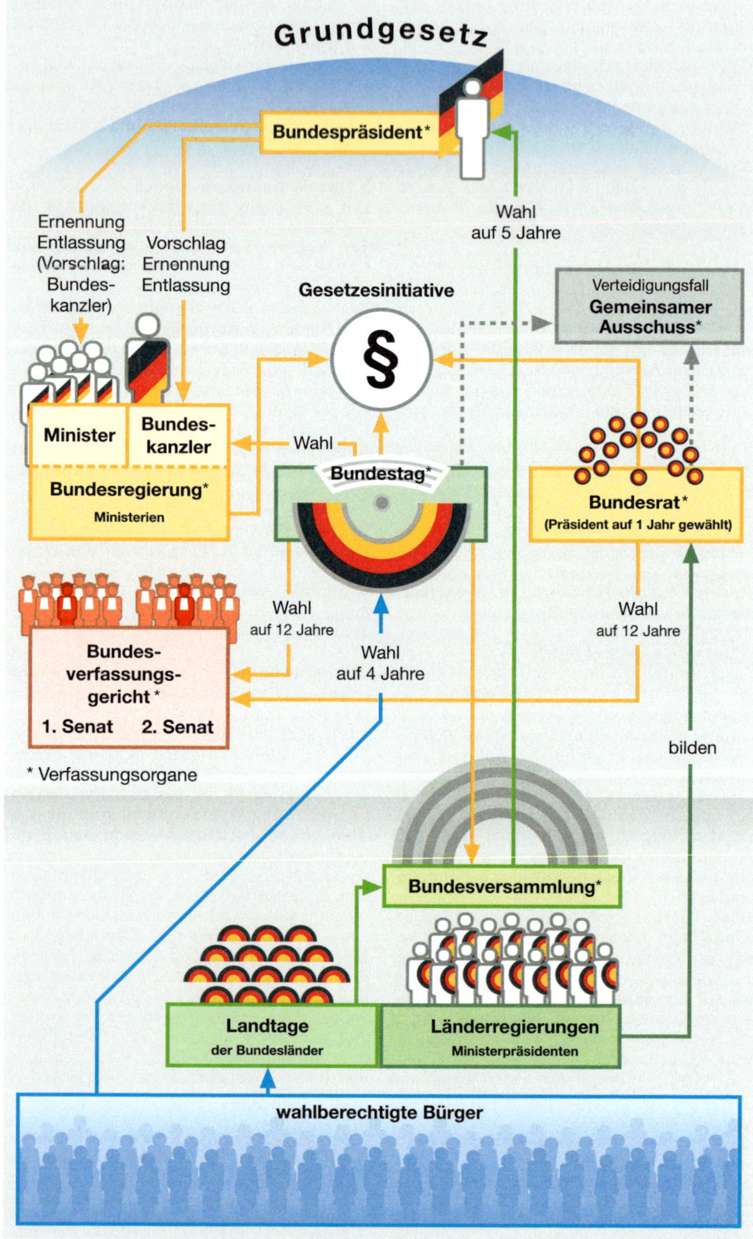

Der Staatsaufbau der Bundesrepublik Deutschland

Das Fundament der freiheitlich-demokratischen Grundordnung des **Grundgesetzes** (GG) der BRD ist die Verpflichtung aller staatl. Gewalt auf die *Grund-* und *Menschenrechte* sowie die **grundlegenden Verfassungsprinzipien** von *Demokratie, Gewaltenteilung, Föderalismus, Sozial-* und *Rechtsstaatlichkeit.*

Art. 79 III des GG bestimmt Art. 1 und 20 zu dessen – zumindest seinem Wesen nach – unveränderbaren **Verfassungskern** (»Wesensgehaltsgarantie«):

»Eine Änderung dieses Grundgesetzes, durch welche die Gliederung des Bundes in Länder, die grundsätzliche Mitwirkung der Länder bei der Gesetzgebung oder die in den Artikeln 1 und 20 niedergelegten Grundsätze berührt werden, ist unzulässig.«

Art. 1 GG: »(1) Die Würde des Menschen ist unantastbar. Sie zu achten und zu schützen ist Verpflichtung aller staatlichen Gewalt.

(2) Das Deutsche Volk bekennt sich darum zu unverletzlichen und unveräußerlichen Menschenrechten als Grundlage jeder menschlichen Gemeinschaft, des Friedens und der Gerechtigkeit in der Welt.

(3) Die nachfolgenden Grundrechte binden Gesetzgebung, vollziehende Gewalt und Rechtsprechung als unmittelbar geltendes Recht.«

Art. 20 GG: »(1) Die Bundesrepublik Deutschland ist ein demokratischer und sozialer Bundesstaat.

(2) Alle Staatsgewalt geht vom Volke aus. Sie wird vom Volke in Wahlen und Abstimmungen und durch besondere Organe der Gesetzgebung, der vollziehenden Gewalt und der Rechtsprechung ausgeübt.

(3) Die Gesetzgebung ist an die verfassungsmäßige Ordnung, die vollziehende Gewalt und die Rechtsprechung sind an Gesetz und Recht gebunden.

(4) Gegen jeden, der es unternimmt, diese Ordnung zu beseitigen, haben alle Deutschen das Recht zum Widerstand, wenn andere Abhilfe nicht möglich ist.«

Der Begriff »Rechtsstaat« kommt wortwörtlich im GG nur ein einziges Mal vor: Art. 28 benennt das **Rechtsstaatsprinzip** als verbindlich auch für die Verfassungsordnungen der Länder. Damit wird es zugleich als für die Verfassungsordnung des Bundes bestimmendes Prinzip vorausgesetzt. Die *Kernelemente* des alle staatl. Gewalt bindenden Rechtsstaatsprinzips sind:

- die Garantie der Grundrechte,
- die Unabhängigkeit der Rechtsprechung,
- der Vorrang der Verfassung vor der einfachen Gesetzgebung,
- der Grundsatz der Gesetzmäßigkeit der Verwaltung sowie
- die Rechtsweggarantie.

Letztere sichert jedem Bürger u. a. das Recht zu, gegen behördliche Maßnahmen förmlich Widerspruch einzulegen und, wenn dieser erfolglos bleibt, dagegen vor Gericht zu klagen. Fühlt er sich in einem Grundrecht verletzt, kann er nach Ausschöpfung des Instanzenzuges Verfassungsbeschwerde beim BVerfG einlegen.

Dem Rechtsstaatsprinzip ist inhaltlich durch die Bindung aller staatl. Gewalt an die Gesetze noch nicht hinreichend Rechnung getragen. Hinzutreten muss die inhaltl. Bindung an eine dem Gesetz vorgehende *höherrangige Wertordnung.* Eine solche Bindung kommt im GG durch die in Art. 1 verbriefte Anerkenntnis der Unantastbarkeit der *Würde des Menschen* zum Ausdruck.

Auch wenn in Art. 20 II GG ausdrücklich von »Abstimmungen« die Rede ist, in denen das Volk außer in Wahlen die von ihm ausgehende Staatsgewalt ausübt, haben sich die Verfassungsgeber nach der nicht mehr unumstrittenen, aber immer noch herrschenden Meinung auf eine rein **repräsentative Demokratie** festgelegt, in der die Staatsgewalt »durch besondere Organe der Gesetzgebung, der vollziehenden Gewalt und der Rechtsprechung« ausgeübt wird.

In den Verfassungen der Bundesländer (und hier bes. den Kommunalverfassungen) sind dagegen in unterschiedl. Ausprägung z. T. recht weitreichende direktdemokrat. Entscheidungsrechte normiert (s. S. 161). Für den etwaigen Zusammenschluss mehrerer Bundesländer *muss* den betroffenen Bürgern ein entsprechender Beschluss der Länderparlamente zur Letztentscheidung vorgelegt werden.

Bei dem **Sozialstaatsprinzip** nach Art. 20 GG handelt es sich um einen materiell weitgehend unbestimmten und auch abstrakt nur schwer zu fassenden Verfassungsgrundsatz. Konkrete soziale Grundrechte sind im GG nicht normiert. Nach herrschender Meinung ergibt sich aus Art. 20 gleichwohl der generelle Auftrag an den Gesetzgeber, für eine gerechte Sozialordnung und den Ausgleich sozialer Gegensätze zu sorgen, sowie eine *Fürsorgepflicht des Staates* gegenüber Bürgern in sozialen Notlagen (Sicherung eines menschenwürdigen Existenzminimums, Hilfe bei Naturkatastrophen u. Ä.) und die Verpflichtung zur Schaffung soz. Sicherungssysteme (Renten-, Pflege-, Unfall- und Krankenversicherung). Von Bedeutung ist das Sozialstaatsprinzip auch für die Auslegung der Grundrechte, z. B. des Rechts auf Eigentum. Dessen Gebrauch soll nach dem Wortlaut des Art. 14 II GG »zugleich dem Wohle der Allgemeinheit dienen«. Auch die Enteignung zum Schutz des Allgemeinwohls ist grundsätzl. möglich (Art. 14 III GG).

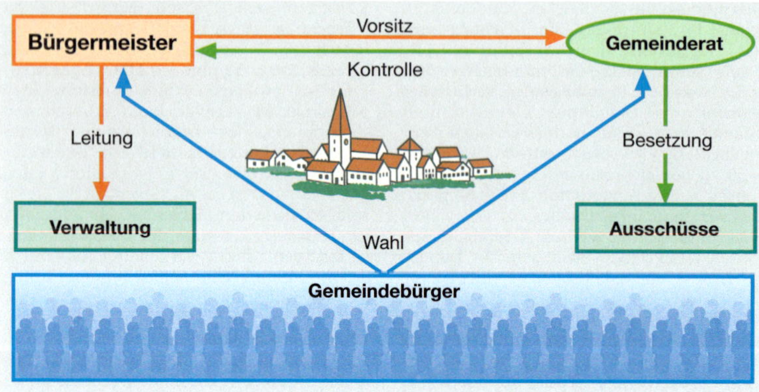

A Die heute in Deutschland vorherrschende Süddeutsche Ratsverfassung

Bundesland	Sitze im Bundesrat
Baden-Württemberg	6
Bayern	6
Berlin	4
Brandenburg	4
Bremen	3
Hamburg	3
Hessen	5
Mecklenburg-Vorpommern	3
Niedersachsen	6
Nordrhein-Westfalen	6
Rheinland-Pfalz	4
Saarland	3
Sachsen	4
Sachsen-Anhalt	4
Schleswig-Holstein	4
Thüringen	4

1998 1999 2000 2001 2002 2003 2004 2005

Für eine Mehrheit werden 35 Stimmen gebraucht

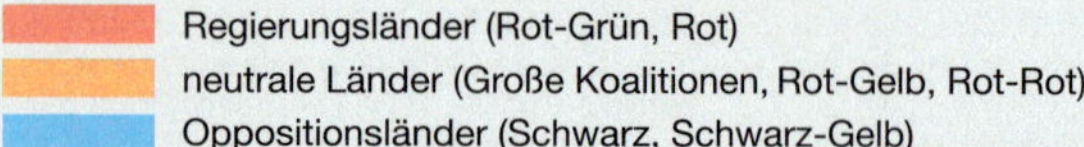

(1. 7. 2005: Vertrauensfrage Gerhard Schröder)

B Zusammensetzung des Bundesrates von der Bundestagswahl 1998 – Mitte 2005

Föderalismus

Mit dem bundesstaatlichen Strukturprinzip des **Föderalismus** (von lat. *foedus* 'Bund') knüpft die Verfassungsordnung der BRD an eine – von den Nationalsozialisten unterbrochene – histor. Traditionslinie dt. Staatlichkeit an. Die Länder der drei westl. Besatzungszonen, die sich 1949 als gleichberechtigte Teilstaaten zur ›Bundesrepublik Deutschland‹ zusammenschlossen, waren jedoch mit Ausnahme Bayerns und der beiden Stadtstaaten Hamburg und Bremen keine histor. gewachsenen Gemeinwesen. Gemäß westalliierten Vorgaben entstanden neue Länder, die die Grenzen der Besatzungszonen berücksichtigten.

In der parallel zur BRD auf dem Gebiet der sowjet. besetzten Zone entstandenen DDR wurden die Länder Mecklenburg-Vorpommern, Sachsen-Anhalt, Brandenburg, Thüringen und Sachsen vor ihrem Beitritt zum Geltungsbereich des Grundgesetzes 1990 neu gegründet.

Ein zentrales Element des Föderalismus ist das **Subsidiaritätsprinzip:** Die nächsthöhere Gebietskörperschaft (Bezirk, Land, Bund) soll eine Gestaltungsaufgabe erst dann für sich in Anspruch nehmen oder mit ihr betraut werden, wenn die direkt betroffene Ebene dazu nicht hinreichend in der Lage ist. U.a. soll dadurch eine Nivellierung lokaler und regionaler Besonderheiten verhindert, die bes. Kompetenz der regionalen Gebietskörperschaften zur Lösung von im Wortsinne naheliegenden Problemen genutzt sowie der Entfremdung der Bürger von den pol. Entscheidungsträgern entgegengewirkt werden.

Das GG sichert deshalb auch den **Kommunen** ein **Selbstverwaltungsrecht** zu (Art. 28 I). Zuständig für dessen Ausgestaltung sind im Rahmen der Kompetenzverteilung zwischen Bund und Ländern ausschließlich die Länder. Seit den Reformen der Gemeindeverfassungen der Länder in den 1990er-Jahren haben sich außer in Hessen und Bremerhaven überall in Dtl. am Modell der *Süddeutschen Ratsverfassung* (A) orientierte **Kommunalverfassungen** mit einem direkt gewählten Bürgermeister durchgesetzt, der als Vorsitzender und oberster Repräsentant des Stadt- oder Gemeinderats und zugleich als Chef der Verwaltung fungiert.

Bis dahin unterschieden sich die Gemeindeverfassungen von Land zu Land z.T. erheblich. Ursächlich dafür waren die versch. Verfassungstraditionen der Vorgängerstaaten sowie der Einfluss der Besatzungsmächte nach dem 2. Weltkrieg. In Nordrhein-Westfalen und in Niedersachen galt die *Norddeutsche Ratsverfassung* mit einem ehrenamtlichen Bürgermeister als Ratsvorsitzendem und einem Gemeinde- (bzw. Stadt- oder Oberstadt-)Direktor als Verwaltungschef; in den schleswig-holsteinischen sowie (bis heute) in hessischen Städten die *Magistratsverfassung* nach preußischem Vorbild; in Rheinland-Pfalz, im Saarland und in den Landgemeinden Schleswig-Holsteins die *Bürgermeisterverfassung* mit einem vom Gemeinderat gewählten Vorsitzenden, der zugleich als Verwaltungschef fungierte.

Der Bundesrat

Auf Bundesebene gibt es fünf **ständige Verfassungsorgane:** Bundesrat, Bundespräsident, Bundestag, Bundesregierung und Bundesverfassungsgericht. (Abb. S. 106)

Nichtständige sind der Gemeinsame Ausschuss und die Bundesversammlung.

Der **Bundesrat** ist das **föderative Verfassungsorgan,** durch das die Berücksichtigung der Länderinteressen sichergestellt werden soll. Dies geschieht v.a. durch Teilhabe an der *Bundesgesetzgebung.* Art. 50 GG sichert dem Bundesrat darüber hinaus die Mitwirkung in Angelegenheiten der Europäischen Union zu. Zu seinen weiteren Aufgaben zählen u.a. die Mitwirkung bei der Verwaltung des Bundes und die Wahl der Hälfte der Richter beim BVerfG.

Als *Bundesorgan* trägt der Bundesrat ausdrückl. Mitverantwortung für die Politik des Bundes selbst.

Dies wird u.a. dadurch deutlich, dass sich seine Mitwirkung an der Gesetzgebung nicht auf *zustimmungspflichtige Gesetze* (d.h. solche, bei denen Länderinteressen unmittelbar betroffen sind) beschränkt, sondern sich auf die gesamte Bandbreite der Gesetzgebung erstreckt (s. S. 117).

Auch wenn das dt. Regierungssystem oft als *bikameral* (also aus zwei parlamentar. Kammern bestehend) bezeichnet wird, ist der Bundesrat gleichwohl kein Teil des Bundesparlaments und deshalb trotz seiner weitreichenden legislativen Mitwirkungsrechte im strengen Sinne keine (»echte«) zweite Kammer wie z.B. der Senat in den USA.

Der Bundesrat besteht aus **Mitgliedern der Länderregierungen,** und zwar aus den Ministerpräs. und Fachministern bzw. bei Stadtstaaten aus den Bürgermeistern und Senatoren. Sie verfügen über ein ledigl. *imperatives Mandat,* d.h. sie sind an die Weisungen des sie entsendenden Bundeslandes gebunden. Die Zahl der auf die einzelnen Länder entfallenden Sitze (zz. insges. 69) richtet sich nach der jeweiligen Einwohnerzahl und beträgt zwischen drei und sechs. Bei Abstimmungen muss jedes Land alle ihm zustehenden Stimmen entsprechend der Entscheidung der Landesregierung geschlossen abgeben. Im Zweifel entscheidet das Votum des Ministerpräsidenten.

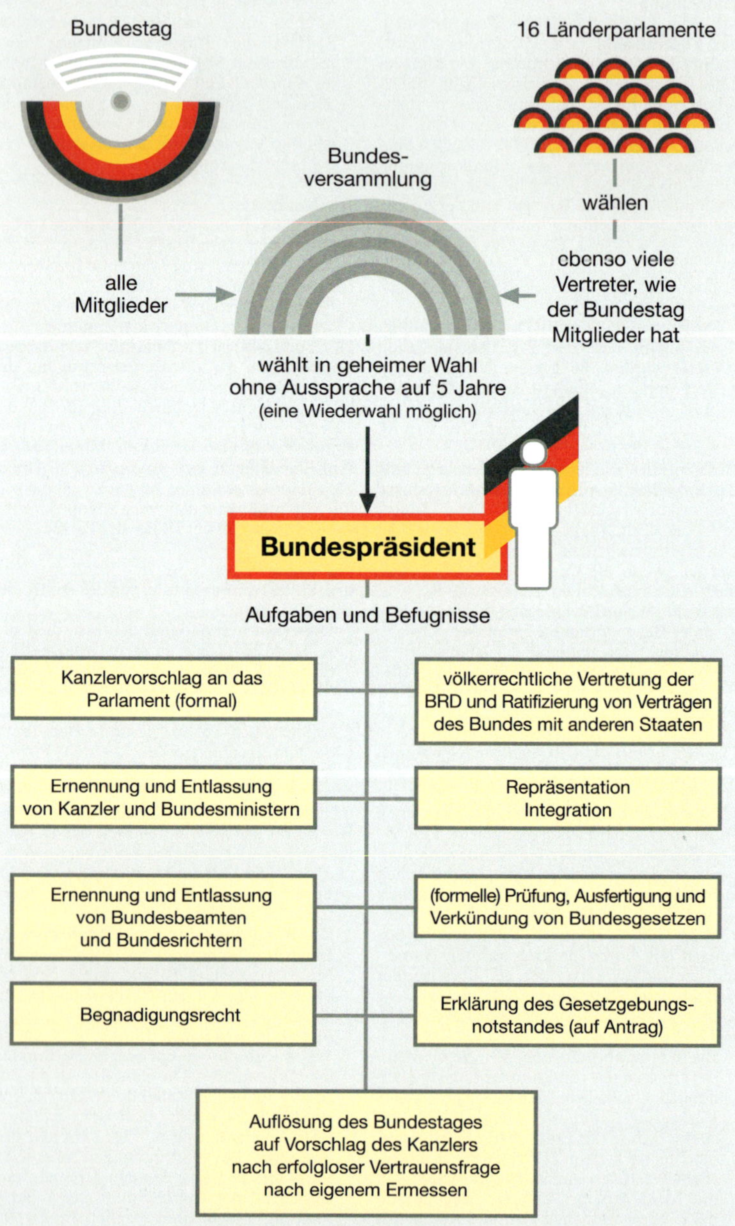

Wahl und Amt des deutschen Bundespräsidenten

Zum **Bundesratspräsidenten,** der auch Stellvertreter des Bundespräs. ist, wird im jährlich wechselnden Turnus der Regierungschef eines Bundeslandes einstimmig gewählt.
Wie im Bundestag wird auch im Bundesrat die eigentliche Arbeit in den **16 Fachausschüssen** geleistet, in die jedes Land jeweils ein Mitglied (meistens einen Fachminister) entsendet.
Der Bundesrat eignet sich wegen seiner teilweisen **Vetomacht** im Gesetzgebungsprozess als mächtiges **Instrument der Opposition:** Dadurch, dass die meisten Bundesgesetze bis 2006 »Zustimmungsgesetze« waren, also der Zustimmung des Bundesrates bedurften, war die Handlungsfähigkeit der Regierung z. T. erheblich eingeschränkt, wenn die Mehrheitsverhältnisse im Bundestag nicht mit jenen in der Ländervertretung korrespondierten.

So musste die rot-grüne Regierung von Gerhard Schröder von 1998 bis zur Auflösung des Bundestages nach der Vertrauensfrage vom 1. 7. 2005 beinahe immer gegen eine oppositionelle Bundesratsmehrheit regieren (S. 108 B).

Seit der **Föderalismusreform I** von 2006 sind nur noch solche Gesetze zustimmungspflichtig, die für die Länder erhebliche Kosten verursachen. Dagegen entfällt die Zustimmungspflichtigkeit für Bundesgesetze, die von den Ländern umzusetzende Verwaltungsverfahren enthalten. Jedoch können die Länderparlamente abweichende Verfahrensregeln beschließen.
Der Beschränkung der Mitwirkungsrechte des Bundesrates an der Bundesgesetzgebung steht eine Ausweitung der ausschließlichen Gesetzgebungskompetenz der Länder gegenüber. Sie gilt u. a. für das Dienst- und Besoldungsrecht für Landes- und Kommunalbeamte, Teile des Strafvollzugs- und des Heimrechts, das Versammlungsrecht, das Presserecht sowie das Ladenschluss- und Gaststättenrecht. In den Bereichen Umwelt und Bildung wurde den Ländern das Recht eingeräumt, eigene, vom Bundesrecht abweichende Gesetze zu beschließen.
Die **Föderalismusreform II** von 2009 regelt die Finanzbeziehungen zwischen Bund und Ländern neu. Zentrales Element ist eine Schuldenregel, die die Länder ab 2020 verpflichtet, den Haushalt i. d. R. ohne Kredite auszugleichen. Der Bund darf ab 2016 neue Schulden nur bis max. 0,35 % des BIP aufnehmen.

Der Bundespräsident

Formelles Staatsoberhaupt der BRD ist der **Bundespräsident.** Dessen Funktionen sind v. a. auf **notarielle** und **repräsentative Aufgaben** wie die Ausfertigung von Bundesgesetzen, die Unterzeichnung völkerrechtl. Verträge, das Verleihen von Orden etc. beschränkt. Zu seinen Aufgaben gehört weiter die formelle Ernennung (und Entlassung) des Bundeskanzlers, der Bundesminister, -richter und -beamten sowie der Offiziere der Bundeswehr. Darüber hinaus übt er das Begnadigungsrecht aus. (Abb.)
Der Bundespräs. ist kein Teil der Exekutive. Seine Anordnungen bedürfen der Gegenzeichnung durch den Bundeskanzler bzw. den zuständigen Bundesminister. Ausnahmen hiervon bilden naturgemäß die Ernennung des Bundeskanzlers selbst sowie das an diesen oder einen Bundesminister gerichtete Ersuchen, die Geschäfte bis zur Ernennung eines Nachfolgers weiterzuführen, sowie die Auflösung des Bundestages nach Art. 63 IV GG.
Der Bundespräs. wird von der nur zu diesem Zweck einberufenen **Bundesversammlung** in geheimer Wahl ohne Aussprache auf fünf Jahre gewählt. Der Bundesversammlung gehören alle Mitglieder des Bundestages sowie eine gleiche Zahl von den Landtagen nach den Grundsätzen der Verhältniswahl zu wählender Mitglieder an.
Die Anzahl der auf die einzelnen Länder entfallenden Stimmen richtet sich nach der jeweiligen Einwohnerzahl. In den ersten beiden Wahlgängen ist die absolute, in einem evtl. dritten Wahlgang die einfache Mehrheit der Stimmen nötig. Einmalige Wiederwahl ist möglich. Das Mindestalter beträgt 40 Jahre. Eine Amtsenthebung ist ausschließlich auf Grund einer Anklage durch das BVerfG möglich (Art. 61 GG).
Dem Bundespräs. kommt neben der Repräsentationsfunktion eine **Integrations-** sowie eine rechts- und verfassungswahrende **Kontrollfunktion** zu (Abb.). Erstere beinhaltet die formale Prüfung des ordnungsgemäßen Zustandekommens und – nach überwiegender, aber nicht unumstrittener Meinung – auch ein materielles Prüfungsrecht auf Verfassungskonformität von auszufertigenden Gesetzen.
Diese Funktionen werden ergänzt durch eine **politische Reservefunktion** in Krisensituationen des parlamentar. Regierungssystems:

- Scheitert die Wahl eines Bundeskanzlers, kann der Bundespräs. das Parlament entweder auflösen oder aber einen Kanzler trotz fehlender parlamentar. Mehrheit ernennen (Art. 63 IV GG).
- Scheitert der Kanzler mit einer Vertrauensfrage, entscheidet der Bundespräs. in eigener Verantwortung, ob er dem Vorschlag des Kanzlers, den Bundestag aufzulösen, folgen will. Belässt er eine Minderheitsreg. im Amt, kann er – was bislang noch nicht vorgekommen ist – auf Antrag der Reg. den *Gesetzgebungsnotstand* nach Art. 81 GG erklären. Die Reg. kann dann einzelne Gesetzesvorlagen gegen den Willen des Parlaments unter Mitwirkung von Bundesrat und Bundespräs. durchsetzen.

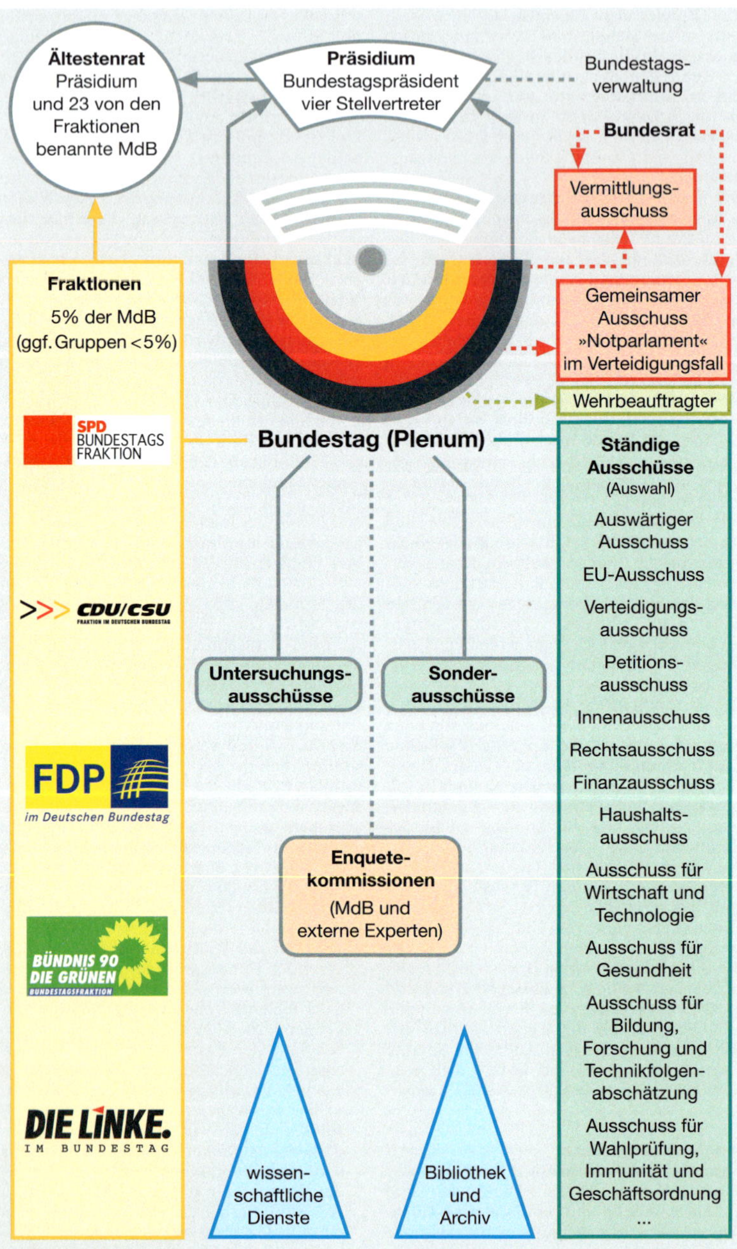

Der Deutsche Bundestag

Das Zentrum des repräsentativ-parlamentarischen Systems der BRD ist der **Deutsche Bundestag** (Parlament), der als einziges der obersten Staatsorgane unmittelbar vom Volk legitimiert, also gewählt wird (Abb).

Die i. d. R. für eine Legislaturperiode von vier Jahren gewählten **Abgeordneten** (Mitglieder des Deutschen Bundestages, MdB) genießen für die Dauer ihres Mandats *Immunität,* d.h. eine von ihnen begangene Straftat darf nur dann verfolgt werden, wenn der Bundestag dem zustimmt. Sie dürfen ferner weder zivilnoch strafrechtlich wegen Äußerungen im Parlament zur Rechenschaft gezogen werden *(Indemnität)*.

Die MdB einer Partei bilden im Parlament eine **Fraktion.** Für das Abstimmungsverhalten des einzelnen Abgeordneten gilt der *Grundsatz des freien Mandats,* d.h. er ist an keinerlei Weisungen gebunden und einzig seinem Gewissen verpflichtet.

Dem steht nicht entgegen, dass die fraktionsinterne Willensbildung auf Dauer nicht ohne *Fraktionsdisziplin* auskommt.

Die zentralen **Funktionen des Bundestages** sind:

- *Interessenartikulation* und *Willensbildung,*
- *Wahl* des Bundeskanzlers,
- *Rekrutierung* (z.T. in Verbindung mit dem Bundesrat) des Personals für die Besetzung zentralstaatlicher Organe (z.B. die Wahl der Richter des BVerfG),
- *Gesetzgebung* (ebenfalls unter Mitwirkung des Bundesrates) sowie
- *Kontrolle* der Regierung.

Die letztgenannte Aufgabe fällt wegen der personellen Verflechtung von Reg. und Mehrheitsfraktionen in der Praxis v.a. der Opposition zu. Als Instrumente stehen dem Bundestag neben dem *Zitierrecht,* auf Grund dessen er die Anwesenheit einzelner Regierungsmitglieder im Plenum verlangen kann, als sog. *Interpellationsrechte* u.a. die *Kleine* bzw. *Große Anfrage* zur Verfügung, mit denen sich eine öffentlichkeitswirksame Bundestagsdebatte zu einem aktuellen Thema erzwingen lässt.

Schärfstes Kontrollmittel des Bundestages ist das Einsetzen eines **parlamentarischen Untersuchungsausschusses** nach Art. 44 GG.

Im Untersuchungsausschuss wird nach der Strafprozessordnung verfahren. Zeugen können also unter Eid gestellt und Zeugenaussagen erzwungen werden. Allerdings hat der Untersuchungsausschuss keine eigenen Sanktionsmöglichkeiten, seine Arbeit zielt v.a. auf *Aufklärung von Missständen* und die *Herstellung von Öffentlichkeit.* Begrenzt wird die gleichwohl nicht zu unterschätzende Wirksamkeit des Untersuchungsausschusses dadurch, dass die Mehrheitsfraktionen des Bundestages auch hier in der Überzahl sind.

Der Bundestag ist überwiegend ein **Arbeitsparlament,** d.h. das Gros der parlamentar. Arbeit findet hier (anders als in sog. »Redeparlamenten« wie dem brit. Unterhaus) in den *Ausschüssen* statt, während in den Plenardebatten der Öffentlichkeit die pol. Programme der Fraktionen sowie die Ergebnisse der Arbeit der Ausschüsse etc. bekannt gemacht werden. Das Plenum ist zugleich der Ort, an dem der pol. Konflikt zwischen Reg. und Opposition mit dem Ziel ausgetragen wird, die öffentl. Meinung zu jeweils eigenen Gunsten zu beeinflussen.

Die **Ständigen Ausschüsse** sind Organe des Bundestages. Über ihre zahlenmäßige Zusammensetzung entscheidet deshalb das Stärkeverhältnis der Fraktionen. Vom GG vorgeschrieben ist lediglich die Einsetzung des *Auswärtigen Ausschusses,* des *EU-Ausschusses,* des *Verteidigungs-* und des *Petitionsausschusses.*

Wie viele und welche Ausschüsse darüber hinaus in der jeweiligen Legislaturperiode eingesetzt werden und wie viele Mitglieder ihnen angehören sollen (i.d.R. zwischen ca. 15 und 40 sowie eine gleiche Anzahl an Stellvertretern), ist das Ergebnis der Verständigung zwischen den Fraktionen.

In den je nach Thema federführenden und mitberatenden Ausschüssen werden die Verhandlungen des Plenums vor- und nachbereitet. Die Geschäftsordnung des Bundestages (GOBT) verpflichtet die Ausschüsse »zur baldigen Erledigung der ihnen überwiesenen Aufgaben«. Wurde eine Vorlage an einen oder mehrere Ausschüsse überwiesen, so kann der Bundestag nach zehn Sitzungswochen durch eine Fraktion oder 5% der Mitglieder des Bundestages einen Bericht über den Stand der Beratungen verlangen.

Die Beratungen der Ausschüsse sind grundsätzlich nicht öffentlich, wobei die (zunehmend genutzte) Möglichkeit besteht, die Öffentlichkeit fallweise zuzulassen. Die Nicht-Öffentlichkeit soll den Abgeordneten eine möglichst ergebnisoffene Diskussion ohne Rücksicht auf die Fraktionsdisziplin ermöglichen.

Für einzelne Angelegenheiten können auch **Sonderausschüsse** eingesetzt werden. Darüber hinaus hat der Bundestag die Möglichkeit, auf Antrag von mind. 25% seiner Mitglieder zur »Vorbereitung von Entscheidungen über umfangreiche und bedeutsame Sachkomplexe« (§ 56 GOBT) sog. **Enquetekommissionen** einzusetzen.

Themen solcher Enqueten, in die neben Abgeordneten auch externe Sachverständige berufen werden, waren in der Vergangenheit z.B. die Kernenergie- und die Klimaschutzpolitik, Ethik und Recht der modernen Medizin oder die Zukunft der Medien.

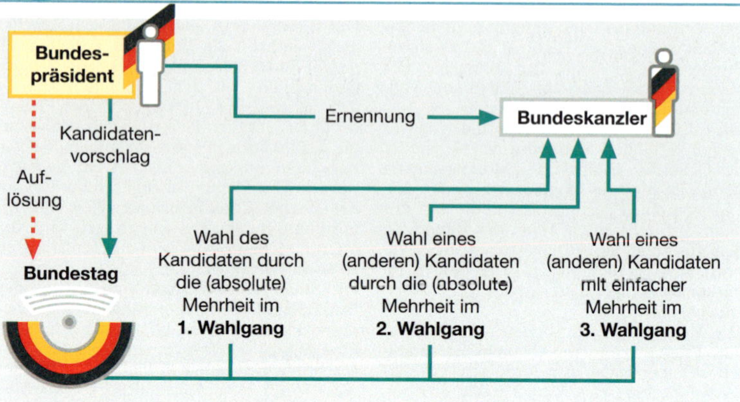

A Die drei Varianten der Kanzlerwahl

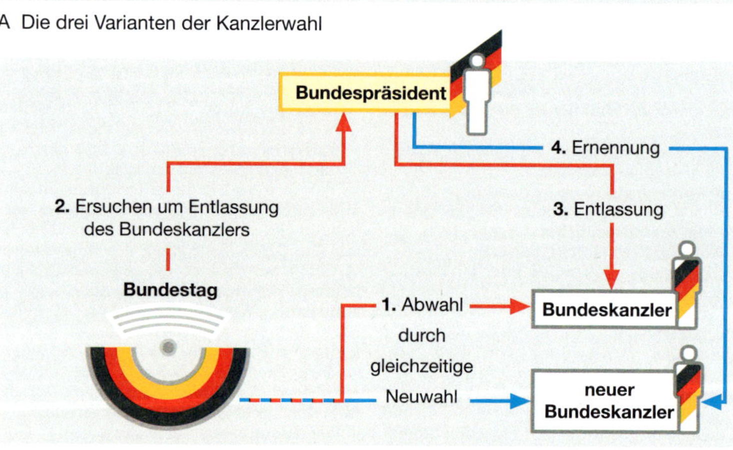

B Konstruktives Misstrauensvotum (Art. 67 GG)

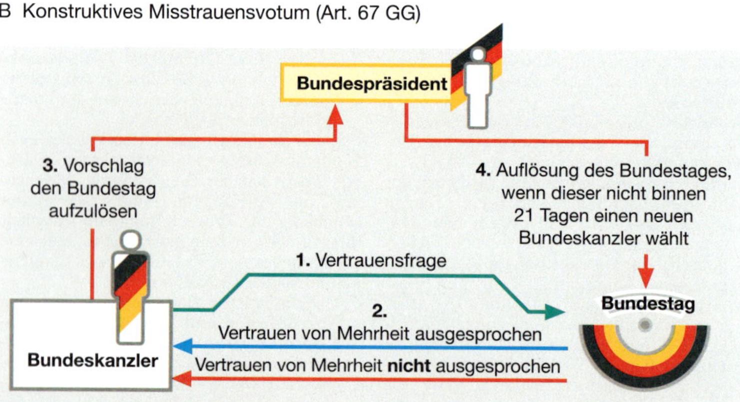

C Vertrauensfrage (Art. 68 GG)

Die Bildung der **Bundesregierung** obliegt dem Bundeskanzler, der auf formalen Vorschlag des Bundespräs. vom Bundestag für die Dauer der Legislaturperiode gewählt wird. Die **Kanzlerwahl** kann auf drei versch. Weisen erfolgen (A): Im Regelfall wird der Kanzler im ersten Wahlgang ohne Aussprache mit der notwendigen absoluten Mehrheit der Abgeordneten gewählt. Gelingt dies nicht, so kann im zweiten Wahlgang auch ein anderer Kandidat mit absoluter Mehrheit gewählt werden. Wird auch dann die erforderliche absolute Mehrheit nicht erzielt, ist im dritten Wahlgang die einfache Mehrheit ausreichend.

Neben dem Kanzler ernennt (und entlässt) der Bundespräs. auch die ihm vom Kanzler vorgeschlagenen Minister und Staatssekretäre (Abb. S. 110).

Das GG gibt in Art. 65 drei **strukturelle Grundprinzipien** für die Kompetenzverteilung innerhalb der Bundesregierung vor:

1. **Kanzlerprinzip** *(Richtlinienkompetenz):* »Der Bundeskanzler bestimmt die Richtlinien der Politik und trägt dafür die Verantwortung.«
2. **Ressortprinzip:** »Innerhalb dieser Richtlinien leitet jeder Bundesminister seinen Geschäftsbereich selbständig und unter eigener Verantwortung.«
3. **Kollegialprinzip:** »Über Meinungsverschiedenheiten zwischen den Bundesministern entscheidet die Bundesregierung.«

Über die Zahl der Bundesministerien und deren inhaltlichen Zuschnitt entscheidet der Kanzler in eigener Verantwortung.

Die Zahl der Ministerien liegt meist zwischen 12 und 15. In der Praxis ist der Kanzler bei der Auswahl der die Ministerien leitenden Bundesminister auf das Einvernehmen mit den ihn tragenden Fraktionen angewiesen. Dies gilt im (Regel-)Fall einer Koalitionsreg. bes. für diejenigen Ministerposten, die in den Koalitionsverhandlungen dem Koalitionspartner zugestanden werden, der de facto auch die entsprechenden Personalentscheidungen fällt.

Das konstruktive Misstrauensvotum

Der Kanzler ist dem Bundestag gegenüber verantwortlich, der ihn und damit die gesamte Bundesreg. durch ein **konstruktives Misstrauensvotum,** d. h. durch die Wahl eines neuen Kanzlers, nach Art. 67 GG stürzen kann. Durch die Bindung des Sturzes an die Wahl eines neuen Kanzlers wird ausgeschlossen, dass an der Spitze des Staates ein Machtvakuum entsteht (B). Voraussetzung des konstruktiven Misstrauensvotums ist der Antrag von mind. einem Viertel der Mitglieder des Bundestages zur Neuwahl eines Kandidaten.

Einzelne Minister kann der Bundestag zwar nicht abwählen, er kann ihnen aber sein Misstrauen aussprechen und dadurch den Kanzler dazu nötigen, diese abzulösen.

In der BRD wurde bislang zweimal versucht, den amtierenden Kanzler durch ein konstruktives Misstrauensvotum zu stürzen:

1. Am 27. 4. 1972 scheiterte der Versuch der CDU/CSU-Opposition, die Regierung Willy Brandts (SPD) durch die Wahl Rainer Barzels (CDU) zu stürzen. Bei der Abstimmung fehlten Barzel zwei Stimmen; eine davon war, wie später bekannt wurde, vom Staatssicherheitsdienst der DDR (STASI) für 50 000 DM gekauft worden.
2. Am 1. 10. 1982 stürzte Helmut Schmidt (SPD) durch ein konstruktives Misstrauensvotum zugunsten Helmut Kohls (CDU), nachdem die FDP-Minister aus der Koalitionsreg. ausgeschieden waren.

Die Vertrauensfrage

Dem Kanzler gibt das GG (Art. 68) mit der **Vertrauensfrage** ein Mittel an die Hand, die ihn tragenden Fraktionen zu disziplinieren, wenn er den Eindruck hat, dass er sich seiner Mehrheit nicht mehr sicher sein kann. Erhält der Kanzler auf seine Vertrauensfrage hin nicht die Mehrheit der Stimmen des Parlaments, kann er dem Bundespräs. die Auflösung des Bundestages vorschlagen (C).

Bislang wurde in der BRD die Vertrauensfrage fünfmal gestellt: von W. Brandt (20. 9. 1972), von H. Schmidt (5. 2. 1982), von H. Kohl (17. 12. 1982) und von G. Schröder (16. 11. 2001 und 1. 7. 2005).

Mehrmals entzündeten sich an einer willentlich herbeigeführten Niederlage bei der Vertrauensfrage verfassungspol. Debatten: Nachdem Helmut Kohl am 1. 10. 1982 durch das konstruktive Misstrauensvotum gegen Helmut Schmidt zum Kanzler gewählt worden war, stellte er am 17. 12. 1982 die Vertrauensfrage, um Neuwahlen herbeizuführen. Die Abgeordneten der neuen Koalition aus CDU, CSU und FDP sprachen ihm wie verabredet das Vertrauen mehrheitlich nicht aus. Bundespräs. Karl Carstens löste daraufhin das Parlament auf. Es kam zu Neuwahlen. Vier Abgeordnete klagten gegen diese »unechte Vertrauensfrage« als Instrument einer vorzeitigen Auflösung des Bundestages vor dem BVerfG, das die Klage jedoch abwies. In der Begründung machte das Gericht zwar deutlich, dass die Vertrauensfrage als Instrument einer vorzeitigen Parlamentsauflösung nur im Fall einer gravierenden pol. Instabilität gerechtfertigt sei, doch habe eine solche im vorliegenden Fall tatsächl. gedroht, weil sich der neu gewählte Kanzler auf die zerstrittene Fraktion des Koalitionspartners nicht dauerhaft habe verlassen können. Ähnlich argumentierte das Gericht auch im Fall der absichtlich herbeigeführten Abstimmungsniederlage Gerhard Schröders 2005.

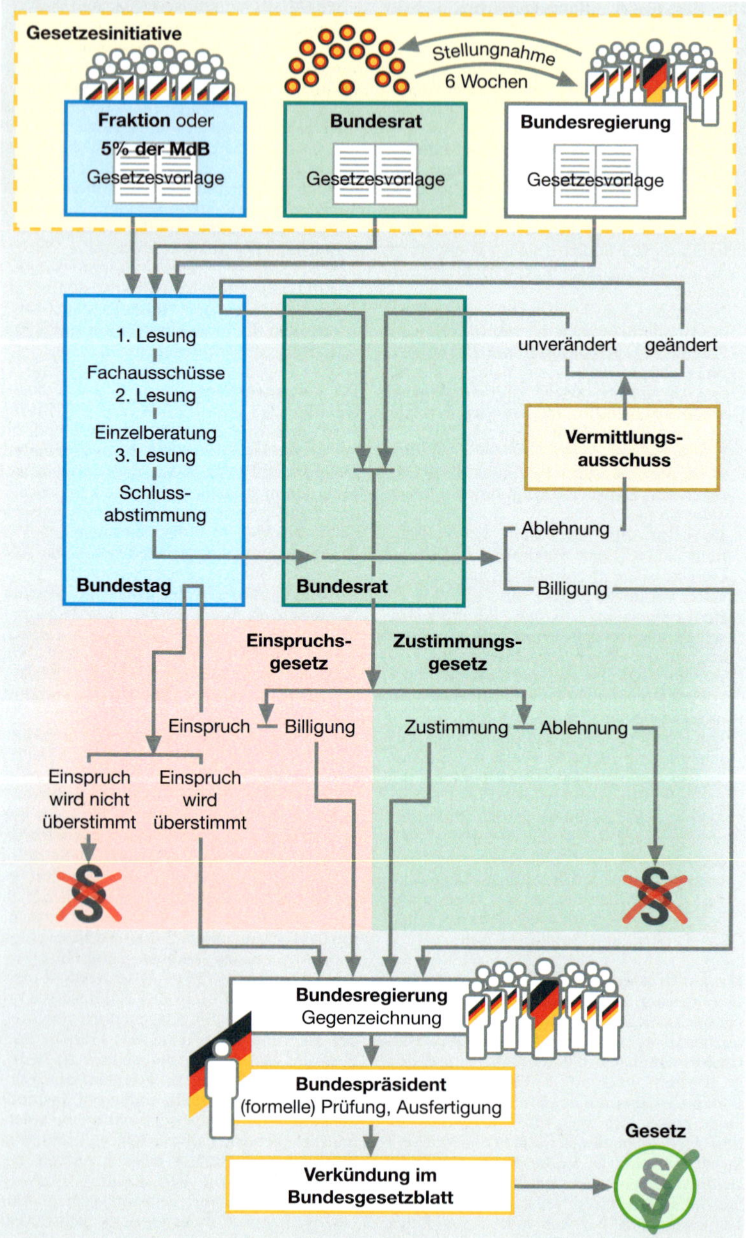

Der Gesetzgebungsprozess im Bund (Art. 76 GG)

Die **Zuständigkeit für die Gesetzgebung** teilen sich in der BRD gem. Art. 70 GG der Bund und die Länder. Dabei lassen sich folgende Zuständigkeiten unterscheiden:

- Die **ausschließliche Gesetzgebungskompetenz** kann entweder beim Bund oder bei den Ländern liegen. Dem Bund obliegt nach Art. 73 GG u. a. die Gesetzgebung in auswärtigen Angelegenheiten, Fragen der Verteidigung, im Luftverkehr, im Post- und Fernmeldewesen. Auch wenn die ausschließl. Gesetzgebung der Länder nach der Formulierung im GG (Art. 70 I) als Normalfall erscheint, ist sie in der Praxis die Ausnahme: In die Regelungshoheit der Länder fallen im Wesentlichen nur das Polizei-, das Kommunal- und das Schulrecht.
- Die **konkurrierende Gesetzgebung** von Bund und Ländern erstreckt sich auf das gesamte Zivil-, Straf-, Arbeits-, Wirtschafts- und Prozessrecht (Art. 74 GG). Die Länder sind hier so lange zur eigenen Gesetzgebung befugt, bis der Bundesgesetzgeber aus Gründen der Angleichung der Lebens-, Rechts- und Wirtschaftsverhältnisse im gesamten Bundesgebiet seinerseits legislativ tätig geworden ist. Der Bund hat mittlerweile von dieser Rechtsetzungsbefugnis so weitgehend Gebrauch gemacht, dass für die Länder hier de facto kein nennenswerter Spielraum mehr besteht. Für den Fall der Normenkollision, die eintreten kann, wenn ein Landesgesetz vor dem entspr. Bundesgesetz erlassen wurde, gilt gemäß Art. 31 GG der Grundsatz »Bundesrecht bricht Landesrecht«.
- Art. 75 GG, nach dem dem Bund in bestimmten Bereichen (u. a. Hochschul- und Presserecht) ledigl. die sog. *Rahmengesetzgebung* vorbehalten war, während die Regelung der (Ausführungs-)Details in die Zuständigkeit der Länder fiel, ist im Zuge der Föderalismusreform 2006 weggefallen. In best. Bereichen (u. a. im Beamten-, Hochschul- und Presserecht) haben die Länder dafür nunmehr eine **Abweichungskompetenz** (Art. 72 III GG).

Der Gesetzgebungsprozess (Abb.)
Über **Gesetzesinitiativrecht** verfügen nach Art. 76 I GG Bundesreg., Bundesrat und Bundestag. Vorlagen »aus der Mitte des Parlaments« müssen gemäß § 76 I GOBT von 5% seiner Mitglieder oder von einer Fraktion unterzeichnet sein.

Etwa drei Viertel der eingebrachten Gesetzesvorlagen gehen von der Reg. aus, der zur Vorbereitung der entsprechende ministerielle Verwaltungsapparat zur Verfügung steht. Zwischen Vorlagen der Reg. und solchen, die von den die Reg. tragenden Fraktionen eingebracht werden, lässt sich dabei nur formell sauber unterscheiden. Weil die Reg. ihre Gesetzesvorlagen zuerst dem Bundesrat zur Stellungnahme zuleiten muss (umgekehrt ebenso), werden Regierungsentwürfe zur Zeitersparnis nicht selten formell von deren Fraktionen eingebracht. Umgekehrt gehen Vorlagen der Reg. häufig auf Vorschläge aus den Reihen ihrer Fraktionen zurück.

Äußerst selten dagegen sind Oppositionsinitiativen, die naturgemäß i. d. R. ausgesprochen geringe Erfolgsaussichten haben.

Entscheidende Impulse erhält die Gesetzgebung auch von außerhalb des Bundestags.

Hier sind nicht nur die versch. Gremien der im Bundestag vertretenen Parteien zu nennen, sondern auch Medien, Gewerkschaften, Wirtschaftsverbände, Bürgerinitiativen und Interessenverbände sowie Wissenschaft, Kirchen und Gerichte.

Vertretern der von einer geplanten Neuregelung betroffenen Verbände wird regelmäßig vorab der in den Ministerien erarbeitete *Referentenentwurf* zugeleitet und mit ihnen diskutiert. In der Praxis gehören Verbände deshalb oft zu den Miturhebern des eingebrachten *Regierungsentwurfs*.

Einmal in den Bundestag eingebracht, werden die Entwürfe dort in **drei Lesungen** beraten (wobei die 2. und 3. Lesung zusammengefasst werden können). Nachdem der Bundestag einen Gesetzentwurf mit mind. einfacher Mehrheit angenommen hat, wird er dem Bundesrat zugeleitet. Für das weitere Verfahren ist zwischen Zustimmungs- und Einspruchsgesetzen zu unterscheiden:

- Bei **Zustimmungsgesetzen** ist die Zustimmung des Bundesrates unerlässlich. Zustimmungspflichtig sind solche Gesetze, durch die die Belange der Bundesländer in bes. Maße berührt werden. Dies ist immer der Fall bei verfassungsändernden Gesetzen sowie solchen, die Auswirkungen auf die Länderfinanzen haben oder deren Ausführung den Ländern zufällt.
- Bei **Einspruchsgesetzen** besteht für den Bundesrat im Normalfall nur die Möglichkeit, die Verabschiedung aufzuschieben: Vorausgesetzt, der Bundesrat hat nicht mit Zweidrittelmehrheit Einspruch eingelegt, kann der Bundestag den Einspruch mit absoluter Mehrheit (sog. »Kanzlermehrheit«) zurückweisen. Andernfalls wäre dazu auch hier eine Zweidrittelmehrheit nötig.

Kann zwischen Bundestag und Bundesrat keine Einigung über ein zustimmungspflichtiges Gesetz erzielt werden, wird der **Vermittlungsausschuss** angerufen, dem je 16 Abgeordnete des Bundestages und des Bundesrates angehören. Das Entsendungsrecht der Fraktionen richtet sich nach deren jeweiliger Stärke. Der Bundesrat entsendet pro Land einen (nicht weisungsgebundenen) Vertreter. Seine Aufgabe ist es, einen *Einigungsvorschlag* zu erarbeiten.

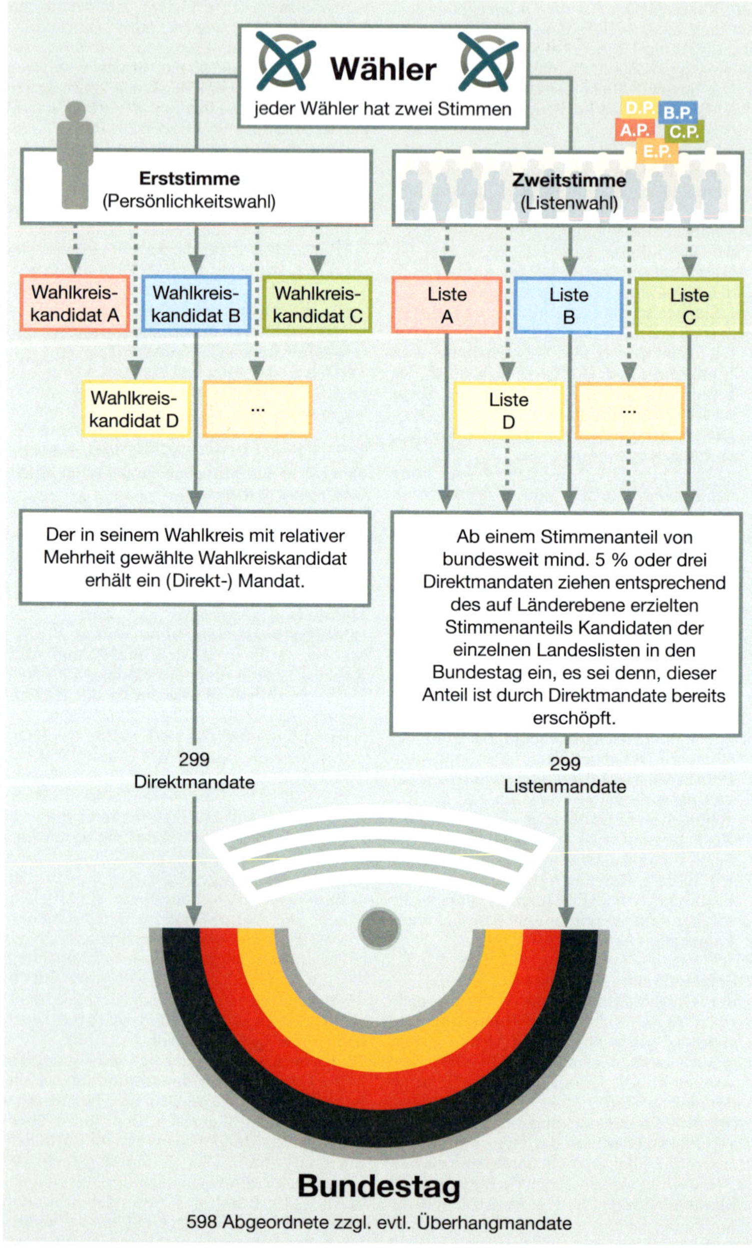

Die personalisierte Verhältniswahl zum Deutschen Bundestag

Bundestagswahl
Die Wahl zum Deutschen Bundestag erfolgt als **personalisierte Verhältniswahl.** Bei der im Turnus von vier Jahren stattfindenden Wahl hat jeder Wahlberechtigte (jeder dt. Staatsbürger ab 18 Jahren) zwei Stimmen: Mit der sog. **Erststimme** werden die Wahlkreiskandidaten mit relativer Mehrheit gewählt, mit der **Zweitstimme** die Landesliste einer Partei. Jeweils die Hälfte der 598 zu vergebenden Sitze geht an die in den Wahlkreisen siegreichen **Direktkandidaten** sowie an die Kandidaten der jeweiligen **Landeslisten** der Parteien. Die Sitzverteilung erfolgt nach dem Verhältnis der auf die Parteien entfallenen Zweitstimmen. (Abb.)
Kann eine Partei mehr Direktmandate für sich verbuchen, als ihr nach dem Zweitstimmenergebnis zustehen, wird die Gesamtzahl der Bundestagsmandate um die Zahl dieser sog. **Überhangmandate** erhöht.

Überhangmandate können bei knappem Wahlausgang zu einer Verzerrung der Abb. des Wählerwillens führen, was bes. dann von Brisanz ist, wenn diese Mandate bei der Kanzlerwahl den Ausschlag geben, was bislang immerhin zweimal der Fall war:

1. Konrad Adenauer wurde am 15. 9. 1949 dank eines CDU-Überhangmandats mit den benötigten 202 Stimmen gewählt;
2. Helmut Kohl erhielt am 15. 11. 1994 dank der zwölf Überhangmandate der CDU mit 338 Stimmen eine Stimme mehr als benötigt.

Auch während der Legislaturperiode können Überhangmandate für den Fortbestand einer Regierung entscheidend sein: Am 16. 11. 2001 erhielt Gerhard Schröder bei seiner Vertrauensfrage bei zehn Überhangmandaten der SPD zwei Stimmen mehr als benötigt.

Erst- und Zweitstimme sind nicht aneinander gekoppelt, d. h. der Wähler kann seine Erststimme auch einem Wahlkreiskandidaten von einer anderen als der Partei geben, deren Liste er wählt (sog. *Stimmen-Splitting*).
Gemäß Art. 38 I GG werden die Abgeordneten des Deutschen Bundestages in »allgemeiner, unmittelbarer, freier, gleicher und geheimer Wahl gewählt«. Dies bedeutet, dass

- alle Wahlberechtigten unabhängig von pol. Überzeugungen, Rasse, Sprache, Geschlecht, Besitz oder Religion wählen und gewählt werden können *(allgemeine Wahl),*
- alle Abgeordneten direkt – d. h. nicht über ein Wahlmännergremium – gewählt werden *(unmittelbare Wahl),*
- für die Wähler tatsächlich eine Auswahlmöglichkeit zwischen unterschiedl. Programmen, Parteien und Personen bestehen muss *(freie Wahl),*
- jede Wählerstimme gleich viel zählt *(gleiche Wahl)* und
- sich nach der Wahl nicht rückverfolgen lässt, wie der einzelne Wähler abgestimmt hat *(geheime Wahl).*

Art. 38 I GG besagt weiterhin, dass die Abgeordneten als »Vertreter des ganzen Volkes an Aufträge und Weisungen nicht gebunden und nur ihrem Gewissen unterworfen« sind *(freies Mandat).*
Bei der Sitzvergabe berücksichtigt werden nur diejenigen Parteien, die auf Bundesebene insgesamt mind. 5% der Stimmen *(Fünf-Prozent-Klausel)* oder aber mind. drei Direktmandate erringen konnten. Die **Mandatsverteilung** erfolgt seit 2009 gemäß dem nach dem frz. Mathematiker André Sainte-Laguë (1882–1950) benannten *Sainte-Laguë-Verfahren* (im angelsächs. Raum *Webster's Method*). Die Anzahl der auf eine Partei entfallenden Sitze wird errechnet, indem die Stimmenanzahl pro Partei jeweils durch die Zahlen 1; 3; 5; 7 etc. geteilt wird und die Sitze den Parteien in absteigender Reihenfolge ihrer Quotienten zugeteilt werden (Höchstzahlverfahren). Dieses Verfahren hat im Gegensatz zum früher eingesetzten D'Hondt-Verfahren den Vorteil, dass es zu keiner Bevorzugung der größeren oder kleineren Parteien kommt. Auch werden die sog. »Monotoniefehler« des zuletzt angewandten Hare-Niemeyer-Verfahrens vermieden.

Europa-, Landtags- und Kommunalwahlen
Bei den Wahlen zum **Europaparlament** sowie zu den 16 **Landtagen** kommen nur geringfügig vom Bundeswahlsystem abweichende Verfahren zur Anwendung. Unterschiede bestehen zwischen den einzelnen Ländern z. T. hinsichtlich des Verhältnisses von Direkt- und Listenmandaten:

So stehen etwa bei den Landtagswahlen in Nordrhein-Westfalen 151 Direktmandaten 50 Listenmandate gegenüber, im Saarland werden 40 Abgeordnete direkt und 11 über die Landesliste gewählt.

Bei **Kommunalwahlen** gibt es dagegen mehrere Besonderheiten: So verfügen hier alle EU-Bürger, die in Dtl. ihren ersten Wohnsitz haben, sowohl über das aktive als auch das passive Wahlrecht. In manchen Bundesländern verfügen die Bürger bereits ab einem Alter von 16 Jahren über das aktive Wahlrecht. In mittlerweile zwölf Bundesländern hat jeder Wähler so viele Stimmen, wie Gemeinde- bzw. Kreistagsabgeordnete zu wählen sind (das sind je nach Gemeindegröße zwischen 8 und 80). Diese Stimmen können erstens *panaschiert,* d. h. auf Kandidaten verschiedener Listen verteilt werden *(offene Listen).* Zweitens besteht die Möglichkeit, Stimmen zu *kumulieren,* d. h. einzelnen Kandidaten bis zu drei Stimmen zu geben. Dadurch können die Listenplatzierungen der Kandidaten vom Wähler verändert werden.

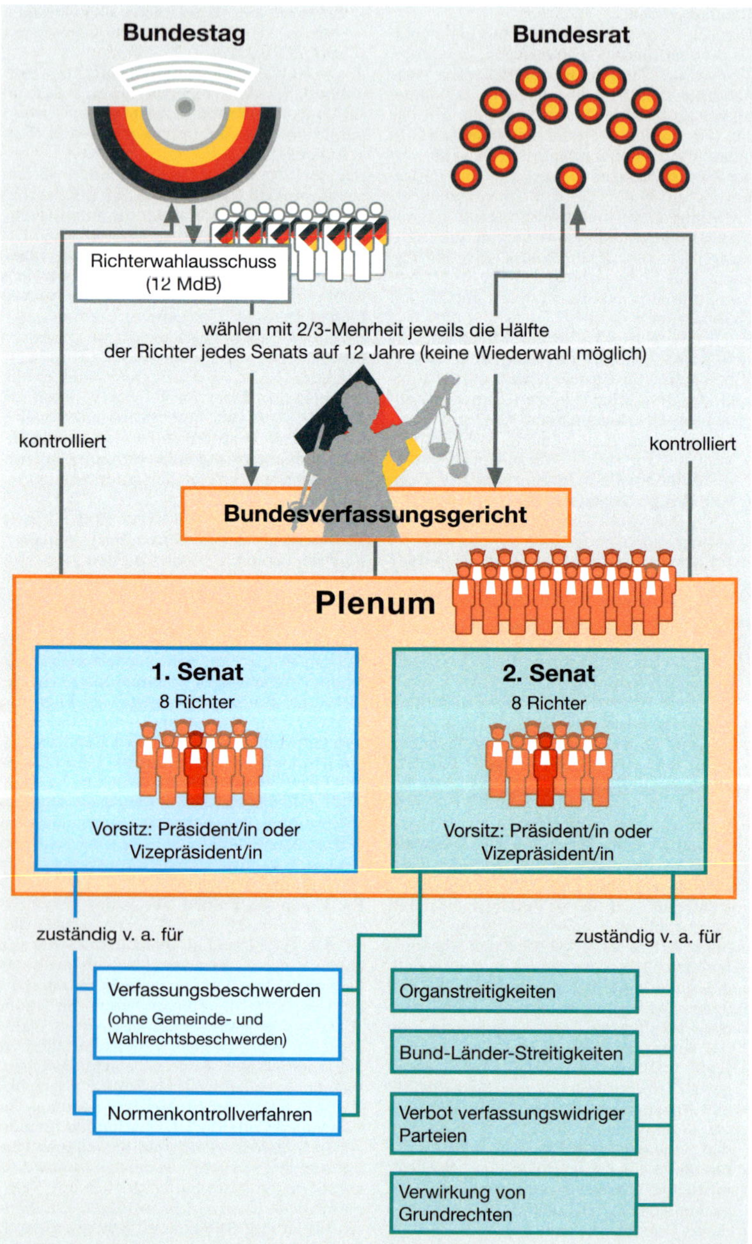

Wahl und Aufgaben des Bundesverfassungsgerichts

Erst nach dem 2. Weltkrieg wurden in den westl. Demokratien zunehmend unabhängige oberste Verfassungsgerichte nach dem Vorbild des US-amerikan. *Supreme Court* geschaffen. Zuerst geschah dies in den Ländern, in denen man auf den Trümmern von Diktaturen neue rechtsstaatl. Demokratien errichtete. Den Anfang machte 1951 die BRD, deren **Bundesverfassungsgericht** (BVerfG) und dessen Rechtsprechung mittlerweile selbst weltweit als Vorbild wirken.

Außer in den USA gab es lediglich in der Schweiz, in Österreich und Irland bereits vor 1945 Verfassungsgerichte. In Dtl. scheiterte mit der Revolution von 1848 auch die im Paulskirchen-Verfassungsentwurf vorgesehene Einführung eines solchen Gerichts. Die Zuständigkeit des Bayer. Staatsgerichtshofs von 1850 war auf Ministeranklagen beschränkt. Der Weimarer Staatsgerichtshof konnte bzw. wollte die ihm von der Weimarer Reichsverfassung gebotenen Möglichkeiten nicht nutzen und blieb praktisch bedeutungslos.

Das BVerfG hat seinen Sitz in Karlsruhe. Es ist das oberste Organ der Verfassungsgerichtsbarkeit in Dtl. und gegenüber allen übrigen Verfassungsorganen unabhängig. Entscheidungen des BVerfG binden die übrigen Verfassungsorgane, Gerichte und Behörden und haben in bestimmten Fällen Gesetzeskraft.

Das Gericht besteht aus zwei mit jeweils acht Richtern besetzten Senaten. Wenn ein Senat von der Rechtsprechung des anderen abweichen will, entscheidet das Plenum, das aus allen 16 Richtern besteht.

Die Richter werden je zur Hälfte von einem Wahlausschuss des Bundestages und vom Bundesrat mit Zweidrittelmehrheit für die aus Gründen der Unabhängigkeit einmalige Amtsdauer von zwölf Jahren gewählt (Abb.). Voraussetzung ist die Befähigung zum Richteramt, das Mindestalter beträgt 40 Jahre. Drei Mitglieder jedes Senats müssen zuvor der Richterschaft eines obersten Bundesgerichtes angehört haben. Der Präsident und sein Stellvertreter werden im Wechsel vom Bundestag bzw. Bundesrat gewählt.

Entscheidungen werden mit einfacher Mehrheit gefällt, die wichtigsten werden in einer Entscheidungssammlung publiziert. Überstimmte Richter können ein *Sondervotum* abgeben, das ggf. ebenfalls publiziert wird.

Im internat. Vergleich verfügt das BVerfG über eine einzigartige Kompetenzfülle. Es entscheidet nicht nur über Streitigkeiten zwischen Staatsorganen, sondern kontrolliert das gesamte Staatshandeln.

Das BVerfG ist u. a. **zuständig** für (Abb.)

- **Verfassungsbeschwerden,** die mehr als 90% aller angestrengten Verfahren ausmachen. Jedermann, der sich in seinen Grundrechten durch die öffentliche Gewalt verletzt fühlt, kann sich nach Ausschöpfung des Rechtswegs an das BVerfG wenden. Bei den weitaus meisten dieser Beschwerden handelt es sich um *Urteilsverfassungsbeschwerden,* die sich gegen das in der letzten Instanz gefällte Urteil in einem Rechtsstreit richten.
- **Organstreitigkeiten** (Art. 93 I Nr. 1 GG); Bundestag, Bundesrat, Bundespräsident, Fraktionen, einzelne Abgeordnete sowie u. U. auch pol. Parteien können bei Kompetenzstreitigkeiten das BVerfG anrufen, um wechselseitige Pflichten und Rechte klären zu lassen.
- **Bund-Länder-Streitigkeiten** (Art. 93 I Nr. 3 GG), wenn unterschiedliche Auffassungen zwischen Bund und einzelnen Ländern oder zwischen einzelnen Ländern über sich aus dem Bundesstaatsverhältnis ergebende Rechte und Pflichten bestehen. Antragsteller bzw. Antragsgegner sind für den Bund die Bundesreg., für das jeweilige Land die Landesreg.
- **Normenkontrollverfahren,** wenn die Verfassungsmäßigkeit von Gesetzen oder anderen Normen sowie die Vereinbarkeit von Landesrecht mit Bundesrecht überprüft werden soll.
  Zu unterscheiden ist dabei zwischen der abstrakten und der konkreten Normenkontrolle, wobei die weitaus meisten Fälle *konkrete Normenkontrollverfahren* gem. Art. 100 I GG sind: Wenn ein Gericht im Laufe eines Verfahrens zu der Auffassung kommt, ein im vorliegenden Fall heranzuziehendes Gesetz verstoße u. U. gegen das GG, hat es das Verfahren auszusetzen und die Frage der Verfassungsmäßigkeit des in Frage stehenden Gesetzes dem BVerfG zur Klärung vorzulegen.
  Bei einer *abstrakten Normenkontrolle* (Art. 93 I Nr. 2 GG) hingegen entscheidet das Gericht losgelöst von einem konkreten Gerichtsverfahren, ob Gesetze mit dem GG bzw. Landesrecht mit Bundesrecht vereinbar sind. Sie kann nur auf Antrag der Bundes-, einer Landesregierung oder eines Drittels der Mitglieder des Bundestages erfolgen.

Mit seinen weitreichenden Kompetenzen bildet das BVerfG die Verfassung selbst fort und hat erheblichen Einfluss bis hinein in die Zuständigkeitsbereiche von Parlament und Regierung. Bes. deutlich wird die **politische Funktion** des BVerfG an den von ihm von Fall zu Fall erteilten *Gesetzgebungsaufträgen,* welche den Gesetzgeber zwingen, bestehende Regeln (ggf. unter Berücksichtigung spezif. Rahmenvorgaben des Gerichts) im Einklang mit der Verfassung zu ändern.

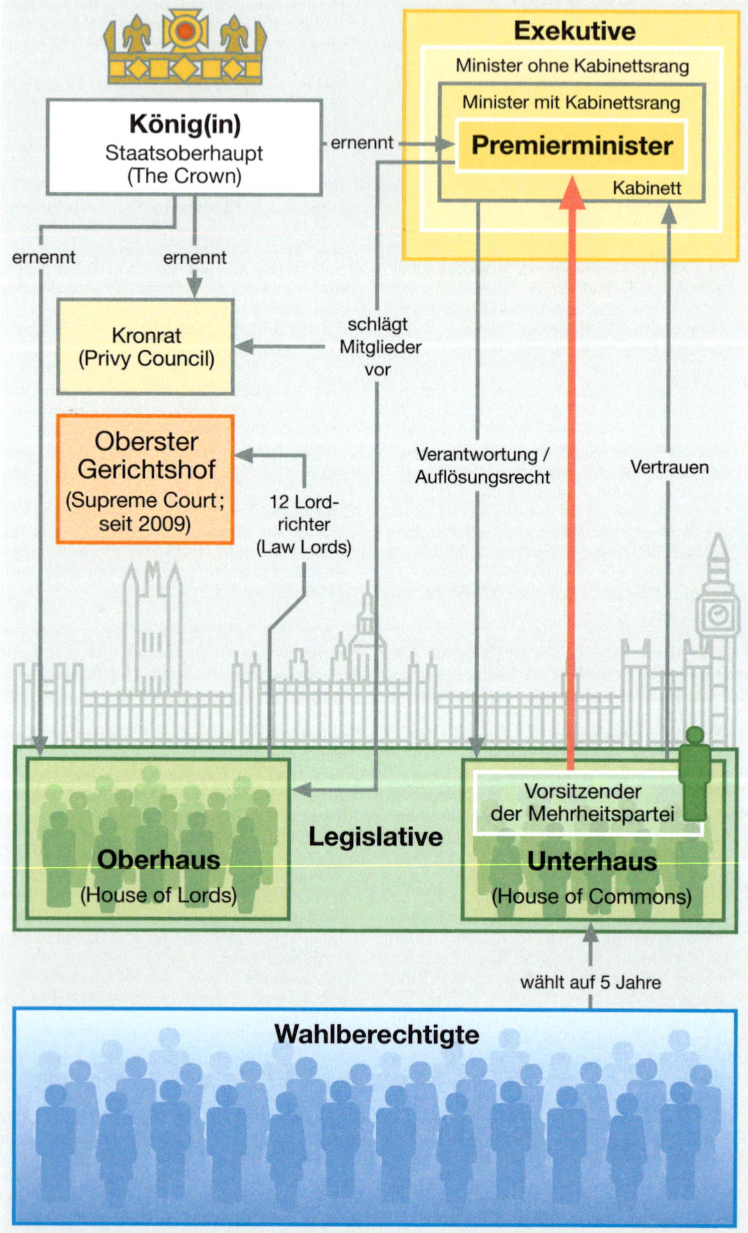

Die Staatsorgane des Vereinigten Königreichs von Großbritannien und Nordirland

Das mit England, Wales, Schottland und Nordirland vier Nationen umfassende Vereinigte Königreich von Großbritannien und Nordirland ist eine **konstitutionelle Erbmonarchie** mit einem **parlamentarischen Regierungssystem.**

Die **Verfassung** des Einheitsstaates ist nicht in einem zusammenhängenden Verfassungsdokument kodifiziert, sondern besteht aus

- einer Reihe von hist. Dokumenten (u.a. ›Magna Carta Libertatum‹ von 1215, ›Petition of Rights‹ von 1628, ›Habeas Corpus Act‹ von 1679, ›Bill of Rights‹ von 1689, ›Act of Settlement‹ von 1701, ›Parliament Acts‹ von 1911 und 1949),
- ungeschriebenen Vereinbarungen *(constitutional conventions),* die v.a. Regeln des pol. Entscheidungsprozesses sowie das Verhältnis zwischen Parlament, Reg. und Krone betreffen,
- dem Gesetzesrecht *(statute law),* also den vom Parlament erlassenen Gesetzen und Verordnungen,
- dem (dem *statute law* nachgeordneten) auf Tradition beruhenden Gewohnheitsrecht *(common law)* und an Präzendenzfällen ausgebildeten Fallrecht *(case law)* sowie
- den Lehrmeinungen einiger ausgewiesener Autoritäten des Verfassungsrechts.

Die bes. Eigenart der brit. Verfassung besteht darin, dass sie streng genommen gar keine ist. Der Grund dafür ist nicht die fehlende Kodifizierung in einem zusammenhängenden Dokument, sondern der Umstand, dass *die Abänderung von Verfassungsnormen gegenüber der Abänderung anderer Rechtsnormen in keiner Weise erschwert ist:* Sie kann jederzeit mit einfacher Parlamentsmehrheit erfolgen. Davon ausgenommen sind lediglich das Rechtsstaatsprinzip (*rule of law,* d.h. die Bindung allen Handelns an die Gesetze) und der dem brit. Regierungssystem wesentl. Grundsatz der *Parlamentssouveränität.*

Die Staatsorgane (Abb.)

Die **Krone** (der **König** bzw. die **Königin**) hat als formelles *Staatsoberhaupt* fast ausschließl. zeremonielle und repräsentative sowie gesellschaftl. und pol. integrative Aufgaben. Königl. Ernennungen (von Ministern, Regierungsbeamten etc.) erfolgen auf Vorschlag (in der Praxis auf Weisung) des **Premierministers,** der auch Urheber der vom Monarchen zur jährl. Parlamentseröffnung vorgetragenen Thronrede (Regierungserklärung) ist. Zum Premierminister hat der Monarch den Führer der Mehrheitspartei im Unterhaus zu ernennen. Dieser ist der zentrale Funktionsträger im pol. System.

Das aus *Oberhaus (House of Lords)* und *Unterhaus* (*House of Commons,* s. S. 125) bestehende **Zweikammerparlament** wird vom direkt gewählten Unterhaus dominiert, in dem wiederum die Regierung, d.h. bes. der Premierminister, über eine im Vergleich zu anderen parlamentar. Regierungssystemen sehr starke Stellung verfügt.

Deshalb wird vom brit. Regierungssystem auch als einem *»prime-ministerial-government«* gesprochen.

Daneben besteht ein *Geheimer Rat* oder *Kronrat* (der sog. *Privy Council*). Ihm gehören u.a. alle amtierenden und ehem. Kabinettsmitglieder, die Erzbischöfe von Canterbury und York und 24 Bischöfe der »established church of England«, der *Speaker* des Unterhauses sowie die *Law Lords* des Oberhauses an. Er verabschiedet königl. Erlasse *(Orders in Council),* denen Gesetzeskraft zukommt. Der Rechtsausschuss *(Judicial Committee of the Privy Council)* ist seit 1833 Appellationsgericht für die überseeischen Gebiete (z.B. Anguilla, Bermuda oder Gibraltar).

Das ›House of Lords‹

Dem Oberhaus gehören derzeit (Okt. 2010) 744 Mitglieder an. Zum überwiegenden Teil (629) handelt es sich um von der Krone auf Vorschlag der Reg. auf Lebenszeit in den Adelsstand erhobene *Life Peers.* Dazu kommen 91 nach der ersten Stufe der Parlamentsreform 1999 noch verbliebene Träger erblicher Peerswürden *(Hereditary Peers).* Beide Peers-Stufen zusammen ergeben die *Lords Temporal.* Von Amts wegen sind 24 Bischöfe der anglikanischen Kirche für die Dauer ihrer Amtszeit Mitglied des Oberhauses *(Lords Spiritual).*

Die Mitwirkungsrechte des *House of Lords* an der Gesetzgebung sind sehr begrenzt. Immerhin besteht das Recht zur Gesetzesinitiative. Das eingeschränkte Vetorecht kann bestimmte vom Unterhaus beschlossene Gesetze für maximal ein Jahr blockieren.

Die bisher in die Zuständigkeit des Oberhauses fallende letztinstanzliche Rechtsprechung obliegt seit Oktober 2009 dem neu geschaffenen **Obersten Gerichtshof** *(Supreme Court).*

Für Zivilsachen ist der Oberste Gerichtshof die letzte Instanz für das gesamte Vereinigte Königreich; für Strafsachen nur für England, Wales und Nordirland, in Schottland bleibt der *High Court of Justiciary* dafür zuständig.

Dem Obersten Gerichtshof gehören zwölf Richter an. Zunächst sind dies die bisherigen Lordrichter, die weiterhin Mitglieder des Oberhauses bleiben, allerdings ohne Stimmrecht. Die Verfassungsrichter werden auf Dauer ernannt und scheiden mit Erreichen des 70. Lebensjahres aus dem Amt aus. Nachrückende Richter werden dem Oberhaus nicht mehr angehören. Damit wäre die in demokrat. Staaten selbstverständliche Trennung der legislativen und judikativen Gewalt auch im Vereinigten Königreich vollzogen.

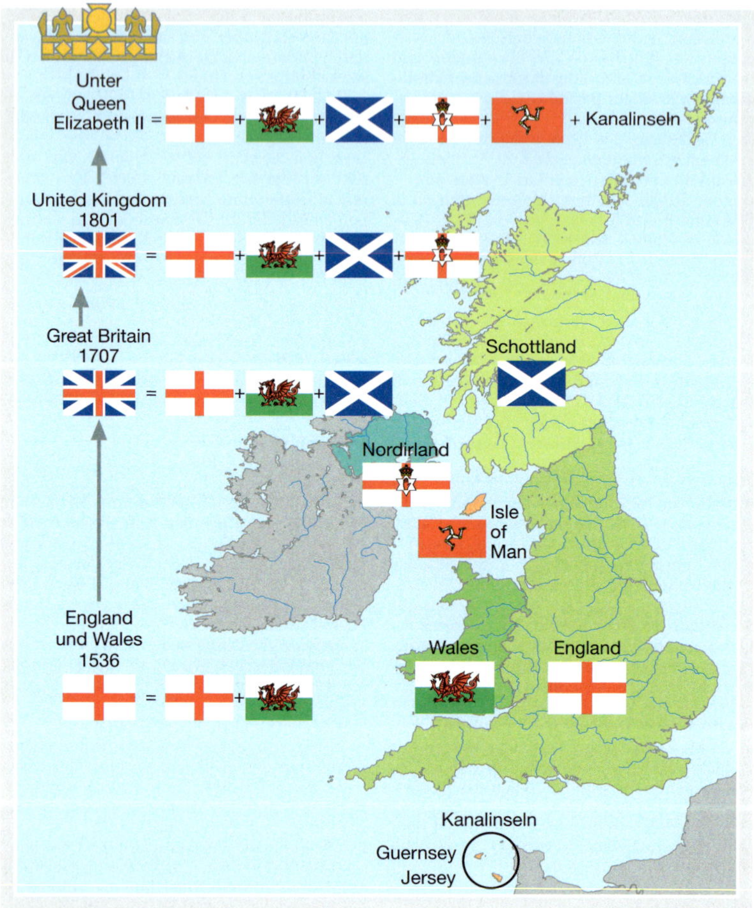

Unter Queen Elizabeth II = + + + + + Kanalinseln

United Kingdom 1801 = + + +

Great Britain 1707 = + +

England und Wales 1536 = +

Schottland

Nordirland

Isle of Man

Wales

England

Kanalinseln

Guernsey

Jersey

A Die Hoheitsbeziehungen im Vereinigten Königreich

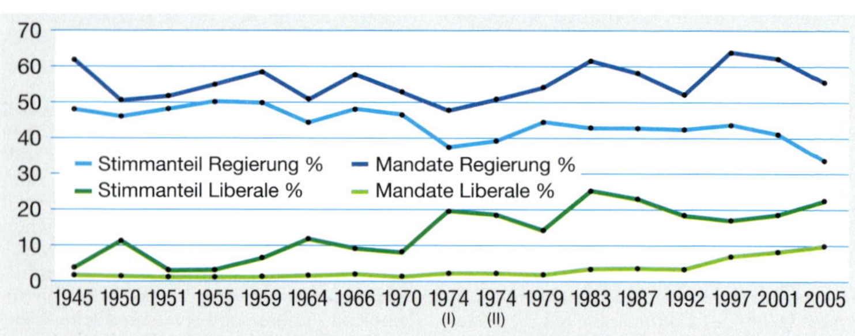

B Über- und Unterrepräsentation im britischen Unterhaus

Das ›House of Commons‹

Die tatsächl. gesetzgebende Kammer ist das **Unterhaus** mit derzeit (2010) 650 nach *relativem Mehrheitswahlrecht* auf max. 5 Jahre gewählten Abgeordneten.

Mit dem für das pol. System des Vereinigten Königreichs zentralen Verfassungsprinzip der **Parlamentssouveränität** geht eine *Verschränkung* bzw. *Verschmelzung der Gewalten* einher: In der Praxis bedeutet die Souveränität des Parlaments die Souveränität des Unterhauses und damit die der Regierung.

Konstitutionelle Gegengewichte zum Unterhaus bzw. zur Reg., die über genügend Machtmittel verfügten, um die Politik der Reg. ggf. zu blockieren, sind im parlamentar. System des *Westminster-Modells* nicht gegeben:

- Der Exekutive steht kein Verfassungsgericht als Kontrollinstanz gegenüber.
- Es besteht keine vertikale Gewaltenteilung. Während die Reg. in föderalen Bundesstaaten die Interessen der Bundesländer berücksichtigen muss, ist die brit. Reg. gegenüber den Regionen keinerlei Einschränkungen unterworfen.
- Das Oberhaus verfügt lediglich über ein suspensives, d.h. aufschiebendes Veto von einem Jahr (keinerlei Einspruchsmöglichkeit besteht bei Finanzgesetzen): Gesetze, die vom Oberhaus abgelehnt werden, kann das Unterhaus im darauffolgenden Jahr mit seiner Mehrheit ohne nochmalige Konsultation der zweiten Kammer beschließen.

Darüber hinaus sorgt das *Mehrheitswahlsystem* i.a.R. dafür, dass zur Regierungsbildung keine Koalition eingegangen werden muss. Eine Minderheit der Stimmen wird meist in eine absolute Mehrheit an Mandaten verwandelt (B). Nicht der Fall war dies bei der Wahl 2010, nach der die siegreichen Konservativen ohne absolute Mehrheit eine Koalition mit den Liberaldemokraten eingehen mussten.

Wahl- und Parteiensystem

Die Abgeordneten des brit. Unterhauses werden nach dem Prinzip der **relativen Mehrheitswahl in Einerwahlkreisen** gewählt, d.h. die Anzahl der Wahlkreise *(constituencies)* entspricht der Zahl der zu vergebenden Mandate (derzeit 650). Der Parlamentssitz fällt jeweils demjenigen Kandidaten zu, der die relativ meisten Stimmen auf sich vereint. Die restlichen (u.U. also die meisten) Stimmen sind bedeutungslos *(First-pass-the-post-System)*.

Ein Abgeordneter repräsentiert zwischen 60000 und 70000 Wahlberechtigte. Die Wahlkreise werden regelmäßig von einer unabhängigen *boundary commission* auf ihre Größe überprüft und ihre Grenzen ggf. neu gezogen.

Wahlberechtigt sind Bürger des Vereinigten Königreiches sowie (unter der Voraussetzung, dass sie ihren Wohnsitz in Großbritannien oder Nordirland haben) der Republik Irland oder eines Staates des Commonwealth. Das aktive und passive Wahlrecht erhält man mit 18 Jahren. Nicht in das Unterhaus gewählt werden dürfen anglikan., presbyterian. oder kath. Geistliche, Ministerialbeamte, Polizisten, Berufssoldaten oder Richter. Mitglieder des Oberhauses verfügen weder über das aktive noch das passive Wahlrecht.

Die **Legislaturperiode** dauert längstens fünf Jahre. Bis auf diese Einschränkung kann der Premierminister frei darüber entscheiden, wann Neuwahlen stattfinden sollen. Zum Premierminister ernennt die Krone den Führer der siegreichen Partei.

Folge des Wahlsystems ist ein **Parteiensystem,** das deutlich von zwei Parteien dominiert und deshalb häufig auch als *Zweiparteiensystem* bezeichnet wird, obwohl tatsächlich i.d.R. etwa zehn Parteien im Unterhaus vertreten sind, die ihre überschaubare Anzahl an Sitzen wenigen Hochburgen verdanken. Generell erschwert das Mehrheitswahlsystem es kleinen Parteien, überhaupt Mandate zu erringen.

Seit Jahrzehnten dominieren die *Conservative Party* und die *Labour Party* die pol. Bühne in Westminster. Daneben ist lediglich die Liberaldemokrat. Partei *(Liberal Democrats)* mit einer nennenswerten Anzahl von Abgeordneten (nach den Wahlen von 2010: 57) im Unterhaus vertreten.

Bei den Wahlen zum schott. Nationalparlament, zur walis. Versammlung und zum Europäischen Parlament kommt seit 1999 ein *Verhältniswahlsystem* zur Anwendung. Gegen eine Abkehr vom Mehrheitswahlrecht für das Vereinigte Königreich insgesamt argumentieren Befürworter des Westminster-Modells u.a. mit der blockadefreien Effizienz des bestehenden Systems: Entscheidungen können hier ohne langwierige Kompromissverhandlungen mit möglichen »Vetospielern« getroffen werden. Dadurch ist auch die pol. Verantwortlichkeit für getroffene Entscheidungen transparenter, als dies in Koalitionsreg. der Fall ist. Die Wahlen 2010 haben indes gezeigt, dass trotz des Mehrheitswahlsystems Koalitionsreg. nötig werden können.

Bei dem für Mai 2011 angekündigten Referendum steht keine grundsätzliche Abkehr vom Mehrheitswahlrecht zur Abstimmung. Das vorgeschlagene *Alternative-Vote-System* böte aber den Wählern die Möglichkeit, nicht nur einen Kandidaten ihres Wahlkreises zu wählen, sondern auf der Wahlliste weitere Präferenzen anzugeben. Sie müssten sich im Zweifel also nicht mehr im Vorhinein für den aus ihrer Sicht nur zweitbesten aber aussichtsreicheren Kandidaten entscheiden, um zu verhindern, dass ihre Stimmen völlig unter den Tisch fallen.

Regierung oder Unterhaus: Gesetzentwurf *(bill)*

PLENUM
Erste Lesung
(ohne Debatte)

Wiedervorlage nach 1 Jahr

PLENUM
Zweite Lesung
(Debatte und Abstimmung)

Ablehnung

Überweisung je nach Wichtigkeit des Gesetzes

weniger wichtig

wichtig

Public Bill Commitee
(Ausschuss)
Detailberatungen, evtl. Formulierung von Zusätzen

Committee of the Whole House
(ohne Speaker)
Detailberatungen, evtl. Formulierung von Zusätzen

Bericht

Bericht

PLENUM
evtl. Beratung von Zusätzen

PLENUM
Dritte Lesung
(Debatte nur auf Antrag von mind. 6 Abgeordneten)
Zustimmung zum Gesetz

House of Lords

evtl. Änderungen

PLENUM
Debatte und Entscheidung über Annahme oder Ablehnung der Änderungen

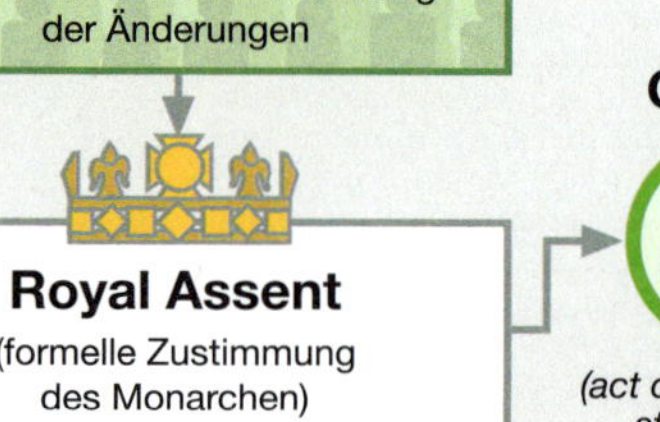

Der Gesetzgebungsprozess im Unterhaus

Zu den **Hauptaufgaben des Parlaments** gehören wie in anderen parlamentar. Systemen die Gesetzgebung sowie die Kontrolle der Regierung.
Obwohl die Gesetzesinitiative auch vom Oberhaus ausgehen kann, werden die wichtigen Gesetze im Unterhaus eingebracht, wobei die Reg. mit deutlichem Abstand der wichtigste Gesetzesinititator ist. Der Prozess der **Gesetzgebung** (Abb.) läuft formal wie folgt ab:
Um einen Gesetzestext vor seiner Verabschiedung im Detail zu beraten und Feinabstimmungen am Entwurf vorzunehmen, wird ein *Ad-hoc-Ausschuss* eingesetzt. Dieser tagt nach der zweiten Lesung und besteht entweder aus 16–50 Parlamentariern als sog. *Public Bill Committee* (proportional nach der Anzahl der Parlamentssitze besetzt) oder bei bes. wichtigen Gesetzentwürfen (wie z. B. dem Haushaltsgesetz) aus allen Unterhausabgeordneten als sog. *Committee of the Whole House.* Nach der dritten Lesung wird das Gesetz an das Oberhaus geleitet, das Änderungen vorschlagen darf. Danach kommt das Gesetz im Plenum zur abschließenden Abstimmung und gilt nach der formellen Zustimmung der Krone als verabschiedet.

Bei der »allgemeinen Gesetzgebung« *(public legislation)* ist zu unterscheiden zwischen »primärer« und »sekundärer« Gesetzgebung: Mit dem vom Parlament beschlossenen Primärgesetz *(parent act)* wird ein Minister oder eine Behörde ermächtigt, im Rahmen des Gesetzes konkrete Ausführungsbestimmungen (sekundäres Recht) auf dem Verordnungsweg zu erlassen. Von der allg. Gesetzgebung zu unterscheiden ist die »private Gesetzgebung« *(private legislation),* bei der best. jurist. Personen oder Körperschaften für eine konkret bezeichnete Aufgabe über eine allgemeingesetzl. Regelung hinaus bzw. davon abweichend mit bestimmten Rechten ausgestattet werden.

Die **Kontrollfunktion** des Parlaments fällt naturgemäß v. a. in die Zuständigkeit der Opposition, doch sind deren Möglichkeiten im *Redeparlament* von Westminster äußerst beschränkt: Die Reg. entscheidet nicht nur über die Zuteilung der Redezeit, sie bestimmt v. a. auch (mit Ausnahme der 20 sog. *opposition days*) die parlamentar. Tagesordnung.
Die Oppostion muss sich im Wesentl. mit dem Versuch begnügen, die Reg. durch schriftliche und mündliche Anfragen sowie durch Debattenbeiträge im Parlament zu stellen, um sich den Wählern als die bessere Regierungsalternative zu präsentieren.
Parlamentar. **Fachausschüsse** *(Select Committees),* die die Arbeit der Ministerien begleiten, gibt es in Großbritannien nur außerhalb des Gesetzgebungsprozesses. Ihre Bedeutung ist mit Ausschüssen eines Arbeitsparlaments wie dem Dt. Bundestag nicht vergleichbar. Sie werden durchgängig von der Regierungsmehrheit und den von ihr gestellten Ausschussvorsitzenden dominiert und sind überdies auf die i. a. R. nicht bes. ausgeprägte Informations- und Kooperationsbereitschaft der Reg. angewiesen:

Die brit. Regierung verfügt über das Privileg, der Öffentlichkeit und auch dem Parlament Informationen nach eigener Maßgabe vorenthalten oder zugänglich machen zu dürfen. Regierungsmitarbeiter, die unautorisiert Informationen an die Öffentlichkeit geben, müssen nicht nur mit pol., sondern auch mit rechtlichen Konsequenzen rechnen. Die in der Vergangenheit äußerst restriktiv gehandelte Informationspolitik aller brit. Regierungen hat sich erst seit der Verabschiedung des ›Freedom of Information Act‹ im Jahr 2000 langsam zu lockern begonnen.

Eine der hervorstechenden Eigenschaften des brit. Regierungssystems ist das im Vergleich zu den meisten anderen Demokratien außerordentlich große **Patronagepotenzial des Premierministers,** das dieser gezielt zur Sicherung der Loyalität seiner Partei einsetzen kann. Rund 100 Unterhausabgeordnete kann er in ein Minister- oder anderes Regierungsamt berufen. Er entscheidet darüber hinaus über die Besetzung zahlreicher leitender Positionen in der öffentl. Verwaltung bis hin zur staatl. Rundfunkanstalt (BBC).

Verwaltung
Die nach dem Zentrum des Londoner Regierungsviertels auch ›*Whitehall*‹ genannte brit. **Ministerialbürokratie** unterscheidet sich wesentl. von der anderer Länder. Beamte im üblichen Sinn kennt das brit. System überhaupt nur in der zentralen Staatsverwaltung. Pol. Neutralität gehört zu den obersten Maximen, pol. Engagement ist (außer unter bestimmten Umständen in der Lokalpolitik) strikt untersagt. Öffentl. Äußerungen haben im Einklang mit der Linie der jeweiligen Reg. zu stehen. Eine Beurlaubung für die Zeit der Ausübung eines eigenen pol. Amtes oder Mandats ist nicht möglich.
In der Konsequenz des Grundsatzes der Parlamentssouveränität sind auch die **Kommunalverwaltungen** *(local government)* traditionell im Wesentl. ausführender Teil der Zentralregierung. Daran haben weder die Verwaltungsreformen während der Thatcher-Ära noch der *Local-Government-Act* der Labour-Regierung aus dem Jahr 2000 – zumindest im Grundsatz – etwas geändert.

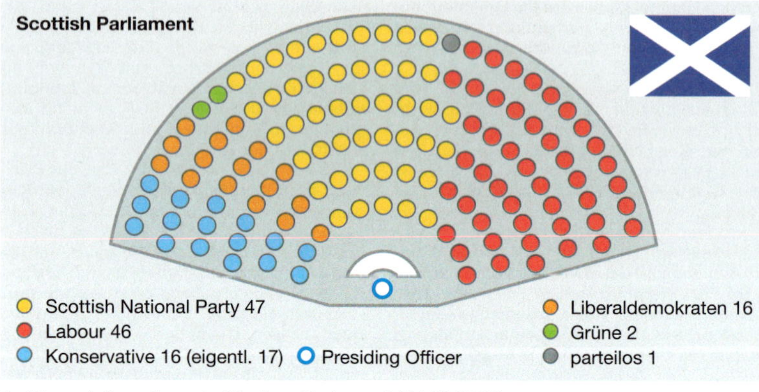

A Sitzverteilung im schottischen Parlament (Wahl 2007)

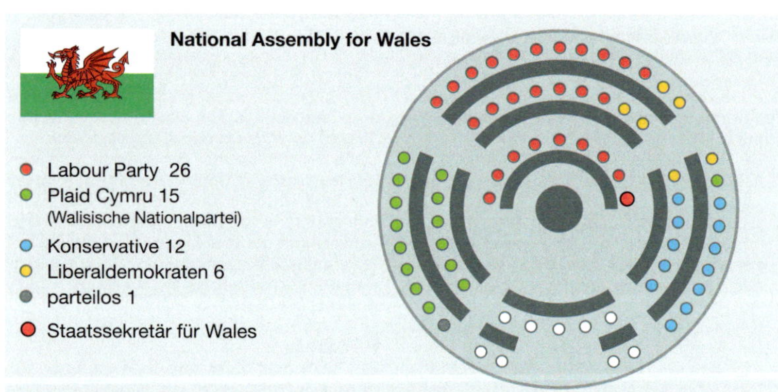

B Sitzverteilung in der walisischen Nationalversammlung (Wahl 2007)

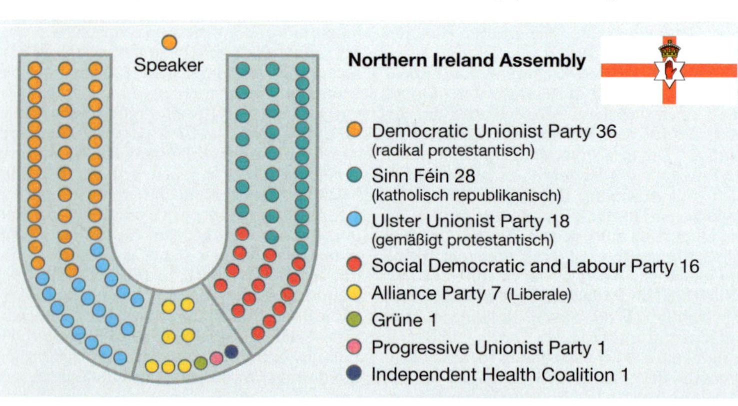

C Sitzverteilung in der Nordirland-Versammlung (Wahl 2007)

Seit ihrer Regierungsübernahme 1997 verfolgte die Labour Party mit der *Oberhausreform* sowie der behutsamen Regionalisierung des pol. Systems *(Devolution)* eine vorsichtige **Verfassungsreform.**

Das mehrfach in Aussicht gestellte Referendum über ein neues (Verhältnis-)Wahlsystem ist die Labour-Regierung bis zu ihrer Abwahl 2010 schuldig geblieben. Bei dem von der konservativ-liberalen Nachfolgeregierung auf Druck des liberalen Koalitionspartners für Mai 2011 angesetzte Referendum (über die Einführung des sog. *Alternative-Vote-System*) steht eine grundsätzliche Abkehr vom Mehrheitswahlrecht, das die beiden großen Parteien bevorzugt, nicht zur Abstimmung (s. S. 125).

Devolution

1997 schloss sich die schott. Bevölkerung in einem Referendum mit großer Mehrheit (74,3%) dem Vorschlag der brit. Zentralreg. an, **Schottland** einen Teil der Regierungsgewalt zu übertragen. So wurde 1999 nach fast 300 Jahren erstmals wieder ein *schottisches Parlament* gewählt.

Von den 129 Abgeordneten werden 73 nach den Regeln des Mehrheitswahlsystems und 56 nach den Regeln der Verhältniswahl gewählt (zuletzt 2007, A). Die Volksvertretung verfügt in bestimmten Politikfeldern über *echte gesetzgeberische Kompetenzen* (Polizei und Justiz, Bildungs- und Gesundheitswesen, Wirtschaftsentwicklung und Tourismus) sowie außerdem über das Recht, für Schottland nach eigenem Ermessen einen Einkommensteuersatz zu beschließen, der um bis zu 3% von dem von der Londoner Zentralreg. festgesetzten Satz abweichen darf.

Auch die Bevölkerung von **Wales** folgte in einem Referendum 1997, wenn auch mit 50,3 gegen 49,7% nur knapp, dem Autonomievorschlag der brit. Regierung.

Der erstmals im Mai 1999 (zuletzt 2007, B) gewählten *Walisischen Nationalversammlung* (›National Assembly for Wales‹) gehören 60 Abgeordnete an, 40 davon werden nach den Regeln der Mehrheitswahl in den Wahlkreisen direkt bestimmt, 20 nach den Regeln der Verhältniswahl über regionale Listen.

Nachdem bei einer in beiden Teilen Irlands abgehaltenen Volksabstimmung eine klare Mehrheit für das sog. *Karfreitags-Abkommen* votiert hatte, wurde im Juni 1998 auch in **Nordirland** wieder eine *Nationalversammlung* (›Northern Ireland Assembly‹) gewählt.

Die 108 Abgeordneten werden durchgängig nach dem Verhältniswahlrecht bestimmt (zuletzt 2007, C).

Da die geforderte Waffenübergabe bis dahin nicht erfolgt war, wurde die Nationalversammlung erstmals im Februar 2000 von der Reg. in Westminster suspendiert und erst Ende Mai wieder eingesetzt, nachdem die Irish Republican Army (IRA) sich verpflichtet hatte, sämtliche Waffen »verifizierbar aus dem Gebrauch zu nehmen«. In der Folge wurde das nordirische Nationalparlament weitere Male suspendiert (zuletzt vom 14. 10. 2002–7. 5. 2007). Nach Jahrzehnten immer wieder blutiger Auseinandersetzungen zwischen irisch-republikan. Katholiken und probrit. Protestanten ist seit dem 8. 5. 2008 eine von der kath. Sinn Fein und der protestant. Democratic Unionist Party (DUP) gebildete Reg. im Amt. Als *Erster Minister* wurde DUP-Chef Ian Paisley vereidigt, als Stellvertreter sein langjähriger Widersacher, der Sinn-Fein-Politiker und ehemalige Kommandeur der IRA, Martin McGuinness.

Die einzige der vier Nationen im Vereinigten Königreich, die bisher über kein eigenes Parlament verfügt, ist ausgerechnet **England.** 2004 wurde die Einrichtung eines Regionalparlaments in der Region Nordostengland in einem Referendum abgelehnt.

Auch wenn den Parlamenten in Schottland und Wales sowie Nordirland in den vergangenen Jahren versch. wichtige Kompetenzen übertragen wurden: Die Dezentralisierung staatl. Aufgaben kann nach überkommenem brit. Verfassungsverständnis jederzeit vom Zentralparlament in Westminster widerrufen werden. Von dieser Möglichkeit haben brit. Reg. in der Vergangenheit bereits mehrfach Gebrauch gemacht, etwa 1972 bei der Übernahme der Direktreg. in Nordirland oder 1986 bei der Auflösung der Nordirischen Nationalversammlung und der gewählten Londoner Stadtregierung.

Die wiederholte Durchführung von Volksbefragungen ist ein weiterer Hinweis auf ein sich u. U. grundlegend wandelndes Verfassungsverständnis im Vereinigten Königreich. Mittelfristig könnte eine Entwöhnung vom überkommenen Prinzip der Parlamentssouveränität dieses selbst aufweichen. Bereits jetzt erscheint es angesichts der bes. pol. Legitimation der durch Volksentscheid eingesetzten Regionalparlamente nur schwer vorstellbar, dass der Prozess der Devolution durch die Zentralreg. tatsächl. wieder umgekehrt werden könnte.

Die ehemals unbeschränkte Parlamentssouveränität ist darüber hinaus bereits nicht unerheblich eingeschränkt durch die Mitgliedschaft Großbritanniens in der EU – was immer wieder sowohl zu innenpol. Spannungen als auch zu solchen zwischen der brit. Reg. und der EU führt.

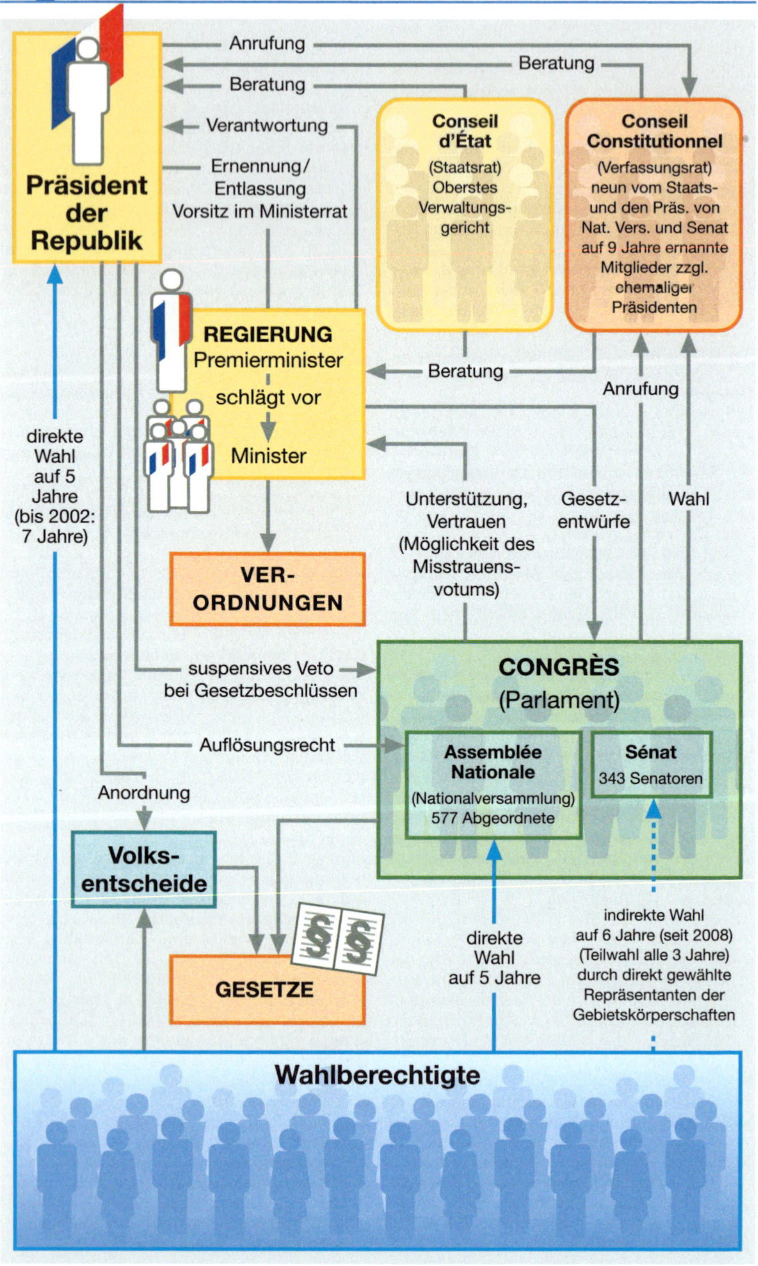

Präsident der Republik

Anrufung

Beratung

Beratung

Verantwortung

Ernennung/ Entlassung

Vorsitz im Ministerrat

Conseil d'État
(Staatsrat)
Oberstes Verwaltungsgericht

Conseil Constitutionnel
(Verfassungsrat)
neun vom Staats- und den Präs. von Nat. Vers. und Senat auf 9 Jahre ernannte Mitglieder zzgl. ehemaliger Präsidenten

REGIERUNG
Premierminister
schlägt vor
Minister

Beratung

Anrufung

direkte Wahl auf 5 Jahre (bis 2002: 7 Jahre)

Unterstützung, Vertrauen (Möglichkeit des Misstrauensvotums)

Gesetzentwürfe

Wahl

VERORDNUNGEN

suspensives Veto bei Gesetzbeschlüssen

CONGRÈS
(Parlament)

Auflösungsrecht

Assemblée Nationale
(Nationalversammlung)
577 Abgeordnete

Sénat
343 Senatoren

Anordnung

Volksentscheide

GESETZE

§ §

direkte Wahl auf 5 Jahre

indirekte Wahl auf 6 Jahre (seit 2008) (Teilwahl alle 3 Jahre) durch direkt gewählte Repräsentanten der Gebietskörperschaften

Wahlberechtigte

Das Regierungssystem der Republik Frankreich

Frankreich ist gemäß Art. 1 seiner seit 1958 gültigen Verfassung eine »unteilbare, laizistische, demokratische und soziale Republik«.

Das **parlamentarisch-präsidentielle Regierungssystem** ist durch eine *doppelköpfige Exekutive* gekennzeichnet (Abb.): Dem (seit 1962) vom Volk direkt gewählten, mit umfassenden Vollmachten ausgestatteten *Präsidenten* der Republik steht eine von ihm eingesetzte, von der parlamentar. Mehrheit getragene **Regierung** mit einem *Premierminister* (Ministerpräsidenten) an der Spitze zur Seite. Die gegenüber Parlament *und* Präs. verantwortliche Reg. führt die Geschäfte nach den ihr vom Präs. vorgegebenen Leitlinien.

Der Präs. ernennt den Premierminister sowie die ihm von diesem vorgeschlagenen Minister. Er ist weder bei der Ernennung noch bei der Entlassung des Premiers an irgendwelche Vorgaben gebunden.

Mitglieder der Reg. sind außerdem die *Staatsminister,* die sich außer durch den Titel in ihren Kompetenzen nicht von den übrigen *Ministern* unterscheiden, und die dem Premier und manchen (Staats-)Ministern weisungsgebundenen *beigeordneten Minister* sowie die nur fallweise zu den Sitzungen des Ministerrats geladenen *Staatssekretäre.* Parlamentsmandat und Regierungsamt sind gemäß dem Grundsatz der Gewaltenteilung miteinander unvereinbar *(Inkompatibilitätsprinzip).* Für einen in die Reg. berufenen Parlamentarier rückt sein gewählter Ersatzmann nach.

Die semipräsidentielle Architektur des Verfassungssystems der V. Republik ist eine Reaktion auf die Instabilität der parlamentar. Regierungssysteme der III. (ab 1870) und IV. (ab 1946) Republik, die durch einen ständigen Wechsel der parlamentar. Mehrheiten gekennzeichnet waren. Die Koalitionsreg. zerbrachen in rascher Folge. Im Schnitt waren sie lediglich acht Monate im Amt.

Die unter dem maßgebl. Einfluss von General **Charles de Gaulle** und seinem ersten Premierminister, **Michel Debré,** ausgearbeitete und durch ein Referendum durchgesetzte Verfassung von 1958 schuf ein Regierungssystem mit z. T. autoritären Zügen, das die Reg. stärkte und der Macht des Parlaments enge Grenzen zog. Dem Amt des Staatspräs. gab die neue Verfassung eine überragende Stellung: Obwohl der eigentl. Chef der Reg., ist er von der Verantwortung gegenüber dem Parlament entbunden, verfügt jedoch seinerseits über das Recht, das Parlament aufzulösen. 1962 setzte de Gaulle mithilfe eines Referendums die direkte Wahl des Präs. durch; damit sicherte er dem Amt eine dem Parlament gleichrangige Legitimation.

Der **Präsident** ist die Schlüsselfigur im pol. System Frankreichs. Er kann aus pol. Gründen von niemandem abgesetzt oder zum Rücktritt gezwungen werden. Lediglich im Falle des nirgends näher definierten Hochverrats wäre eine Amtsenthebung denkbar.

Hinsichtlich der ihm von der Verfassung zugewiesenen Kompetenzen ist zu unterscheiden zwischen autonomen und geteilten Machtbefugnissen:

Autonome Machtbefugnisse *(Pouvoirs propres)* obliegen allein dem Präs. und bedürfen keiner Gegenzeichnung durch ein anderes Verfassungsorgan.

Der Präsident allein

- ist Hüter der Verfassung und garantiert mit seinem Schiedsspruch die Kontinuität des Staates und die verfassungsgemäße Ausübung der Staatsgewalt,
- ernennt in freier Entscheidung den Premierminister und die übrigen Mitglieder der Reg.,
- kann in freier Entscheidung (höchstens alle zwei Jahre) die Nationalversammlung auflösen,
- entscheidet über den möglichen Einsatz von Atomwaffen.

Allumfassend ist die Machtfülle des Präs. in Zeiten des *Notstands,* über dessen Vorliegen er allein nach Anhörung der Präs. der beiden Parlamentskammern entscheidet.

Ein präsidentielles Notstandsregime nach Art. 16 der Verfassung hat es bis heute nur einmal gegeben. Es dauerte vom 23. April bis zum 29. September 1961. Anlass war der gescheiterte Staatsstreich frz. Generäle in Algerien gegen de Gaulle und dessen Absicht, Algerien in die Unabhängigkeit zu entlassen.

Aber auch bei den – zahlenmäßig überwiegenden – **geteilten Machtbefugnissen** *(Pouvoirs partagés),* die der Präs. gemeinsam mit anderen Verfassungsorganen besitzt und deren Ausübung der Gegenzeichnung (des Premiers oder eines Ministers) bedürfen, verfügt er de facto über eine eindeutige Vormachtstellung, die allerdings in Zeiten der *Kohabitation* Einschränkungen erfährt (also dann, wenn der Präs. aufgrund der Mehrheitsverhältnisse im Parlament gezwungen ist, mit einer dem gegnerischen pol. Lager zugehörigen Regierung zusammenzuarbeiten).

Nach dem Text der Verfassung gehört zu den *Pouvoirs partagés* u. a. die Außen- und Sicherheitspolitik, in der jedoch in der Praxis alle Präs. der V. Republik eine bes. dominante Rolle für sich in Anspruch genommen haben, die auch kaum je ernsthaft in Frage gestellt wurde. Selbst in Zeiten der Kohabitation gibt der Präs. in dieser sog. *domaine reservé* die Richtlinien vor.

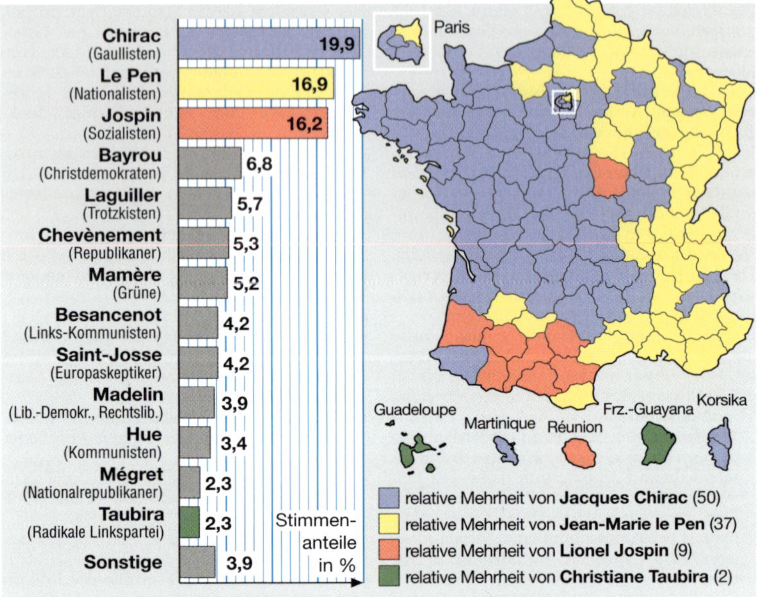

Kandidat	Stimmenanteile in %
Chirac (Gaullisten)	19,9
Le Pen (Nationalisten)	16,9
Jospin (Sozialisten)	16,2
Bayrou (Christdemokraten)	6,8
Laguiller (Trotzkisten)	5,7
Chevènement (Republikaner)	5,3
Mamère (Grüne)	5,2
Besancenot (Links-Kommunisten)	4,2
Saint-Josse (Europaskeptiker)	4,2
Madelin (Lib.-Demokr., Rechtslib.)	3,9
Hue (Kommunisten)	3,4
Mégret (Nationalrepublikaner)	2,3
Taubira (Radikale Linkspartei)	2,3
Sonstige	3,9

Paris

Guadeloupe Martinique Réunion Frz.-Guayana Korsika

- relative Mehrheit von **Jacques Chirac** (50)
- relative Mehrheit von **Jean-Marie le Pen** (37)
- relative Mehrheit von **Lionel Jospin** (9)
- relative Mehrheit von **Christiane Taubira** (2)

A Ergebnis des ersten Wahlgangs der Präsidentschaftswahl (21. 4. 2002)

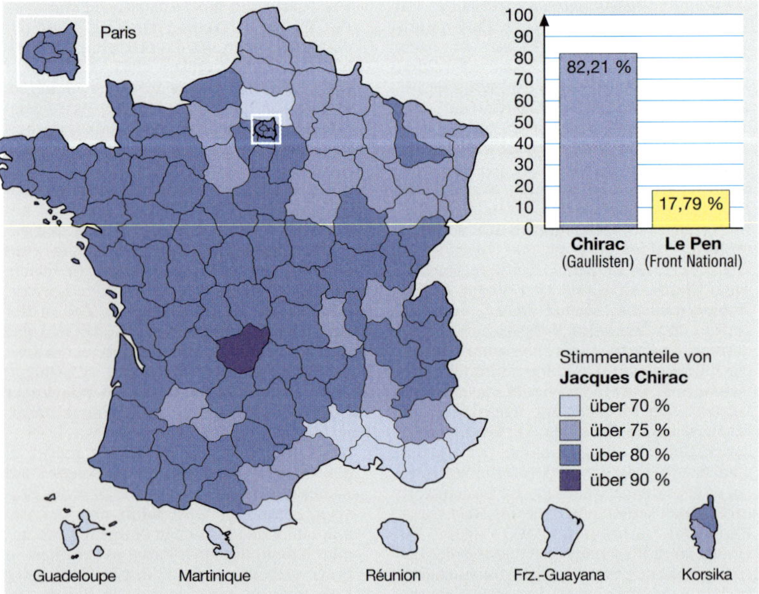

Paris

Kandidat	Stimmenanteil
Chirac (Gaullisten)	82,21 %
Le Pen (Front National)	17,79 %

Stimmenanteile von **Jacques Chirac**

- über 70 %
- über 75 %
- über 80 %
- über 90 %

Guadeloupe Martinique Réunion Frz.-Guayana Korsika

B Ergebnis des zweiten Wahlgangs der Präsidentschaftswahl (5. 5. 2002)

Das Parlament

Das **Parlament** *(Congrès)* besteht aus der Nationalversammlung *(Assemblée Nationale)* als erster und dem Senat als zweiter Kammer. Die 577 Abgeordneten der **Nationalversammlung** werden in ebenso vielen Wahlkreisen (davon 22 in den frz. Überseegebieten) nach den Regeln der **romanischen Mehrheitswahl** direkt gewählt, wobei mit jedem Abgeordneten zugleich dessen Vertreter gewählt wird, der ihm bei Tod, Rücktritt oder der Übernahme eines Regierungsamtes nachfolgt.

Erreicht im ersten Wahlgang keiner der Kandidaten die erforderliche absolute Mehrheit (die zugleich mind. 25% der Wahlberechtigten entsprechen muss), reicht im zweiten die relative Mehrheit, wobei zum zweiten Wahlgang nur diejenigen Kandidaten zugelassen sind, die im ersten einen Stimmanteil von mind. 12,5% erreicht haben. Das passive Wahlalter beträgt 23 Jahre, aktiv wahlberechtigt ist jeder im Wählerregister verzeichnete Franzose mit Vollendung des 18. Lebensjahres. Die Wahlperiode beträgt fünf Jahre.

Die Macht der Nationalversammlung ist in der V. Republik zugunsten einer starken Reg. erheblich eingeschränkt worden. Gegen die Ausübung des ihr belassenen Rechts, die Reg. durch ein Misstrauensvotum zu stürzen, hat man mit dem Recht des Präs., die Nationalversammlung aufzulösen, eine wirkungsvolle Hemmschwelle errichtet.

Dem **Senat** als Organ der Gebietskörperschaften gehören 343 (seit 2008; ab 2011: 348) Mitglieder an, die in **indirekter Wahl** bestimmt werden. Die Dauer des Mandats beträgt seit September 2004 sechs (davor neun) Jahre, das passive Wahlalter 30 Jahre.

In den alle drei Jahre stattfindenden Wahlen wird die Hälfte der Senatssitze neu besetzt. Die auf Ebene der *Départements* zusammentretenden Wahlkollegien *(collèges életoraux)* bestehen zu etwa 95% aus von den Kommunalparlamenten entsandten Gemeindevertretern, 5% verteilen sich auf Abgeordnete der Nationalversammlung sowie des Regionalrats und des Generalrats des jeweiligen Départements. Die Zahl der den einzelnen Gemeinden zustehenden Wahlmänner orientiert sich an der Gemeindegröße, verhält sich allerdings zu dieser nicht proportional. Schwach besiedelte Regionen sind in der Praxis gegenüber Ballungsräumen durchgängig überrepräsentiert. Dies hängt einerseits mit den unterschiedlichen, an der Gemeindegröße orientierten Wahlverfahren zusammen, die Mehrheitsparteien in kleineren Gemeinden begünstigt, andererseits damit, dass die Einteilung der Wahlbezirke nicht regelmäßig der Bevölkerungsentwicklung angepasst wird.

Wahlsysteme

Das **Wahlverfahren** unterscheidet sich je nach der von der Einwohnerzahl abhängigen Zahl der zu vergebenden Mandate: In Départements, die bis zu drei Senatoren entsenden, wird nach den Regeln der *Mehrheitswahl* verfahren, sind vier oder mehr Senatssitze zu vergeben, kommt das *Verhältniswahlrecht* zur Anwendung.

Neben den bereits beschriebenen kommen noch andere Verfahren zur Anwendung:

Für die auf nationaler Ebene in acht Wahlkreisen zu bestimmenden frz. Abgeordneten des *Europaparlaments* gelten die Regeln der *Verhältniswahl,* wobei bei der Mandatsvergabe nur Listen berücksichtigt werden, die mind. 5% der abgegebenen Stimmen erhalten haben.

Die Wahl der 22 *Regionalräte* erfolgt nach einem *Mischsystem aus Mehrheits- und Verhältniswahl;* für die Wahlen zu den mehr als 36000 Gemeinderäten gilt abhängig von der Größe der jeweiligen Gemeinde entweder das Mehrheits- (bis 3500 Einwohnern) oder ein auf dem Mehrheitswahlrecht beruhendes Listenwahlrecht in zwei Wahlgängen.

Seit 1962 wird der **Präsident** vom Volk direkt nach dem **romanischen Mehrheitswahlrecht** gewählt, seit 2002 auf fünf (zuvor sieben) Jahre. Gewählt ist, wer die *absolute Mehrheit* der abgegebenen Stimmen erhält. Dies gelingt im ersten Wahlgang i. a. R. keinem Kandidaten, weshalb zwei Wochen nach dem ersten ein zweiter Wahlgang stattfindet. An dieser Stichwahl dürfen nur noch die beiden im ersten Durchgang Bestplatzierten teilnehmen, es sei denn, einer von ihnen verzichtet zugunsten des Drittplatzierten.

Das System der zweistufigen Mehrheitswahl begünstigt sowohl bei den Wahlen zur Nationalversammlung als auch bei der Präsidentschaftswahl *Wahlbündnisse.* Im ersten Wahlgang unterlegene Kandidaten geben ihren Anhängern i. d. R. für die Stichwahl eine Wahlempfehlung. Dies erschwert bündnisunfähigen Parteien, also solchen an den äußersten Rändern des pol. Spektrums, den Wahlerfolg erheblich.

Zu einem außergewöhnlichen Wahlbündnis zwischen linkem und bürgerlich-rechtem Lager kam es im zweiten Wahlgang der Präsidentenwahl 2002, bei der der Führer der Front National, Jean-Marie Le Pen, mit 16,9% der Stimmen die zweite Runde erreichte. Dies hatte zur Folge, dass die Wähler der anderen Kandidaten (auch die des überraschend ausgeschiedenen Linken Lionel Jospin) in der Stichwahl für den Amtsinhaber, den Gaullisten Jacques Chirac (1. Wahlgang 19,9%), votierten, der daraufhin mit mehr als 80% der Stimmen im Amt bestätigt wurde (»Anti-Le-Pen-Referendum«). (A, B)

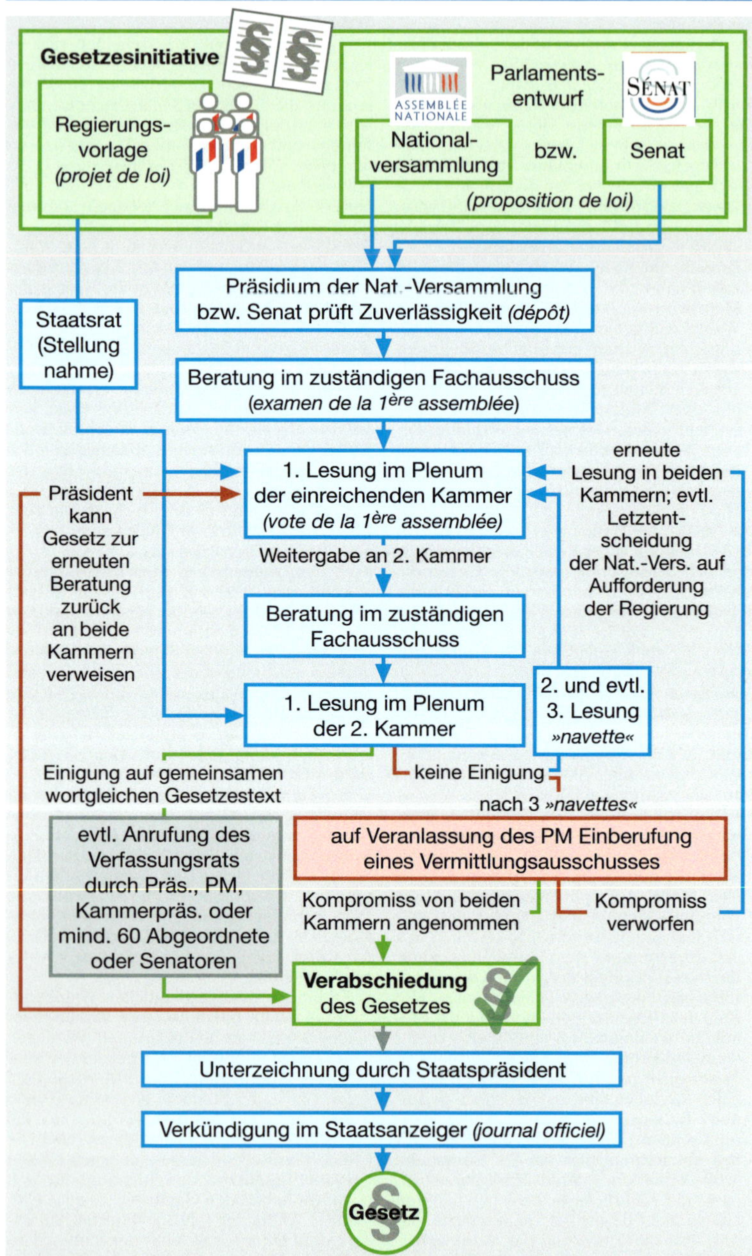

Das Gesetzgebungsverfahren in Frankreich

Parteiensystem

Die ersten pol. Parteien modernen Typs bildeten sich in Frankreich erst Anfang des 20. Jh. Ihre Wirkung blieb jedoch lange Zeit auf die Regionen beschränkt.

Selbst wo sie landesweit unter einem gemeinsamen Namen firmierten, unterschied sich ihre pol. Programmatik von Region zu Region z.T. erheblich. Sich auf nationaler Ebene als Vertreter gesellschaftl. Interessen zu etablieren, gelang ihnen kaum. Die daraus resultierenden häufigen Parteispaltungen, -neugründungen und -fusionen hatten ein tiefes Misstrauen gegenüber den pol. Parteien zur Folge, das bis heute fortwirkt. Sehr viel stärker als an Parteien orientieren sich die frz. Wähler an Personen. Auch deshalb folgte das Volk seinem Präsidenten de Gaulle 1958 in dessen Bemühen, die Macht des Parlaments gegenüber der Regierung gezielt zu schwächen.

Insgesamt haben die pol. Parteien in Frankreich im Vergleich zu anderen westeurop. Ländern weniger Mitglieder, sind schwächer organisiert und verfügen über geringere finanzielle Ressourcen. In der Verfassung kommen sie nur am Rande vor (Art. 4). Eine staatl. Parteienfinanzierung gibt es in Frankreich erst seit 1988.

Die bis dahin durch das Vereinsrecht stark eingeschränkte Finanzbasis machte für die Parteien eine illegale Finanzierungspraxis unumgänglich. Die daraus resultierenden Skandale haben die Skepsis ihnen gegenüber noch verstärkt.

Die *Parteienlandschaft der V. Republik* ist durch ein *bipolares Vielparteiensystem* mit weiterhin häufigen Abspaltungen, Namensänderungen und Neugründungen gekennzeichnet, d.h. durch eine relative Vielzahl von Parteien, die allerdings im Wesentlichen zwei konkurrierenden potenziellen Koalitionsgruppierungen zuzuordnen sind. An der Polarisierung hat die wahlrechtsbedingte Fokussierung der Wahlentscheidung auf zwei Kandidaten entscheidenden Anteil.

Die bis Mitte der 1980er-Jahre dominierende *quadrille bipolaire,* die sich in den ersten zwanzig Jahren der V. Republik herausgebildet hatte, bestand mit der Parti Socialiste (PS) und der Parti Communiste (PCF) auf der »linken« sowie der Union pour la Démocratie (UDF) und der neogaullistischen Rassemblement pour la République (RPR) auf der »rechten« Seite aus vier etwa gleich großen Parteien und zwei mögl. Koalitionen. Dieses Spektrum hat sich mit der Etablierung der frz. Grünen (Les Verts) und – zumindest zweitweise – der rechtsextremen Front National (FN) weiter aufgefächert, wobei die FN grds. für keine der anderen Parteien als koalitionsfähig gilt.

Die Gesetzgebung (Abb.)

Das *Recht zur Gesetzesinitiative* steht den Abgeordneten der Nationalversammlung sowie den Senatoren ebenso zu wie der Reg., doch wird der Gesetzgebungsprozess de jure und de facto von der Regierung dominiert, auf deren Initiative mehr als 90% der verabschiedeten Gesetze zurückgehen.

Das Parlament nimmt seine Gesetzgebungsaufgabe v.a. durch die Möglichkeit von *Abänderungsanträgen* wahr.

Im Gesetzgebungsprozess verfügt die Reg. über die Möglichkeit, etwaige Widerstände gegen ihre Entwürfe *(projects de loi)* u.a. dadurch zu umgehen, dass sie einen von ihr eingebrachten Gesetzentwurf mit der Vertrauensfrage verbindet. In diesem Fall gilt das Gesetz als angenommen, wenn die Nationalversammlung der Reg. nicht binnen 24 Stunden das Misstrauen ausspricht (was i.a.R. einer – vom Präs. vollzogenen – Selbstauflösung gleichkäme). Das Parlament selbst kann auf eigene Initiative nur innerhalb der in Art. 34 der Verfassung eng gezogenen Grenzen gesetzgeberisch tätig werden *(propositions de loi),* u.a. bei der Steuer- und Haushaltsgesetzgebung, bei Eigentums- und Arbeitsrecht, öffentlichen Freiheiten, Definition von Verbrechen und Vergehen, Grundprinzipien der nationalen Verteidigung, Verwaltung der Gebietskörperschaften, Schule und Unterricht sowie Sozialversicherungsrecht.

Alle Bereiche, die nicht der Gesetzgebungsbefugnis des Parlaments vorbehalten sind, können von der **Regierung** auf der Grundlage von **Verordnungen** geregelt werden, die der Zustimmung des Parlaments nicht bedürfen.

Auch nach der Verabschiedung eines Gesetzes im Parlament hat der Präs. noch die Möglichkeit, in den Prozess einzugreifen, indem er vor Ablauf einer 15-Tage-Frist das Parlament auffordert, das Gesetz insgesamt oder Teile davon erneut zu beraten. Er kann zudem (ebenso wie der Premierminister, die Präsidenten der beiden Parlamentskammern sowie das Parlament auf Initiative von 60 Abgeordneten oder Senatoren) den *Verfassungsrat* anrufen. Erklärt der ein Gesetz für verfassungswidrig, ist es endgültig gescheitert.

Der über die Verfassungsmäßigkeit von Gesetzen entscheidende **Verfassungsrat** *(Conseil constitutionnel)* besteht aus neun Richtern, die vom Staatspräsidenten, den Präsidenten der Nationalversammlung und des Senats alle drei Jahre zu einem Drittel berufen werden.

Mit dem Verfassungsrat nicht zu verwechseln ist der **Staatsrat** *(Conseil d'État),* der als Oberstes Verwaltungsgericht den Präs. und die Reg. in Fragen der Gesetzgebung berät.

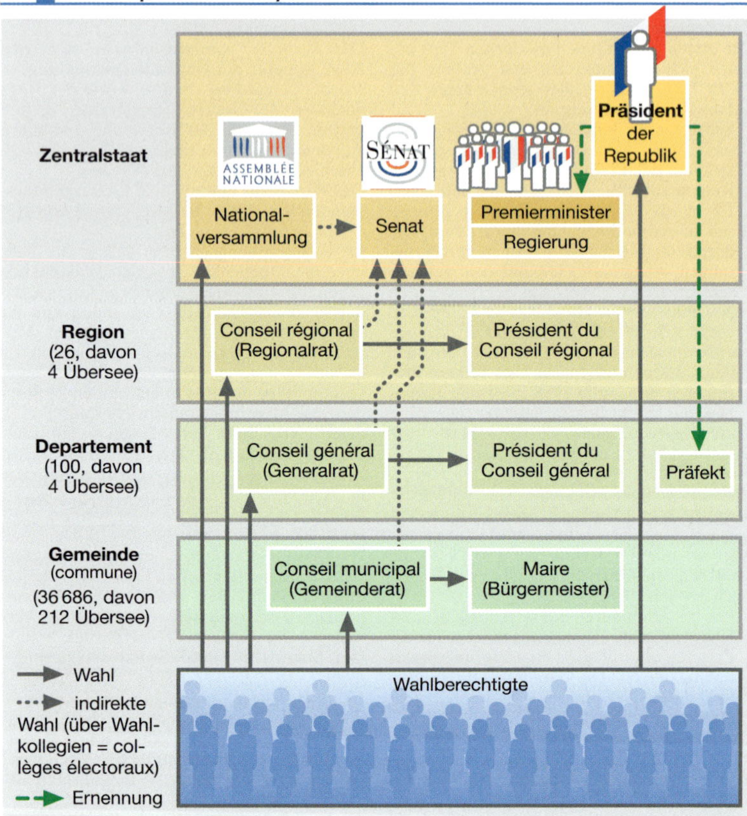

A Die Gebietsverwaltung (2008)

Gemeinderat
wählt
Bürgermeister
als Vorsitzender des Gemeinderates und Leiter der Verwaltung
delegiert Aufgaben an:
Beigeordnete
wählt
wählen auf 6 Jahre
bildet evtl.
leitet
Wahlberechtigte
Kommissionen
Verwaltung

B Die Gemeindeordnung

Dezentralisierung

Der in der pol. Tradition Frankreichs tief verwurzelte *Zentralismus* erwies sich nach dem 2. Weltkrieg als für einen modernen Industriestaat nicht mehr angemessen. V.a. zeichnete er sich durch mangelnde Bürgernähe aus und war deshalb mitursächlich für eine zunehmende Entfremdung der Bürger vom Staat.

Seit 1982 verfolgt Frankreich die langfristige Reform seines Verwaltungssystems. Oblag bis dahin (mit Ausnahme weniger der Selbstverwaltung der Gemeinden überlassener Bereiche) die Leitung sämtl. Behörden des Landes dem Ministerium in der Hauptstadt, so sind im Zuge der **Dezentralisierung** zunehmend wesentl. Verwaltungsaufgaben der Hoheit der Gebietskörperschaften (Regionen, Departements und Gemeinden) überantwortet worden. Eine Übertragung von legislativen Kompetenzen ist damit allerdings nicht verbunden. Die Regionen haben keine eigenen Rechtsetzungsbefugnisse, wie etwa die dt. Bundesländer oder die Staaten der USA.

Die Dezentralisierung erhielt im März 2003 Verfassungsrang (Art. 1). In Ergänzung dazu wurde den Gebietskörperschaften versuchsweise das Recht eingeräumt, in einzelnen Bereichen Regelungen zu treffen, die von staatl. Gesetzen und Verordnungen abweichen.

Für den frz. Verwaltungsapparat charakterist. sind nach wie vor dessen strenge Hierarchie- und Rekrutierungsmuster: Spitzenpositionen sind hier i. a. R. den Absolventen der Elitehochschulen *(Grandes Écoles)* vorbehalten und damit überwiegend der gesellschaftl. Oberschicht.

Auch die pol., wirtschaftl. und kulturelle Bedeutung der Hauptstadt ist nach wie vor dominant. Allerdings hat der unübersehbare Bedeutungszuwachs der regionalen Verwaltung diese auch für Angehörige der traditionellen Elite zunehmend attraktiv gemacht. Dies gilt auch für herausgehobene pol. Ämter in den Regionen, die zunehmend als mögl. Sprungbrett für nationale pol. Karrieren gesehen werden.

Neben dem pol. und administrativen Bedeutungszuwachs haben sich für Regionen wie Gemeinden mit der Einführung von *lokalen* und *regionalen Volksentscheiden* auch hinsichtlich der *pol. Partizipation* der Bürger neue Perspektiven ergeben – selbst wenn das notwendige *Quorum* (Mindestbeteiligung) von 50% der Wahlberechtigten eine sehr hohe Hürde darstellt.

Gebietskörperschaften

Das frz. Mutterland gliedert sich in 22 Regionen, 96 Departements, 342 Arrondissements, 4039 Kantone und 36686 Gemeinden (A). Hinzu kommen vier rechtl. gleichgestellte Überseeregionen, die zugleich den Status von Departements haben.

Die zu Beginn der V. Republik als bloße Verwaltungseinheiten geschaffenen **Regionen** sind im Zuge der Dezentralisierung in den Status selbständiger Gebietskörperschaften erhoben worden, die vom **Regionalrat** *(Conseil régional)* verwaltet werden.

Die Regionalräte werden seit 2004 nach den Regeln eines Mischsystems aus Mehrheits- und Verhältniswahl auf sechs Jahre bestellt. Die Zahl der Mandate orientiert sich an der Größe der Region und liegt 2009 zwischen 43 (Limousin) und 209 (Île-de-France).

Der Präsident des Regionalrats wird für die gesamte Dauer der Wahlperiode (d.h. ohne Möglichkeit einer vorzeitigen Abwahl) aus dessen Mitte gewählt. Zu seinen Aufgaben gehören die Vorbereitung und Durchführung der Beschlüsse des Regionalrats sowie die Leitung der Verwaltung.

Neben staatl. Transferzahlungen sowie Gebühreneinnahmen fließen dem *Haushalt* der Regionen in begrenztem Umfang auch eigene Regionalsteuern zu (Gewerbesteuer, Wohnraum- und Grundsteuer). Die finanzielle Ausstattung der Regionen ist entsprechend der jeweiligen Wirtschaftskraft und Größe sehr unterschiedlich.

Die 100 frz. **Departements** bilden seit 1871 autonome lokale Verwaltungseinheiten. Sie verfügen in den Bereichen Landwirtschaft, Bildung und Soziales über vergleichsweise weitreichende eigene Kompetenzen.

Die Abgeordneten zum **Generalrat** *(Conseil général)* des Departements werden auf Kantonsebene (ein Kandidat pro Kanton) nach dem Mehrheitswahlrecht in bis zu zwei Wahlgängen für eine Amtsdauer von sechs Jahren gewählt. In den alle drei Jahre stattfindenden Wahlen wird jeweils die Hälfte der Abgeordneten neu bestimmt. Die Abgeordneten ihrerseits wählen den *Präsidenten des Departements* für eine Amtsdauer von drei Jahren.

War vor der Einleitung der Dezentralisierung der **Präfekt** im Departement die alles bestimmende Figur und der Generalrat als Selbstverwaltungsorgan nahezu bedeutungslos, so ist die Machtstruktur heute genau umgekehrt und der entscheidende pol. Akteur der Präsident des Departements.

Auch in der ältesten frz. Verwaltungseinheit, der **Gemeinde** *(commune)*, sind die entscheidenden Machtbefugnisse auf eine Person an der Spitze konzentriert: den vom Gemeinderat *(Conseil municipal)* gewählten Bürgermeister *(Maire)* (B).

Der **Gemeinderat** selbst wird alle sechs Jahre nach dem Mehrheitswahlrecht (in Gemeinden bis 3500 Einwohnern) oder einem modifizierten Verhältniswahlrecht (in größeren Gemeinden) gewählt.

Europäische Union
Europ. Gemeinschaften EG, EURATOM (EGKS; bis 2002)
EG
u.a.: Binnenmarkt Außenhandel Währung, Umwelt Verbraucherschutz Sozialpolitik Einwanderung
Gemeinsame Außen- und Sicherheitspolitik
GASP
u.a.: Rüstungskontrolle Friedenserhaltung Krisenbewältigung Wahlbeobachter Menschenrechte
Polizeiliche und justizielle Zusammenarbeit in Strafsachen
PJZS
u.a.: Innere Sicherheit »Schengen« Europol Terrorismus Organisiertes Verbrechen
supranational
intergouvernemental
VERTRÄGE

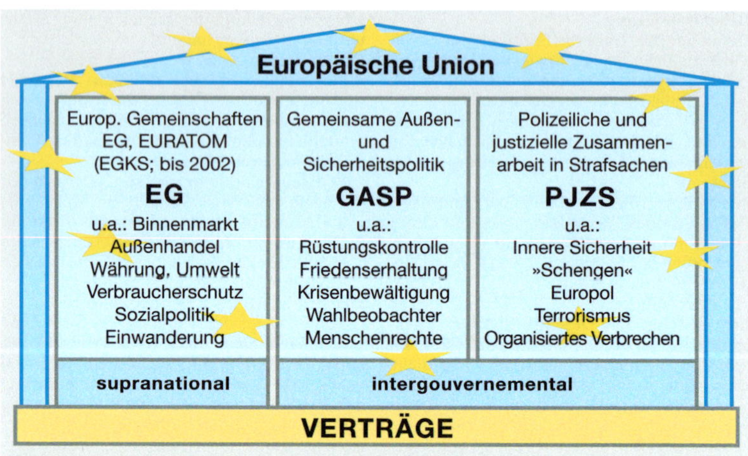

A Das Säulenmodell der Europäischen Union bis 2009

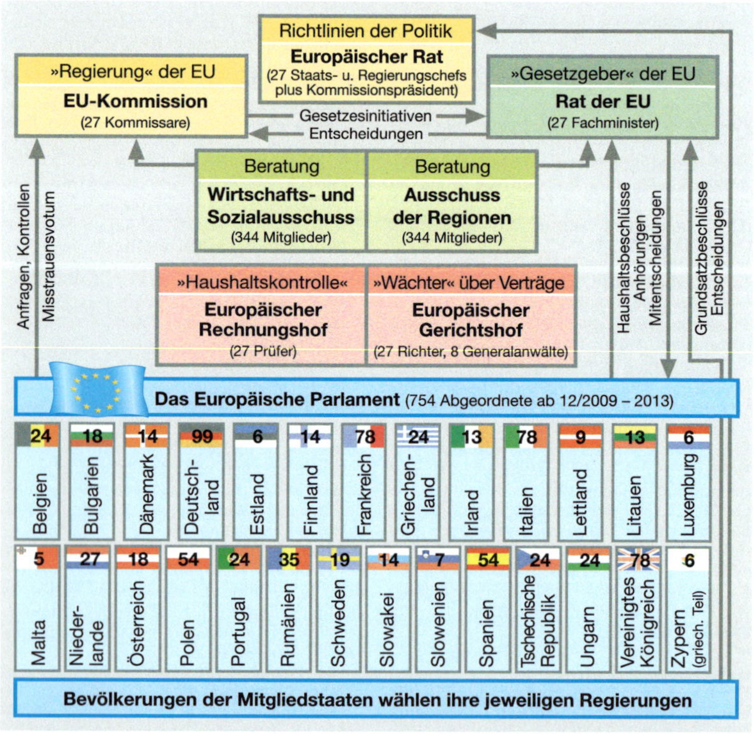

Richtlinien der Politik
Europäischer Rat
(27 Staats- u. Regierungschefs plus Kommissionspräsident)
»Regierung« der EU
EU-Kommission
(27 Kommissare)
»Gesetzgeber« der EU
Rat der EU
(27 Fachminister)
Gesetzesinitiativen
Entscheidungen
Beratung
Wirtschafts- und Sozialausschuss
(344 Mitglieder)
Beratung
Ausschuss der Regionen
(344 Mitglieder)
»Haushaltskontrolle«
Europäischer Rechnungshof
(27 Prüfer)
»Wächter« über Verträge
Europäischer Gerichtshof
(27 Richter, 8 Generalanwälte)
Anfragen, Kontrollen
Misstrauensvotum
Haushaltsbeschlüsse
Anhörungen
Mitentscheidungen
Grundsatzbeschlüsse
Entscheidungen
Das Europäische Parlament (754 Abgeordnete ab 12/2009 – 2013)
24 Belgien
18 Bulgarien
14 Dänemark
99 Deutschland
6 Estland
14 Finnland
78 Frankreich
24 Griechenland
13 Irland
78 Italien
9 Lettland
13 Litauen
6 Luxemburg
5 Malta
27 Niederlande
18 Österreich
54 Polen
24 Portugal
35 Rumänien
19 Schweden
14 Slowakei
7 Slowenien
54 Spanien
24 Tschechische Republik
24 Ungarn
78 Vereinigtes Königreich
6 Zypern (griech. Teil)
Bevölkerungen der Mitgliedstaaten wählen ihre jeweiligen Regierungen

B Das politische Entscheidungssystem der Europäischen Union (Stand: 2009)

Grundlagen

Die **Europäische Union (EU)** ist ein zugleich *supranationales* (d.h. mit einer gemeinschaftl. Souveränität ausgestattetes) und *intergouvernementales* (d.h. auf Zusammenarbeit der nationalen Regierungen basierendes) pol. System völlig eigener Prägung: Sie ist (noch) kein Bundesstaat, in dem die Mitgliedsländer ihre nationalstaatl. Souveränität weitgehend verlören, zugleich aber mehr als eine internationale Organisation, weil die Mitgliedstaaten wesentl. Teile ihrer Souveränität in gemeinsamen Organen zusammengeführt haben.

Das pol. System der EU ist *polyzentrisch,* es gibt also keinen Kern, in dem die pol. Macht sich allein konzentriert. Die Kompetenzen sind horizontal und vertikal auf versch. regionale, nationale und gesamteurop. Ebenen und Institutionen verteilt, die sich z.T. überschneiden.

Grundlage der EU ist ein Bündel *zwischenstaatl. Verträge,* gemäß denen den Vertretern der nationalen Reg. in vielen Bereichen die zentrale Entscheidungsgewalt vorbehalten ist, die diese v.a. in den zwischenstaatl. Regierungskonferenzen und im Rat der Europäischen Union (Ministerrat) wahrnehmen.

Ein im Vergleich zu anderen pol. Systemen hervorstechendes Merkmal ist ihr *offener Prozesscharakter,* der auf eine schrittweise sich vertiefende pol. Integration gerichtet ist, ohne dass damit zugleich die endgültige Gestalt der Union konkret vorgezeichnet wäre.

Die auf dem Vertrag von Nizza (in Kraft seit 1.2.2003) basierende Konstruktion der EU, die bis zur Ratifizierung des Vertrages von Lissabon durch alle Mitgliedsländer im Dezember 2009 bestehen blieb, wird meist als **Drei-Säulen-Modell** dargestellt (A):

Im Bereich der (supranationalen) *Gemeinschaftspolitiken,* der *ersten Säule,* ist die EU ermächtigt, für die Mitgliedstaaten verbindl. geltende Rechtsnormen zu setzen, deren Befolgung durch die Europäische Kommission notfalls mit Zwangsmitteln durchgesetzt werden kann. Auf welchen Aufgabenkreis sich diese Kompetenz im Einzelnen erstreckt (u.a. die Agrarpolitik), ist im dritten Teil des ›Vertrags zur Gründung der Europäischen Gemeinschaft‹ zusammengefasst (EGV, Art. 23–181).

Zweite bzw. *dritte Säule* der EU sind die auf *Regierungszusammenarbeit* (intergouvernementale Zusammenarbeit) basierenden Politikfelder, wie die *Gemeinsame Außen- und Sicherheitspolitik* (GASP) sowie die *Polizeiliche* und *justizielle Zusammenarbeit in Strafsachen* (PJZS). In diesen Bereichen werden die Entscheidungen letztlich von den nationalen Regierungen im Einvernehmen getroffen.

Die zentralen Institutionen (B)

Das multipolare Machtzentrum im Mehrebenensystem der EU wird gebildet von

- dem *Europäischen Parlament* (EP) als der Vertretung der europ. Bürgerschaft,
- der *Europäischen Kommission* als dem mit eigenen Hoheitsrechten ausgestatteten Exekutivorgan der EU,
- dem *Rat der Europäischen Union* (Ministerrat), der je nach zu verhandelndem Sachverhalt in neun unterschiedl. Besetzungen auf der Ebene der Fachminister der Mitgliedstaaten zusammentritt (allg. Angelegenheiten und Außenbeziehungen; Wirtschaft und Finanzen; Justiz und Inneres; Beschäftigung, Sozialpolitik, Gesundheit und Verbraucherschutz; Binnenmarkt, Industrie und Forschung; Energie, Verkehr und Telekommunikation; Landwirtschaft und Fischerei; Umwelt; Bildung und Kultur),
- dem *Europäischen Rat* (ER), das sind die regelmäßigen »Gipfel«-Treffen der Staats- bzw. Regierungschefs und des Kommissionspräsidenten.

Nicht zu verwechseln mit dem Europäischen Rat oder dem Rat der Europäischen Union ist der *Europarat.* Dieser ist eine völlig eigenständige internationale Organisation, der außer sämtl. EU- zahlreiche weitere europ. Staaten angehören.

Weitere *gemeinsame Organe* der EU sind

- der *Europäische Gerichtshof* (EuGH, Sitz: Luxemburg), der für die Auslegung der Verträge und die Kontrolle der gemeinschaftl. Rechtsakte sowie das vertragskonforme Verhalten der Mitgliedstaaten zuständig ist; ihm gehören 27 auf jeweils sechs Jahre (Wiederwahl möglich) von den Regierungen ernannte Richter und acht Generalanwälte an; dem EuGH beigeordnet ist seit 1989 das *Gericht erster Instanz* (GEI oder EuG), das für bestimmte Arten von Rechtsstreitigkeiten zuständig ist; diesem wiederum beigeordnet ist seit 2004 das *Gericht für den öffentl. Dienst der EU;*
- der *Europäische Rechnungshof* (EuRH), der über die Recht- und Ordnungsmäßigkeit der Haushaltsführung wacht;
- die *Europäische Zentralbank* (EZB), die seit 1999 für die Geldpolitik der EU verantwortlich ist.

Beratende Organe der EU sind der

- *Europäische Wirtschafts- und Sozialausschuss* (WSA), in dem Gewerkschaften, Arbeitgeber- und Verbraucherverbände die Interessen der organisierten Bürgerschaft artikulieren, sowie der
- *Ausschuss der Regionen* (AdR), der sich aus Vertretern der regionalen und kommunalen Gebietskörperschaften zusammensetzt und in regionalpol. relevanten Fragen der EU-Rechtsetzung angehört werden muss.

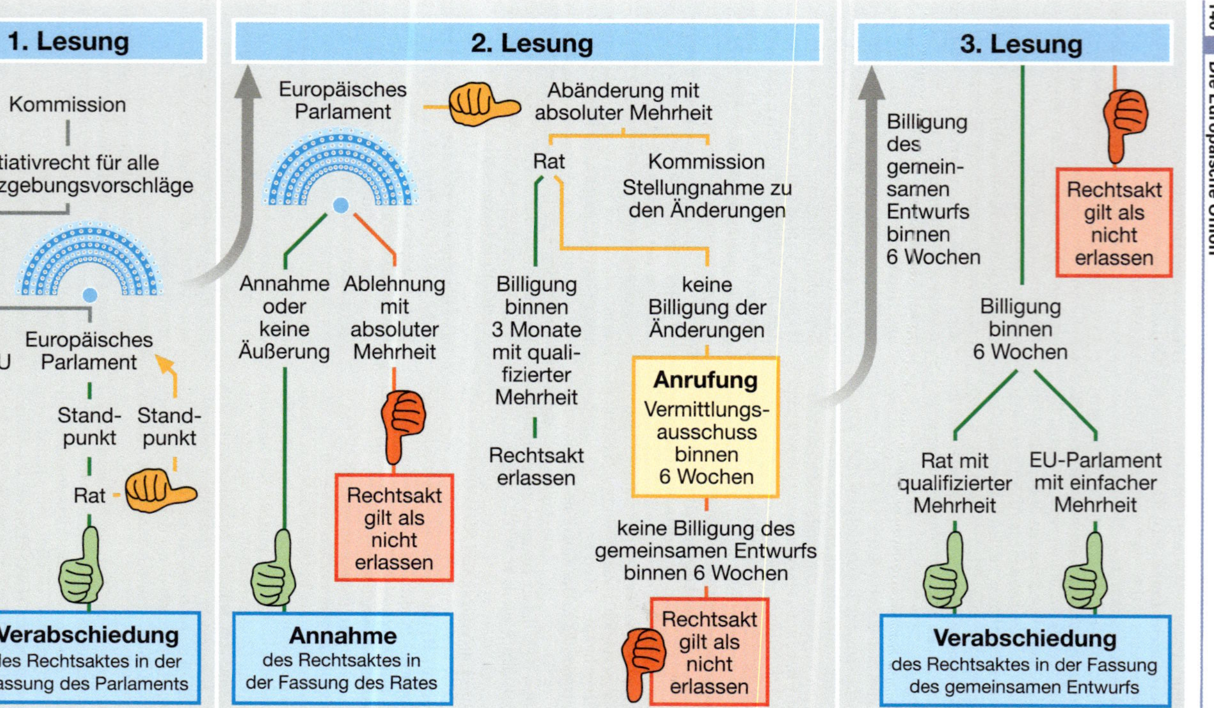

Das Ordentliche Gesetzgebungsverfahren nach Art. 294 AEUV (früher: Mitentscheidungsverfahren)

Das **Europäische Parlament** (EP) kontrolliert die Arbeit der Kommission und fungiert mit dem Ministerrat als Gesetzgeber und Haushaltsbehörde der EU. Es wird seit 1979 in den Einzelstaaten direkt nach den Regeln der Verhältniswahl gewählt. Die Wahlperiode beträgt fünf Jahre. Aktiv und passiv wahlberechtigt ist jeder EU-Bürger in dem Land der EU, in dem er lebt.

Die zz. (nach den Wahlen 2009) 736 Abgeordneten des EP bilden Fraktionen, die die europ. Zusammenarbeit der Parteien widerspiegeln. Die Anzahl der von den einzelnen Mitgliedstaaten zu entsendenden Abgeordneten richtet sich nach ihrer Einwohnerzahl. Derzeit entfallen auf die einzelnen Staaten zwischen 5 (Malta) und 99 (BRD) Mandate.

Das EP tritt jährlich zu zwölf viertägigen Plenarsitzungen in Straßburg zusammen. Weitere Sitzungen finden in Brüssel statt, ebenso Ausschuss- und Fraktionssitzungen. Das Generalsekretariat hat seinen Sitz in Luxemburg.

Die **Europäische Kommission** mit Sitz in Brüssel sowie Dienststellen in Luxemburg verfügt über das Initiativrecht im Rechtsetzungsverfahren sowie über weitreichende Verwaltungs- und Kontrollbefugnisse: Sie erstellt den Haushaltsentwurf, wacht über dessen Vollzug sowie als »Hüterin der Verträge« mit dem EuGH über die Einhaltung des Gemeinschaftsrechts und kann die nationalen Legislativen anweisen, EU-Rechtsvorschriften in nationales Recht umzusetzen.

Seit der Erweiterungsrunde 2004 entsendet jeder Mitgliedstaat einen Kommissar (zz. also 27), der im gegenseitigen Einvernehmen und nach der Zustimmung des EP vom Kommissionspräs. auf fünf Jahre ernannt wird.

Das Amt eines EU-Kommissars ist mit dem eines Ministers zu vergleichen, die ihm unterstehende *Generaldirektion* mit einem Ministerium. Neben den Generaldirektionen verfügt die Kommission über eine ca. 20000 Mitarbeiter zählende Verwaltung.

Der Kommissionspräs. selbst wird von den Staats- und Regierungschefs mit qualifizierter Mehrheit (seit 2003) bestimmt und mit Zustimmung (seit 1999) des EP ernannt.

In ihrer Amtsführung ist die Kommission von den nationalen Regierungen unabhängig.

Der **Rat der Europäischen Union** oder Ministerrat ist das wichtigste Entscheidungsorgan der EU. Ihm obliegen die Koordination der Wirtschaftspolitik, der Gemeinsamen Außen- und Sicherheitspolitik und der Polizeilichen und Justiziellen Zusammenarbeit sowie gemeinsam mit dem EP die Gesetzgebung und die Festlegung des Haushaltsplans. Beschlüsse werden nach Maßgabe der Verträge je nach Politikfeld entweder einstimmig oder mit einfacher bzw. qualifizierter Mehrheit gefasst. Zur Feststellung einer *qualifizierten Mehrheit* werden die Stimmen der einzelnen Mitglieder entspr. ihrer Einwohnerzahl gewichtet: Auf die einzelnen Staaten entfallen zwischen 3 (Malta) und 29 Stimmen (Dtl., Frankreich, Vereinigtes Königreich und Italien). Eine qualif. Mehrheit setzt derzeit (2010) einen Stimmenanteil von 73,91 % (255 von 345) voraus, die zugleich von der Mehrheit der Mitgliedstaaten stammen müssen. Liegt der Abstimmung ein Vorschlag der Kommission zugrunde, genügt die Mehrheit der Mitgliedstaaten, wenn sie 62 % der Gesamtbevölkerung repräsentiert.

Der **Europäische Rat** (ER) ist als intergouvernementales Gremium diejenige Institution im pol. System der EU, in der über die wichtigen Weichenstellungen der Gemeinschaftspolitiken entschieden wird. Neben den Staats- und Regierungschefs der Mitgliedstaaten nehmen die Außenminister und – mit beratender Stimme – der Kommissionspräsident an den Sitzungen teil. Bis zum Inkrafttreten des Vertrags von Lissabon rotierte der Vorsitz parallel zur Präsidentschaft im Ministerrat in halbjährlichem Wechsel. Seit dem 1. 12. 2009 übernimmt diese Funktion der vom ER auf 2 ½ Jahre gewählte Präsident des Europäischen Rates.

Beschlüsse des ER werden einstimmig getroffen und prägen die Entscheidungen des Ministerrats und der Kommission vor. Formal als »Rat der Europäischen Union in der Zusammensetzung der Staats- und Regierungschefs« ernennt der ER den Kommissionspräsidenten.

Die **EU-Gesetzgebung** kennt verschiedene *Verfahrenswege*, die sich nach der Beteiligung des EP unterscheiden:

- In einigen wenigen Fragen (z. B. solchen des Zolltarifs) kann der Ministerrat im sog. *einfachen Verfahren* ohne Beteiligung des Parlaments entscheiden.
- Auch im *Anhörungsverfahren* hat das EP (bzw. je nach Materie auch der Wirtschafts- und Sozialrat bzw. der Ausschuss der Regionen) lediglich die Möglichkeit, zu Kommissionsentwürfen Stellung zu nehmen.
- Im *Zustimmungsverfahren*, dem z. B. die Aufnahme oder Assoziierung neuer Staaten unterworfen ist, verfügt das EP über ein Vetorecht.
- Im *Verfahren der Zusammenarbeit* (Kooperationsverfahren) kann das EP den Kommissionsentwurf (ggf. nach Anhörung von WSA oder AdR) abändern.
- Der wichtigste Verfahrensweg ist das *Ordentliche Gesetzgebungsverfahren (früher: Mitentscheidungsverfahren)* (Abb.). In diesem ist das Parlament dem Ministerrat gleichgestellt. Bei Dissens muss eine Einigung im Vermittlungsausschuss herbeigeführt werden.

A Die Eurozone (2011)

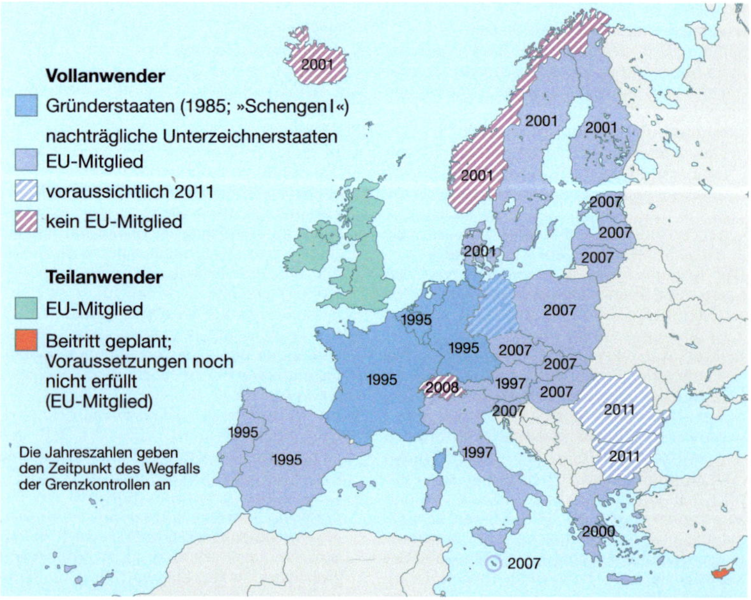

B Der Schengen-Raum

Die **Politikfelder,** die in die Zuständigkeit der EU fallen, erstrecken sich mit im Einzelnen unterschiedl. gewichteten Kompetenzen zwischen ihren Organen und den Mitgliedstaaten auf beinahe sämtl. Bereiche des gesellschaftl. Lebens (u.a. Agrar-, Umwelt-, Verbraucherschutz-, Bildungs- und Forschungs-, Struktur- und Verkehrs-, Wirtschafts- und Finanzpolitik, Justiz und Inneres).

Treibendes Motiv für den europ. Einigungsprozess nach dem 2. Weltkrieg war neben der Sicherung des Friedens von Beginn an die Idee eines gemeinsamen Wirtschaftsraums. Dieses Ziel wurde mit dem seit 1993 bestehenden **gemeinsamen Binnenmarkt** weitgehend erreicht, in dem die gemeinsame Wirtschaftspolitik seither sukzessive weiter verdichtet wird. In seinem Zentrum stehen die **vier Grundfreiheiten** des freien

- Personen-,
- Waren-,
- Dienstleistungs- und
- Kapitalverkehrs.

Mit der Einführung des Euro als gesetzl. Zahlungsmittel am 1. 1. 2002 bildeten zunächst zwölf (seit dem 1. 1. 2011: 17) Staaten der EU auch nach außen sichtbar die sog. *Eurozone,* in der die jeweiligen nationalen Währungen von einer gemeinsamen Währung abgelöst wurden (A).

Bereits mit dem Inkrafttreten der **Wirtschafts- und Währungsunion** (WWU) 1999 hatte der Euro auf der Basis festgesetzter Wechselkurse die sog. Korbwährung *European Currency Unit* (ECU) als Rechnungseinheit ersetzt. Die Zuständigkeit für die Geldpolitik wurde von den nationalen Notenbanken auf die ebenso wie diese institutionell, personell und operativ von pol. Einflussnahme unabhängige *Europäische Zentralbank* (EZB) mit Sitz in Frankfurt übertragen.

Hinsichtl. der WWU bestehen für Dänemark, das Vereinigte Königreich und Schweden sowie diejenigen neuen Mitgliedstaaten der Erweiterungsrunden 2004 und 2007, die noch nicht der Eurozone beigetreten sind, Ausnahmeregelungen. Diese Staaten nehmen zwar an der Wirtschaftsunion teil, jedoch vorerst nicht an der gemeinsamen Währung. Dänemark und das Vereinigte Königreich haben sich auf der Grundlage einer ausschließl. ihnen eingeräumten Vertragsklausel vorerst gegen die Einführung des Euro entschieden; Schweden ist wie die übrigen Staaten grundsätzl. zur Teilnahme an der gemeinsamen Währung verpflichtet, müsste aber zuvor dem *Wechselkursmechanismus* beitreten, der die Bandbreite des Wechselkurses der Landeswährung zum Euro festlegt. Die 2004 und 2007 der EU beigetretenen osteurop. EU-Staaten müssen zuvor die »Konvergenzkriterien« (oder »Maastricht-kriterien«) erfüllen (u.a. Teuerungsrate maximal 1,5% über derjenigen der drei preisstabilsten Mitgliedern, Staatsverschuldung nicht über 60% des Bruttoinlandprodukts (BIP), jährl. Nettoneuverschuldung höchstens 3% des BIP).

Wichtiger Bestandteil des Binnenmarkts ist die *Gemeinsame Agrarpolitik* (GAP), für die rund die Hälfte des gesamten EU-Haushalts aufgewendet wird. Sie soll der Angebotssicherung, der Förderung benachteiligter Regionen und eines angemessenen Einkommens der Landwirte sowie umweltgerechter Produktionsweisen dienen.

Die GAP ist regelmäßig Gegenstand z.T. heftiger interner Kontroversen um die Sinnhaftigkeit ihres Subventionsregimes und muss sich international mit dem Vorwurf des Protektionismus auseinandersetzen, der einen fairen Welthandel untermininiere.

Mit der Binnenmarktpolitik einher geht die kontinuierlich enger werdende Zusammenarbeit in der **Innen- und Rechtspolitik.**

Bereits 1985 wurde im **Vertrag von Schengen** zwischen den Unterzeichnerstaaten Belgien, Dtl., Frankreich, Luxemburg und den Niederlanden in Verbindung mit dem Abbau von Personen- und Warenkontrollen an den Binnengrenzen der schrittweise Ausbau der *polizeilichen Zusammenarbeit* vereinbart. Das Abkommen wurde 1990 erweitert (›Schengen II‹) und 1997 mit dem Amsterdamer Vertrag in den Vertrag über die EU überführt. Zur grenzüberschreitenden Strafverfolgung, der auch der Aufbau des europ. Polizeiamtes *Europol* sowie der ermittlungskoordinierenden Agentur *Eurojust* dient, wurde das *Schengener Informationssystem* (SIS) installiert.

Zum »Schengen-Raum«, in dem der *Schengen-Acquis* (dazu gehören neben den eigentl. Abkommen sämtl. sonstigen auf deren Grundlage erlassenen Regelungen) in vollem Umfang angewendet wird, gehören derzeit (2011) 24 (von 27) EU-Staaten, mit Norwegen und Island zwei der EU assoziierte Staaten sowie die Schweiz (B).

Im Rahmen des Konzepts der EU als eines **Raums der Freiheit, der Sicherheit und des Rechts** erstreckt sich die Zusammenarbeit auf dem Gebiet der Innen- und Rechtspolitik außer auf die *Polizeiliche und Justizielle Zusammenarbeit in Strafsachen* (PJZS) auch auf die *Justizielle Zusammenarbeit in Zivilsachen* (JZZ), das Zollwesen sowie die Asyl-, Flüchtlings- und Zuwanderungspolitik.

Während die PJZS der intergouvernementalen dritten Säule der EU zuzurechnen ist, wurden die JZZ sowie die Asyl-, Flüchtlings- und Zuwanderungspolitik mit dem Vertrag von Amsterdam 1997 in die supranationale erste Säule überführt.

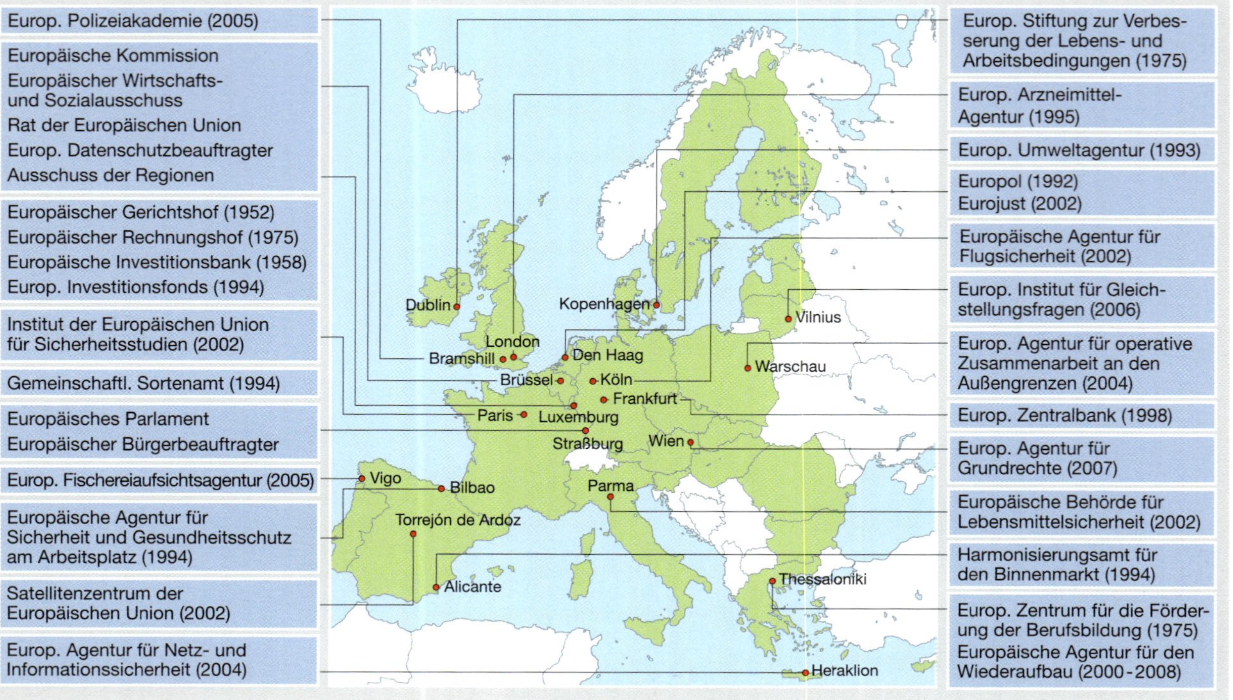

Institutionen und autonome Einrichtungen der EU mit Gründungsjahr (Auswahl)

Außenpolitik

Während der europ. Integrationsprozess auf wirtschaftl. Gebiet von Beginn an von einer starken Konvergenzdynamik geprägt war, bestanden in den Einzelstaaten gegenüber einer gemeinsamen Außenpolitik ungleich größere Vorbehalte. Mehr noch als unterschiedl. Interessen waren hierfür v. a. Bedenken gegen eine mögliche Aufweichung dieses klass. Kernbestands staatl. Souveränität verantwortlich. Gleichwohl datieren die ersten Versuche, die Grundlagen für eine mit supranationaler Kompetenz ausgestattete europ. Außenpolitik zu schaffen, bereits aus den 1950er-Jahren: Auf der Basis des nach dem damaligen frz. Premierminister René Pleven benannten ›Pleven-Plans‹ unterzeichneten die sechs Gründungsmitglieder der Europ. Gemeinschaft für Kohle und Stahl (EGKS) 1952 den Vertrag zur Gründung einer *Europäischen Verteidigungsgemeinschaft* (EVG), der eine gemeinsame europ. Armee und ein europ. Verteidigungsministerium vorsah. Das Vorhaben scheiterte jedoch 1954 an dem ablehnenden Votum der frz. Nationalversammlung. Auch der Anfang der 60er-Jahre vorgelegte, nach dem frz. Diplomaten Christian Fouchet benannte ›Fouchet-Plan‹ zur Gründung einer pol. Union mit einer einheitl. Außen- und gemeinschaftl. koordinierten Verteidigungspolitik konnte die nationalen Vorbehalte gegenüber einem so weitgehenden Souveränitätsverzicht nicht überwinden. Erst 1970 wurde mit der *Europäischen Politischen Zusammenarbeit* (EPZ) die intergouvernementale Basis für die schließlich 1992 im Vertrag von Maastricht vereinbarte **Gemeinsame Außen- und Sicherheitspolitik** (GASP) gelegt.

Die EPZ war eine zunächst nicht institutionalisierte Zusammenarbeit der Mitgliedstaaten zur Harmonisierung ihrer Außenpolitiken. Sie wurde erst 1987 mit Inkrafttreten der ›Einheitlichen Europäischen Akte‹ in die Gemeinschaftsverträge übernommen.

Zur »zweiten Säule« des EU-Gebäudes (s. S. 139) wurde die GASP 1993 durch den **Vertrag über die Europäische Union** (EUV; auch *Vertrag von Maastricht*), der das außenpol. Instrumentarium beträchtlich erweiterte und der GASP dadurch eine nach außen deutlich sichtbare Kontur gab.

Im EUV (Titel V, Art. 11) werden in Übereinstimmung mit den Grundsätzen der UN-Charta als zentrale **Ziele der GASP** benannt:

- die Wahrung der gemeinsamen Werte und grundlegenden Interessen sowie der Unabhängigkeit und Unversehrtheit der EU,
- die Stärkung der Sicherheit und die Wahrung des Friedens,
- die Förderung der internationalen Zusammenarbeit,
- die Entwicklung und Stärkung von Demokratie und Rechtsstaatlichkeit,
- die Achtung der Menschenrechte und Grundfreiheiten.

Auch nach Maastricht blieben in den Mitgliedstaaten unterschiedl. Auffassungen darüber bestehen, wie weit eine gemeinsame EU-Außenpolitik die nat. Souveränität einschränken dürfe – ein Grundkonflikt, der bis heute nicht geklärt ist und der dafür verantwortlich ist, dass der sachlich gebotene Übergang zum *Prinzip der Mehrheitsentscheidung* nur ansatzweise vollzogen wurde. Trotzdem stellte der Maastricht-Vertrag einen Fortschritt dar, weil man von dem bis dahin herrschenden *Prinzip der Einstimmigkeit* abrückte und Beschlüsse nun auch bei Stimmenthaltung einzelner Länder möglich waren (sog. konstruktive Stimmenthaltung).

Erst mit den Verträgen von Amsterdam und insbes. Nizza wurde die Möglichkeit, in best. Bereichen Beschlüsse mit qualifizierter Mehrheit zu fassen, ausgeweitet (u. a. Ernennung des GASP-Sonderbeauftragten und des Hohen Vertreters).

Mit dem Amsterdamer Vertrag wurde das Amt eines **Hohen Vertreters** für die GASP geschaffen, der diese in Abstimmung mit dem Außenminister der jeweiligen Ratpräsidentschaft sowie dem für Außenbeziehungen zuständigen Kommissionsmitglied nach außen vertrat. Mit Inkrafttreten des Vertrags von Lissabon (1. 12. 2009) ist das Amt erheblich aufgewertet worden und vereint nun unter dem Titel **Hoher Vertreter der EU für Außen- und Sicherheitspolitik** die Funktionen des Vorsitzenden des Außenministerrats und des Außenkommissars sowie die Vizepräsidentschaft der Europäischen Kommission.

Verteidigungspolitik

Durch den **Vertrag von Nizza** erfuhr die GASP mit der **Europäischen Sicherheits- und Verteidigungspolitik** (ESVP) eine wesentl. Ergänzung, die gemäß dem ihr zugrunde liegenden Sicherheitskonzept der Krisenvorsorge, -bewältigung und -nachsorge gewidmet ist. Im Vordergrund der ESVP stehen neben dem gegenseitigen militär. Beistand die sog. *Petersberger Aufgaben* (benannt nach dem Tagungsort, auf dem sie vom Ministerrat der Westeuropäischen Union (WEU) 1992 beschlossen wurden): Die Mitgliedstaaten stellen im Bedarfsfall Verbände ihrer konventionellen Streitkräfte für humanitäre Aktionen (z. B. Evakuierung), friedenserhaltende Maßnahmen sowie Kampfeinsätze für das Krisenmanagement und zur Wiederherstellung des Friedens zur Verfügung. Die ESVP erfolgt in enger Kooperation mit der NATO und im Rückgriff auf deren bestehende Strukturen.

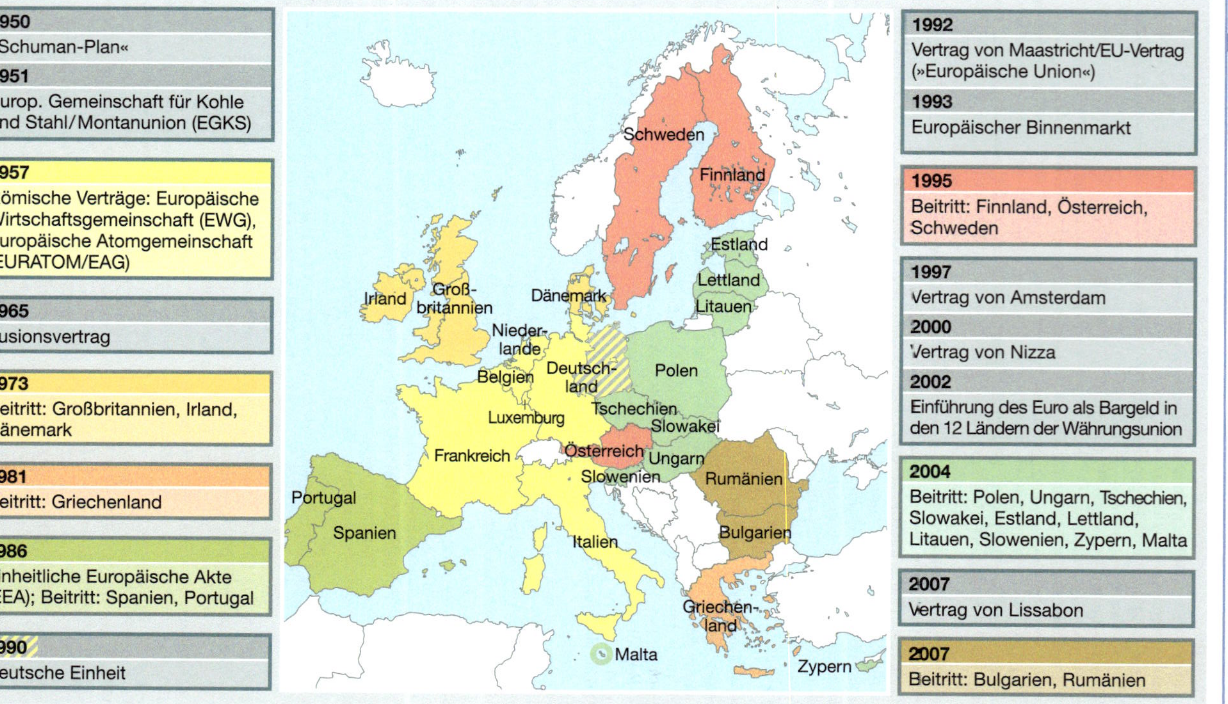

Stationen der Europäischen Einigung

Der Grundstein für die europ. Einigung wurde vom damaligen frz. Außenminister Robert Schuman gelegt, der am **9. 5. 1950** den nach ihm benannten **Schuman-Plan** vorlegte. Dieser hatte nicht nur die Schaffung eines Wirtschaftsverbundes und die Kontrolle der Kohle- und Stahlindustrie in einer **Europäischen Gemeinschaft für Kohle und Stahl** (EGKS) zum Ziel; vielmehr wurde die EGKS von vornherein auch als »erste Etappe der europäischen Föderation« entworfen.
Der Gründungsvertrag der EGKS wurde am **18. 4. 1951** in Paris von Belgien, Deutschland, Frankreich, Italien, Luxemburg und den Niederlanden unterzeichnet und trat (auf 50 Jahre befristet) am **23. 7. 1952** in Kraft.

Die aus 78 Abgeordneten der nat. Parlamente bestehende **Gemeinsame Versammlung der EGKS** trat erstmals im Sept. 1952 in Straßburg zusammen. Auch wenn diese Versammlung noch keinerlei Gesetzgebungsrechte hatte, kann sie doch als *Vorläufer des Europäischen Parlaments* betrachtet werden. Andere Organe waren die neunköpfige *Hohe Behörde* (Vorläufer der Europ. Kommission), der *Ministerrat* (Vorläufer des Rats der EU), der *Beratende Ausschuss* mit 51 Mitgliedern (Vorläufer des Wirtschafts- und Sozialausschusses) sowie der aus sieben Richtern bestehende *Gerichtshof* (Vorläufer des Europ. Gerichtshofes).

1957 gründeten die sechs EGKS-Staaten mit den **Römischen Verträgen** die **Europäische Wirtschafts-** (EWG) und die **Europäische Atomgemeinschaft** (EURATOM).

Die nun 142 Abgeordnete umfassende *Beratende Versammlung der Parlamentarier* war ab 1958 sowohl für die EGKS als auch für EWG und EURATOM zuständig und nannte sich bereits *»Europäisches Parlament«*. Offiziell wurde diese Bezeichnung aber erst 1986, die erste Direktwahl fand 1979 statt.

Am **8. 4. 1965** wurde in Brüssel der **Fusionsvertrag** (›Vertrag zur Einsetzung eines gemeinsamen Rates und einer gemeinsamen Kommission der Europ. Gemeinschaften‹) unterzeichnet. Er trat am **1. 7. 1967** in Kraft.
War die Gemeinschaft bis dahin ganz auf die finanziellen Beiträge der Mitgliedstaaten angewiesen, hatte sie seit 1971 auch eigene Einnahmen (u. a. Ein- und Ausfuhrabgaben aufgrund von EWG-Marktordnungen). Mit der Beteiligung an der Haushaltsgesetzgebung wurden dem Parlament erstmals Gesetzgebungskompetenzen zugestanden.
Die drei *Gründungsverträge* der Europ. Gemeinschaften wurden 1986 in die **Einheitliche Europäische Akte** (EEA) überführt, die am **1. 7. 1987** in Kraft trat und die Schaffung eines gemeinsamen Binnenmarktes bis zum 1. 1. 1993 vorsah. Vertraglich geregelt wurde erstmals auch die *Europäische Politische Zusammenarbeit* (EPZ).

Die Verträge von Maastricht, Amsterdam und Nizza

Im Dezember 1991 wurde auf dem Gipfel von **Maastricht** Einigkeit über den **Vertrag über die Europäische Union** (EUV) erzielt, wonach die drei Gemeinschaftsverträge (EGKS, EG, EURATOM), die Gemeinsame Außen- und Sicherheitspolitik (GASP) sowie die Zusammenarbeit in den Bereichen Innen- und Rechtspolitik (IRP) die drei Säulen der Europäischen Union bilden sollten. Der am **7. 2. 1992** unterzeichnete und am **1. 11. 1993** in Kraft getretene Vertrag formuliert als **Ziele und Aufgaben der EU** u. a.:

- die Förderung eines ausgewogenen und dauerhaften sozialen und wirtschaftl. Fortschritts, bes. durch Abschaffung der Binnengrenzen, durch Stärkung des wirtschaftl. und soz. Zusammenhalts sowie durch eine Wirtschafts- und Währungsunion;
- die Behauptung ihrer Identität auf internationaler Ebene durch eine gemeinsame Außen- und Sicherheitspolitik sowie mittelfristig einer gemeinsamen Verteidigungspolitik;
- die Einführung einer Unionsbürgerschaft, die u. a. jedem EU-Bürger Freizügigkeit innerhalb der EU und das kommunale Wahlrecht an seinem Wohnort in der EU garantiert;
- die Entwicklung einer engen Zusammenarbeit in den Bereichen Justiz und Inneres.

Der am **2. 10. 1997** in **Amsterdam** unterzeichnete Änderungsvertrag zum EUV trat am **1. 5. 1999** in Kraft. Mit ihm wurden die Gemeinschaftsaufgaben erneut ausgeweitet:

- In die Gemeinschaftsverträge übernommen wurde das am **15. 6. 1985** zwischen Belgien, den Niederlanden, Luxemburg, Frankreich und Deutschland geschlossene ›*Übereinkommen von Schengen*‹ (auch *Schengener Abkommen* oder *Schengen I* wegen des am 19. 6. 1990 unterzeichneten, als *Schengen II* bezeichneten ›Schengener Durchführungsübereinkommens‹). Bis heute (2009) haben sich 22 weitere (auch Nicht-EU-)Staaten dem Abkommen angeschlossen, durch das u. a. die Grenzkontrollen zwischen den Unterzeichnerstaaten abgeschafft und die Zuständigkeiten der EU in den Bereichen Inneres und Justiz nochmals erheblich erweitert wurden.
- Neu aufgenommen in den Ziel- und Aufgabenkatalog der EU wurde das Thema Beschäftigung. In den Bereichen Sozial-, Gesundheits-, Umwelt- und Verbraucherschutzpolitik wurden die Rechte der EU ebenso erweitert wie im Bereich der gemeinsamen Außen- und Sicherheitspolitik.

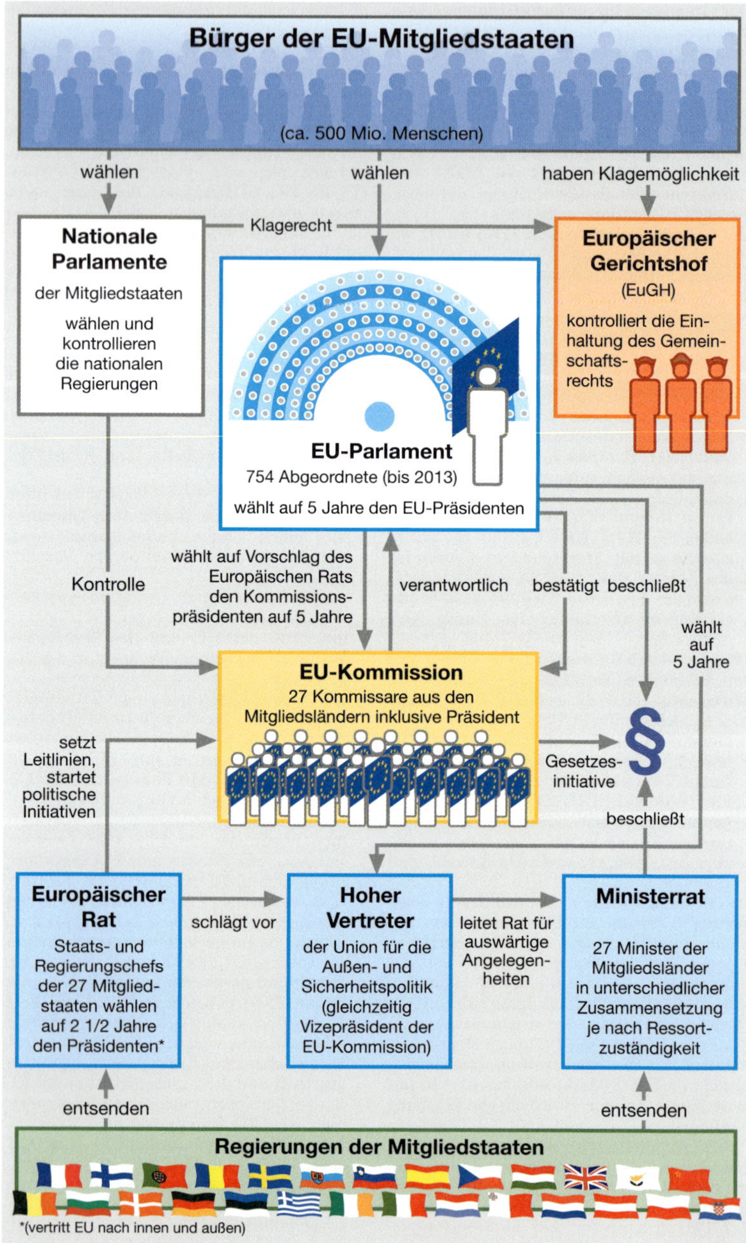

Die Architektur der EU nach dem Vertrag von Lissabon

Am **26. 2. 2001** wurde der **Vertrag von Nizza** unterzeichnet. Er trat am 1. 2. 2003 in Kraft und beinhaltet u. a. eine Ausweitung der Bereiche, über die im Rat mit Mehrheit entschieden werden kann, d.h. ohne die Notwendigkeit, Einstimmigkeit zu erzielen.
Nach der Aufnahme zehn neuer Mitglieder im Mai 2004 sollte der am **29. 10. 2004** in Rom unterzeichnete **Vertrag über eine Verfassung für Europa** (VVE) die Handlungsfähigkeit der EU sichern und die demokrat. Legitimation der EU-Politik stärken. Er scheiterte jedoch an ablehnenden Volksentscheiden in Frankreich und den Niederlanden.

In der Verfassung sollten die überarbeiteten EG- und EU-Verträge sowie die *Grundrechtecharta* in einem Dokument zusammengefasst, die bisherige »Drei-Säulen-Architektur« aufgegeben und die EU mit einer eigenen Rechtspersönlichkeit ausgestattet werden.

Nach dem Scheitern des Ratifizierungsprozesses des VVE blieb der Vertrag von Nizza die bis Dezember 2009 verbindl. Rechtsgrundlage der EU.

Der Vertrag von Lissabon
Unter Verzicht auf den Titel ›Verfassung‹ und alle damit verbundene Symbolik fanden die wesentlichen Inhalte des VVE Eingang in den am **13. 12. 2007** unterzeichneten Reformvertrag von Lissabon, der nach einem langwierigen Ratifizierungsprozess am **1. 12. 2009** in Kraft trat.

- Die EU erhält eine eigene Rechtspersönlichkeit und kann dadurch völkerrechtliche Verträge in eigener Verantwortung schließen; die Drei-Säulen-Architektur in ihrer bisherigen Form existiert nicht mehr. Weitere wichtige Neuerungen:
- Die Grundrechtecharta der EU wird durch einen Querverweis im Vertragstext rechtsverbindlich, wobei für das Vereinigte Königreich, Tschechien und Polen Sonderregelungen gelten.
- Die Macht des EU-Parlaments wird dadurch gestärkt, dass das Mitentscheidungsverfahren im Gesetzgebungsprozess zum Regelfall wird und die Kompetenzen in Bezug auf das Haushaltsrecht und den Abschluss internat. Übereinkommen erweitert werden. Dadurch wird das Parlament gegenüber dem Ministerrat zum gleichberechtigten Akteur.
- Auch die *nationalen Parlamente* sowie der *Ausschuss der Regionen* erhalten mehr Kontrollmöglichkeiten im EU-Gesetzgebungsverfahren: Als »Frühwarnsystem zur Einhaltung des Subsidiaritätsprinzips« wird ihnen ein Klagerecht vor dem EuGH eingeräumt.
  Das Subsidiaritätsprinzip besagt, dass die Rechtsetzung für eine bestimmte Materie auf der nächsthöheren Ebene nur dann erfolgen soll, wenn dies aus sachlicher Sicht tatsächl. geboten ist.
- Der *Europäische Rat,* der als Gremium der Staats- und Regierungschefs bisher schon de facto die Leitlinien der Politik vorgab, erhält den Status eines vollwertigen Organs der EU sowie einen von ihm mit qualifizierter Mehrheit auf 2½ Jahre zu wählenden hauptamtlichen *Präsidenten* (d.h. kein gleichzeitiges Mandat in einem Einzelstaat). Einmalige Wiederwahl ist möglich.
- Für *Mehrheitsentscheidungen* im ER und im Rat der Europäischen Union ist ab dem 1. 11. 2014 eine ›doppelte Mehrheit‹ nötig, d.h. die Zustimmung von mind. 55 % der Mitglieder, die gleichzeitig mind. 65 % der EU-Bevölkerung vertreten. Diese Regelung hat einerseits zum Ziel, Gestaltungsmehrheiten zu erleichtern bzw. Blockademinderheiten zu erschweren, zum anderen soll dadurch verhindert werden, dass die großen EU-Staaten mit ihrer Bevölkerungsmehrheit gegen die Mehrheit der übrigen Staaten allein entscheiden können.
- Die *Öffentlichkeit der Beratungen des Rates* über Entwürfe von Rechtsakten wird verbindlich. Damit werden die demokrat. Legitimation und die Transparenz des Entscheidungsprozesses gestärkt.
- Der im VVE vorgesehene ›EU-Außenminister‹ wird nunmehr mit der Amtsbezeichnung *Hoher Vertreter der Union für die Außen- und Sicherheitspolitik* zugleich Vizepräsident der Kommission und übernimmt die bisher vom für Außenbeziehungen zuständigen Kommissar wahrgenommenen Aufgaben. Er wird vom ER mit Zustimmung des Kommissionspräs. mit qualifizierter Mehrheit ernannt und ist Vorsitzender des Ministerrats in der Zusammensetzung der Außenminister.
- Für die EU als Raum der Freiheit, der Sicherheit und des Rechts wird ein im Wesentlichen einheitlicher *Rechtsrahmen* geschaffen. Der gesamte Bereich Justiz und Inneres fällt in die Zuständigkeit des aus dem bisherigen Gericht Erster Instanz (nunmehr: ›Gericht‹), Gerichtshof und beigeordneten Fachgerichten bestehenden *Gerichtshofs der EU.*
- Erstmals formal geregelt wird der freiwillige Austritt aus der EU.

Fallengelassen wurde die urspr. im Vertrag vorgesehene Verkleinerung der EU-Kommission, die dazu geführt hätte, dass künftig nicht mehr jedes Land in der Kommission vertreten gewesen wäre.

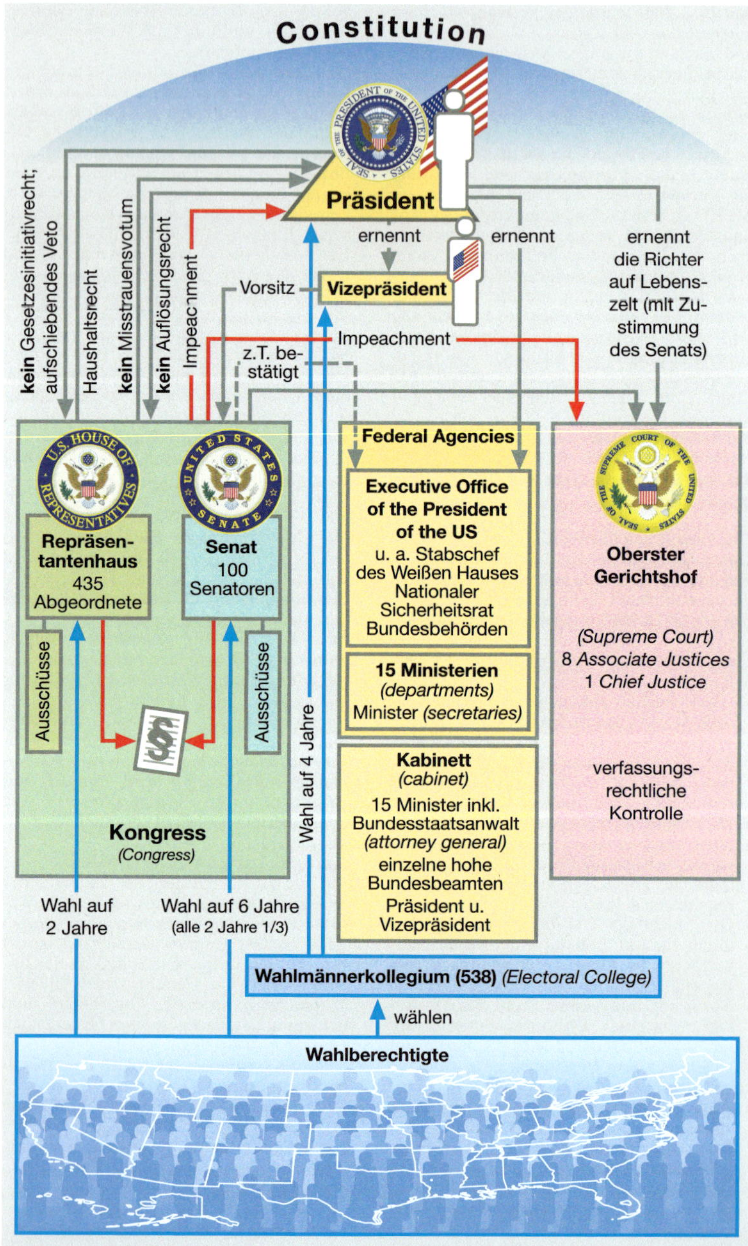

Das politische System der USA

Die fünfzig **Vereinigten Staaten von Amerika** (USA) bilden einen *föderalen Bundesstaat.* Das *Regierungssystem* gilt als Prototyp des **präsidentiellen Regierungssystems:** Im Gegensatz zum parlamentar. Regierungssystem ist die Exekutive ungeteilt, d. h. der *Präsident* ist Staatsoberhaupt *und* Regierungschef sowie außerdem Oberbefehlshaber der Streitkräfte. Darüber hinaus ist er Chef der Bundesverwaltung und oberster Diplomat (S. 152 A).

Das Regierungssystem basiert auf vier Verfassungsprinzipien:

1. Gewaltenteilung und Gewaltenkontrolle *(checks and balances),*
2. Föderalismus,
3. grundsätzl. Machtbeschränkung des Staates durch das Recht *(limited government),*
4. Rechtsschutz *(judicial review),* das Recht der Bundesgerichte, die Verfassungskonformität von Gesetzen sowie das Verwaltungshandeln des Präs. zu überprüfen.

Checks and Balances

Als ein bes. Merkmal des US-Verfassungssystems kann die vergleichsweise strikte Verwirklichung des Prinzips der **Gewaltenteilung** angesehen werden: Während etwa in Großbritannien, dem Prototyp der parlamentar. Demokratie, der Regierungschef dem Parlament angehören *muss,* sind Regierungsamt und Parlamentsmandat in den USA qua Verfassung (Art. I, Abschn. 6, Abs. 2) nicht miteinander vereinbar *(Inkompatibilitätsprinzip).*

An einer Stelle wird das Inkompatibilitätsprinzip allerdings durchbrochen: Der Vizepräs. ist von Amts wegen *Vorsitzender des Senats,* im Falle eines Abstimmungspatts gibt seine Stimme den Ausschlag.

Gleichwohl ist das Gewaltenteilungsprinzip des US-Systems nicht das einer strikten Gewaltentrennung *(separation of powers),* sondern das einer konsequenten Trennung der Institutionen bei wechselseitig teilnehmender Gewaltenausübung: Ein möglicher Machtmissbrauch soll durch auf Kooperation angewiesene und sich wechselseitig kontrollierende Gegengewichte *(»checks and balances«)* verhindert werden. So bedürfen etwa auch vom Präs. vorzunehmende Ernennungen von Regierungsbeamten oder der Richter des *Supreme Court* der Zustimmung des Senats. Völlig frei in seiner Personalpolitik ist der Präs. lediglich hinsichtl. seines engsten Beraterkreises im *White House Office.*

Bes. augenfällig wird die erzwungene Kooperation im Kompetenzverhältnis von Präs. und Kongress: Beide Parlamentskammern (Senat und Repräsentantenhaus) und der Präs. sind durch voneinander unabhängige Wahlen mit einer je eigenen Legitimation durch das Volk ausgestattet.

Anders als etwa in Frankreich kann der Präs. das Parlament nicht auflösen. Wie dort kann umgekehrt das Parlament den Präs. im Normalfall nicht absetzen. Ausschließl. für den Fall schwerer strafrechtl. Vergehen, des Hochverrats oder der Bestechlichkeit kommt ein sog. **Impeachment** (Amtsenthebungsverfahren) nach Art. II, Abschn. 4 der Verfassung in Betracht. Eingeleitet wird dieses auf Antrag der Mehrheit der Abgeordneten des Repräsentantenhauses. Die Entscheidung liegt dann beim Senat, für dessen Schuldspruch es einer Zweidrittelmehrheit der anwesenden Senatoren bedarf. Den Vorsitz während der Anhörung führt der Oberste Bundesrichter.

Bislang wurde gegen zwei Präs. ein Impeachment angestrengt: Nach dem Ende des Bürgerkriegs suchte Andrew Johnson, 1864 zum Vizepräs. von Präs. Abraham Lincoln gewählt und nach dessen Tod 1865 sein Amtsnachfolger, den Ausgleich mit den besiegten Südstaaten und geriet darüber in Konflikt mit den Republikanern im Kongress. Als diese mit einem Gesetz dem Präs. untersagen wollten, Kabinettsmitglieder ohne Zustimmung des Senats zu entlassen, und er trotzdem den Kriegsminister austauschte, versuchten seine Gegner ihn mit einem Impeachment aus dem Amt zu entfernen. Am 24. 2. 1868 stimmte das Repräsentantenhaus mit 126 gegen 47 Stimmen für eine Anklageerhebung. Im Senat wurde die nötige Zweidrittelmehrheit für einen Schuldspruch um nur eine Stimme verfehlt. Dagegen fiel 1999 der Freispruch für den Demokraten Bill Clinton trotz einer republikan. Mehrheit im Senat mit 55 gegen 45 Stimmen sehr deutlich aus.

Föderalismus

Neben die *horizontale* tritt in den USA eine traditionell sehr ausgeprägte **vertikale Gewaltenteilung** mit weitgehenden (Gesetzgebungs-)Kompetenzen der einzelnen Bundesstaaten.

Die Verfassung weist dem Bundesgesetzgeber best. Rechte und Pflichten ausdrücklich zu (Art. I, Abschn. 8). Alle anderen Kompetenzen bleiben den Einzelstaaten vorbehalten.

In den Bundesstaaten selbst wiederholt sich die horizontale Gewaltenteilung von Legislative, Exekutive und Judikative. Mit Ausnahme von Nebraska bestehen überall Zweikammerparlamente. An der Spitze der jeweiligen Regierung steht ein direkt vom Volk gewählter *Gouverneur.* Z. T. bestehen im Gegensatz zur Bundesebene stark ausgeprägte direktdemokratische Mitwirkungsrechte, z. B. Volksbegehren und -entscheide sowie die Möglichkeit, neben dem Gouverneur manche Regierungsmitglieder und Richter direkt zu wählen und ggf. auch wieder abzuwählen *(recall).*

A Stellung und Funktionen des Präsidenten

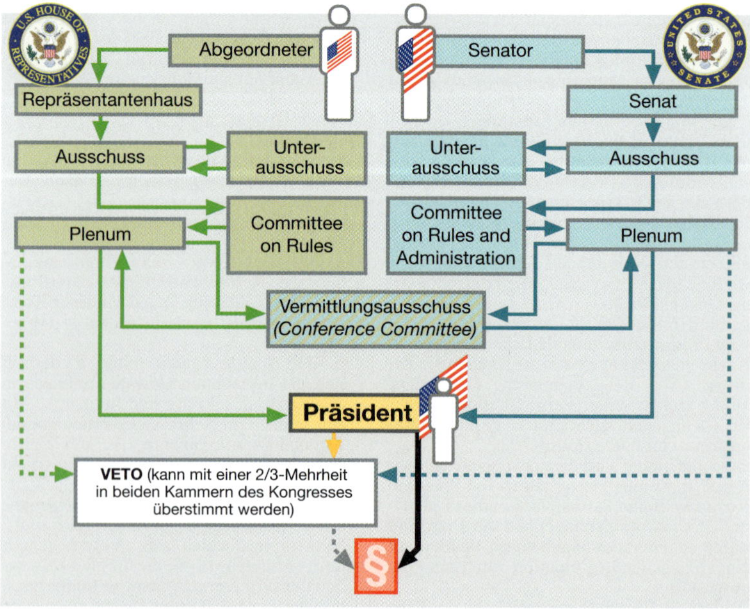

Abgeordneter
Senator
Repräsentantenhaus
Senat
Ausschuss
Unterausschuss
Unterausschuss
Ausschuss
Plenum
Committee on Rules
Committee on Rules and Administration
Plenum
Vermittlungsausschuss *(Conference Committee)*
Präsident
VETO (kann mit einer 2/3-Mehrheit in beiden Kammern des Kongresses überstimmt werden)
§

B Der Gesetzgebungsprozess in den USA

Der Kongress

Legislative Gewalt der USA ist der aus zwei Kammern *(Repräsentantenhaus* und *Senat)* bestehende **Kongress** (s. S. 150 A).

In den **Senat** entsendet jeder Staat, unabhängig von seiner Größe, zwei Senatoren (insges. 100). Alle zwei Jahre werden ein Drittel der Senatoren neu gewählt. Ihre Amtszeit beträgt sechs Jahre. Die 435 Abgeordneten des **Repräsentantenhauses** werden alle zwei Jahre in den Bundesstaaten direkt gewählt, wobei die Abgeordnetenzahl der einzelnen Staaten von der Größe ihrer Bevölkerung abhängig ist (ein Repräsentant pro ca. 500000 Einwohner, mind. aber ein Abgeordneter pro Staat).

Große Bedeutung kommt im US-Kongress den in beiden Kammern jeweils mehr als zwanzig **Ausschüssen** *(Committees)* und ihren Unterausschüssen zu, auf die sich die konkrete Gesetzgebungsarbeit weitgehend verlagert hat – eine Entwicklung, wie sie auch für Arbeitsparlamente in parlamentar. Regierungssystemen typisch ist.

Gesetzgebung

Während in parlamentar. Demokratien der **Gesetzgebungsprozess** von der Regierung dominiert wird, die aufgrund ihrer fachl. und personellen Ressourcen auch die Mehrheit der Gesetzesvorlagen einbringt, ist der US-Präs. darauf angewiesen, Vorlagen formal durch ihm pol. nahestehende Kongressabgeordnete einbringen zu lassen.

In der Praxis geht auf diese Weise auch in den USA ein Großteil der Initiativen von der Regierung aus.

Gesetzesvorlagen *(bills)* können in beide Kammern des Kongresses eingebracht werden. Grds. bedarf ein Gesetz *(law)* der Zustimmung sowohl des Senats als auch des Repräsentantenhauses. Rechtskraft erhält es aber erst durch die Unterschrift des Präsidenten. Dieser hat innerhalb einer Frist von zehn Tagen die Möglichkeit des Vetos, das jedoch durch Zweidrittelmehrheit in beiden Kammern überstimmt werden kann. Unterzeichnet der Präs. das Gesetz während der Zehntagefrist nicht, tritt es auch ohne seine Unterschrift in Kraft. (B)

Wird dem Präs. ein Gesetz weniger als zehn Tage vor einer sitzungsfreien Zeit des Parlaments zugeleitet, eröffnet sich ihm die Möglichkeit des sog. *pocket veto,* d.h. er kann das Gesetz einfach »in seiner Tasche verschwinden« lassen, ohne es zu unterschreiben. In diesem Fall tritt das Gesetz nicht in Kraft.

Parteien

Das Parteiensystem der USA wird von zwei großen Parteien dominiert: den *Demokraten* und den *Republikanern.*

Zwar gibt es daneben eine ganze Reihe kleiner Parteien, doch ist keine davon im Kongress vertreten. Auch hatten unabhängige Kandidaten, wie sie trotz des damit verbundenen finanziellen Aufwands regelmäßig zu Präsidentschaftswahlen antreten (wie etwa Ross Perot 1992 und 1996 oder der Grüne Ralph Nader 2000 und 2004), in der Vergangenheit nie eine Chance.

Auch wenn beide Parteien in sich nach wie vor unterschiedlichste programmat. und ideolog. Strömungen vereinen, so haben sich die pol. Lager in den USA entlang der Parteigrenzen zuletzt gesellschaftl. deutlich polarisiert: *Demokraten* werden demnach eher als den gesellschaftl. Minderheiten verpflichtete Reformer eingeschätzt, die international auf Kooperation setzen, während die *Republikaner* als streng Konservative gelten, die außenpol. eine konsequente Hegemonialpolitik verfolgen.

Diese Polarisierung hat auch eine geograf. Ausprägung, die bei den Präsidentschaftswahlen 2000, 2004 und 2008 signifikant zum Ausdruck kam. Demnach wählten der reiche Nordosten des Landes und die Staaten der ebenfalls eher wohlhabenden Westküste den jeweils demokrat. Kandidaten, der wirtschaftl. viel schwächere Süden und die Mitte republikanisch. In der sozialen Fragmentierung spiegelt die Anhängerschaft der Parteien außer der wirtschaftl. zugleich die kulturelle, ethnische und religiöse Segmentierung der Gesellschaft. So verfügen die wirtschaftl. starken Regionen auch über ein höheres Bildungsniveau und größere kulturelle und religiöse Toleranz.

Im Vergleich zu anderen westl. Demokratien weisen die US-Parteien bemerkenswerte Eigenarten auf. Insbes. gibt es keine mit dem europ. Parteiwesen vergleichbare Parteistruktur. Auf nationaler Ebene ist die Organisation außerordentl. schwach, eine formale Mitgliedschaft gibt es nicht. Die Parteien dienen v.a. als Wahlplattformen, in denen sich Unterstützer und Kandidaten für öffentl. Ämter sammeln, weshalb man sie häufig auch als »Wahlkampfvereine« bezeichnet.

Das Parteienwesen in den USA ist sehr stark dezentralisiert, d.h. die pol. Leitlinien werden nicht von einem obersten Parteigremium vorgegeben, sondern sind von den jeweiligen Mandatsträgern abhängig. Anders als in parlamentar. Regierungssystemen, in denen die Reg. unmittelbar von der Unterstützung der Parlamentsmehrheit abhängt, herrscht im Kongress auch kaum Fraktionsdisziplin. Ledigl. bei Personalentscheidungen stimmen die Abgeordneten der Parteien regelmäßig geschlossen für Kandidaten aus den eigenen Reihen.

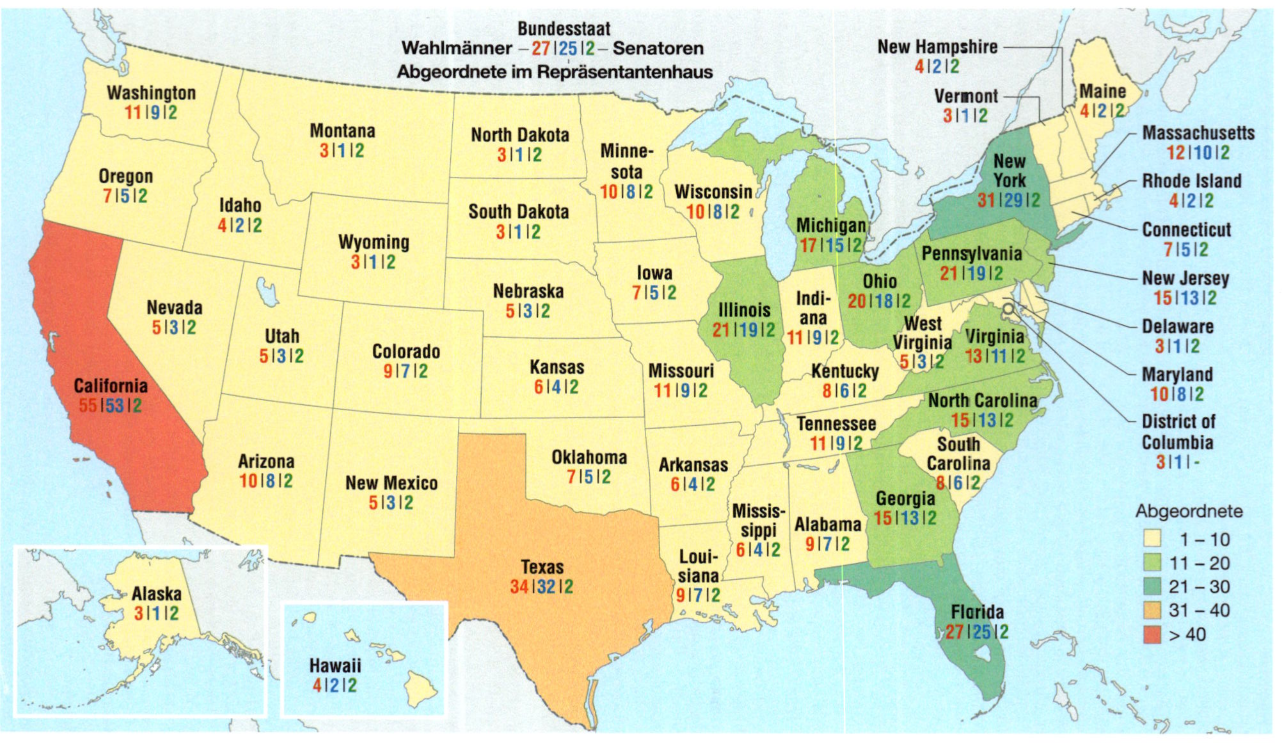

Die Repräsentation der Einzelstaaten bei Wahlen und im Parlament

Das **Wahlrecht** ist in den USA überwiegend Sache der Bundesstaaten, einzelne Regelungen unterscheiden sich deshalb z.T. erheblich. Die Bestimmungen in der Bundesverfassung betreffen v.a. *Mindestanforderungen an die Kandidaten:* So beträgt das Mindestalter für die Abgeordneten des Repräsentantenhauses 25, für einen Senator 30 Jahre. Abgeordnete im Repräsentantenhaus müssen seit sieben, Senatoren seit neun Jahren Bürger der Vereinigten Staaten sein. Für alle Kandidaten gilt, dass sie in dem Bundesstaat ihren Wohnsitz haben müssen, in dem sie sich zur Wahl stellen. Der Präs. muss mind. 35 Jahre alt und in den USA geboren sein sowie seit mind. 14 Jahren in den USA leben.

Die *Amtszeit* beträgt für Abgeordnete im Repräsentantenhaus zwei, für Senatoren sechs, für den Präs. vier Jahre. Kongressabgeordnete dürfen beliebig oft, der Präs. nur einmal wiedergewählt werden.

Über das *aktive Wahlrecht* verfügen US-Bürger mit Vollendung des 18. Lebensjahres, wobei die Eintragung in das Wahlregister selbst betrieben und alle vier Jahre erneuert werden muss. Wahltag *(election day)* ist jeweils der erste Dienstag nach dem ersten Montag im November der Jahre mit gerader Jahreszahl; die Legislaturperiode beginnt am darauffolgenden 3. Januar.

Wahlen zum Kongress

Die 435 Mitglieder des **Repräsentantenhauses** *(representatives, congressmen),* der ersten Kammer im Kongress, werden auf der Ebene der Bundesstaaten in Einerwahlkreisen *(congressional districts)* durch relative Mehrheitswahl (in Georgia und Louisiana absolute Mehrheitswahl) auf zwei Jahre gewählt.

Gebiete der USA, die keine Bundesstaaten sind (so der District of Columbia, in dem sich die Hauptstadt Washington befindet, oder Außengebiete, wie z.B. Puerto Rico), entsenden zwar Delegierte in das Repräsentantenhaus, diese sind jedoch nicht stimmberechtigt.

Ebenfalls durch relative Mehrheitswahl werden in jedem Bundesstaat zwei der insgesamt 100 Abgeordneten auf sechs Jahre in den **Senat** gewählt (auch hier sind die Bürger des District of Columbia nicht wahlberechtigt). Im Zweijahresturnus wird rund ein Drittel der Sitze neu vergeben.

Die Präsidentschaftswahlen

Bei der alle vier Jahre stattfindenden Wahl des **Präsidenten** und seines **Vizepräsidenten** wählen die Bürger in den Bundesstaaten zunächst Wahlmänner, die jeweils für einen der Kandidaten stehen. Die Anzahl der Wahlmänner eines Bundesstaates entspricht der Zahl seiner Kongressabgeordneten (Abb.), sodass das Wahlmännergremium *(electoral college)* samt der drei Elektoren des District of Columbia aus insges. 538 Wahlmännern bzw. -frauen besteht. In den meisten Bundesstaaten wird nach dem Mehrheitswahlrecht verfahren, d.h. der Kandidat mit den meisten Stimmen in dem Bundesstaat erhält sämtl. Wahlmännerstimmen des Staates.

Abweichende Regelungen gelten in Maine und Nebraska. Hier erhält jeder Kandidat für jeden von ihm gewonnenen Wahlkreis einen Wahlmann.

Die Elektoren sind in etwa der Hälfte der Fälle mit einem *imperativen Mandat* ausgestattet, das sie – gemäß dem für die Mehrheitswahl charakteristischen Prinzip »The winner takes it all« – zur einheitlichen Stimmabgabe verpflichtet.

Erhält keiner der Kandidaten die erforderliche absolute Mehrheit, wählt das Repräsentantenhaus mit absoluter Mehrheit einen der drei Kandidaten zum Präs., die im Electoral College die höchsten Stimmzahlen erhalten haben. Jeder Bundesstaat hat eine Stimme.

Erhält bei der Wahl zum Vizepräsidenten keiner der Kandidaten die absolute Mehrheit, so wählt der Senat einen der zwei Kandidaten mit den meisten Stimmen, wobei beide Senatoren pro Bundesstaat eine Stimme haben und sich für unterschiedliche Kandidaten entscheiden können.

Die Kandidatenkür

Die Präsidentschaftskandidaten werden in der ersten Hälfte des Wahljahres von den Parteien durch parteiinterne **Vorwahlen** *(primaries)* auf Ebene der Bundesstaaten bestimmt. Dabei kommen unterschiedl. Verfahren zur Anwendung: *open* oder *closed primaries* bzw. (nur noch selten) der auch als *restrictive primary* bezeichnete sog. *caucus,* bei dem es ebenfalls eine offene und eine geschlossene Variante gibt. Bei einer *open primary* erhalten alle für die Präsidentschaftswahlen Wahlberechtigten die Kandidatenlisten aller Parteien und können daraus den Kandidaten (samt dem von ihm bestimmten Vizepräsidentschaftskandidaten) auswählen, der dem Bundesparteitag zur Nominierung empfohlen werden soll. Bei einer *closed primary* wählen die wahlberechtigten Bürger die Delegierten für den Bundesparteitag derjenigen Partei, in deren Wählerliste sie sich zuvor haben eintragen lassen. Bei einem *closed caucus* wählen die registrierten Anhänger einer Partei in ihrem kommunalen Wahlbezirk nur die Delegierten für die Parteiversammlung auf der nächsthöheren von insgesamt fünf Ebenen. Bei der selteneren Variante des *open caucus* ist die vorherige Eintragung in die Wählerliste der Partei nicht nötig.

Die offizielle Nominierung der Präsidentschaftskandidaten erfolgt anschließend auf den Parteitagen *(national convention).*

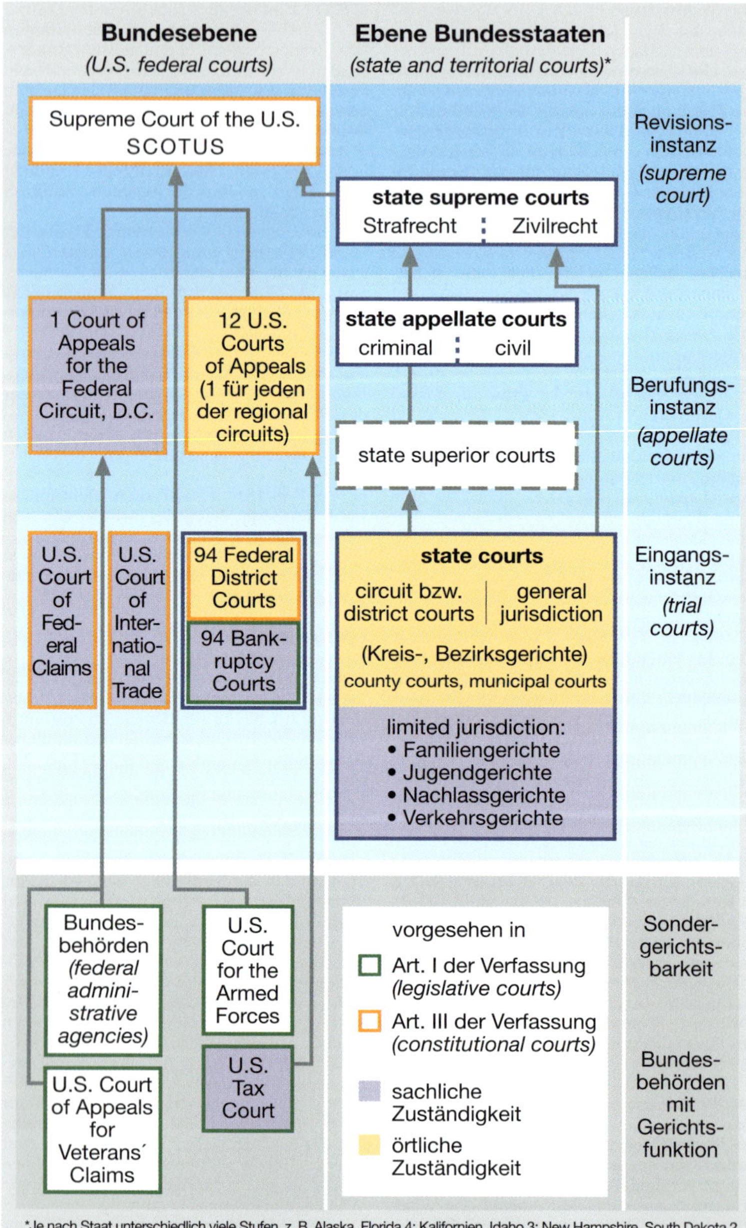

Gerichtsorganisation in den USA (vereinfacht)

Das US-amerikan. Recht speist sich aus vier versch. Quellen. An der Spitze der Normenhierarchie steht

- das **constitutional law** (Verfassungsrecht), das außer der Verfassung selbst auch deren dokumentierte Auslegung durch den Obersten Gerichtshof des Bundes *(Supreme Court)* umfasst. Danach folgen
- das durch den Gesetzgeber gesetzte **statutory law** (kodifiziertes Recht) samt dessen richterl. Auslegung,
- das durch die Verwaltung erlassene **administrative law** (Verwaltungsrecht),
- das durch die Gerichte beim Fehlen gesetzl. Normen zur Entscheidung eines Falles geschaffene **common law** (Richterrecht), das Entscheidungsgrundlagen für aktuelle Fälle aus gleich gelagerten früheren *Präzedenzfällen* gewinnt, im Zuge der immer enger werdenden Maschen des Gesetzesrechts jedoch zunehmend an Bedeutung verliert.

Bundes- und Verfassungsgerichtsbarkeit

Das bundesstaatliche Gerichtssystem der USA ist dreistufig aufgebaut (Abb.). Auf der untersten Ebene stehen die 95 **Bezirksgerichte** *(Federal District Courts)* als Gerichte erster Instanz. Sie finden sich auf sämtl. Bundesstaaten verteilt. Berufungsinstanz (ohne erstinstanzielle Zuständigkeit) sind die 12 **Berufungsgerichte** *(Federal Courts of Appeals)*. Oberstes Bundesgericht und letzte Berufungsinstanz ist der **Supreme Court of the United States** mit Sitz in Washington, D. C.

Außer diesen Gerichten, die als einzige ausdrücklich von der Verfassung vorgesehen sind (Art. III), bestehen auf Bundesebene eine Reihe von **Gerichten mit speziellen Zuständigkeiten** (Abb.) sowie eine eigene Militärgerichtsbarkeit. Letzte Berufungsinstanz ist in jedem Fall der Supreme Court.

Der **Supreme Court** gilt weltweit als Vorbild einer die Legislative kontrollierenden Normenkontrolle *(judicial review)* und damit der Verfassungsgerichtsbarkeit überhaupt.

Von der verfassungsgerichtl. Funktion des Supreme Court ist in der Verfassung selbst allerdings nirgendwo die Rede, diese hat das Gericht selbst ausgebildet: In seiner Urteilsbegründung im Fall »Marbury vs. Madison« im Jahr 1803 hatte es für sich die Pflicht in Anspruch genommen, die Verfassung gegen ihr zuwiderlaufende Normsetzung der gesetzgebenden Gewalt zu schützen: Weil die Verfassung die oberste Rechtsnorm darstelle, obliege es dem obersten Gericht, zu prüfen, ob die Anwendung eines einfachen Gesetzes mit dem höherrangigen Recht der Verfassung vereinbar sei.

Der Supreme Court besteht aus einem *Chief Justice* und acht beisitzenden Richtern *(Associate Justices)*. Sie werden vom Präs. mit Zustimmung des Senats ernannt. Zwar kann wie gegen den Präs. und Bundesbeamte auch gegen Bundesrichter ein Impeachment angestrengt werden, aber davon abgesehen erfolgt die Berufung auf Lebenszeit und ohne die Möglichkeit einer späteren Abberufung, wodurch die richterl. Unabhängigkeit gegenüber Exekutive und Legislative sichergestellt werden soll.

Seiner mögl. pol. Instrumentalisierung kann sich das Gericht dadurch entziehen, dass es die Annahme pol. heikler Fälle mit der Begründung verweigert, dass es sich um keine gerichtlich, sondern pol. zu entscheidende Frage handle *(political question doctrine)*. Die Doktrin folgt der Maxime der richterlichen Selbstbeschränkung, der gemäß sich die Judikative der Beantwortung pol. Gestaltungsfragen, die in die genuine Zuständigkeit von Legislative und Exekutive gehören, grundsätzl. zu enthalten hat. Gleichwohl sind die Entscheidungen des Supreme Court oft von erheblicher pol. Brisanz, weshalb gerade angesichts der prakt. Unwiderrufbarkeit der Ernennung der Richter die Zustimmung des Senats keineswegs nur ein formaler Akt ist, zumal sich angesichts deren unbegrenzter Amtszeit nur selten die Gelegenheit einer Neubesetzung ergibt. Es kommt deshalb regelmäßig zu z. T. erbitterten Kontroversen zwischen Präs. und Parlament, die Ernennungen um Monate hinauszögern können.

Rechts- und Gerichtssysteme der Einzelstaaten

Die 50 Bundesstaaten verfügen entsprechend ihrer von der Verfassung garantierten Autonomie über ein je eigenes Rechtssystem. Gesetze und Rechtsprechung dürfen jedoch nicht im Widerspruch zur US-Verfassung oder anderen bundesrechtlichen Regelungen stehen.

Die Gerichtssysteme der Einzelstaaten sind wie das des Bundes dreistufig aufgebaut, mit einem *State Supreme Court* an der Spitze. Letzte Instanz auch der Gerichtsbarkeit der Einzelstaaten ist der Supreme Court des Bundes. (Abb.)

In die Zuständigkeit der einzelstaatl. Judikative fallen v. a. das Straf- und das Zivilrecht. In diesen Rechtsbereichen bestehen zwischen den einzelnen Staaten z. T. erhebl. Unterschiede.

Anders als auf Bundesebene werden in den meisten (nämlich 39) Staaten die Richter nicht (oder nur zum Teil) von der Exekutive mit Zustimmung der Legislative ernannt, sondern von den Bürgern direkt (und auf Zeit) gewählt.

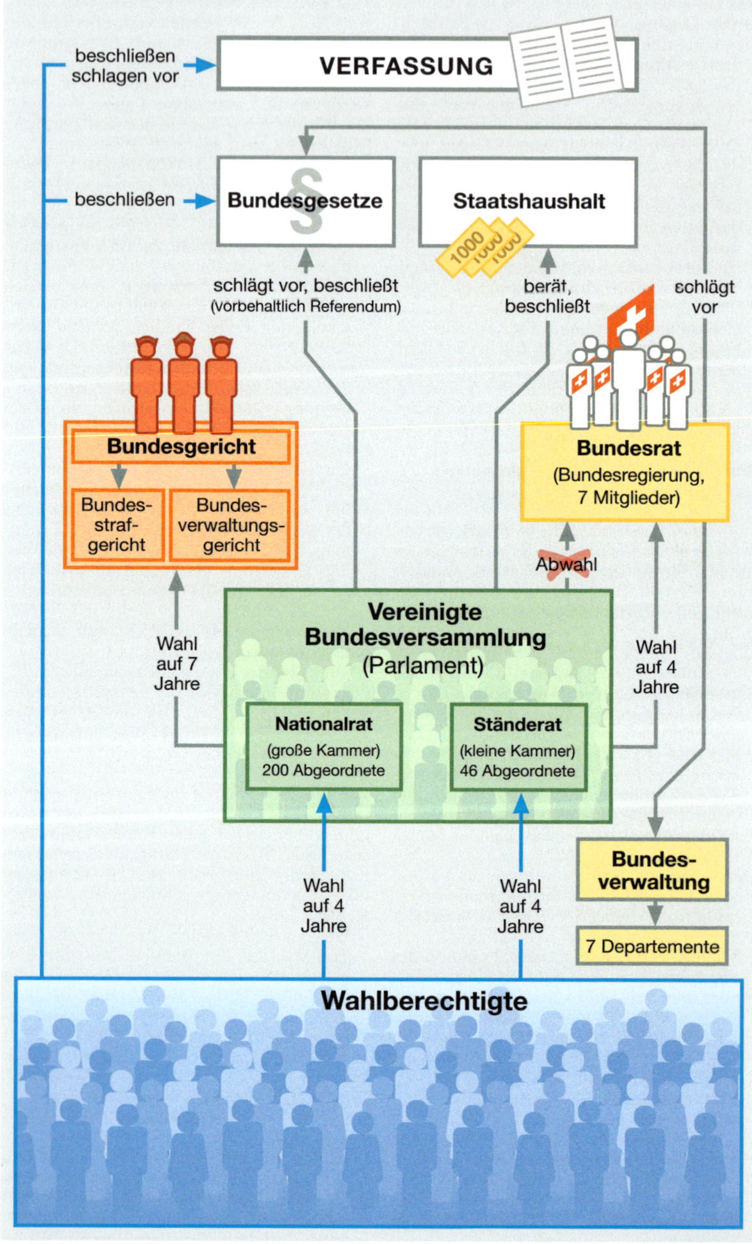

Das politische System der Schweiz

Unter den pol. Systemen der Welt nimmt die Schweiz eine Sonderrolle ein: In keinem anderen Staat gibt es so weitreichende direktdemokratische Mitwirkungsmöglichkeiten. Zwar sehen etwa auch die Verfassungen der Gliedstaaten der föderal organisierten USA oder der dt. Bundesländer direktdemokrat. Mitwirkungsmöglichkeiten vor. Auf Bundesebene spielen sie aber nur in der Schweiz eine Rolle.

Direkte Demokratie meint diejenigen Formen pol. Beteiligung, bei denen die stimmberechtigten Bürger unmittelbar über *Sachfragen* entscheiden. Wahlen fallen demgemäß nicht in die Kategorie direktdemokrat. Entscheidungen.

Das pol. System der Schweiz gilt als Paradebeispiel eines funktionierenden direktdemokrat. Verfassungssystems. Tatsächl. kann aber hier bei genauer Betrachtung nur von einer *halb direkten Demokratie* gesprochen werden: Repräsentative und direktdemokrat. Elemente halten sich in etwa die Waage, wobei die (neben dem stark ausgeprägten Föderalismus) bes. charakterist. Systemmerkmale überwiegend Folge der direktdemokrat. *Volksrechte* sind.

Zu nennen sind hier insbes. die relative Schwäche der pol. Parteien sowie der große Einfluss der Interessenverbände, die mit z.T. erheblichem finanziellen und personellen Aufwand einen Großteil der Volksinitiativen anstoßen und für diese werben.

Im Regierungssystem der Schweiz ist von den drei Staatsorganen (Regierung, Parlament und Volk) das Volk als Souverän dasjenige, dem die wichtigsten pol. Entscheidungen vorbehalten bleiben (ausnahmslos, d.h. neben Verfassungsänderungen etwa auch Fragen der Außenpolitik und der nationalen Sicherheit), während das Parlament wichtige und die Regierung weniger wichtige Fragen entscheidet.

Die beiden wichtigsten direktdemokrat. Instrumente sind die **Volksinitiative** und das **Referendum.**

Bei den Volksrechten auf Bundesebene sind im Wesentl. drei **Verfahrenstypen** zu unterscheiden:

- das obligatorische *Verfassungsreferendum,*
- das fakultative *Gesetzesreferendum* sowie
- die *Volksinitiative für Verfassungsrevisionen* (auch: Verfassungsinitiative).

Welche Fragen grds. der Volksabstimmung vorbehalten sind, ist in der Verfassung geregelt, die wiederum ausschließl. durch Volksentscheid geändert werden kann. Auch auf der Ebene der ihrerseits mit weitgehenden autonomen Kompetenzen ausgestatteten Bundesländer, der Kantone, ist das Volk die maßgebende pol. Entscheidungsinstanz.

Parlament und Regierung

Die ausdrückl. *nach* dem Bürger wichtigste Rolle im schweizer. pol. System weist die Verfassung der **Bundesversammlung** zu, einem aus **Nationalrat** (Volksvertretung) und dem **Ständerat** als Vertretung der Kantone bestehenden Zweikammerparlament. Diesem obliegt u. a. die Wahl der Regierung. (Abb.)

Jedes **Gesetzgebungsvorhaben** muss beide Kammern des Parlaments passieren. Die Abgeordneten sind dabei an keinerlei Weisungen gebunden (Instruktionsverbot), d.h. auch die Abgeordneten im Ständerat sind nicht mit einem imperativen Mandat ausgestattet.

Der **Bundesrat** (Bundesregierung) ist eine aus sieben Mitgliedern bestehende Kollegialbehörde. Jedes Mitglied wird einzeln auf vier Jahre gewählt. Die Möglichkeit eines parlamentar. Misstrauensvotums gegenüber der Reg. insgesamt oder einzelnen Mitgliedern besteht nicht. Aus dem Kreis des Bundesrates wird das Amt des **Bundespräsidenten,** der zugleich formeller Chef der Exekutive ist, im jährl. Wechsel neu besetzt. Er ist gegenüber den übrigen Regierungsmitgliedern kaum mit nennenswerten Vorrechten ausgestattet.

Bei den **Wahlen** zur Bundesversammlung kommen unterschiedliche Wahlverfahren zur Anwendung:

- Die Mandate für den *Ständerat* werden (außer im Kanton Jura) in den Wahlkreisen nach den Prinzipien der *Mehrheitswahl* (schweizer.: Majorz) vergeben (zwei pro Kanton, eines pro Halbkanton).
- Die Sitzverteilung im *Nationalrat* erfolgt in Kantonen mit mehr als einem Abgeordneten entsprechend dem *proportionalen* Wähleranteil der Parteien, während in den Kantonen Uri, Appenzell Innerrhoden, Appenzell Ausserrhoden, Nidwalden und Obwalden nach dem *Majorzprinzip* gewählt wird. Die insges. 200 Sitze der »großen Kammer« werden den Parteien ihrem Stimmanteil in den Wahlkreisen entsprechend zugeteilt. Dabei fallen die Mandate an die Kandidaten, die auf der Liste ihrer Partei die meisten Stimmen erhalten. Für den Wähler besteht die Möglichkeit, auf der Liste Streichungen vorzunehmen und anderen Kandidaten entsprechend mehr Stimmen zu geben (d. h. Stimmen zu *kumulieren*).

Ein Argument, dem hinsichtl. direktdemokrat. Beteiligungsmöglichkeiten auch in parlamentar. Systemen zu Recht großes Gewicht beigemessen wird, ist die **besondere demokratische Legitimation** von Entscheidungen, die der Souverän (also das Volk) unmittelbar selbst trifft. Dieses Argument steht und fällt jedoch mit der tatsächl. Abstimmungsteilnahme oder -verweigerung der Stimmberechtigten.

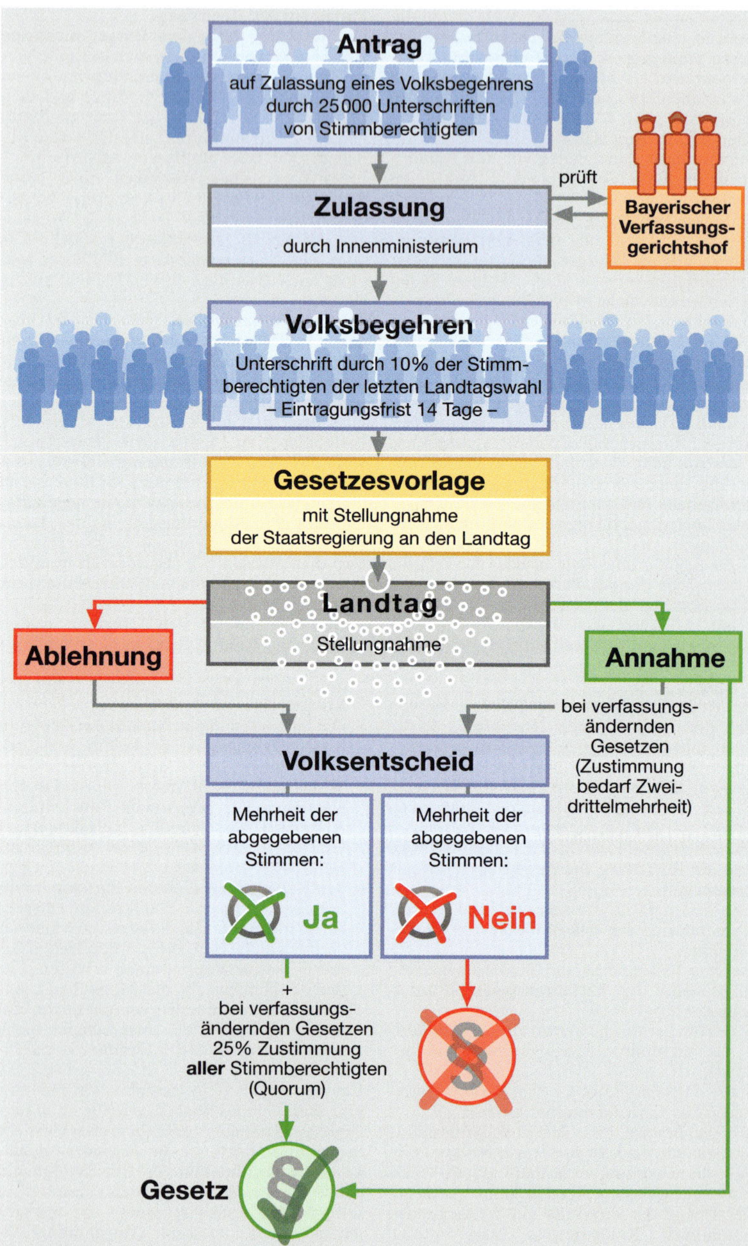

Volksbegehren und Volksentscheid in Bayern

Im Durchschnitt liegt die **Beteiligungsquote** bei Referenden in der Schweiz bei um die 40%. Bei stark polarisierenden und allg. für bes. wichtig erachteten Themen entsprechend höher, wobei der Grad der Komplexität der zur Abstimmung gestellten Vorlage entscheidend ist: Je komplexer diese ist, desto weniger Bürger beteiligen sich an der Abstimmung. Abstimmungsenthaltung ist zudem häufig die Folge, wenn der Eindruck vorherrscht, über das verhandelte Thema bestehe weitgehend Konsens.

Um zu verhindern, dass eine kleine bürgerschaftl. aktive Minderheit für die pol. passive Mehrheit Entscheidungen mit u.U. weitreichenden Folgen trifft (was das Argument von der bes. demokrat. Legitimation in gewisser Weise auf den Kopf stellen würde), kann die Initiierung einer Volksinitiative und/oder die Wirksamkeit eines Volksentscheids per Gesetz grds. von einem unterschiedl. hohen **Quorum,** d.h. vom Erreichen einer Mindestzahl von Unterstützern und/oder Abstimmungsteilnehmern, abhängig gemacht werden. Auch das Erreichen einer best. Mehrheit kann zur Voraussetzung für die Verabschiedung eines Gesetzes durch das Volk gemacht werden.

In der **Schweiz** sind diese Hürden sehr niedrig: Um ein *fakultatives Gesetzesreferendum* in Gang zu setzen, das über vom Parlament beschlossene Gesetze entscheidet, bedarf es 50000 Unterstützer (das entspricht etwas mehr als 1% der Wahlberechtigten). Für die Entscheidung selbst ist ausschließl. die Mehrheit der abgegebenen Stimmen ausschlaggebend, ohne irgendein Quorum. Auch beim *obligatorischen Referendum* über eine vom Parlament mit einfacher Mehrheit beschlossene Verfassungsänderung ist keine Mindestbeteiligung nötig; allerdings muss nicht nur die Mehrheit der abgegebenen Voten (sog. *Volksmehr*), sondern auch eine Mehrheit der Kantone (sog. *Ständemehr*) der Vorlage zustimmen, damit sie Gesetz werden kann. Das gilt auch für die *Verfassungsinitiative,* mit der mind. 100000 Bürger ein Referendum über eine totale oder teilw. Revision der Bundesverfassung veranlassen können.

Von großer Bedeutung sind die **Abstimmungskampagnen.** Hier sind in (finanzstarken) Verbänden organisierte Interessen naturgemäß im Vorteil. Der Einfluss der Verbände auf die Politik ist deshalb in der Schweiz unter dem Strich sehr viel größer als in überwiegend repräsentativen Systemen, während der Einfluss und die Bedeutung der polit. Parteien im Vergleich deutl. schwächer ausgeprägt sind. Der Einfluss der Verbände reicht zudem bis in die Parteien hinein, deren Wahlkämpfe wesentl. von Verbänden (mit)finanziert werden, woraus sich unvermeidbar Abhängigkeitsverhältnisse zwischen Abgeordneten und Interessenvertretern ergeben.

Direktdemokratische Mitwirkung in Dtl.
Deutlich höher als in der Schweiz sind die Hürden für die Volksgesetzgebung in den dt. Bundesländern: In **Bayern,** dem Land mit der im dt. Vergleich ausgeprägtesten direktdemokrat. Tradition, ist für ein erfolgreiches *Volksbegehren* (der Vorstufe eines Volksentscheids) die Unterstützung von 10% der Stimmberechtigten nötig, die sich zudem innerhalb einer Frist von nur 14 Tagen in die ausgelegten Listen eintragen müssen. Beim anschließenden *Volksentscheid* muss zwar bei einfachen Gesetzen kein zusätzl. Quorum erfüllt werden, Verfassungsänderungen bedürfen aber seit 1999 der Zustimmung von mind. 25% aller Stimmberechtigten. (Abb.)

In **Hessen,** wo Verfassungsänderungen grds. dem Volk zur Abstimmung vorgelegt werden müssen, beträgt das Quorum für die Zulassung eines Volksbegehrens 3 % der bei der letzten Landtagswahl Wahlberechtigten. Das Volksbegehren selbst muss dann innerhalb von 14 Tagen von mind. 20% der Stimmberechtigten befürwortet werden; dafür genügt hier beim Volksentscheid die einfache Mehrheit der abgegebenen gültigen Stimmen.

Hingegen ist in **Baden-Württemberg** für einen Volksentscheid die Zustimmung der Mehrheit der Abstimmenden und mind. eines Drittels aller Wahlberechtigten erforderlich. Eingeleitet wird ein Volksbegehren auf Antrag eines Sechstels der Wahlberechtigten.

Die von Befürwortern vertretene Hoffnung, direktdemokrat. Beteiligungsformen wirkten sozial-emanzipativ, findet in der Praxis kaum Bestätigung:

> Die höchsten Beteiligungsquoten weist regelmäßig der männl. Bevölkerungsteil auf, wobei die Teilnahmebereitschaft mit Einkommen, Bildungsabschluss und Berufsstatus steigt. Frauen, zumal geringer gebildete und solche mit niedrigem Einkommen, bleiben den Referenden dagegen überproportional häufig fern. Auch das Alter hat Einfluss auf das bürgerschaftl. Engagement, das bei Älteren stärker ausgeprägt zu sein scheint als bei Jüngeren.

Aus demokratietheoret. Sicht ist die ungleiche Beteiligung der versch. gesellschaftl. Schichten problematischer als eine insges. niedrige Beteiligungsquote, wird durch diese aber noch verstärkt.

Die **Auswirkungen** direktdemokrat. Beteiligungsmöglichkeiten auf die Qualität der Gesetzgebung werden von den Kritikern solcher Partizipationsverfahren häufig überschätzt: Direktdemokrat. zustande gekommene Gesetze sind in der Praxis i.a.R. nicht weniger fundiert als solche parlamentar. Genese. Auch führt eine direktdemokrat. Gesetzgebung in der Praxis nicht zur Verletzung von Minderheitenrechten.

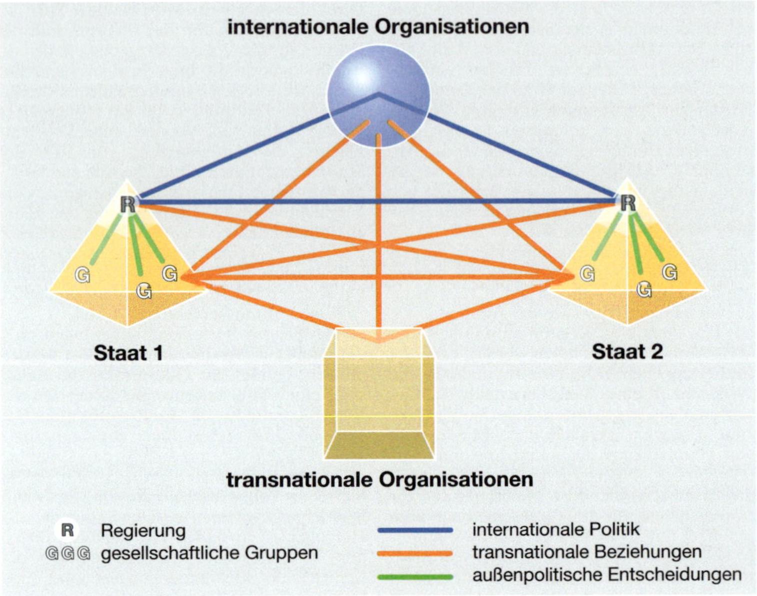

A Das internationale System

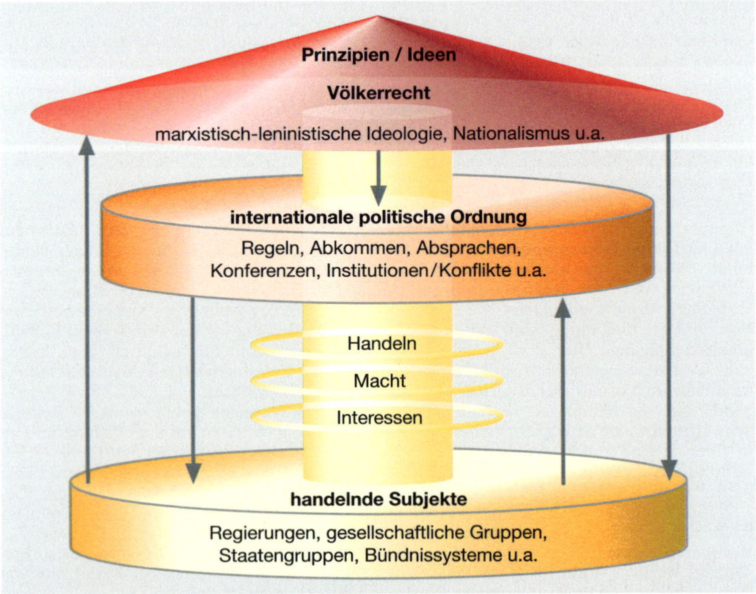

B Mehrdimensionalität internationaler Politik

Die Begriffe »Internationale Politik« und »Internationale Beziehungen« werden in der Politikwiss. weitgehend synonym zur Bezeichnung einer wiss. Teildisziplin bzw. einer bestimmten Forschungsperspektive verwendet. Dennoch lässt sich folgende Unterscheidung treffen:

Die **Internationale Politik** thematisiert die Gesamtheit der Beziehungen zwischen pol. Systemen. Im Vordergrund stehen die Außen- und Wechselwirkungen dieser Systeme.

Akteure sind hierbei in erster Linie *Nationalstaaten, regionale Zusammenschlüsse* und *internationale Organisationen.*

Für die Gesamtheit aller zwischengesellschaftl. Beziehungen (einschl. derjenigen auf Regierungsebene) hat sich der Begriff **Internationale Beziehungen** eingebürgert.

Weil der Einfluss nichtstaatl. Akteure auf internat. Ebene in den letzten Jahrzehnten ständig gewachsen ist, kann mit diesem Begriff die *Weltpolitik* am besten beschrieben werden.

Dagegen werden die Interaktionen von *Nichtregierungsorganisationen* (NGOs) unterschiedl. Staaten (Interessengruppen, Parteien, Wirtschaftsunternehmen, Kirchen etc.) als **Transnationale Beziehungen** bezeichnet.

Von einem übergeordneten Standpunkt aus findet internat. Politik innerhalb eines **internationalen Systems** statt (A), dessen Strukturen, Zusammenhänge und Interdependenzen mehr und etwas anderes sind als die Summe der außenpol. Entscheidungen.

Die Außenpolitik der Nationalstaaten stellt mithin nur einen Teilbereich der Internationalen Beziehungen dar.

Das internat. System weist einige strukturprägende Besonderheiten auf. Dazu zählen z.B. spezifische Akteurskonstellationen wie Uni-, Bi- oder Multipolarität, hegemoniale Strukturen oder ein System des Machtgleichgewichts *(Balance of Power).* Völkerrechtl. Normen und internat. Regime (s. S. 183) können ebenfalls strukturbildend wirken. Gleiches gilt für kulturelle und histor. Determinanten, Art und Qualität der Weltwirtschaftsbeziehungen, die Verteilung wichtiger Ressourcen sowie die Existenz unterschiedl. Gesellschaftsordnungen.

Der wichtigste Unterschied zwischen einem nationalstaatl. und dem internat. pol. System besteht darin, dass es bei Letzterem kein übergeordnetes Entscheidungszentrum und keine mit einem Gewaltmonopol ausgestattete Exekutive gibt.

Zwischen den versch. **theoretischen Schulen** der Teildisziplin Internationale Beziehungen existieren unterschiedl. Auffassungen hinsichtl. der den Akteuren unterstellten Beweggründe sowie der Funktionsprämissen des internat. Systems:

Für die *realistische Schule* stehen Bedrohung, Macht und Interesse, für die *idealistische Schule* Frieden, Stabilität und Kooperation im Fokus der Betrachtung. Der *Konstruktivismus* schreibt Ideen und der soz. Konstruktion der Wirklichkeit, der *Institutionalismus* Institutionen den bedeutendsten Einfluss zu.

Fragestellungen und Methoden der Disziplin sind v. a. von hist. Ereignissen, (waffen-)technolog. Neuerungen, wirtschaftl. Entwicklungen und institutionellen Veränderungen abhängig. Zu Beginn des 21. Jh. sind v. a. folgende Faktoren bedeutsam:

- Ende des Ost-West-Konflikts,
- Ende des Entkolonialisierungsprozesses,
- ungelöste Konflikte (Israel–Palästina, Indien–Pakistan, Afghanistan, Kaukasus etc.),
- Bürgerkriege mit überregionalen Auswirkungen (Kongo, Sudan),
- internationaler Terrorismus,
- Existenz und Verbreitung (Proliferation) von Massenvernichtungswaffen,
- globale Umweltzerstörung,
- Globalisierung der Wirtschaft.

Zu den dominierenden Struktur- und Organisationsmustern gehören

- die Hegemonialmachtstellung der USA,
- der Aufstieg und Machtzuwachs neuer Staaten, v. a. aus dem asiatischen Raum (China, Indien),
- die weltweite Durchsetzung der liberalen Wirtschaftsordnung nach dem Scheitern des sowjet. Modells und der Marktöffnung Chinas,
- vermehrte regionale Zusammenschlüsse (z.B. EU, NAFTA, ASEAN, AU),
- die Vereinten Nationen (UNO) als globale Weltorganisation mit beschränkter Problemlösungskapazität sowie
- Bedeutungszuwachs von NGOs.

Diese strukturellen Veränderungen des internat. Systems haben ihrerseits Auswirkungen auf die vorherrschenden Interpretationsmuster und Grundkategorien der Teildisziplin Internationale Beziehungen. Einerseits wird durch die o.g. Entwicklungen die Bedeutung des Nationalstaats einschließl. des vorherrschenden Souveränitätskonzepts relativiert *(Denationalisierung);* der supranat. Zusammenschluss der EU stellt dafür ein gutes Beispiel dar. Andererseits erleben nationalist. Tendenzen eine unerwartete Renaissance. Religiös bzw. kulturell aufgeladene Konflikte münden nicht selten in separatist. Bewegungen bzw. Autonomiebestrebungen. Zudem ist der *Nationenbildungsprozess* in den ehemaligen Kolonien nicht abgeschlossen. Als weitere Tendenz zeichnet sich eine freilich zu hinterfragende *Demokratisierung der Staatenwelt* ab.

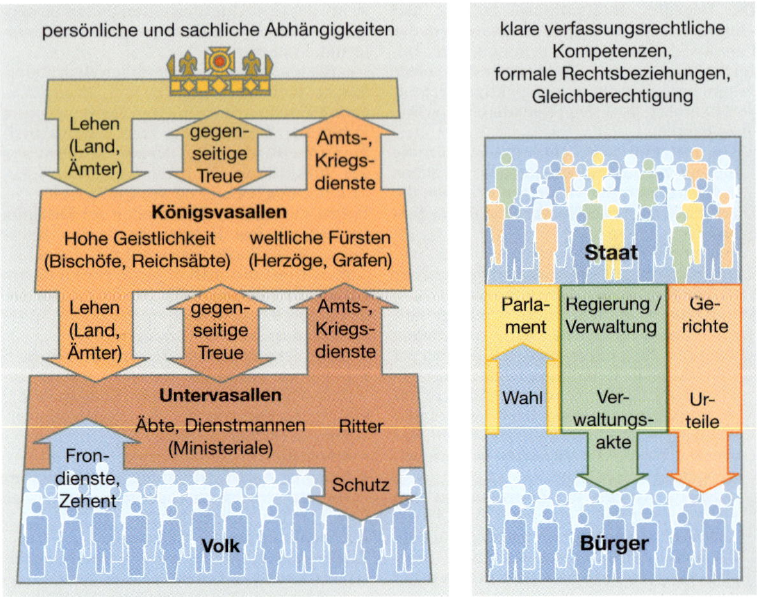

persönliche und sachliche Abhängigkeiten

Lehen (Land, Ämter)
gegenseitige Treue
Amts-, Kriegsdienste

Königsvasallen
Hohe Geistlichkeit (Bischöfe, Reichsäbte)
weltliche Fürsten (Herzöge, Grafen)

Lehen (Land, Ämter)
gegenseitige Treue
Amts-, Kriegsdienste

Untervasallen
Äbte, Dienstmannen (Ministeriale)
Ritter

Frondienste, Zehent
Schutz

Volk

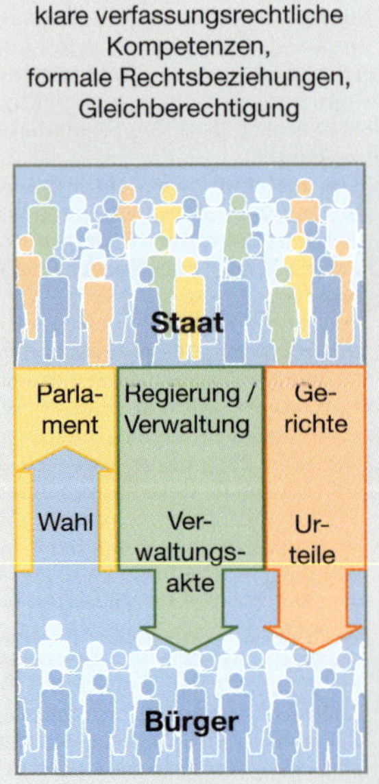

A Mittelalterlicher vs. moderner Staat

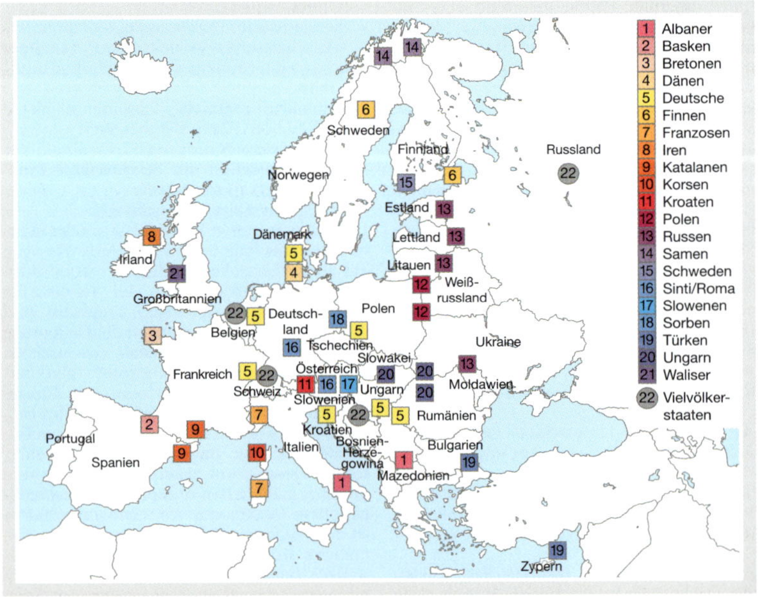

1 Albaner
2 Basken
3 Bretonen
4 Dänen
5 Deutsche
6 Finnen
7 Franzosen
8 Iren
9 Katalanen
10 Korsen
11 Kroaten
12 Polen
13 Russen
14 Samen
15 Schweden
16 Sinti/Roma
17 Slowenen
18 Sorben
19 Türken
20 Ungarn
21 Waliser
22 Vielvölkerstaaten

Schweden
Finnland
Russland
Norwegen
Estland
Lettland
Dänemark
Irland
Litauen
Weißrussland
Großbritannien
Polen
Deutschland
Belgien
Tschechien
Ukraine
Slowakei
Frankreich
Österreich
Moldawien
Schweiz
Ungarn
Slowenien
Rumänien
Kroatien
Portugal
Bosnien-Herzegowina
Bulgarien
Spanien
Italien
Mazedonien
Zypern

B Nationale Minderheiten in Europa (Auswahl)

Die Begriffe »Internationale Politik« und »Internationale Beziehungen« setzen die Existenz von Nationalstaaten voraus.

Der **Staat** ist die wichtigste Handlungseinheit der Internationalen Politik. Er fasst die durch das Gewaltmonopol miteinander verbundenen Organe eines bestimmten Territoriums zu einer mit letzter Entscheidungsbefugnis ausgestatteten pol. Einheit zusammen.

Die Politikwiss. erweitert diese in der Allgemeinen Staatslehre und im Völkerrecht gängige Definition des Staates als Einheit von Staatsgewalt, Staatsgebiet und Staatsvolk um eine sozialwiss. Perspektive, von der aus der Standort und die *Wechselbeziehungen* des Staates *im Staatensystem,* bes. im Hinblick auf Interessen und Machtressourcen, aber auch auf Möglichkeiten und Formen der Kooperation, untersucht werden.

Von einem *Staat im modernen Sinn* kann erst seit der frühen Neuzeit gesprochen werden, als sich einheitl. pol. Strukturen herausbildeten, die nach innen und außen selbständig waren und im Gegensatz zum ma. Staat keine Herrschaftskonkurrenz duldeten – bes. nicht eine solche, die sich auf überkommene Ansprüche der Kirche gründete. Damit begann sich die abstrakte Auffassung von Staatlichkeit durchzusetzen; an die Stelle der persönl. Beziehung zwischen Herrscher und Beherrschten trat die formale Rechtsunterworfenheit. (A)

Das **Außenverhältnis** der Staaten wurde zunehmend von der Übereinkunft bestimmt, sich wechselseitig als gleichberechtigt und souverän anzuerkennen und miteinander zu verkehren, d.h. das Selbstbestimmungsrecht der anderen zu achten und sich nicht in deren interne Angelegenheiten einzumischen.

Die Anerkennung der prinzipiellen *Rechtsgleichheit zwischen Staaten* bedeutet jedoch nicht, dass Staaten nicht gegeneinander Krieg führen oder sich auf andere Weise bekämpfen. Gerade die ständige Gefahr von Kriegen führte dazu, dass v. a. das europäische Staatensystem Mechanismen zur Koordination und Regulierung entwickelte. Dazu gehören u. a. die Entstehung einer selbständigen *Diplomatie,* die Entwicklung des modernen *Völkerrechts* und die Herausbildung *internationaler Regime.*

Auf dem Weg zur modernen Staatlichkeit sind zwei Entwicklungen von entscheidender Bedeutung: Zum einen wird die Frage der Souveränität im Inneren spätestens durch die Verfassung der USA und die Französische Revolution zugunsten der Volkssouveränität beantwortet. Zum anderen wird die nat. Frage mit dem Staat verbunden; dies hat weitreichende Auswirkungen auf die internat. Politik, denn die Territorien von Staaten und die von Nationen können, müssen aber nicht deckungsgleich sein (B), wie es z.B. Südtiroler in Italien, Basken in Spanien, Palästinenser im Nahen Osten oder Tibeter in China erfahren.

Der Wunsch nach einem **Nationalstaat** ist ein Kind des 18. und 19. Jh. und gipfelt gegen Ende des 1. Weltkriegs in der Forderung nach nat. Selbstbestimmung. Der Prozess der Nationenbildung steht in unmittelbarem Zusammenhang mit den Prozessen der *Säkularisierung* und der *Enttraditionalisierung,* also mit der Lockerung bzw. Auflösung überkommener religiöser und sozialer Bindungen.

Während Staaten pol. Zweckverbände sind, deren Mitgliedschaft rechtl. definiert ist, und Staatsvölker Rechtsgemeinschaften von Untertanen, sind Nationen in erster Linie »vorgestellte pol. Gemeinschaften« (Benedict Anderson), die sich auf elementare Zugehörigkeitsgefühle und gemeinsame kulturelle Erfahrungen bzw. Überlieferungen stützen. Eine gemeinsame ethnische Herkunft, Religion oder Sprache werden pol. v. a. dann relevant, wenn andere Bindungen fehlen oder diese Elementaridentifikationen pol. instrumentalisiert werden.

Nationen sind m. a. W. nicht von Anfang an vorhanden, sondern sie werden »gemacht«. Einmal »gemachte« Nationen verfügen jedoch über eine eigene Geschichte und ein kollektives Gedächtnis und können daher auch Träger eigener Interessen sein.

Die Konstituierung einer Gruppe als Nation kann eine emanzipatorische Funktion besitzen, also die Befreiung von Bevormundung, Unterdrückung und Ausbeutung zur Folge haben. Zugleich kann diese Selbstkonstituierung und -definition als Nation auch mit der Abwertung oder gar der Ausgrenzung anderer einhergehen. Diese übersteigerte Form bezeichnet man als *Nationalismus.*

Da umstritten ist, welche der rund 3500 Ethnien in der Welt sich zu Recht als Volk oder Nation verstehen können und deshalb einen Anspruch auf einen eigenen Nationalstaat anmelden dürfen, sind Konflikte vorprogrammiert. Nur selten bleiben die Auswirkungen solcher Konflikte auf das Gebiet eines Einzelstaates beschränkt.

Im Zeitalter der Globalisierung wird der (National-)Staat als dominierende Organisationsform pol. Gemeinwesen zunehmend in Frage gestellt. Er gilt als ungeeignet, die zahlreichen grenzüberschreitenden Risiken und Probleme (Klimaveränderung, Umweltzerstörung, Völkermord etc.), die ein konzentriertes und aufeinander abgestimmtes Zusammenwirken zahlreicher pol. und gesellschaftl. Akteure erfordern, zu bewältigen. Trotzdem bleiben Staat und Nation wichtige Begrifflichkeiten der Internat. Beziehungen.

A Außen- und Binnenwirkung von Souveränität

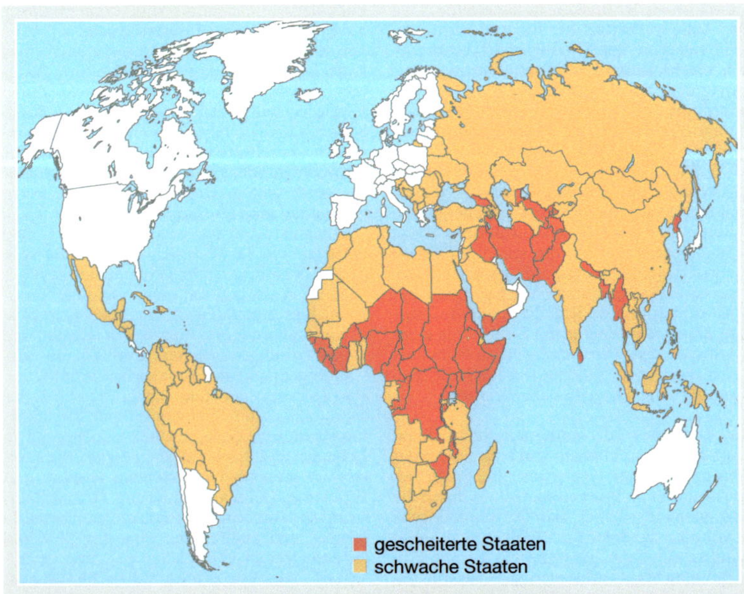

B Gescheiterte und gefährdete Staaten nach dem ›Failed States Index‹ 2009

Souveränität meint den Anspruch des Staates auf eine im Innern unangefochtene Herrschaft und eine nach außen keiner anderen Macht unterworfene Unabhängigkeit (A). Territoriale Integrität und pol. Unabhängigkeit eines Staates gelten nach dem Souveränitätsprinzip als unantastbar.

Das Souveränitätsprinzip umfasst drei Grundsätze:

1. Das **Prinzip der Staatengleichheit** bedeutet, dass es im völkerrechtlichen Sinn keine Rangordnung zwischen den Staaten gibt.
2. Das **Prinzip der Gegenseitigkeit** meint nicht nur gegenseitige Anerkennung unter Gleichen, sondern stellt gleichzeitig eine der Voraussetzungen dafür dar, dass das internat. Zusammenleben auch ohne einen überstaatl. Sanktions- und Vollzugsapparat möglich ist.
3. Gemäß dem **Interventionsverbot** oder **Nichteinmischungsgebot** ist auch die Anwendung nicht militär. Gewalt, etwa in Gestalt diplomat., wirtschaftl. und propagandist. Mittel, unzulässig.

Hist. gesehen geht das Souveränitätskonzept auf Bemühungen der Territorialfürsten zurück, die im ausgehenden Spätmittelalter die Unabhängigkeit von Kaiser und Papst anstrebten. Es wurde im Zeitalter der Religionskriege durch J. Bodin und Th. Hobbes theoretisch fundiert und im Westfälischen Frieden von 1648 als staatl. Grundprinzip erstmals völkerrechtl. anerkannt. Seither prägt das Konzept einer souveränen Staatenwelt die internat. Politik. Auch die Ausprägung des modernen Völkerrechts ist eng mit dem Souveränitätskonzept verbunden.

Von Anfang an war Souveränität mit der wechselseitigen Anerkennung der Souveräne verbunden, das Recht auf Kriegsführung dadurch aber nicht ausgeschlossen. Die Französische Revolution hat an diesem Verständnis der Souveränität nach außen nichts verändert. Im Inneren aber setzte sie an die Stelle der Fürsten- die *Volkssouveränität.*

Seine Ausbreitung – und zugleich Pervertierung – fand das Souveränitätskonzept im Zeitalter des Kolonialismus, als die europ. Kolonialmächte ihre Vorstellungen von Staat und Staatlichkeit mit militär. Macht den Kolonialvölkern aufzwangen. Angestoßen wurde damals allerdings auch eine Gegenbewegung, die sich unter Berufung auf das (völkerrechtl. damals noch nicht anerkannte) *Selbstbestimmungsrecht der Völker* anschickte, das bis dahin positiv bewertete Souveränitätskonzept herauszufordern.

Heute wird das Souveränitätskonzept, aller Kritik zum Trotz, als universell angesehen. Unter dem Dach der Vereinten Nationen fungiert es als *Schutzklausel* der schwächeren gegenüber den stärkeren Staaten.

Allein Verteidigungskriege gelten danach als völkerrechtl. legitim.

Als *Gestaltungsprinzip* bestimmt Souveränität v.a. den Entscheidungsprozess internat. Organisationen. Der Grundsatz der souveränen Gleichheit und die Garantie gegenseitiger Unabhängigkeit erfordern die Aufgabe des innerstaatl. geltenden Mehrheitsprinzips zugunsten des **Konsensprinzips:** Konsenspflicht bedeutet nicht nur umfassenden Minderheitenschutz, sondern zwingt in der pol. Praxis zur Kompromissbildung.

Bereits die völkerrechtliche Ausgestaltung des Souveränitätsprinzips kennt immanente Grenzen, denn wo der souveräne Wille des eigenen Staates mit dem formal gleichwertigen Willen eines anderen Staates konkurriert bzw. konfligiert, kann es nur eine »relative Souveränität« geben. Hinzu kommt, dass in der Realität die wirtschaftl., militär. und pol. Machtpotenziale der Staaten extrem ungleich sind und eine konsequente Anwendung bzw. Durchführung des Gleichbehandlungsgebots daher ausschließen. Die de facto bestehenden internat. Verflechtungen und Abhängigkeiten lassen in Verbindung mit neuen Herausforderungen, wie z.B. der globalen Umweltkrise, nat. Lösungsstrategien und Alleingänge im Übrigen gar nicht mehr zu.

Nicht zuletzt aus diesem Grund wird dem nationalstaatl. geprägten Souveränitätskonzept vorgeworfen, dass es anachronistisch sei und eine Lösung der globalen Probleme im Sinne einer guten globalen Regierungsführung *(good global governance)* grundsätzl. erschwere. Außerdem spiegele es die wichtige Rolle gesellschaftl. Akteure in den internat. Beziehungen nicht angemessen wider. Ebenso können supranationale Zusammenschlüsse mit dem Souveränitätskonzept nicht zufriedenstellend erklärt werden.

Eine bes. ernst zu nehmende Kritik am Souveränitätskonzept hat sich an der Menschenrechtsfrage entzündet: Dürfen Staaten, die systemat. die Menschenrechte ihrer Bürger verletzen, dies unter dem Schutzmantel der Souveränität unbehelligt von anderen Staaten tun? Mit dieser Frage erhält die Diskussion um die Reichweite der Souveränität eine normative Dimension. Neuere Ansätze der Völkerrechtslehre gehen deshalb auch in Richtung einer *Legitimierung humanitärer Interventionen.*

Das Souveränitätskonzept hat insgesamt also viel von seiner Überzeugungskraft verloren, ist damit jedoch nicht überflüssig geworden.

Sog. **failed** bzw. **failing states** (also bereits gescheiterte oder im Zerfallsprozess befindl. Staaten, B) wie der Sudan, die DR Kongo oder Somalia lassen den (nach innen) souveränen Staat im Gegenteil als einen äußerst erstrebenswerten Zustand erscheinen.

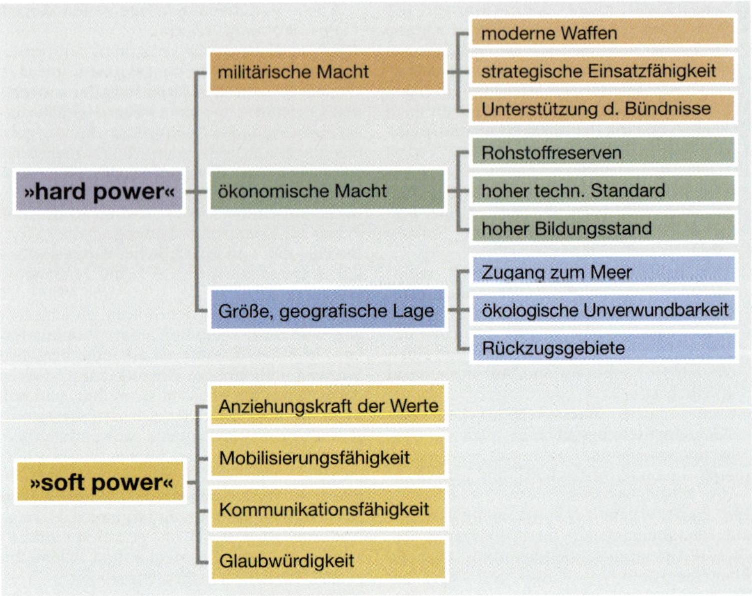

»hard power«
- militärische Macht
  - moderne Waffen
  - strategische Einsatzfähigkeit
  - Unterstützung d. Bündnisse
- ökonomische Macht
  - Rohstoffreserven
  - hoher techn. Standard
  - hoher Bildungsstand
- Größe, geografische Lage
  - Zugang zum Meer
  - ökologische Unverwundbarkeit
  - Rückzugsgebiete

»soft power«
- Anziehungskraft der Werte
- Mobilisierungsfähigkeit
- Kommunikationsfähigkeit
- Glaubwürdigkeit

A Ausdifferenzierungen von Macht

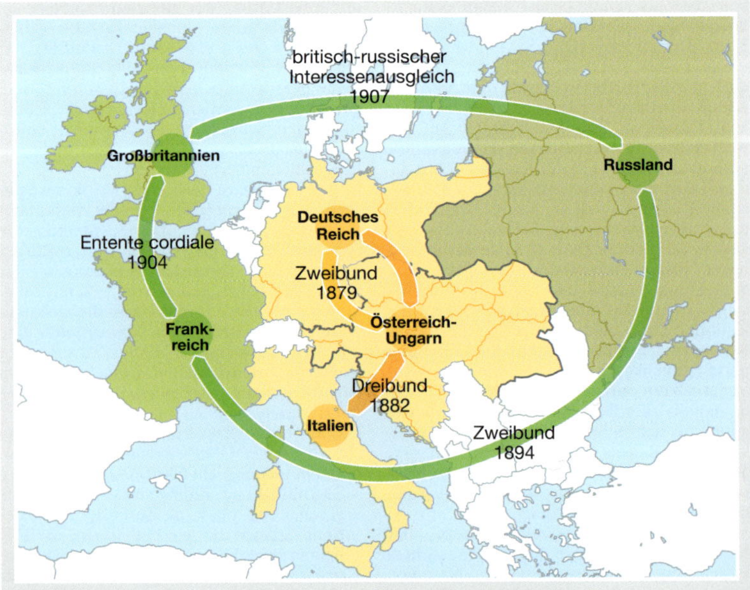

britisch-russischer Interessenausgleich 1907
Großbritannien
Russland
Deutsches Reich
Entente cordiale 1904
Zweibund 1879
Österreich-Ungarn
Frank-reich
Dreibund 1882
Italien
Zweibund 1894

B Gleichgewichtspolitik in Europa vor dem Ersten Weltkrieg

Der Begriff der Macht ist für Theorie und Praxis der (internat.) Politik gleichermaßen zentral:

In einem allg. Sinn bezeichnet **Macht** die Möglichkeit, den eigenen Willen auch gegen Widerstände durchzusetzen. Unter der **Macht eines Staates** versteht man die Möglichkeit, nach innen wie nach außen Gehorsam bzw. die Berücksichtigung seiner je bes. Interessen einzufordern, notfalls unter Androhung und/oder Einsatz von Zwangsmitteln.

»Gerade wie Geld die Währung des Wirtschaftslebens ist, ist Macht als die Währung der (Internationalen) Politik auffassbar.« (Karl W. Deutsch)

Macht ist grds. asymmetrisch, d.h. sie kann nur ausgeübt werden, wenn ein Gegenpart vorhanden ist, der sich dieser Macht beugt oder sie akzeptiert. Sie ist mithin immer relativ zur Macht bzw. Ohnmacht des anderen Staates oder pol. Akteurs.

Der pol. Gebrauch von Macht, also **Machtpolitik,** ist i.d.R. nicht Selbstzweck, sondern Mittel zum Erreichen pol. Ziele. Macht in diesem Sinn hat v.a. *instrumentellen Charakter:*

So kann ein Staat z.B. durch den Einsatz oder die Androhung von struktureller oder militär. Gewalt sein Territorium sichern oder erweitern, einen anderen Staat zu einem bestimmten Verhalten veranlassen oder sich die Ressourcen eines anderen Staates zu niedrigen Preisen aneignen.

Im dt. Sprachgebrauch wurde Machtpolitik lange Zeit als *»Realpolitik«* verstanden, d.h. als eine Politik, die eng an den pol. Fakten und den daraus resultierenden Möglichkeiten orientiert ist.

Sie wird bes. mit der Außenpolitik Bismarcks in Verbindung gebracht, die als eine Politik der Stärke wahrgenommen wurde, für die Ideen oder ideolog. begründete Wertvorstellungen keine Rolle spielten.

Hist. wurde Macht v.a. mit militär. Macht gleichgesetzt. Tatsächlich aber hängt die Macht eines Staates von einer Vielzahl von Faktoren ab, u.a. von der Größe des Territoriums, der Bevölkerungsstärke und der Wirtschaftskraft. Auch ist zwischen einem theoret. vorhandenen Machtpotenzial und den tatsächl. Mobilisierungs- und Einsatzmöglichkeiten von Macht zu unterscheiden.

In der *Kriegsursachenforschung* wird die Veränderung von Machtverhältnissen zwischen den Staaten als eine Hauptursache für Konflikte angesehen.

Als Paradebeispiel gilt die Situation, die zum Ausbruch des 1. Weltkriegs führte. Österreich-Ungarn hatte damals real bereits so viel Macht eingebüßt, dass es eigentlich nicht mehr zu den Großmächten gerechnet werden konnte. Die außenpol. Entscheidungsträger der europ. Staaten vermochten sich dies aus psycholog. und innenpol. Gründen jedoch nicht einzugestehen, weshalb Österreich-Ungarn insbes. auf dem Balkan weiterhin eine aggressive Großmachtpolitik betreiben konnte. Auch war man in Europa aus denselben Gründen nicht in der Lage anzuerkennen, dass die USA längst zu einer Großmacht aufgestiegen waren, deren Interessen es auch auf dem alten Kontinent zu berücksichtigen galt.

Die adäquate Wahrnehmung der eigenen Macht und der anderer Akteure stellt mithin eine wichtige Voraussetzung für erfolgreiche Machtpolitik dar.

Macht, verstanden als **Beziehungsgefüge zwischen Staaten,** steht in engem Zusammenhang mit strukturellen Elementen des Gesamtsystems, wie z.B. der Logik des UN-Sicherheitsrates, und strategisch bedeutsamen Faktoren wie der Fähigkeit einzelner Akteure, Allianzen zu schmieden oder andere Staaten an einer Intervention zu hindern.

Große Aufmerksamkeit wurde seit der Antike dem Problem des Machtmissbrauchs in der internat. Politik geschenkt. Eine Lösung stellt die **Theorie des Machtgleichgewichts** *(Balance of Power)* dar, die bes. auf das Mittel der Gegenmachtbildung setzt. Gemäß dieser Theorie kann nur ein Machtgleichgewicht – zumindest zwischen den Großmächten – dem internat. System Stabilität verleihen. Ein solches herrscht dann, wenn kein Staat andere Staaten zu dominieren vermag.

Da asymmetr. Machtstrukturen den Frieden gefährden, kommt dem Machtgleichgewicht auch eine normative Komponente zu. Alle internat. **Gleichgewichtssysteme** weisen **gemeinsame Bedingungen** auf:

- eine Vielzahl von souveränen Staaten, deren Macht nicht durch eine allseits legitimierte Zentralgewalt beschränkt wird;
- ein ständiger, wenn auch kontrollierter, Konkurrenzkampf (z.B. um knappe Ressourcen oder differierende Werte);
- eine ungleiche Verteilung von Status, Reichtum und Macht unter den Staaten, die das internat. System bestimmen.

Ein Gleichgewicht der Kräfte wird i.d.R. durch gezielte Allianzbildungen erreicht:

1904 schlossen sich z.B. England und Frankreich zur *Entente Cordiale* zusammen, um ein Gegengewicht zum seit 1871 erstarkten Deutschen Reich zu bilden (B).

Von einer Gleichgewichtspolitik im globalen Maßstab kann nur für die Zeit gesprochen werden, als die europ. Staaten die Welt dominierten. Heute gibt es eine Reihe von regionalen Gleichgewichtssystemen, die jedoch von einer unipolaren, auf die USA hin ausgerichteten Struktur überwölbt werden.

Eine große Rolle in der Diskussion um das

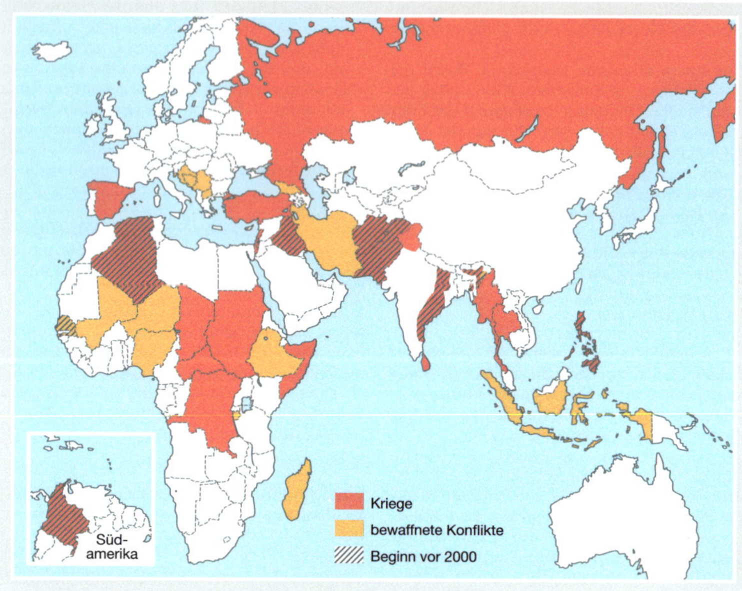

A Bewaffnete Konflikte und Kriege 2007 (nach AKUF)

Gewalt-grad	Intensitäts-gruppierung	Intensitäts-stufe	Intensitäts-bezeichnung	Definition
nicht gewalt-sam	niedrig	1	latenter Konflikt	Eine Positionsdifferenz um definierbare Werte von nationaler Bedeutung ist dann ein latenter Konflikt, wenn darauf bezogene Forderungen von einer Partei artikuliert und von der anderen Seite wahrgenommen werden.
		2	manifester Konflikt	Ein manifester Konflikt beinhaltet den Einsatz von Mitteln, welche im Vorfeld gewaltsamer Handlungen liegen. Dies umfasst beispielsweise verbalen Druck, die öffentliche Androhung von Gewalt oder das Verhängen von ökonomischen Zwangsmaßnahmen.
gewalt-sam	mittel	3	Krise	Eine Krise ist ein Spannungszustand, in dem mindestens eine der Parteien vereinzelt Gewalt anwendet.
	hoch	4	ernste Krise	Als ernste Krise wird ein Konflikt dann bezeichnet, wenn wiederholt und organisiert Gewalt eingesetzt wird.
		5	Krieg	Kriege sind Formen gewaltsamen Konfliktaustrags, in denen mit einer gewissen Kontinuität organisiert und systematisch Gewalt eingesetzt wird. Die Konfliktparteien sezten, gemessen an der Situation, Mittel in großem Umfang ein. Das Ausmaß der Zerstörung ist nachhaltig.

B Konfliktintensitäten (nach der Definition des HIIK)

Machtgleichgewicht spielt die Frage nach der **Stabilität des internationalen Systems.** Stabilität bedeutet hier nicht unbedingt die Abwesenheit von bewaffneten Auseinandersetzungen, sondern bezieht sich in erster Linie auf die *Verteilung der Macht* zwischen den Hauptakteuren.

So haben sich z. B. die USA und die Sowjetunion niemals direkt bekriegt, dennoch starben in sog. Stellvertreterkriegen mehr als 20 Mio. Menschen in der Dritten Welt.

Stabilität hängt auch nicht von der Art der Machtstruktur ab: Ein multipolares System, das sich in einem Zustand des Machtgleichgewichts befindet, ist nicht zwangsläufig stabiler als ein bi- oder unipolares System.

Macht- und Gegenmachtbildungen sind ein unverzichtbarer, strukturbildender Bestandteil der internat. Politik. Allerdings gibt es auch das umgekehrte Phänomen, nämlich den Verzicht oder die Delegation von Macht. Die Satzung der UNO ist dafür ein gutes Beispiel. Der Faktor Macht nimmt auch in den Theorieüberlegungen der Internat. Politik eine zentrale Rolle ein. Im Realismus und Neorealismus (s. S. 179) wird er sogar konstitutiv für die Gestaltung der internat. Beziehungen aufgefasst; im Neomarxismus (s. S. 187) geht es um wirtschaftl. Macht, die von global agierenden Wirtschaftsunternehmen ausgeübt wird und ebenfalls strukturbildend für die internat. Beziehungen ist.

Interesse, Kooperation, Konflikt

Interesse im Sinne eines auf die Vermehrung des eigenen Nutzens gerichteten Kalküls gilt als Grundmotiv politischen Handelns – und zwar gleichermaßen auf internat., nat. und kommunaler Ebene.

Wo immer die Macht eines einzelnen Staates oder eines anderen pol. Akteurs zur Durchsetzung seines Interesses nicht ausreicht, wird er versuchen, diesem Mangel durch Kooperation mit Dritten abzuhelfen, die ihrerseits zur Durchsetzung eigener Interessen auf Unterstützung angewiesen sind.

Kooperation wird in den Internationalen Beziehungen als Gegenbegriff zur *Konfrontation* verstanden: Während ein konfrontativer Konfliktaustrag auf *Interessendurchsetzung* gerichtet ist, zielt Kooperation auf *Interessenausgleich.*

Die kooperative Durchsetzung gemeinsamer Interessen ist Zweck jedes internat. Bündnisses oder Regimes, das mit Hilfe von Verträgen, Normen und Entscheidungsregeln das Verhalten der teilnehmenden Akteure in einem bestimmten Handlungsfeld um eines gemeinsamen Zieles willen koordiniert.

Einen großen Stellenwert in der wiss. Disziplin der Internationalen Beziehungen besitzt die Frage, wie Kooperation zwischen mehreren Staaten oder anderen internat. Akteuren mit sowohl gemeinsamen als auch gegensätzl. Interessen funktioniert und auf welche Weise sie ermöglicht bzw. befördert werden kann. Um das Verständnis der Kooperationsvoraussetzungen bemüht sich die Friedens- und Konfliktforschung; sie leistet damit einen Beitrag sowohl für die Lösung bestehender als auch für die Vermeidung zukünftiger Konflikte.

Konflikte lassen sich unabhängig von der Form ihres (gewaltsamen oder nicht gewaltsamen) Austrags als *Interessengegensätze* zwischen Personen, gesellschaftl. Gruppen oder Staaten, die zur Durchsetzung ihrer je eigenen Interessen, ggf. auch auf Kosten anderer, entschlossen sind, definieren.

Während in pol. Systemen mit einem intakten staatl. Gewaltmonopol die Austragung innergesellschaftl. Konflikte auf der Grundlage verbindl. Regeln erfolgt, bergen Konflikte in zerfallenden Staaten (sog. *failing states*) ebenso wie zwischenstaatliche Konflikte aufgrund fehlender, nicht allgemein anerkannter bzw. nicht hinreichend mit Zwangsmitteln ausgestatteter Konfliktschlichtungsgremien ein hohes Eskalationspotenzial.

Krieg

Krieg als gewaltsame Auseinandersetzung von Kollektiven gilt seit den Anfängen der Geschichte als Grundtatbestand menschl. Konfliktverhaltens. Zwei Sichtweisen prägen bis heute das Verständnis von Krieg:

1. Eine *instrumentelle Auffassung* betrachtet Krieg als Mittel zur Durchsetzung pol. Ziele, sprich »als Akt der Gewalt, um den Gegner zur Erfüllung unseres Willens zu zwingen« (v. Clausewitz).
2. Eine *existenzielle Auffassung* sieht im Krieg die schicksalhafte Existenzsicherung des eigenen Personenverbandes, den »Vater aller Dinge« (Heraklit).

Im ersten Fall ist Krieg »die Fortsetzung der Politik mit anderen Mitteln« (v. Clausewitz) und endet i. d. R. mit einem *Verhandlungsfrieden.* Im zweiten Fall wird er als totaler Krieg zum Kampf der Ethnien, der pol. Systeme oder der Weltanschauungen mit Ausschließlichkeitscharakter. Der Krieg endet hier mit der *Unterwerfung* oder sogar *Vernichtung* des Gegners.

Seit der Ausprägung des souveränen Territorialstaates ab dem 17. Jh. gilt eine gewaltsame Auseinandersetzung nur dann als Krieg, wenn

- mind. auf einer Seite bewaffnete Streitkräfte einer regulären Armee zum Einsatz kommen,
- die Kampfhandlungen sich in organisierter, zentral gelenkter Form entfalten und
- die Kampfhandlungen sich nicht in gelegentlichen, spontanen Zusammenstößen erschöpfen, sondern über einen längeren Zeitraum gehen.

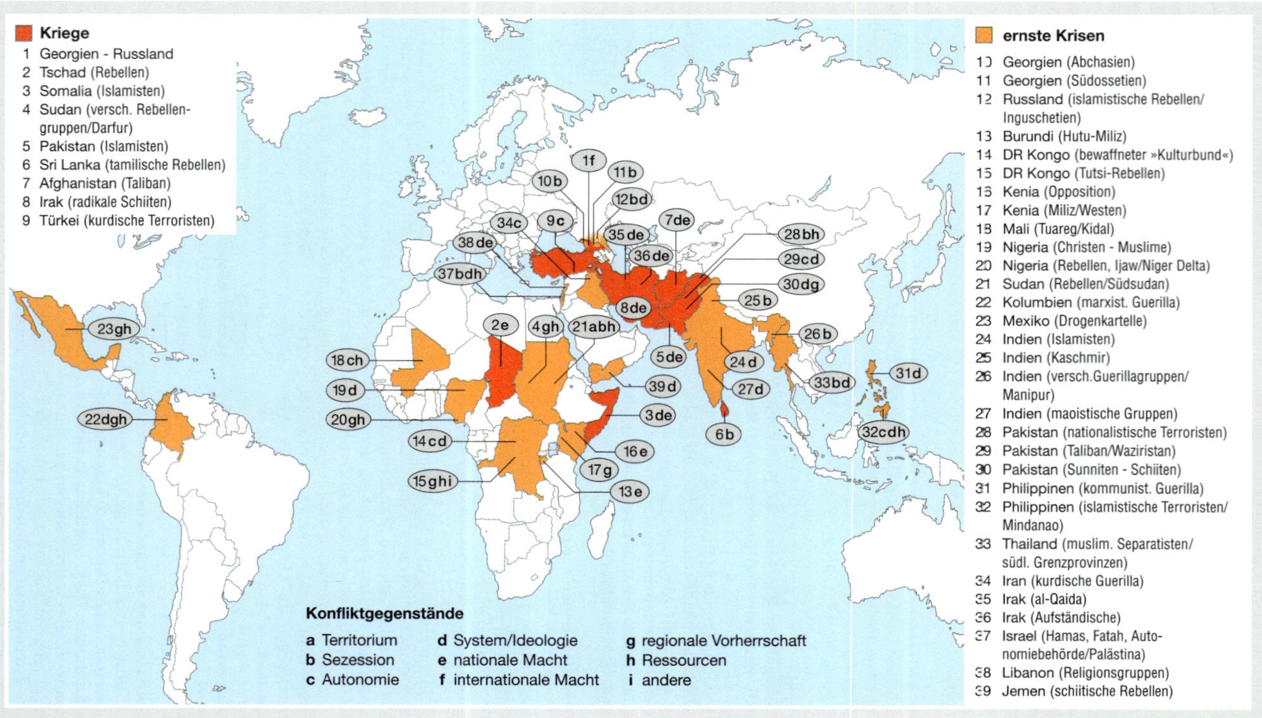

Gewaltsame Konflikte mit hoher Intensität 2008 (nach HIIK)

Der neuzeitl. Kriegsbegriff geht von rechtl. gleichberechtigten Staaten als Kriegsparteien aus und versteht den Krieg als einen völkerrechtl. Rechtszustand. Gewaltsame Auseinandersetzungen wie Aufstände, Bürgerkriege oder Akte des Terrorismus werden von ihm nur ungenügend erfasst.

Kriegsführung galt lange Zeit als legitimes Mittel der Streitaustragung zwischen Staaten. Die Bemühungen um seine Ächtung und seine Einhegung verdanken sich der v. a. im 20. Jh. gewachsenen Einsicht, dass die Kriegsführung, bes. seit dem Einsatz von Massenvernichtungswaffen, immer grausamer geworden ist und immer größere Teile der Zivilbevölkerung zu den Opfern zählen.

Angesichts des ungeheuren Vernichtungspotenzials der Atomwaffen droht heute jeder Krieg (zumindest zw. den Atommächten) in eine globale, von Menschen ausgelöste Naturkatastrophe umzuschlagen.

Das moderne Völkerrecht unterscheidet zwischen dem Recht zum Krieg *(ius ad bellum)* und dem Recht im Krieg *(ius in bello):*

- Das **Recht zum Krieg** ist an ganz bestimmte Voraussetzungen gebunden: Nach Art. 51 der UN-Charta sind nur noch *Verteidigungskriege* erlaubt. Dazu gehört auch der sog. *Präemptivschlag,* d. h. die vorbeugende Verteidigung gegen eine – unmittelbar bevorstehende – Aggression. Zulässig sind ferner vom UN-Sicherheitsrat genehmigte militär. Maßnahmen gegen die Bedrohung oder den Bruch des Friedens.
- Das **Recht im Krieg** *(humanitäres Kriegsvölkerrecht)* soll v. a. die Kriegsführung einschränken. Hier geht es u. a. um die Behandlung der Kriegsgefangenen, den Schutz der Zivilbevölkerung, die Ächtung bestimmter, etwa chemischer Waffen und die Rolle des Roten Kreuzes.

Neue Formen des Kriegs

Jüngere Entwicklungen haben das überkommene Kriegsbild grundlegend verändert und damit auch die clausewitzsche Klassifizierung des Kriegs als legitimes Mittel der Politik grds. in Frage gestellt. Kriege oder kriegsähnliche Auseinandersetzungen spielen sich immer seltener zwischen souveränen Staaten ab, sondern immer häufiger innerhalb eines Staates. Dies hängt u. a. auch damit zusammen, dass vormals koloniale Grenzziehungen ihre Bedeutung verloren haben und zahlreiche zuvor in einem Staat vereinte Völker bzw. Ethnien nach eigener Staatlichkeit streben. Ähnlich verhält es sich mit all jenen Staaten, die in der Vergangenheit nur durch das Band einer kommunist. Partei, wie z. B. Jugoslawien, bzw. durch den sowjet. Machtapparat zusammengehalten worden waren.

Die meisten Kriege sind heute *Befreiungs-, Bürger-* und *ethnisch motivierte Kriege* (Abb.). Häufig stehen sie in einem direkten Zusammenhang mit staatl. Zerfallsprozessen. Ohne internat. Hilfe ist eine friedliche Entwicklung meist nicht möglich.

Solche *postnationalen Kriege* sind zumeist eng mit Fragen der Identität und der Zugehörigkeit bzw. Nichtzugehörigkeit (zu bestimmten gesellschaftl. Gruppen) verbunden. Da die Gewalt i. d. R. aus der Mitte der Gesellschaft kommt, ist die Unterscheidung zwischen Kombattanten und Zivilisten äußerst schwierig. Geändert hat sich v. a. die **Ökonomie des Kriegs:** Es stehen sich nicht mehr hoch aufgerüstete Armeen gegenüber, sondern Guerillaeinheiten, Warlords, Söldner, ausländische Kämpfer oder paramilitär. Verbände. Häufig wird der Krieg vom Ausland finanziert; es entwickeln sich aber auch sog. *Kriegsökonomien,* d. h. die Kriegsparteien »ernähren« sich vom Krieg und haben deshalb i. d. R. kein Interesse, ihn schnell zu beenden.

Das Beenden solcher sog. *low intensity wars* ist auch deshalb schwierig, weil es oft Rückzugsgebiete für die Kämpfer gibt, die für die siegreiche Partei kaum zugänglich sind, oder weil die Kombattanten nach gewaltsamen Auseinandersetzungen einfach wieder in der Zivilgesellschaft untertauchen. Die Konflikte schwelen weiter und brechen an anderer Stelle wieder aus.

Weil die Kriege »vergesellschaftet« sind, greifen auch die Instrumente des Völkerrechts zumeist nicht.

Der Wendung nach innen zum Trotz sind diese neuen Formen des Kriegs auch von internat. Relevanz:

Fast immer sind auch die Nachbarstaaten von ihnen betroffen, weil sie als Rückzugsgebiete genutzt werden, weil ethnische und religiöse Konflikte sich leicht auf Nachbarregionen ausweiten können und weil im Auflösungsprozess befindl. Staaten ein Machtvakuum erzeugen, das Begehrlichkeiten bei den Nachbarstaaten wecken kann. Schließlich ist auch die internat. Staatengemeinschaft betroffen, wenn durch regionale (Bürger-)Kriege in großem Ausmaß Menschenrechte verletzt werden.

Krieg und Frieden gehören zu den Grundkonstanten der internat. Politik. Doch erst die Schrecken und die globalen Ausmaße der Kriege des 20. Jh. sowie die Angst vor einem globalen Atomkrieg haben zu einer tiefgreifenden Friedenssehnsucht geführt, die auch in der am 24. Oktober 1945 in Kraft getretenen Charta der Vereinten Nationen ihren Niederschlag gefunden hat, so etwa in Gestalt der Forderung, »künftige Geschlechter vor der Geißel des Krieges zu bewahren« (Präambel) und den »Weltfrieden und die internationale Sicherheit zu wahren« (Art. 1 Ziff. 1).

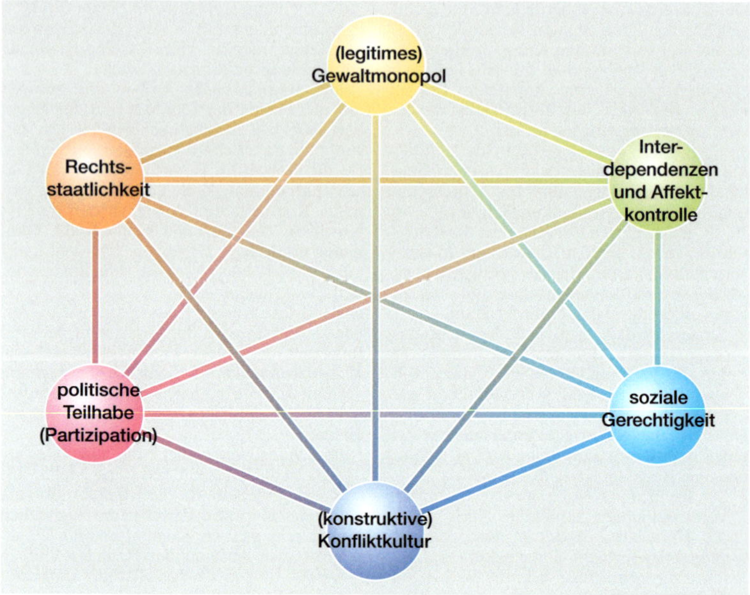

(legitimes) Gewaltmonopol

Rechts-staatlichkeit

Inter-dependenzen und Affekt-kontrolle

politische Teilhabe (Partizipation)

soziale Gerechtigkeit

(konstruktive) Konfliktkultur

A Dieter Senghaas' »zivilisatorisches Hexagon« für eine friedliche Entwicklung

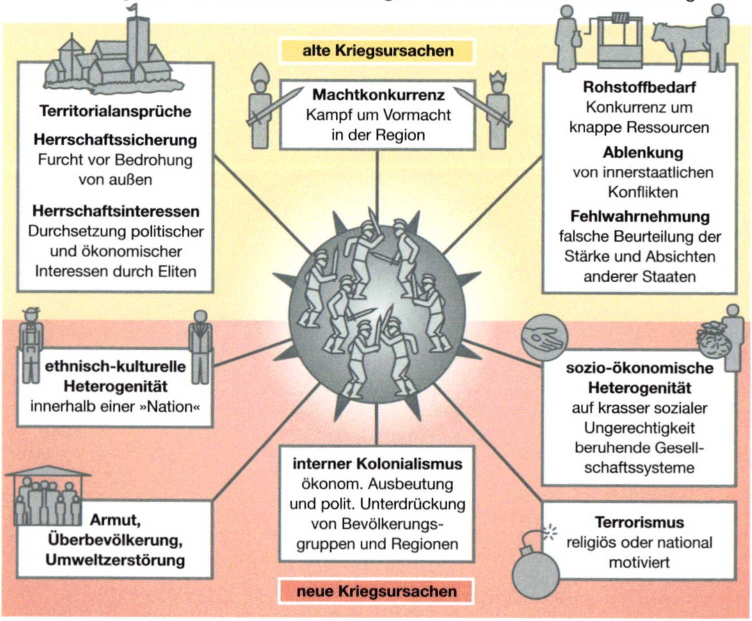

alte Kriegsursachen

Territorialansprüche

Herrschaftssicherung
Furcht vor Bedrohung von außen

Herrschaftsinteressen
Durchsetzung politischer und ökonomischer Interessen durch Eliten

Machtkonkurrenz
Kampf um Vormacht in der Region

Rohstoffbedarf
Konkurrenz um knappe Ressourcen

Ablenkung
von innerstaatlichen Konflikten

Fehlwahrnehmung
falsche Beurteilung der Stärke und Absichten anderer Staaten

ethnisch-kulturelle Heterogenität
innerhalb einer »Nation«

sozio-ökonomische Heterogenität
auf krasser sozialer Ungerechtigkeit beruhende Gesell-schaftssysteme

Armut, Überbevölkerung, Umweltzerstörung

interner Kolonialismus
ökonom. Ausbeutung und polit. Unterdrückung von Bevölkerungs-gruppen und Regionen

Terrorismus
religiös oder national motiviert

neue Kriegsursachen

B Kiegsursachen

In einem allg. Sinn bedeutet **Frieden** die Abwesenheit von Krieg *(enger Friedensbegriff)*. In den Internationalen Beziehungen versteht man darunter v.a. einen Zustand zwischen Staaten oder Staatengruppen, in dem auftretende Konflikte ohne die Anwendung oder Androhung von Gewalt gelöst werden.

Abwesenheit von Krieg bedeutet nicht, dass es keine Kriegsanlässe und -ursachen mehr gibt. Um langfristig den Frieden zu sichern, müssen bestimmte Bedingungen erfüllt sein. Die verschiedenen Schulen der Internationalen Beziehungen gewichten diese ganz unterschiedlich:

- Der *Realismus* geht von der Annahme aus, dass nur ein militär. Gleichgewicht den Frieden zu sichern imstande ist.
- Der *Liberalismus* bzw. *Institutionalismus* ist dagegen der Ansicht, dass erst ökonom. und gesellschaftl. Kooperationsbedingungen ein friedl. Nebeneinander ermöglichen.

Noch weiter gehen Wissenschaftler wie Johan Galtung, die unter Frieden nicht nur die Abwesenheit militär. Gewalt, sondern darüber hinaus auch das Nichtvorhandensein von struktureller Gewalt verstehen *(weiter Friedensbegriff)*.

Mit dem Ausdruck **»strukturelle Gewalt«** werden repressive Strukturen beschrieben, die Menschen, Gruppen oder Staaten daran hindern, ihre grundlegenden Bedürfnisse und Interessen zu befriedigen bzw. zu realisieren.

»Strukturelle Gewalt ist die vermeidbare Beeinträchtigung grundlegender menschlicher Bedürfnisse oder, allgemeiner ausgedrückt, des Lebens, die den realen Grad der Bedürfnisbefriedigung unter das herabsetzt, was potentiell möglich ist.« (J. Galtung)

Zur strukturellen Gewalt werden heute nicht nur die versch. Formen der Diskriminierung, sondern auch die ungleiche Verteilung von Einkommen und Bildungschancen, die internat. Wirtschaftsbeziehungen, das Wohlstandsgefälle zwischen Erster und Dritter Welt, aber auch die auf vielfältige äußere Einflüsse (z.B. Umweltverschmutzung, Ressourcenmangel etc.) zurückzuführende Einschränkung von Lebenschancen gerechnet.

Wenn solche strukturell repressiven und gewalttätigen Bedingungen beseitigt sind, spricht man – im Unterschied zum **negativen** Frieden, der nur durch die Abwesenheit personeller Gewalt definiert ist – von **positivem Frieden.**

Den beiden unterschiedl. Friedensbegriffen entsprechen unterschiedl. **Konfliktlösungsstrategien:**

- *Dissoziative Konfliktlösung* zielt auf die Herstellung des negativen Friedens durch Trennung der Konfliktparteien. Erreicht wird dies z.B. durch Gleichgewichtsstrategien, die wechselseitige Garantie von Einflusssphären oder die Festlegung von Waffenstillstandslinien.
- *Assoziative Konfliktlösung* zielt auf die Herstellung des positiven Friedens durch Integration der Konfliktparteien. Konflikte sollen nicht nur beigelegt, sondern Konfliktursachen und -anlässe vollständig beseitigt werden. Beispiele sind die Versöhnung Deutschlands und Frankreichs unter dem Dach neu geschaffener europ. Strukturen, die Gewährung von Autonomie oder wirtschaftl. Wiederaufbauhilfe (z.B. Marshallplan).

Die Arbeit der Vereinten Nationen verbindet beide Elemente miteinander: ein System der *kollektiven Sicherheit* als Ausdruck dissoziativer Konfliktlösung mit Menschenrechtsschutz und humanitärer Hilfe als wichtigen Bestandteilen einer assoziativen Friedensstrategie.

Eine wichtige, wenngleich heute problemat. Unterscheidung ist die zwischen endogenen und exogenen **Konfliktursachen:**

- *Endogene Ursachen* liegen im pol. System, also in der Innenpolitik. Dazu zählen z.B. pol. Instabilität, wirtschaftl. Misserfolge, Konkurrenzdruck durch die Opposition, die öffentl. Meinung etc.
- *Exogene Ursachen* betreffen die Außenbeziehungen des pol. Systems, also v.a. inter- oder transnat. Faktoren. Zu nennen wären hier die geopol. Situation, die Abhängigkeit von weltwirtschaftl. Einflussgrößen, die Einbindung in Bündnissysteme oder auch »Erblasten« aus früheren Konflikten.

Die »Neuen Kriege« (Mary Kaldor) lassen eine saubere Trennung der beiden Konfliktursachentypen nicht mehr zu. **Friedensforschung** ist daher zu einer diffizilen *Kriegsursachenforschung* geworden.

Schon Kant hat dargelegt, dass Frieden »kein Naturzustand« ist, sondern »gestiftet werden muss«. In einer Art Systemanalyse stellt er die These auf, dass Republiken (Demokratien) nach außen friedfertiger sind als Nicht-Demokratien, weil die Mitsprache der Bevölkerung über den Eintritt in den Krieg diesen angesichts der von ihr zu tragenden Kriegskosten weniger wahrscheinlich macht (endogener Faktor).

Neuere empir. Forschungen bestätigen diese These immerhin für gefestigte und rechtsstaatl. organisierte demokrat. Systeme.

Daneben hebt Kant bereits 1795 die Rolle des Völkerrechts und internat. Organisationen als exogene Faktoren für die Friedfertigkeit hervor.

Neuere völkerrechtl. Entwicklungen und das Selbstverständnis der Vereinten Nationen konzentrieren sich auf die endogenen Ursachen.

	empirische Theorien	normative Theorien
Bezugspunkt	reale Welt	abstrakte Welt (des Denkens)
Inhalt	Beschreibung der Realität	ethische oder philosophisch-metaphysische Aussagen
Beweisbarkeit	Verifizierbarkeit bzw. Falsifizierbarkeit	keine möglich

A Empirische vs. normative Theorien

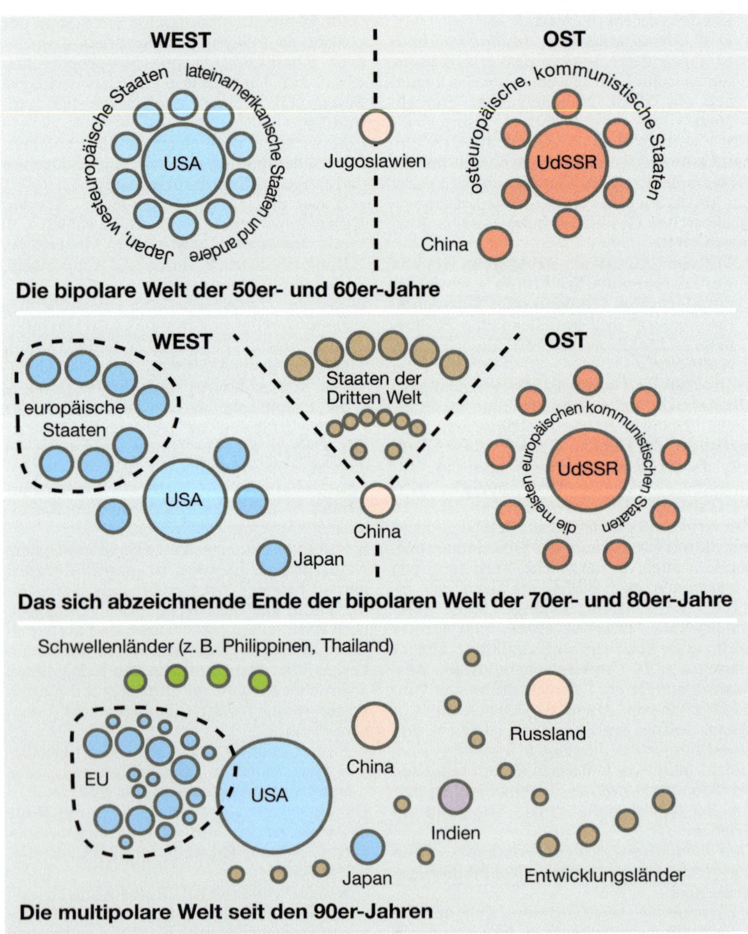

B Polare Weltordnungen im 20. Jahrhundert

Generell wollen sozialwiss. Theorien die Gesetzmäßigkeiten menschl. Verhaltens offenlegen. Im speziellen Fall der Internationalen Beziehungen gilt das Interesse den **Interaktionsstrukturen** von Akteuren sowie den Prozessen und Strukturen, die die internationalen Beziehungen insgesamt prägen.

Zu unterscheiden ist zwischen **empirischen** und **normativen** Theorien.

Aussagen mit empirischem Anspruch wollen an der »realen« Welt gemessen werden, normative Theorien beinhalten ethische oder philosophisch-metaphysische Aussagen (z. B. über die Bedingungen für einen *gerechten Krieg*), die streng genommen nicht bewiesen werden können, sondern voraussetzen, dass man die zugrunde liegenden Prämissen teilt. (A)

In den Internationalen Beziehungen haben Theorien häufig einen konstituierenden Charakter für **Paradigmen** oder **Weltbilder.** Paradigmen und Annahmen aus anderen Zusammenhängen und Disziplinen können ebenso die Theoriebildung prägen.

Je nachdem, aus welcher Perspektive man eine Theorie in den Blick nimmt, kann man Indizien sowohl für den einen wie den anderen Entstehungszusammenhang entdecken, wie sich einleuchtend etwa an den Theorien des Realismus, Liberalismus oder Konstruktivismus zeigen lässt.

Alle Theorien haben nur eine mittlere Reichweite; d. h. es gibt keine allgemeine Theorie, die die Komplexität der internationalen Beziehungen vollständig erfassen und erklären könnte.

Von großer theoret. Bedeutung sind Aussagen über die **Akteure** und Handlungszusammenhänge. Dabei geht es um Fragen wie: Wer sind die relevanten Akteure, welche Interessenlagen vertreten sie, und welche Handlungsmöglichkeiten sind vorhanden?

Wenn der Staat als einzig relevanter Akteur aufgefasst wird – wie im Realismus –, gelangt man zu einer anderen Interpretation der Wirkkräfte der internationalen Beziehungen als unter der Prämisse, dass gesellschaftl. oder wirtschaftl. Organisationen den Weltenlauf bestimmen oder gar das »kapitalistische Weltsystem«. Entscheidend ist also die **Analyseebene.** Ebenso ist es von großer theoret. und prakt. Bedeutung, welche systemischen Prämissen vorliegen, also ob das internat. System uni-, bi- oder multipolar aufgebaut ist (B), ob von Anarchie oder von Kooperationsstrukturen auszugehen ist.

Die Aussagekraft naturwiss. Theorien mit ihren Wenn-Dann-Beziehungen kann im Bereich der Internationalen Beziehungen nicht erreicht werden. Allein aufgrund des Phänomens der menschl. Entscheidungsfreiheit besteht für generalisierende Aussagen keine hinreichende Basis. Die hist. Offenheit der Disziplin beruht auf der Annahme von der Lernfähigkeit der Akteure, von »dialektischen« Entwicklungen und revolutionären Veränderungen. Diese Nichtberechenbarkeit bedeutet jedoch nicht, dass der blinde Zufall regiert.

Die Herausbildung von Theorien spiegelt immer hist. Konstellationen wider und wird von zeitgenössischen wiss. Paradigmen beeinflusst.

Die Abhängigkeit theoret. Konzepte vom tatsächl. Zustand der Politik lässt sich z. B. für die Renaissance belegen. Erst nachdem sich die Territorialstaaten herausgebildet hatten, konnten Souveränitätskonzepte entstehen, die seitdem die internationale Politik prägen.

In der Moderne stehen z. B. für die Entwicklung der realistischen Schule der Internationalen Politik die Appeasement-Politik der 1930er-Jahre und der 2. Weltkrieg Pate.

Großtheorien

Von den diversen theoret. Konzepten zur Erklärung der internationalen Beziehungen lassen sich die klass. Großtheorien wie Idealismus, Realismus und Marxismus unterscheiden. Sie beruhen auf ontolog. Annahmen und haben einen nachhaltigen Einfluss auf die Disziplin ausgeübt.

Der **Idealismus** geht davon aus, dass der Mensch von Natur aus vernunftbegabt und Idealen verpflichtet ist sowie i. d. R. zu seinem Besten handelt. Dies gilt analog für soziale Systeme. Demnach ist auch eine internat. Friedensordnung nicht nur erstrebenswert, sondern auch möglich.

Die entscheidende Fragestellung lautet daher: Welche Normen sind zu entwickeln, um pol. Handeln am Weltfrieden zu orientieren? Oder: Wie *soll* die internat. Politik beschaffen sein?

Der **Realismus** geht von einem schöpferischen und zerstörerischen menschl. Potenzial aus. In der Realität dominieren Machterwerb und Eigennutz. In einer feindl. Umwelt muss daher die Sicherung des nat. Interesses oberste Priorität haben.

Die Fragestellung lautet hier: Welche Bedingungen, Formen und Triebkräfte bestimmen die Beziehungen zwischen den Staaten? Oder: Wie *ist* die internat. Politik tatsächlich beschaffen?

Der **Marxismus** sieht in seiner modernen Variante die ökonomischen Interessen als die wichtigste Konstante der internationalen Beziehungen an. Die weltweit vorherrschenden kapitalistischen Produktionsverhältnisse prägen demnach die gesellschaftl. und staatl. Beziehungen.

Die Fragestellung lautet hier: Wie *kann* die Welt verändert werden?

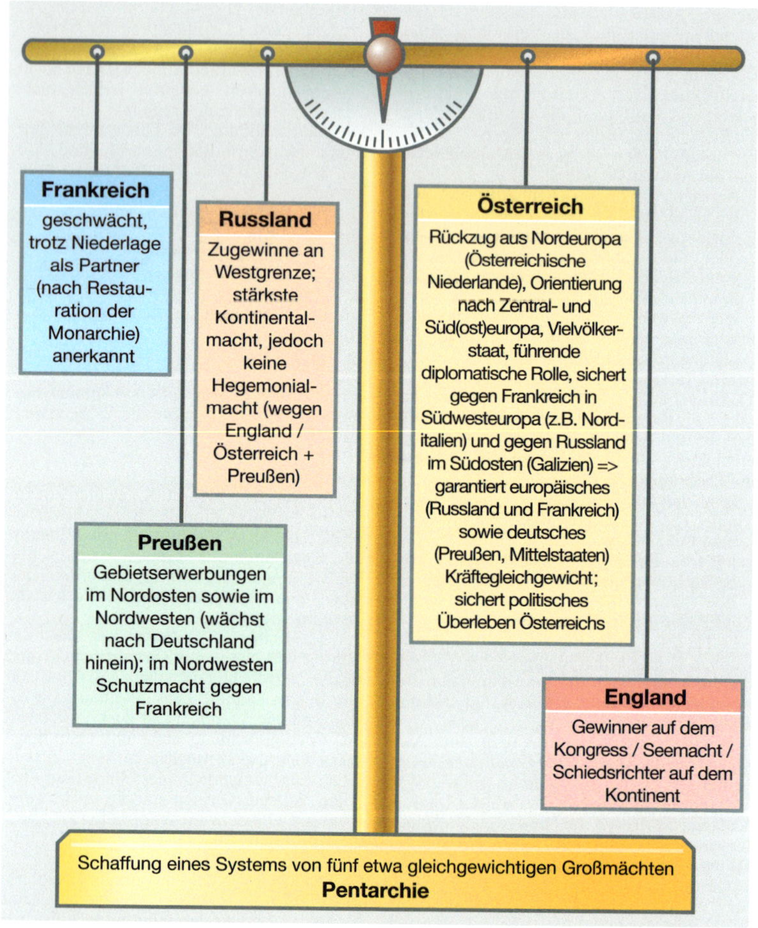

Frankreich
geschwächt, trotz Niederlage als Partner (nach Restauration der Monarchie) anerkannt
Russland
Zugewinne an Westgrenze; stärkste Kontinentalmacht, jedoch keine Hegemonialmacht (wegen England / Österreich + Preußen)
Österreich
Rückzug aus Nordeuropa (Österreichische Niederlande), Orientierung nach Zentral- und Süd(ost)europa, Vielvölkerstaat, führende diplomatische Rolle, sichert gegen Frankreich in Südwesteuropa (z.B. Norditalien) und gegen Russland im Südosten (Galizien) => garantiert europäisches (Russland und Frankreich) sowie deutsches (Preußen, Mittelstaaten) Kräftegleichgewicht; sichert politisches Überleben Österreichs
Preußen
Gebietserwerbungen im Nordosten sowie im Nordwesten (wächst nach Deutschland hinein); im Nordwesten Schutzmacht gegen Frankreich
England
Gewinner auf dem Kongress / Seemacht / Schiedsrichter auf dem Kontinent
Schaffung eines Systems von fünf etwa gleichgewichtigen Großmächten
Pentarchie

A Balance-of-Power-Modell des Wiener Kongresses

internationales System
Nationalstaat
Beziehungen

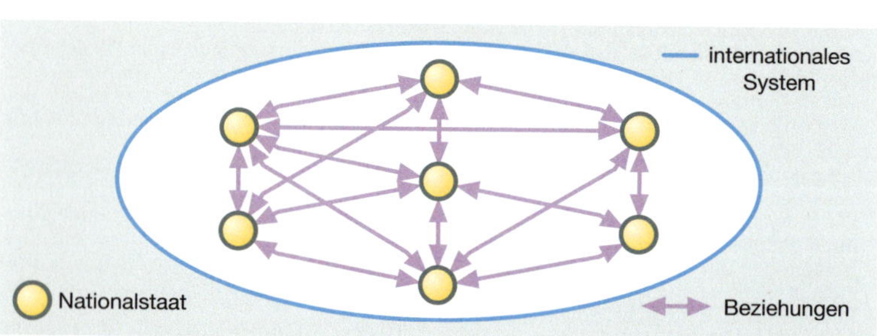

B Billardkugelmodell des Neorealismus

Realismus

Die Mitte des 20. Jh. aufkommende **realistische Schule** der Internationalen Beziehungen ist insofern »realistisch«, als deren Vertreter vorgeben, den Zustand der Politik zur Anschauung zu bringen. Pol. Handeln orientiert sich demnach nicht an Idealen, sondern v.a. am jeweiligen **Eigeninteresse** der Akteure, seien es Individuen oder soziale Systeme. Nach diesem Modell ist die internat. Politik allein von *Machtverhältnissen* bestimmt. Unmittelbares Ziel der Politik sei stets Macht, und jede Politik könne immer auf einen der drei Grundtypen *Machterhaltung, Machtvermehrung* oder *Machtdemonstration* zurückgeführt werden.

Für die Vertreter der realist. Schule (z.B. H. Morgenthau) zeigt die Geschichte, dass die Nationalstaaten sich notwendig an der Macht orientieren müssen. Tun sie dies nicht, werden sie zum Spielball anderer. Als Beleg für diese These dient z.B. die Appeasement-Politik Frankreichs und Großbritanniens gegenüber Hitler in den 1930er-Jahren. Das Streben nach Macht bekommt damit einen normativen Charakter.

Vertreter des Realismus sehen die internat. Beziehungen als *Nullsummenspiel,* d.h. die Gesamtmenge der im internat. System verteilbaren Güter (Macht, Ressourcen, Einfluss) bleibt i.d.R. unverändert. In der Staatenkonkurrenz geht der Machtzuwachs eines Akteurs immer zu Lasten anderer. Um seines Überlebens willen muss jeder Staat Machtpolitik betreiben.

Dieses Erfordernis bedeutet aber nicht, dass Kriege an der Tagesordnung wären. Im Gegenteil, Kriege können vermieden werden, denn durch das Machtstreben aller kann kein Staat dominant werden, ein Gleichgewicht der Mächte (Balance of Power) verhindert durch Abschreckung kriegerische Auseinandersetzungen. Es werden Allianzen gebildet, die die Machtverhältnisse ausbalancieren. (A)

Das Ordnungsprinzip einer Balance of Power kann jedoch nach der Ansicht von Kritikern dieser Theorie die grundlegenden Sicherheitsprobleme zwischen den Staaten nicht verdrängen. Das Streben der Akteure, durch Stärkung der eigenen Macht einen Zugewinn an Sicherheit zu erhalten, führt nicht nur zu einer latenten Unsicherheit, sondern zwangsläufig auch in ein *Sicherheitsdilemma,* weil diese Politik von den anderen Akteuren als Bedrohung empfunden wird und sie ihrerseits zum Aufrüsten veranlasst. Dieses Dilemma kann nur durch eine adäquate Kommunikation zwischen den Staaten gelöst werden.

Anschaulich kann dieser Problemkreis anhand der Kuba-Krise von 1962 dargestellt werden. Die USA und die Sowjetunion gerieten damals wegen der Stationierung von Atomraketen auf Kuba an den Rand eines Kriegs. Nach dem Höhepunkt der Krise wurden sofort die Kommunikationsmethoden verbessert (sog. *Rotes Telefon*).

Neorealismus

Die sich Ende der 1960er-Jahre herausbildende **neorealistische Schule** der Internationalen Politik lehnt das pessimist. Menschenbild der klass. realistischen Schule ab. Der wesentl. Unterschied zu dieser besteht in der Betonung der **Sicherheit,** nicht der Macht. Aus neorealist. Perspektive streben die pol. Akteure nicht aus anthropolog. Notwendigkeit nach Macht, vielmehr ist es die *Struktur* des internat. Systems, das die Politik bestimmt. Diese Struktur ist *dezentral* und *anarchisch,* d.h. es fehlt eine übergeordnete Regelungs- und Sanktionsinstanz. Weil das internat. System ein **Selbsthilfesystem** sei, müssten die Staaten wie beim Realismus selbst für ihre Sicherheit sorgen. Und das Streben nach Sicherheit und Selbsterhaltung gibt dem System letztlich doch eine Struktur. Diese funktioniert ähnlich wie das System des Marktes: Wenn alle sich als Marktteilnehmer (bzw. als Teilnehmer im Sicherheitssystem) verstehen, dann wird das gemeinsame Gut »Sicherheit« auch bewahrt. Daher wird diese Schule auch nach K. Waltz *struktureller Realismus* genannt. Auch ist der Machtbegriff des Neorealismus differenzierter: Es geht ihm nicht um Machtanhäufung an sich, sondern um ein ausgewogenes Machtverhältnis zwischen den einzelnen Akteuren.

Nicht alle Vertreter der neorealist. Schule sehen die Welt als anarch. System. Eine Erweiterung erfolgt durch die sog. **Englische Schule.** Ihr Hauptprotagonist Hedley Bull sieht durchaus Regelhaftigkeiten in den internat. Beziehungen. Eine solche besteht in der Anerkennung der gegenseitigen Unabhängigkeit, einem auf Machtgleichgewicht basierenden Beziehungssystem der Großmächte, im Völkerrecht, in der Diplomatie und in internat. Organisationen; und schließlich gibt es Regeln für den Kriegsfall.

Kritiker wenden gegen die realist. Modelle ein, sie trügen der Komplexität der Wirklichkeit nicht hinreichend Rechnung, weil in ihnen nur Staaten – allenfalls noch internat. Organisationen – als relevante Akteure vorkämen. Wirtschaftl. und zivilgesellschaftl. Akteure blieben ebenso unberücksichtigt wie die Vielfalt der tatsächlich wirksamen Interessen und die vielfältigen Beziehungen zw. Innen- und Außenpolitik. Das vom Realismus gezeichnete Modell des internat. Systems gleiche damit einem *Billardkugel-Modell* (B), das Innenleben der internat. aufeinandertreffenden Akteure werde negiert. Auch Bürgerkriege und der Zerfall von Staaten seien mit diesem Modell nicht zu erklären.

Ziel:
Frieden, Wohlstand
internationale Regime
internationale Organisationen
Völkerrecht
Interessen
Staat
Werte

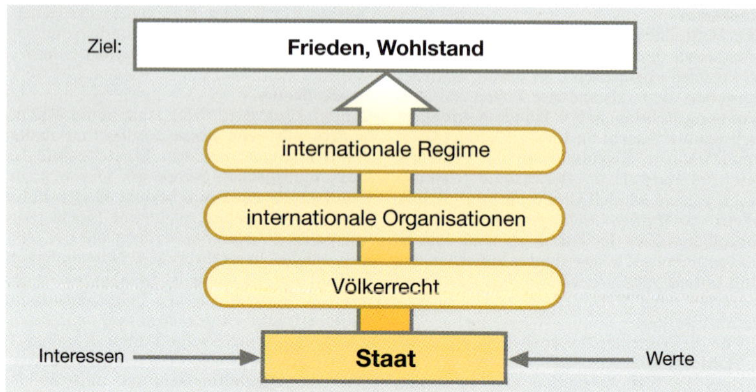

A Modell des Institutionalismus

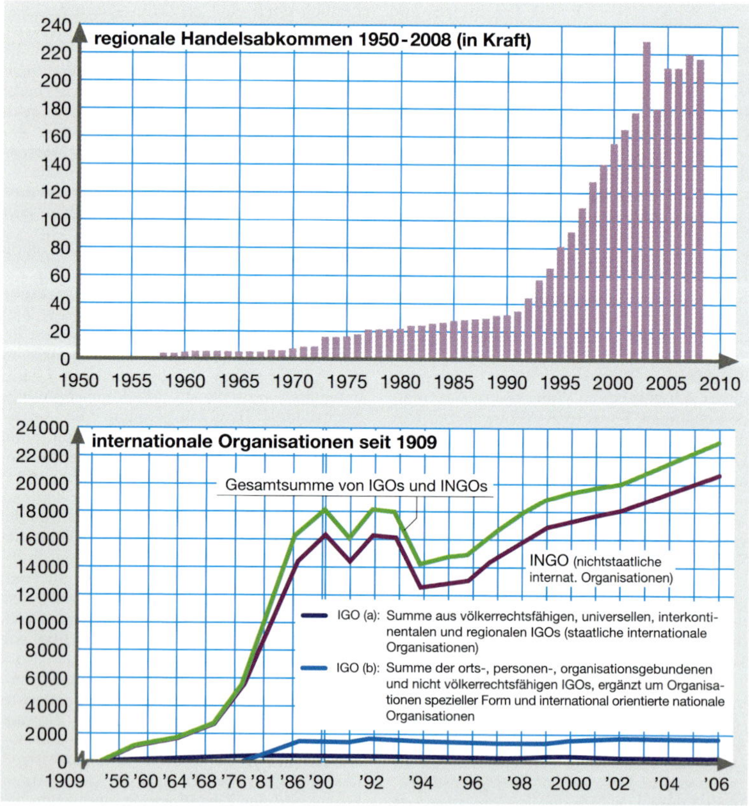
regionale Handelsabkommen 1950-2008 (in Kraft)
0
20
40
60
80
100
120
140
160
180
200
220
240
1950 1955 1960 1965 1970 1975 1980 1985 1990 1995 2000 2005 2010
internationale Organisationen seit 1909
0
2000
4000
6000
8000
10000
12000
14000
16000
18000
20000
22000
24000
Gesamtsumme von IGOs und INGOs
INGO (nichtstaatliche internat. Organisationen)
IGO (a): Summe aus völkerrechtsfähigen, universellen, interkontinentalen und regionalen IGOs (staatliche internationale Organisationen)
IGO (b): Summe der orts-, personen-, organisationsgebundenen und nicht völkerrechtsfähigen IGOs, ergänzt um Organisationen spezieller Form und international orientierte nationale Organisationen
1909 '56 '60 '64 '68 '76 '81 '86 '90 '92 '94 '96 '98 2000 '02 '04 '06

B Institutionalisierte Welt

Unter **Liberalismus** (engl. *liberal internationalism*) versteht man in den Internationalen Beziehungen eine – bes. Anfang des 20. Jh. einflussreiche – Strömung, die liberal-demokrat. Gesellschaftssysteme als Voraussetzung für ein friedvolles Zusammenleben der Staaten und Völker betrachtet.

Anders als im Realismus werden die kollektiven Interessen in der Theorie des Liberalismus nicht einem – wie auch immer gearteten – nationalen Interesse untergeordnet.

Dem Liberalismus liegt nach John Locke (1632–1704) ein Bild selbstbestimmter und mit eigenen Rechten ausgestatteter Individuen zugrunde, die im freien (geistigen) Austausch miteinander stehen. Dies gilt auch für Staaten untereinander. Meist wird der Liberalismus mit einem internat. **Wirtschaftsliberalismus** gleichgesetzt. Der Freihandel und die Vorteile internat. Marktwirtschaft und Arbeitsteilung versprechen nach Adam Smith (1723–90) und David Ricardo (1772–1823) für alle Staaten einen Wohlfahrtsgewinn. Die einmal geknüpften wirtschaftl. Verflechtungen reduzierten damit zugleich die Gefahr kriegerischer Auseinandersetzungen.

Hist. relevant wurden die Prämissen des Liberalismus zum Ende des 1. Weltkriegs, als der amerikan. Präsident **Woodrow Wilson** 1918 in seinem 14-Punkte-Programm neben dem Selbstbestimmungsrecht der Völker und einigen Grenzveränderungen dezidiert die Aufhebung sämtlicher Wirtschaftsschranken, die freie Seeschifffahrt und die Gründung einer »allgemeinen Gesellschaft der Nationen« forderte.

Mit dem Liberalismus eng verwandt ist die Theorie des **Institutionalismus,** die Ende des 20. Jh. aufkam und gemeinsam mit der Interdependenztheorie zu einer der vorherrschenden theoret. Strömungen seit dem Ende des Ost-West-Konflikts wurde. Dem Institutionalismus liegt die Annahme zugrunde, dass Kooperation zwischen den Staaten und eine tragfähige Friedensordnung durch Institutionen wie die Vereinten Nationen konstituiert und gesichert werden können (A).

Eine *Institution* muss dabei keine konkrete Organisation mit Gebäuden, Satzung, Haushalt und Verwaltung sein, sie kann auch bloß aus eingeübten Gewohnheiten und Praktiken bestehen, die auf die Verwirklichung gemeinsamer Ziele ausgerichtet sind, wie etwa die allgemeinen Grundsätze des Völkerrechts.

Im Zentrum der institutionalist. Theorie steht das *Völkerrecht,* dem sich die Staaten nicht (bloß) aus egoistischen Zweckmäßigkeitserwägungen unterwerfen, sondern weil sie den Instanzen der Moral, des Rechts und des Gesetzes eigenes Gewicht beimessen. Die Staaten werden damit gleichsam sozialisiert bzw. zivilisiert.

Tatsächlich regeln heute in vielen Politikfeldern internat. Organisationen und völkerrechtl. Verträge das Zusammenleben der Staaten zum Vorteil aller Beteiligten. Die Institutionalisierung findet dabei jedoch v. a. auf der Mikroebene statt. Bes. im wirtschaftl. Bereich sind die Verbindungslinien zum Liberalismus offenbar. Wirtschaftl. Verflechtung zwingt zur Kooperation, muss aber durch Abkommen und Vereinbarungen auf ganz praktisch-techn. Art abgesichert werden. Die heiklen Status-, Macht- und Sicherheitsfragen der »großen Politik« lassen sich so zunächst ausklammern.

Auf der Makroebene – wie etwa bei den Vereinten Nationen – ist die Institutionalisierung der Kooperation in der Praxis weit weniger erfolgreich. In einem Grundklima der Kooperation würde man sich hier auch die Lösung heikler Fragen erwarten, die aber aus Gründen des Machtkalküls der Großmächte oft ausbleibt.

Kritik am Liberalismus und Institutionalismus üben die Vertreter des Realismus, die die beiden Denkschulen in die Nähe des Idealismus rücken. Dies mag in der Frühphase des Liberalismus zwischen dem 1. und 2. Weltkrieg gerechtfertigt gewesen sein, danach jedoch nicht mehr, weil die Bearbeitung von Konflikten ja gerade Teil dieser Strömungen ist. Andere Kritikpunkte haben indes auch heute noch ihre Berechtigung: V. a. bedeutet die Etablierung eines wirtschaftsliberalen internat. Systems nicht, dass damit automat. rechtsstaatl. und demokrat. Strukturen einhergehen, wie die Beispiele Russlands und Chinas belegen. Die Anerkennung des Völkerrechts und der internat. Wirtschaftsordnung als Voraussetzung für ein friedl. Zusammenleben ist damit nicht ohne Weiteres gegeben. Im Gegenteil: Die Zwänge einer globalen kapitalist. Wirtschaftsordnung können große Teile der Bevölkerung eines Landes marginalisieren, wie dies etwa bei der Verarmung weiter Bevölkerungsteile in Argentinien oder bei den Wanderarbeitern in China der Fall ist.

Die Kritiker verweisen überdies darauf, dass Handelsliberalisierung, Demokratisierung und Menschenrechte in weiten Teilen der Welt als »westliche« Projekte verstanden würden, die lediglich als Vorwand dienten, die Vormachtstellung der westl. Industrieländer weiter auszubauen und zu festigen. Ein friedliches Zusammenleben würde damit nicht garantiert. Im Gegenteil, es drohe ein »Kampf der Kulturen« (S. Ph. Huntington).

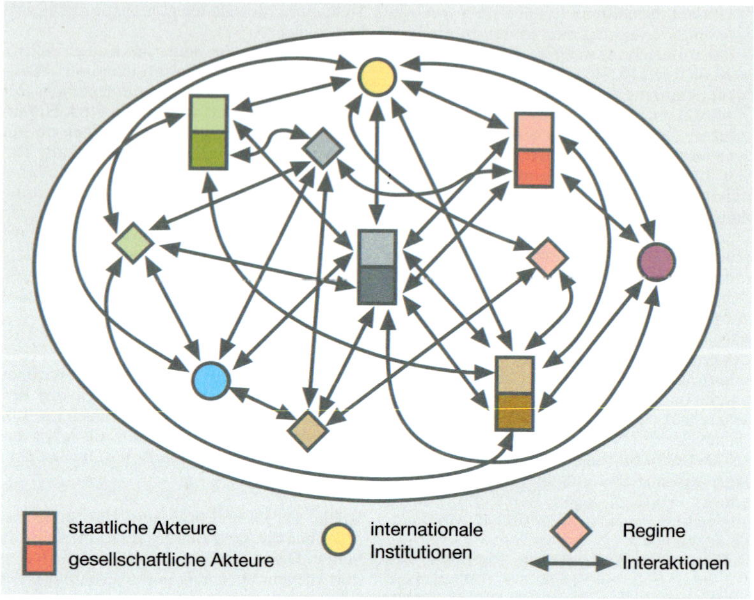

staatliche Akteure
gesellschaftliche Akteure
internationale Institutionen
Regime
Interaktionen

A Spinnennetzmodell des internationalen Systems

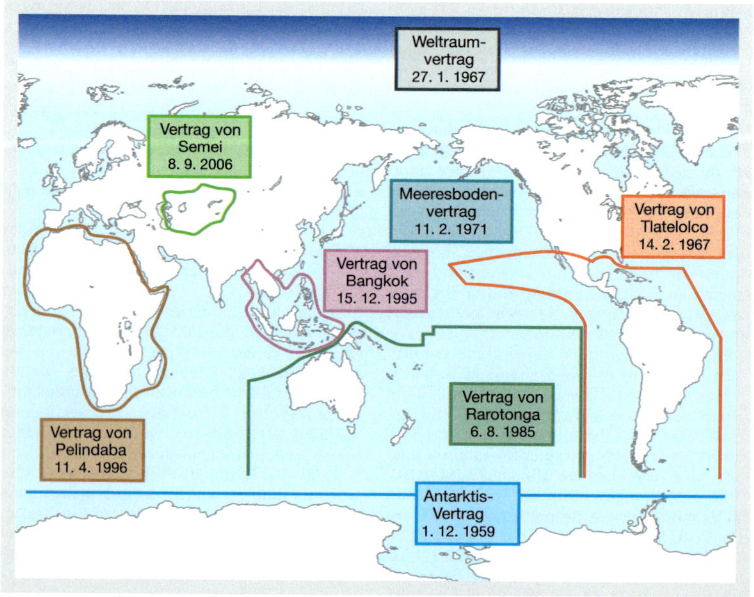

Weltraumvertrag 27. 1. 1967
Vertrag von Semei 8. 9. 2006
Meeresbodenvertrag 11. 2. 1971
Vertrag von Tlatelolco 14. 2. 1967
Vertrag von Bangkok 15. 12. 1995
Vertrag von Rarotonga 6. 8. 1985
Vertrag von Pelindaba 11. 4. 1996
Antarktis-Vertrag 1. 12. 1959

B Internat. Regime: Bsp. atomwaffenfreie Zonen (mit Datum der Vertragsunterzeichnung)

Interdependenztheorie

Der Begriff »Interdependenz« bedeutet wechselseitige Abhängigkeit. Die **Interdependenztheorie** betont dieses Muster im internationalen System und leitet daraus entsprechende Schlussfolgerungen für die internat. Beziehungen ab. Sie entstand Ende der 1970er-Jahre und reagierte dezidiert auf die Weltwährungs- und Ölkrise dieser Zeit. Die Interdependenztheorie wendet sich insbes. gegen die Sichtweise des Realismus, nach der die Staaten unabhängig voneinander ihre nationalen Interessen verfolgen. Solche Interessen spielen zwar auch für Vertreter des Interdependenzansatzes eine Rolle, aber nach ihrem Verständnis können die internat. Beziehungen zutreffender als *komplexes Gefüge von Interdependenz* beschrieben werden (A).

Wirtschaftliche Verflechtungen, Rohstofftransfer, globale und regionale Umweltzusammenhänge, internat. Tourismus, Wissenschaftskontakte und Arbeitsmigration spiegeln die Verbundenheit zwischen Staaten und Gesellschaften wider. Man schätzt, dass sich die grenzüberschreitenden Verbindungen alle zehn Jahre verdoppeln.

Die Beziehungsmuster zwischen staatl. verfassten Gesellschaften zeichnen sich durch eine hohe *Interaktionsdichte* aus, deren Rückführung v. a. mit erhebl. wirtschaftl. Kosten für die Bevölkerung verbunden wäre. Die Staaten sind auf diese Interaktionen angewiesen. Dies bedeutet nicht, dass es keine Konflikte gibt, denn die Nutzenverteilung aus den Interaktionen ist meist nicht symmetrisch. Wirtschaftl. und militär. starke Staaten können versuchen, das internat. System zu ihren Gunsten zu manipulieren.

Hinsichtlich der Abhängigkeit eines Staates von anderen unterscheiden die Hauptvertreter dieser Theorie, R. Keohane und J. Nye, zwischen Interdependenz-Empfindlichkeit und -Verwundbarkeit: Die *Empfindlichkeit* zeigt an, wie stark eine Seite von Veränderungen der anderen berührt wird, z. B. durch die Erhöhung der Erdölpreise. Die *Verwundbarkeit* zeigt an, inwieweit ein Land Alternativen hat, sich einer neuen Lage anzupassen, bzw. welche Kosten durch eine solche Anpassung entstehen.

Je verwundbarer ein Staat ist, desto schwächer ist seine internat. Stellung – auch dies ist ein Zugeständnis der Interdependenztheorie an den Realismus.

Anders als in der realistischen Theorie sind aus interdependenztheoret. Sicht internat. Organisationen und gesellschaftlich, insbes. wirtschaftlich grenzüberschreitend tätige Akteure von Bedeutung. Aus deren Aktivitäten ergibt sich ein dichtes Geflecht von *inter-* bzw. *transnationalen* Beziehungen, die die Regelungsbereitschaft der Staaten erhöhen. Es etablieren sich Normen und Institutionen zur Beilegung internat. Interessenkonflikte. Militär. Gewalt erweist sich als immer weniger notwendig bzw. als unzweckmäßig. Gerade für die industrialisierten, pluralist. und rechtsstaatl. organisierten Staaten hat sich das Sicherheitsdilemma (s. S. 179) erheblich entschärft. Gleichzeitig wächst das Bedürfnis nach internationaler Steuerung.

Regimetheorie

Das Arbeitsforum für solche Steuerungsbemühungen stellen internationale Regime dar.

Regime können als eine institutionalisierte Form norm- und regelgeleiteten Verhaltens zur pol. Bearbeitung von Konflikten oder internat. Problemfeldern angesehen werden. Sie sind Ausdruck dafür, dass die Staaten gleichlautende Interessen haben oder zumindest zur Kooperation bei Interessenkonflikten bereit sind.

Internationale Regime bearbeiten spezifische Problemfelder im Umwelt-, Rüstungs- oder Wirtschaftsbereich; aber auch so heikle Themen wie die Menschenrechte, internationale Strafverfolgung oder Terrorismus.

Bsp. sind der Atomwaffensperrvertrag von 1968, das Montrealer Protokoll zum Schutz der Ozonschicht von 1987 oder die Menschenrechtskonvention des Europarates von 1950.

Die Fokussierung internat. Regime auf konkrete Politikfelder unterscheidet sie von internat. Organisationen. Oft wirken auch halbstaatl. Akteure und Nichtregierungsorganisationen mit. Regime können in unterschiedl. Weise institutionalisiert sein:

- **Prinzipien** als die am wenigsten institutionalisierte Form implizieren eine gemeinsame Ausgangs- und Zielvorstellung.
- **Normen** stellen allg. Verhaltensstandards dar, die dann durch
- normenkonkretisierende **Regeln** ergänzt werden können. Schließlich gibt es
- **Verfahren** zur Streitschlichtung und Interpretation von Normen, u. U. auch Sekretariate zur Koordinierung konkreter Aufgaben und Finanzierungsinstrumente.

Auch wenn sich in den vergangenen Jahrzehnten eine Vielzahl internat. Regime herausgebildet hat, funktionieren diese selten ohne Probleme. Defizite bestehen sowohl hinsichtlich ihrer Effizienz als auch der Gerechtigkeit, wie am Kyoto-Protokoll zum Schutze des Weltklimas von 1997 zu sehen ist, bei dem die Treibhausgasreduktionsziele bis jetzt von einigen Unterzeichnern nicht eingehalten werden und diverse Länder keine Reduktionen vornehmen mussten. Oft bilden Regime auch nur den kleinsten gemeinsamen Nenner der Kooperation oder werden von bedeutenden Akteuren nicht ratifiziert, so etwa das Abkommen über den Internationalen Strafgerichtshof von 1998 durch die USA.

	(Neo-)Funktionalismus	Föderalismus
Motive	• Frieden/Macht der Nationalstaaten überwinden • Wohlstand	• Frieden • Demokratie • Idealismus
Prozess	• »spill over« • Paketlösungen • »form follows function«	• einmaliger Verfassungssprung (supranationale Verfassung) • schrittweise Föderalisierung • »function follows form«
Akteure	• gemeinsame Institutionen • Experten • Eliten	• alle politische Ebenen • gesellschaftliche Gruppen als Unterstützer
Ziele / Leitbilder	• politische Union • Binnenmarkt	• Bundesstaatlichkeit • »Vereinigte Staaten von Europa« • Subsidiaritätsprinzip

A Integrationstheorien

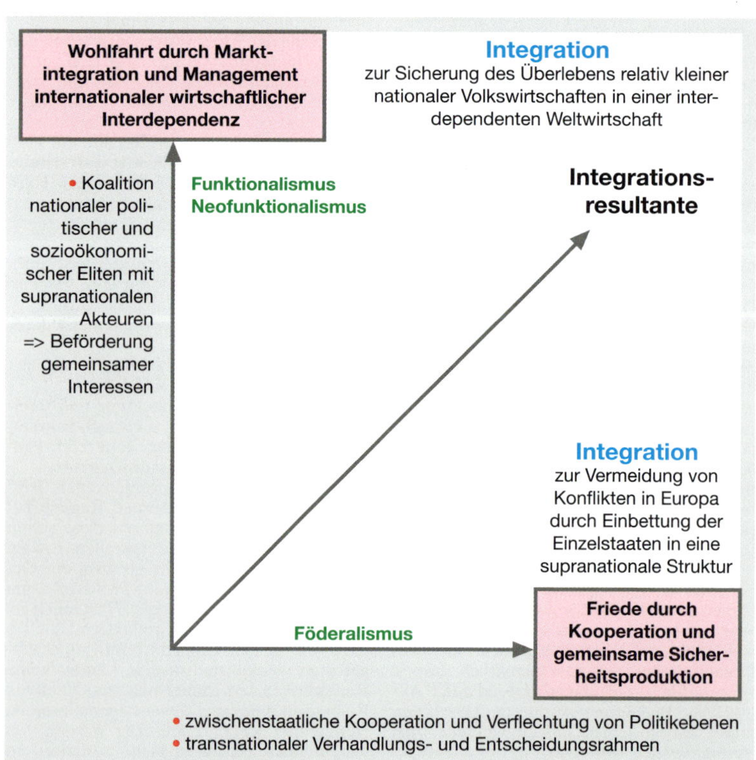

B Europäischer Integrationsprozess

Die regionalen und internationalen wirtschaftl. Verflechtungen, aber auch die Bedrohung des Friedens durch Massenvernichtungswaffen haben seit den 1940er-Jahren **Integrationstheorien** den Weg bereitet, die in den 1970er-Jahren ihre Blütezeit hatten.

Unter **Integration** versteht man die Entstehung neuer Einheiten oder Organe zur innen- und außenpol. Entscheidungsfindung von Staaten auf der Basis gemeinsamer Werte und Normen.

Die angestrebten *Integrationsformen* der versch. theoret. Konzepte unterscheiden sich hinsichtl. des Grades von Abhängigkeiten, Nutzenverteilung sowie der sozialen und wirtschaftl. Homogenität. Allen gemeinsam ist, dass sie Kooperation durch neue staatsrechtliche Formen erreichen wollen. Zwei gegensätzliche Theorieansätze lassen sich unterscheiden: der funktionalistische und der föderalistische (A).

Das **funktionalistische Konzept** von D. Mitrany als ältester Ansatz basiert auf der friedenspol. Überzeugung, dass Frieden nur in einer geeinten Welt garantiert werden kann. Dazu werden internat. Organisationen als notwendig erachtet, die zunächst spezifische Funktionen erfüllen und oft auch v.a. techn. Aufgaben haben sollen. Die gemeinsame Bewältigung prakt. Probleme soll dann die Zusammenarbeit in anderen Kontexten fördern, bis hin zur Sicherheitspolitik. Erst ein enges Netz techn. und sozialer Beziehungen führe zur Überwindung eines primär militär. verstandenen Sicherheitsbegriffs. Ohne supranationale Strukturen und eine globale Ausrichtung sei dies nicht möglich.
Kennzeichnend für die funktionalist. Integrationsvorstellungen sind Konzentration auf Experten und die Erwartung, damit könne eine konfliktträchtige Politisierung internat. Kooperation vermieden werden. Ziel der Integration ist daher die Schaffung supranationaler Organisationen, die nicht mit Politikern, sondern vorrangig mit sachl. qualifizierten Experten besetzt sind. An die Stelle demokrat. Kontrolle träte damit v.a. eine sachliche Kontrolle.
Kritiker wenden ein, dass Kriege tatsächlich nicht nur wegen nicht zufriedenstellend gelöster Sachprobleme geführt würden, sondern meistens zur Stabilisierung von Herrschaft und zur Absicherung von Eliteinteressen sowie auch aus ideolog. Gründen oder zur Ablenkung von inneren Schwierigkeiten.

Der **neofunktionalistische Ansatz** von Ernst B. Haas differenziert die Grundannahmen des Funktionalismus und setzt auf *regionale Integration.* Überdies trennt er nicht mehr zwischen funktionalen und politischen Bereichen: *Funktionale Kooperation* stellt gemäß diesem Konzept nur eine erste Stufe dar, auf die eine *politische* folgen soll. Eine zentrale Rolle nimmt hier der Begriff des *»spill over«* ein: Er bezeichnet den Übergang einer urspr. rein funktionalen Integration in eine politische. Die Erfolge in funktionalen Teilbereichen sollen sich dem Modell nach auf weitere Bereiche ausdehnen, bis eine neue pol. Gemeinschaft entsteht. Die Integration soll möglichst im wirtschaftl. und sozialen Bereich beginnen. Die Lernprozesse auf diesen Gebieten und das erworbene Vertrauen der Eliten sollen dann einen Automatismus in Gang setzen, der in eine vertiefte Integration mündet.

Der Neofunktionalismus stellt denn auch in erster Linie eine theoret. Reflexion der europ. Einigungsbemühungen dar.

Beiden Theoriesträngen gemeinsam ist die Entwicklung eines Gegenmodells zu den vom Machtbegriff geprägten Vorstellungen internat. Zusammenarbeit. Weil im Rahmen funktionaler Zusammenschlüsse sachorientiert gearbeitet wird und kleine wie große Staaten unabhängig von ihrer Machtposition zusammenarbeiten, verliert der Faktor Macht seine Bedeutung. Die direkte Betroffenheit und die gemeinsamen Wohlfahrtsgewinne gewährleisten eine Kooperation, bei der Macht und Prestige der beteiligten Akteure allenfalls eine nachgeordnete Kategorie darstellen. Außerdem ist ihnen gemeinsam, dass sich die Form der Integration aus den Funktionen der Zusammenarbeit ergibt (»form follows function«).

Den eher umgekehrten Weg schlägt der **föderalistische** oder auch **konstitutionalistische Ansatz** ein: Dem intergesellschaftl. Integrationsprozess geht die Schaffung integrativer Strukturen durch die Politik voraus. Über eine supranationale Verfassung und entsprechende Institutionen werden die versch. Gesellschaften an das neue System gewöhnt. Nach C. J. Friedrich wird zunächst die äußere Form des pol. Systems vorgegeben, dann folgt die Ausfüllung derselben mit Funktionen und Inhalten (»function follows form«). Der Föderalismus hat ein klares Integrationsziel vor Augen: den föderal organisierten supranationalen Staat.
Gelungene föderalistische Zusammenschlüsse stellen die USA und die Schweiz dar. Die Europäische Union hat bereits starke supranationale Institutionen wie die EU-Kommission oder den Europäischen Gerichtshof geschaffen, ihre finale staatstheoretische Form ist aber umstritten und offen.

Typ	ökonomischer Imperialismus	politischer Imperialismus	militärischer Imperialismus	Kommunikationsimperialismus	kultureller Imperialismus
das Zentrum bietet	industrielle Produktion, Produktionsmittel	Entscheidungen, Modelle (Vorbilder)	Schutz, Zerstörungsmittel	Kommunikationsmittel	Wissenschaft, Technologie, Ideen
die Peripherie bietet	Rohstoffe, Märkte	Gehorsam, Nachahmung	Soldaten, Austragungsfelder	Anwender, Ereignisse	Lernende, Bestätigung, Abhängigkeit

A Die fünf Dimensionen (Typen) des Neo-Imperialismus nach J. Galtung

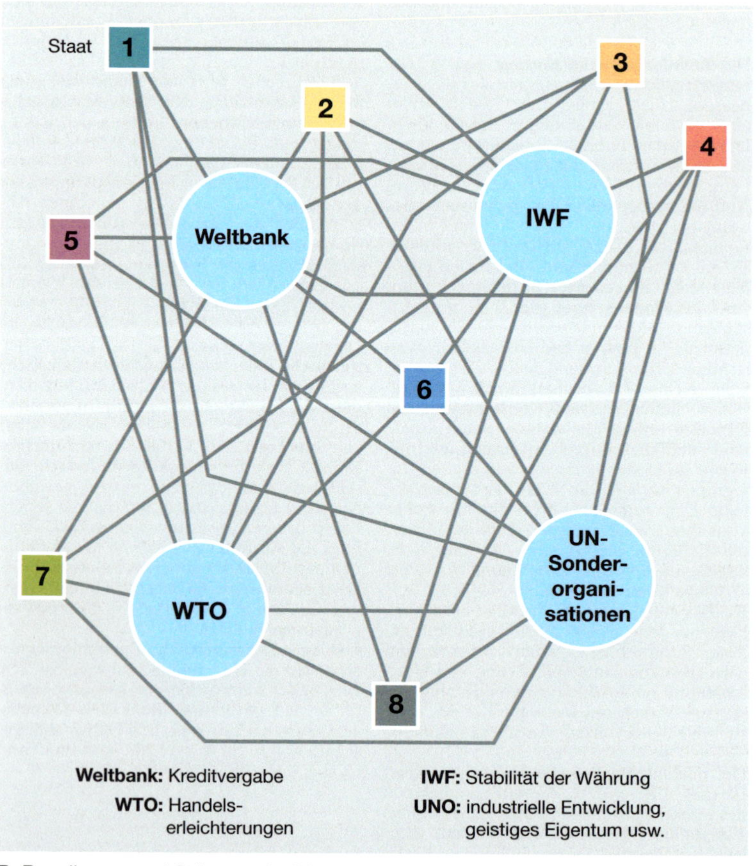

B Regulierung und Stützung der Weltwirtschaft

Karl Marx selbst hat sich nicht als Theoretiker der Internationalen Beziehungen verstanden. Die Autoren, die sich auf ihn als einen solchen berufen, tun dies gleichwohl mit einigem Recht. Wie für Marx rückt für sie das *kapitalist. Weltwirtschaftssystem* in das Zentrum der Theorie. Statt des Gegensatzes von Arbeit und Kapital steht heute jedoch v. a. der Gegensatz zwischen Industriestaaten und den nicht industrialisierten Ländern im Vordergrund der Analyse. Ebenso werden die Einflussmöglichkeiten von Wirtschaftsunternehmen auf die Staaten (und umgekehrt) untersucht.

Der Marxismus verfügt mittlerweile über eine vielfältig ausdifferenzierte, pluralist. Theorietradition. Dabei ist die Vorstellung des orthodoxen Marxismus von der hist. Determiniertheit der weltpol. Ereignisse weitgehend aufgegeben worden. Zeitgenössische Vertreter gehen aber weiterhin davon aus, dass die auf dem Privateigentum beruhende, privatwirtschaftlich-kapitalist. Produktionsweise krisenanfällig ist und auch im Weltmaßstab zu schwerwiegenden Wohlstandsschwankungen und -unterschieden führt, die notwendig nicht nur zu innergesellschaftl., sondern auch zu internationalen Verwerfungen führen müssen.

Der Wert der marxist. Theorien der Internationalen Politik liegt v. a. in der krit. Analyse der Zusammenhänge zwischen der internat. kapitalist. Privatwirtschaft und deren staatlicher Unterstützung. Daher bleiben auch nach dem Niedergang bzw. der Transformation der meisten kommunist. Systeme marxist. Interpretationen von Interesse.

In der Theoriegeschichte kommt die internat. Sichtweise des Marxismus zuerst in Form der **Imperialismustheorie,** die erstmals 1902 von **J. A. Hobson** umfassend formuliert wurde, zum Tragen.

Unter **Imperialismus** versteht man i. Allg. die gewaltsame Ausdehnung von Herrschaft (i. Bes. seitens der Kolonialmächte) über »unterentwickelte« Territorien.

Je nach ideolog. Ausrichtung gibt es unterschiedl. Auffassungen über die Ursachen des Imperialismus. Während Hobson davon ausging, dass nicht primär der wirtschaftl. Gewinn für den imperialist. Staat im Vordergrund stehe, sondern die Erweiterung seiner Machtsphäre, sah **Lenin** in seiner Schrift ›Der Imperialismus als höchstes Stadium des Kapitalismus‹ (1917) die Ausbeutung der überseeischen Ressourcen und die Erweiterung der Absatzmärkte für die Industriestaaten als Triebkräfte für den Imperialismus.

Die moderne marxist. **Dependenztheorie,** Mitte der 1960er-Jahre in Lateinamerika entstanden, sieht imperialist. Tendenzen nicht mehr primär staatenbezogen, weil die wirtschaftl. Macht transnational organisiert ist. Im Mittelpunkt der Analyse stehen *Zentrum-Peripherie-Beziehungen,* seien sie pol., wirtschaftl. oder kultureller Art (A). Diese Beziehungen sind strukturell ungleich, gehen zu Lasten der Peripherie und führen zu globalen Abhängigkeitsstrukturen.

Die herrschenden – ungleichen – Strukturen der Weltwirtschaft werden von der marxist. Dependenztheorie als zentrale Ursache des *Nord-Süd-Gefälles* identifiziert.

Allerdings sind im Zeitalter der Globalisierung diese (Abhängigkeits-)Strukturen sehr differenziert zu sehen. So ist z. B. der wirtschaftl. Aufstieg der asiatischen Schwellenländer, der sog. Tigerstaaten, nicht ohne Weiteres mit der Dependenztheorie in Einklang zu bringen. Dennoch ist es das Verdienst dieser Theorievariante, schon lange vor der Begriffsschöpfung der *Globalisierung* auf die entsprechenden weltwirtschaftl. Zusammenhänge hingewiesen zu haben.

Eine in den 1990er-Jahren aufgekommene neomarxist. Theorievariante ist die **Regulationstheorie,** der gemäß es wegen der Überproduktion, der Marktsättigung und der Bildung von Kartellen nur eine relative, aber keine dauerhafte weltwirtschaftl. Stabilität geben kann, weshalb für eine *politische Regulierung* gesorgt werden müsse.

Im innerstaatl. Bereich erfolgt eine solche Regulierung dadurch, dass der Staat gewisse Spielregeln wie Monopolverbote oder Arbeitsschutzmaßnahmen garantiert und Koalitionsfreiheiten und Mitbestimmungsmodelle die beherrschende Stellung von Produzenten relativieren. Da die nat. Wirtschaften über die internat. Arbeitsteilung weltweit vernetzt sind, braucht man zusätzlich zwischen- und überstaatl. Regulative und Institutionen zur Gewährleistung eines funktionierenden internationalen Waren-, Arbeits-, Geld- und Kapitalverkehrs. (B)

Weltbank, Internationaler Währungsfonds (IWF) und die Welthandelsorganisation (WTO) stellen solche Institutionen dar.

Bemängelt wird das Fehlen von internat. Sozialstandards und Vereinbarungen zur Verhinderung von Währungs- und Kapitalmarktspekulationen. Außerdem spiegeln die bisher in Kraft befindlichen Regulationsmechanismen die Machtasymmetrien der »Global Players«, also der großen transnationalen Konzerne, wider und festigen gezielt die Sonderstellung der großen Wirtschaftsmächte und -blöcke, die sich nicht nur den Zugang zu wichtigen Rohstoffen notfalls militärisch sichern, sondern entgegen aller Freihandelsrhetorik auch ihre Märkte durch Zölle und andere Zugangsbeschränkungen von den (i. d. R. Agrar-)Produkten der Länder des Südens abschotten.

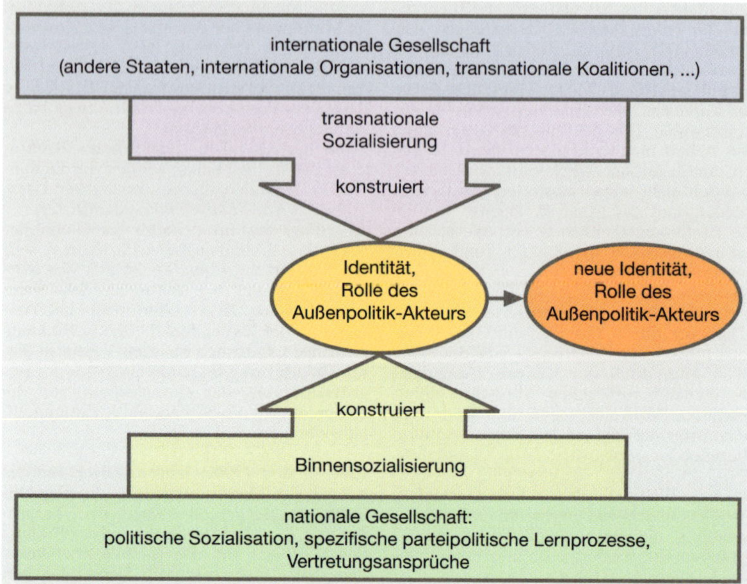

A Konstruktivistisches Modell der Außenpolitik

	Konstruktivismus	**Rationalismus**
Menschenbild	Homo sociologicus	Homo oeconomicus
Vermittlungs-ebene	Welt ist kulturell vermittelt	Welt ist materiell vermittelt
Perzeption	Entscheidungsträger haben subjektive und damit veränderliche Wahrnehmungen aufgrund unterschiedlicher »Filter«	Entscheidungsträger haben unveränderliche Wahrnehmungen (exogen vorgegeben)
Ergebnis	Außenpolitik als Lernprozess	Außenpolitik als Anpassungsprozess

B Konstruktivistische und rationalistische Grundannahmen

Der **Konstruktivismus** als Metatheorie der Internationalen Beziehungen entstand in den 1990er-Jahren und beruht auf der Annahme des philosoph. Konstruktivismus, dass alles menschliche Denken und Handeln sozial konstruiert ist. Für die Internationalen Beziehungen bedeutet dies, dass Ideen, Normen und die soziale Interpretation der realen Welt eine herausragende Bedeutung haben. Fakten spielen eine Rolle; sie werden aber von den Akteuren gedeutet und interpretiert und sind erst dadurch »wahr«, d.h. wirkmächtig.

Der **politische Konstruktivismus** stellt keine klassische pol. Theorie dar; er beinhaltet keine Idee oder Ideologie und auch keine bestimmte systemische Vorstellung der Welt. Allerdings haben Ideen einen deutl. höheren Stellenwert als in anderen Theorietraditionen. Sie ermöglichen und rechtfertigen Handlungen, Handlungsspielräume und Strategien. Ähnliches gilt für Normen, insbes. für konstituierende Normen. Diese sind Ausdruck grundsätzlicher Standpunkte und geben dem Handeln erst einen Sinn. Dadurch erwerben Staaten die Identität, aus der sie Ziele wie Sicherheit, Stabilität, Wohlfahrt oder die Anerkennung durch andere ableiten. Auf dieser Basis *konstruieren* sie ihre nationalen Interessen.

Pol. Konstruktivisten betonen, dass das internat. System nicht in erster Linie auf geografischen, militärischen oder wirtschaftlichen Voraussetzungen basiert, sondern auch auf sozialen Beziehungen. Diese geben den materiellen Grundlagen die entscheidende Bedeutung. Das internationale System ist also gesellschaftl. *konstruiert* und besteht aus gemeinsamen Grundüberzeugungen, subjektiven Vorstellungen, Erwartungen sowie sozialem Wissen.

So ließen sich z.B. die Beziehungen zwischen der Sowjetunion und den USA während des Kalten Krieges als eine soziale Struktur bezeichnen, bei der die beiden Protagonisten ihre jeweiligen Interessen unter normativen Vorgaben als einander ausschließende betrachteten. Als sich die ideolog. Basis geändert hatte, war auch der Kalte Krieg zu Ende.

Die »konstruierte Realität« kann durchaus institutionell verfestigt sein. Dies bedeutet nicht unbedingt das Vorhandensein von Organisationen, sondern bezieht sich auf die Wirkkraft von Werten, Normen und Überzeugungen, wie sie z.B. im Völkerrecht zum Ausdruck kommen. Umgekehrt produzieren Staaten und Institutionen oder internat. Regime solche Vorstellungen immer wieder neu und wirken damit auf die Staaten ein.

Für den Konstruktivismus entscheidend ist, dass die *sozial konstruierte Welt veränderbar* ist – und dies nicht nur aus einem rational-utilitaristischen Interesse wie beim Institutionalismus. Im Gegensatz zum Neorealismus ist nicht die anarchische Struktur der Welt konstitutiv für die internat. Beziehungen, sondern die Weise, wie eine solche Struktur von den Staaten interpretiert wird, etwa zur Rechtfertigung von Expansion, zur eigenen Selbstbehauptung oder zur Entwicklung gemeinsamer Ordnungsvorstellungen: »Anarchy is what states make out of it«. (Alexander Wendt)

Für den Konstruktivismus sind auch nationale Interessen sozial konstruiert. Zwar gibt es auch hier eine materielle Grundlage wie das physische Überleben der staatl. organisierten Gemeinschaft, die Autonomie des Staates, das wirtschaftliche Wohlergehen oder die kollektive Selbstachtung. Außer in Extremsituationen gibt es jedoch ein breites Spektrum an Vorstellungen und Möglichkeiten, wie sich diese Grundbedürfnisse befriedigen lassen.

An der Kuba-Krise von 1962 lässt sich die Konstruktion sowohl von Interessen als auch der Wahrnehmung in der internat. Politik beispielhaft zeigen: In dem den Weltfrieden bedrohenden Konflikt zwischen den USA und der UdSSR um die Stationierung von Mittelstreckenraketen auf Kuba im Zuge des Ost-West-Konflikts wurde von amerikan. Seite von aggressiver Bedrohung gesprochen und gleichzeitig die atomare Überlegenheit der Sowjetunion geleugnet. Im Verlauf der 13 kritischen Tage kam es jedoch durch Kommunikation zu einer Uminterpretation bzw. *Neukonstruktion* der Wahrnehmung. Entscheidend dabei war, dass beide Konfliktparteien sicher sein konnten, dass die andere Seite ihr Zugeständnis nicht als Schwäche auslegen würde.

Eine solche Neuinterpretation der Fakten wird als *soziales Lernen* oder *kognitive Evolution* bezeichnet. Es ist ein kreativer Prozess, der die Fähigkeit und Motivation erhöht, Alternativen zu vorherrschenden Interpretationen zu entwickeln und auf dieser Grundlage Präferenzen und Interessen neu zu definieren.

Die Kuba-Krise stellt in diesem Sinne den Wendepunkt von der Ost-West-Konfrontation zur Entspannungspolitik dar, ein Umschwung, der sich kaum mit anderen Theorien der Internationalen Politik erklären lässt.

Kritiker werfen der konstruktivist. Schule häufig vor, idealistisch zu sein. Sie selbst aber nimmt für sich in Anspruch, die Welt nicht weniger realistisch zu sehen als der Realismus oder der Marxismus: Wie diesen geht es ihr nicht nur um die »guten« Ideen und Überzeugungen, sondern um deren Wirkkraft.

Dimension	Polity	Politics	Policy
Erkenntnis-interesse	Rahmen-bedingungen der Außenpolitik-formulierung	Gestaltung außenpolitischer Prozesse	Inhalte von Außenpolitik
Ausrichtung	institutionen-orientiert	input-orientiert	output-orientiert
Erscheinungs-formen	Verfassungen, Gesetze/Normen, formale und informelle Spielregeln, Institutionen	Einstellungen, Interessen, Handlungs-potenziale, Verhalten, Konflikt/Konsens	Ziele, Aufgaben, Programme, Akteurshandeln, Probleme, Wirkung, Ergebnis
Untersuchungs-gegenstände	Staats- und Herrschaftsformen, Ordnung, Regie-rungssysteme, Verfahrensregeln, Verfassungsrecht	Entscheidungs-findung und -durchsetzung, Macht, außenpolit. Entscheidungsträger, Austragungsmodus	Aufgabenerfüllung, Problemlösung, außenpolitische Gestaltung und Um-setzung, Wert- und Zielorientierung

A Dimensionen der Außenpolitik

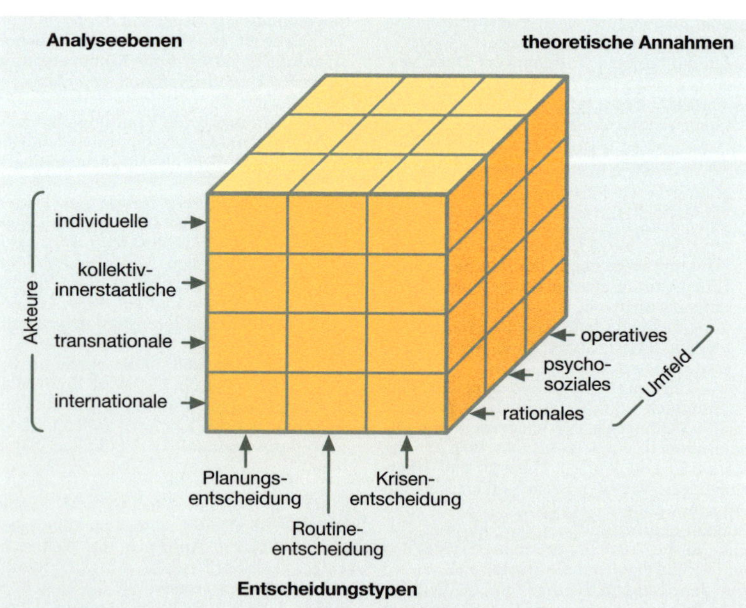

B Würfelmodell der außenpolitischen Entscheidungen

I. e. S. bezeichnet **Außenpolitik** diejenige pol. Handlungsebene, auf der souveräne Nationalstaaten (oder in Zukunft ggf. auch mit gemeinsamer Souveränität ausgestattete transnationale pol. Handlungseinheiten wie die EU im Rahmen der GASP) ihre pol., wirtschaftl., militär. und soziokulturellen Interessen gegenüber ihrem internationalen Umfeld durch zur gesamtstaatl. Interessenvertretung legitimierte staatl. Organe wahrnehmen (lassen).

Demgegenüber umfasst der Begriff der **Außenbeziehungen** darüber hinaus ausdrücklich auch die auswärtigen Beziehungen nicht staatl. Akteure wie Parteien, Verbände, Firmen oder Stiftungen.

Zwar ist Außenpolitik in allen pol. Systemen nach wie vor die Domäne der Regierung und ihrer Exekutive. Die Wahrnehmung einzelstaatl. Interessen ist dabei jedoch in der Praxis immer sowohl in ein engmaschiges Netz internationaler (Abhängigkeits-, Verpflichtungs- und Interessen-)Beziehungen als auch in den jeweiligen innenpol. Gestaltungsrahmen der beteiligten Akteure eingewoben. Dieser wird im demokrat. Staat (mittelbar, aber maßgeblich) mitgestaltet von den Trägern wirtschaftl. und gesellschaftl. Interessen. Innenpol. (Macht-)Kalküle spielen deshalb immer in die außenpol. Entscheidungsfindung hinein und bestimmen das strategische Konzept der jeweiligen Außenpolitik mit. Dementsprechend komplex gestaltet sich deren Analyse.

Das Verständnis von Außenpolitik als einem exklusiv der Regierung, d. h. konkret dem Regierungs- bzw. Staatschef sowie dem Außenminister vorbehaltenen Politikfeld ist heute weitgehend überholt. In demokrat. Staaten kann die Regierung wichtige außenpol. Fragen immer seltener ohne eine wie auch immer geartete *Beteiligung des Parlaments* entscheiden. Darüber hinaus sind im Zuge der notwendigerweise zunehmend multilateralen Bearbeitung globaler, fachlich immer komplexerer Problemfelder (z. B. Umwelt, Migration, Weltfinanzsystem etc.) in zahlreichen Politikbereichen die betreffenden *Fachministerien* faktisch längst zu maßgeblichen außenpol. Repräsentanten der Einzelstaaten und deren jeweiliger Interessen avanciert.

Dies lässt sich allein schon an der wachsenden Zahl der Fachreferate ablesen, die in den versch. Ministerien mit der Wahrnehmung internat. Aufgaben betraut sind und etwa in Dtl. diejenige der Referate im Auswärtigen Amt bereits um ein Mehrfaches übersteigt.

Für ein angemessenes Verständnis der Außenpolitik eines Staates ist daher die Kenntnis der verschiedenen innenpol., gesellschaftl. und administrativen Rahmenbedingungen innerhalb des jeweiligen Politikfeldes mitsamt den vielfältigen Verflechtungen innerhalb des jeweiligen pol. Systems ebenso unverzichtbar wie die Kenntnis seiner Stellung im internat. System. Diese miteinander in einem komplexen Wirkzusammenhang stehenden Faktoren und die aus ihnen heraus wirkenden Motive pol. Handelns fügen sich zu einem mehrdimensionalen Bedingungsgefüge (B).

Außenwirtschaftspolitik

Zum nat. Interesse eines Staates und damit zum Aufgabenspektrum seiner Außenpolitik gehört ganz wesentl. die Prosperität seiner Volkswirtschaft, auch wenn die Außenwirtschafts- und -handelspolitik nicht zum primären Verantwortungsbereich der Außenministerien gehört, sondern i. a. R. bei den Wirtschaftsministerien angesiedelt ist. Die notwendige bes. enge Verständigung über die gesamtstaatl. Ziele der Außenpolitik und eine entspr. Abstimmung ihrer Politiken zwischen den Ministerien erfolgt in Dtl. z. B. durch gemeinsame Arbeits- oder Kontaktgruppen, wie es sie u. a. auch zwischen dem Außen- und dem Innenressort gibt.

Die Außenwirtschaftspolitik ist nicht nur ein Beispiel für die enge Verzahnung der unterschiedl. staatl. Stellen, die außenpol. Aufgaben wahrnehmen. Sie ist auch Beleg für die gemeinsame Wahrnehmung staatl. und gesellschaftl. Interessen durch Regierung und Verbände.

So werden bei Staatsbesuchen die pol. Amtsträger regelmäßig von Delegationen der Wirtschaftsverbände begleitet, die ihrerseits, wie z. B. der Bundesverband der Deutschen Industrie (BDI), nicht nur Abteilungen für Außenwirtschaftspolitik, sondern auch eigene Auslandsvertretungen unterhalten.

Zu den klass. **Instrumenten der Außenwirtschaftspolitik** gehören u. a. *bi-* oder *multilaterale Wirtschaftsverträge* (z. B. zur Sicherung der Versorgung der heimischen Wirtschaft mit Rohstoffen), das Belegen der Ein- und/oder Ausfuhr bestimmter Waren mit *Zöllen* sowie die Förderung der Exportwirtschaft durch gezielte *Subventionen*.

Der mögl. **Aktionsradius einzelstaatlicher Außenwirtschaftspolitik** wird heute weitgehend bestimmt durch *internationale Verträge* und *Regime*. In der EU haben die Nationalstaaten zudem wesentl. (außenwirtschafts)politische Kompetenzen wie Zölle und Subventionen an die Institutionen der Union übertragen.

So sind z. B. für die außenwirtschaftl. bedeutsame Wechselkurspolitik der Teilnehmer an der Europ. Währungsunion nicht mehr die nationalen Notenbanken zuständig, sondern ausschließl. die Europ. Zentralbank (EZB).

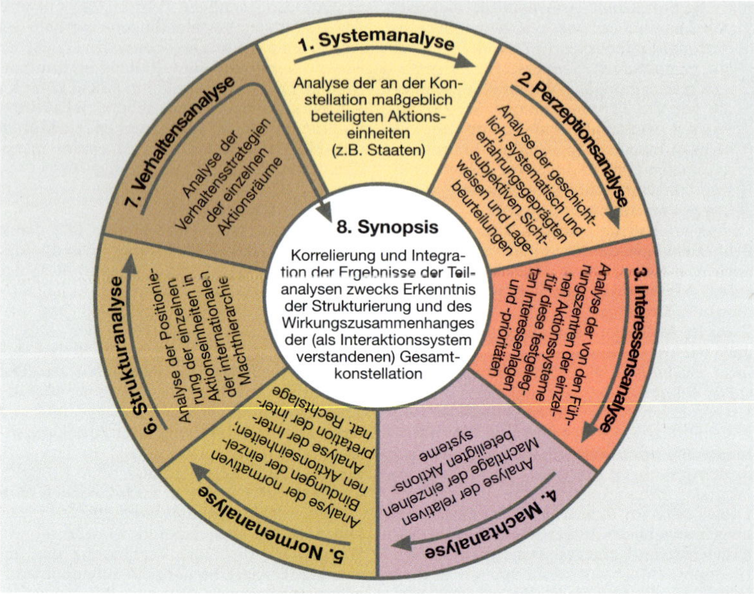

A Modell der internationalen Konstellationsanalyse

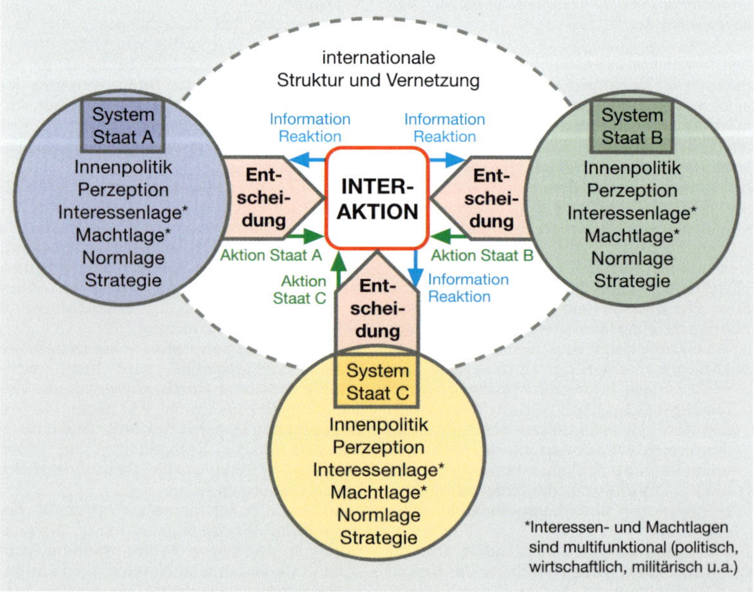

B Modell einer trilateralen Konstellation

Analysen außenpolitischer Entscheidungsprozesse eines Staates konzentrieren sich v. a. auf drei relevante Komponenten:

1. die zugrunde liegenden außen- (und innen)pol. *Interessen,*
2. die in diesem Staat bestehenden *Machtstrukturen* und
3. die *Stellung* dieses Staates im *internationalen System.*

Die gängigen **methodisch-theoretischen Ansätze** lassen sich folgenden Grundströmungen zuordnen:

- *Machtpolitische Analyseansätze* versuchen im konkreten Fall zu klären, welche Entscheidungen, Allianzen oder diplomat. Strategien der Absicherung oder dem Ausbau erreichter pol., wirtschaftl. oder militär. Machtpositionen förderlich sind. Im Fokus stehen demgemäß die internat. Strukturen und Rahmenbedingungen, in die das nationalstaatl. Handeln eingebunden ist.
- *Ziel-Mittel-Analysen* richten sich auf die die Motive der Akteure bestimmenden internen Ziele der Außenpolitik, wie etwa Wohlfahrt und Sicherheit der eigenen Bevölkerung. Solche Untersuchungen prüfen die Zweckmäßigkeit außenpol. Handelns in Form einer Kosten-Nutzen-Abwägung.
- *Strukturanalytische Untersuchungen* fragen v. a. nach den strukturellen Rahmenbedingungen außenpol. Handelns, wozu etwa die geostrateg. Lage des jeweiligen Staates, seine Zugehörigkeit zu Wirtschafts-, Militär- oder anderen trans- bzw. internationalen Bündnissen, seine wirtschaftl. und militär. Stärke, Nachbarschaftsbeziehungen sowie kulturelle oder rechtl. Grundorientierungen gehören.
- *Entscheidungstheoretische Ansätze* versuchen außenpol. Entscheidungsprozesse (häufig in Analogie zur Spieltheorie) möglichst unter Berücksichtigung des jeweiligen institutionellen und kulturellen Kontextes in den Kategorien rationalen Handelns zu deuten.
- *Politisch-psychologische Theorien* knüpfen an die Erkenntnis an, dass (außenpol.) Entscheidungen nicht ausschließlich auf der Basis »objektiver« Tatsachen getroffen werden, sondern dass jede konkrete Entscheidung auch von der Persönlichkeit des Akteurs sowie von gruppendynamischen Prozessen abhängig ist.

Die Bedingungen und Erscheinungsformen von Außenpolitik sowie konkrete außenpol. Entscheidungen kann man indes nur dann hinreichend erklären bzw. annähernd verstehen, wenn man die genannten analyt. Konzepte in einem mehrstufigen Forschungsdesign miteinander verbindet, um so ein möglichst breites Spektrum der für eine konkrete histor. Situation sowie innen- wie außenpol. Konstellation handlungsleitenden Faktoren analytisch zu erschließen.

Der **Synoptische Realismus** in der Tradition der *Münchner Schule des Neorealismus* (Gottfried-Karl Kindermann) stellt dazu mit der **Internationalen Konstellationsanalyse** ein hochkomplexes, inhaltl. offenes Instrumentarium bereit, das sich u. a. dadurch auszeichnet, dass in der mehrstufigen Analyse (A) außer nach *rationalen Faktoren* systematisch auch nach möglichen *irrationalen Orientierungen* gefragt wird, die für die *Motivation* der an einer konkreten Entscheidungssituation beteiligten Akteure bestimmend sein könnten. Ausdrücklich berücksichtigt werden soll die unterschiedl. *Perzeption,* d. h. die *subjektive Wahrnehmung* der Entscheidungssituation hinsichtlich der sich aus dieser ergebenden vermutlichen Antizipation der möglichen Handlungsfolgen.

Der Synopt. Realismus geht von der wohlbegründeten Annahme aus, dass sich trotz der Einmaligkeit der einzelnen Persönlichkeit aufgrund der im histor. Längsschnitt in allen Kulturen nachweisbaren, essenziellen anthropolog. Konstanten typisierbare Grundmuster der zentralen Motivationen menschl. Verhaltens nachweisen lassen, die zur Analogiebildung im konkreten Fall herangezogen werden können.

Methodisch erfolgt die Konstellationsanalyse nach der Definition der Problemstruktur (die eine umfassende histor. Anamnese der Vorgeschichte sowie des aktuellen weltpol. Rahmens voraussetzt) und der aus ihr abgeleiteten Untersuchungshypothesen in stufenweise aufeinander aufbauenden Teilanalysen der die Entscheidung strukturierenden Elemente: System und Entscheidung, Wahrnehmung und Wirklichkeit, Interesse, Macht, Norm und Nutzen, Struktur und Vernetzung, Kooperation und Konflikt.

In der abschließenden Synopsis werden die Ergebnisse der Teilanalysen zu einem Ganzen gefügt, das sowohl begründete Aussagen über die aktuelle Kausalstruktur der zu untersuchenden außenpol. Entscheidungskonstellation ermöglichen soll als auch plausible Hypothesen über unmittelbar anstehende Entscheidungen und zukünftige Handlungsorientierungen der beteiligten Akteure liefern soll.

Zwar ist gegen die synoptisch-neorealistische Methode nicht ganz zu Unrecht eingewandt worden, ein derart komplexes Untersuchungsdesign sei in der Praxis kaum durchführbar. Doch ist es umgekehrt fraglich, ob eine seriöse Außenpolitikanalyse es sich wirklich leisten kann, auch nur einen einzigen der im Rahmen der Konstellationsanalyse abzufragenden Zusammenhänge unberücksichtigt zu lassen.

Die USA exportierten in die EU Waren im Wert von 271,8
Die USA importierten aus der EU Waren im Wert von 377,9
Zahlen in Mrd. US-Dollar
Handelsbilanzüberschuss 106,1
54,5
USA ↔ Deutschland
97,5
53,6
USA ↔ Großbritannien
58,6
28,8
USA ↔ Frankreich
44,0
15,5
USA ↔ Italien
36,1
39,7
USA ↔ Niederlande
21,1

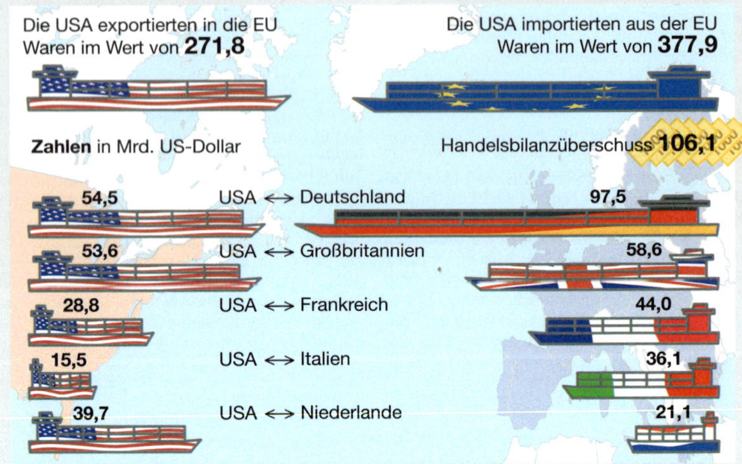

A Bilaterale Handelsbeziehungen zwischen der EU und den USA (2008)

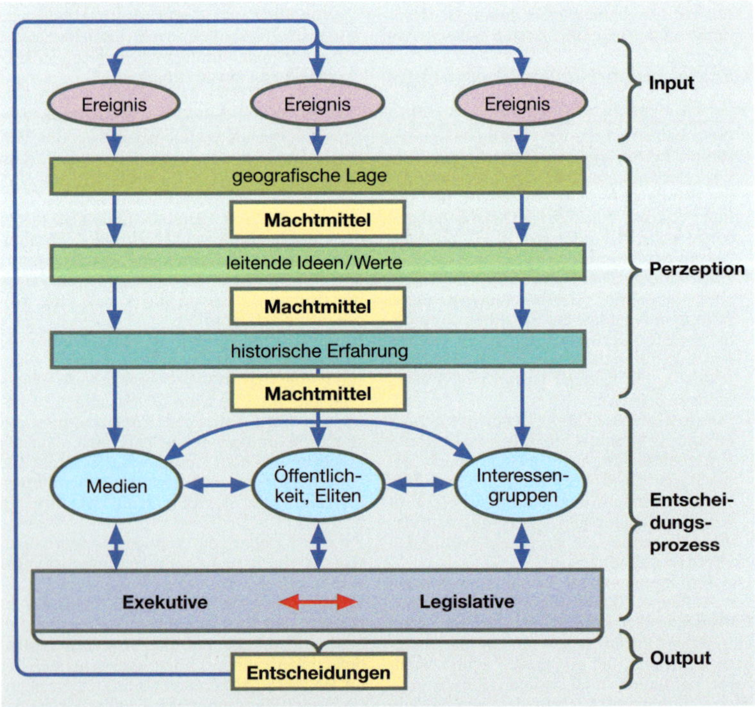

Ereignis
Ereignis
Ereignis
Input
geografische Lage
Machtmittel
leitende Ideen/Werte
Machtmittel
historische Erfahrung
Machtmittel
Perzeption
Medien
Öffentlichkeit, Eliten
Interessengruppen
Exekutive
Legislative
Entscheidungsprozess
Entscheidungen
Output

B Außenpolitische Entscheidungsfindung in den USA

Die **transatlantischen Beziehungen** zwischen der EU bzw. den sie bildenden Einzelstaaten und den USA umfassen kulturelle, politische und ökonomische Aspekte. Sie sind in ihrer Gesamtheit für die Partner auf beiden Seiten ebenso wie für die internat. Beziehungen insgesamt von größter Bedeutung: Von einer gelingenden transatlant. Kooperation hängt die Lösung zahlreicher globaler Probleme und Konflikte maßgeblich ab (z.B. Umwelt- und Klimaschutz, Weltfinanzkrise, Nahost-Konflikt, internat. Terrorismus und transnat. Kriminalität).

Bes. eng ist die ökonomische Verflechtung: Zwar haben andere Weltregionen wie der asiat.-pazifische Raum an pol. und ökonom. Bedeutung erheblich gewonnen, doch sind die Wirtschaftsbeziehungen zwischen den USA und den Staaten der EU nach wie vor für beide Seiten die wichtigsten (A).

Jeweils rund 20% ihres gesamten Warenhandels wickeln USA und EU untereinander ab, was 2008 mit einem Volumen von tägl. über 1 Mrd. Euro rund ein Drittel des Welthandels ausmachte. Im Dienstleistungssektor war es sogar knapp die Hälfte. Gemeinsam erwirtschafteten USA und EU rund 60% des Welt-Bruttoinlandsprodukts.

Nach dem 2. Weltkrieg waren die transatlant. Beziehungen zunächst v.a. durch die Rolle der USA als militär. Schutzmacht der westeurop. Staaten gegen eine mögl. sowjet. Aggression geprägt. Auch trugen die USA in der Nachkriegszeit durch ihre Wirtschaftshilfe (Marshallplan, 1948–52) maßgeblich zum Wiederaufbau Westeuropas bei.

Die enge Verflechtung nordamerikan. und westeurop. Interessen fand ihren institutionellen Ausdruck im Militärbündnis NATO (gegr. 1949; s. S. 229) und der Organisation für wirtschaftliche Zusammenarbeit und Entwicklung (OECD; gegr. 1948 als Organization for European Economic Cooperation, OEEC, umbenannt 1961; s. S. 231).

Nach dem Ende des Ost-West-Konflikts haben sich die Rahmenbedingungen der transatlant. Beziehungen grundlegend geändert. Ehemals sowjet. Bündnispartner sind heute Mitglied in der NATO: Tschechien, Polen und Ungarn seit 1999, Estland, Lettland, Litauen, Slowakei, Slowenien, Bulgarien und Rumänien seit 2004. Seit 2004 bzw. 2007 (Bulgarien, Rumänien) gehören diese Staaten darüber hinaus der EU an.

Institutionalisierte politische Kooperation

Im November 1990 haben die EU (damals noch: EG) und die USA in einer **Transatlantischen Erklärung** für die Zusammenarbeit ein System regelmäßiger Konsultationen geschaffen. Institutionalisiert wurden halbjährliche Treffen zwischen der EU-Präsidentschaft (sowie der Kommission) und dem US-Präsidenten, zwischen den EU-Außenministern, der Kommission und dem Außenminister der USA sowie zwischen der Kommission und der amerikanischen Regierung auf Kabinettsebene.

In der am 3. 12. 1995 unterzeichneten **Neuen transatlantischen Agenda** (New Transatlantic Agenda, NTA) werden als vorrangige Ziele der Zusammenarbeit definiert:

- die Förderung von Frieden und Stabilität,
- die gemeinsame Bewältigung globaler Herausforderungen (z.B. Umweltschutz, Bekämpfung der internat. Kriminalität, des Terrorismus und des Drogenhandels),
- die Vertiefung der Wirtschaftsbeziehungen und Stärkung des Welthandels,
- der »gesellschaftliche Brückenschlag über den Atlantik«.

Für die Umsetzung wurde ein *transatlantischer Aktionsplan* mit einem 150 Punkte umfassenden Maßnahmenkatalog vereinbart, der sich auf sämtl. Weltregionen erstreckt (Mittel- und Osteuropa, Naher Osten, Afrika, Mittelamerika und Südostasien).

Nachdem Pläne für eine transatlant. Freihandelszone Mitte der 1990er-Jahre (und wieder 2007) gescheitert waren, wurde zur Intensivierung der bi- und multilateralen Zusammenarbeit und zum Abbau von Handels- und Investitionshemmnissen 1998 ein Übereinkommen zur *Transatlantischen Wirtschaftspartnerschaft* (Transatlantic Trade Partnership, TTP) geschlossen, die auch die Kooperation in der Welthandelsorganisation (WTO) stärken soll. Zur Umsetzung der 2007 unterzeichneten EU-US-Rahmenvereinbarung zur transatlant. Wirtschaftsintegration wurde ein *Transatlantischer Wirtschaftsrat* (Transatlantic Economic Council, TEC) eingerichtet.

Trotz ihrer engen Partnerschaft sind die USA und die EU wirtschaftl. auch Konkurrenten. Möglichen Konflikten soll ein 1999 beschlossener Frühwarnmechanismus vorbeugen.

Dennoch ist es – etwa im Zusammenhang mit Industriesubventionen z.B. für den Agrarsektor, die Stahlindustrie oder den Flugzeugbau – immer wieder zu Handelskonflikten gekommen. Auch hinsichtl. der Notwendigkeit einer Regulierung der Finanzmärkte bestanden und bestehen (auch innerhalb der EU) z.T. sehr unterschiedl. Auffassungen.

Dem »gesellschaftlichen Brückenschlag« dienen u.a. der *Transatlantische Dialog der Gesetzgeber* (Transatlantic Legislators' Dialogue, TALD) sowie auf zivilgesellschaftl. Ebene der *Transatlantische Wirtschaftsdialog* (Transatlantic Business Dialogue, TABD) und der *Transatlantische Verbraucherdialog* (Transatlantic Consumer Dialogue, TACD).

nach 1945	umfangreiche Konferenz- und Gipfeldiplomatie zwischen Staaten und innerhalb internationaler und supranationaler Organisationen
1918	»14 Punkte« des amerikan. Präs. Wilson; Punkt 1: Offene Diplomatie soll an die Stelle der Geheimdiplomatie treten
1917/18	Ende der klassischen Diplomatie; sie wird als »Geheimdiplomatie« mitschuldig am Ausbruch des Ersten Weltkrieges
1862	Ausbau der deutschen Diplomatie unter Bismarck
1782	Errichtung des britischen »Foreign Office«
1626	Richelieu richtet in Frankreich unter Ludwig XIII. das erste moderne Außenministerium ein
nach 1250	Beginn moderner Diplomatie durch die norditalienischen Stadtstaaten
1160	Venedig errichtet die erste *ständige* Vertretung in Byzanz
Byzanz ab ca. 450	Beginn der klassischen Diplomatie (Zeremoniell, Technik der Verhandlungen)
ab 3. Jh. v. Chr.	Anfänge diplomatischer Beziehungen in Indien und China

A Entwicklungsstufen der Diplomatie

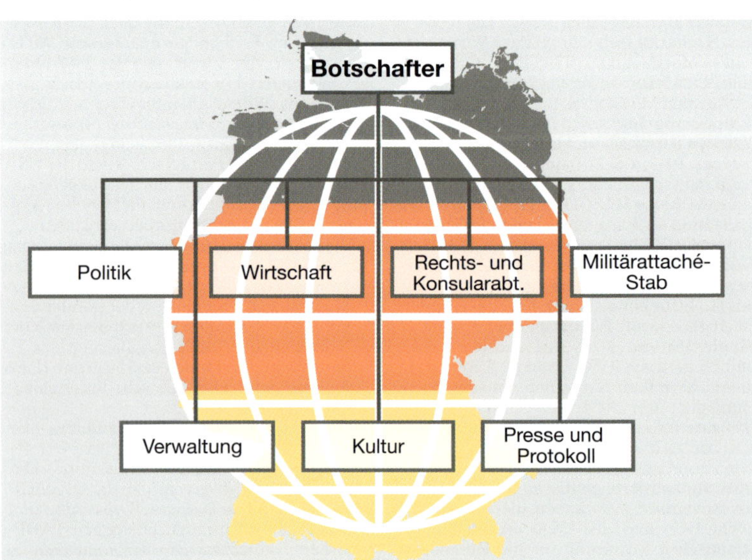

B Aufgabenbereiche einer Botschaft

I. w. S. meint **Diplomatie** sämtl. Maßnahmen, mit deren Hilfe Staaten ihre auswärtigen Beziehungen organisieren. I. e. S. versteht man darunter die Wahrnehmung der staatl. Interessen nach außen durch die entsprechenden Organe (Außenministerium, Botschaften, Konsulate).

Unter den Begriff fallen auch die internationalen Begegnungen von Regierungschefs, Außen- oder Fachministern. In manchen internat. Organisationen sind solche Treffen institutionalisiert und bestimmte Entscheidungen ausdrücklich den entspr. Kollegialgremien vorbehalten (so z. B. dem Ministerrat in der EU).

Diplomatie gilt allgemein als das wünschenswerte *Mittel der Konfliktbewältigung;* in diesem Sinn wird der Begriff auch als Synonym für *Verhandlungskunst* benutzt. Weil auf der Welt verschiedene pol. Gesellschaften mit je eigenen Werten, Vorurteilen, ideolog. Befangenheiten und Empfindlichkeiten existieren, bestehen immer Reibungen und Konflikte, selbst zwischen befreundeten Staaten. Eine wichtige Aufgabe der Diplomatie besteht darin, diese zu verringern.

Eine weitere Aufgabe der Diplomatie ist das *Sammeln und Auswerten von Nachrichten und Informationen* über fremde Staaten und andere Akteure der internat. Politik. Die Außenpolitik aller Staaten muss sich auf Informationen über die Entwicklung der Außenwelt gründen; daher machen Botschaften und auswärtige Dienste Informationen über fremdländische Entscheidungsträger, wirtschaftl. und militär. Entwicklungen oder den Zustand der jeweiligen Opposition usw. den pol. Entscheidungsträgern im eigenen Land verfügbar. Umgekehrt dient Diplomatie auch dazu, nach außen über das eigene Land zu informieren sowie wirtschaftl. und kulturelle Beziehungen anzubahnen und zu pflegen.

Schließlich symbolisiert Diplomatie die geschriebenen wie ungeschriebenen Regeln der Staatengesellschaft. Diplomaten sollen die *Anerkennung internationaler Regeln und Gepflogenheiten* sichtbar zum Ausdruck bringen. Sie sind nicht nur wichtige Akteure der internat. Politik, sondern zugleich ein Zeichen dafür, dass die Staaten und die anderen Einheiten des internat. Systems sowie die ihnen zukommenden Rechte akzeptiert werden.

Sämtl. der vorgenannten Funktionen können nur durch **Kommunikation** erfüllt werden. Bes. Bedeutung erfährt die diplomat. Kommunikation in Krisenzeiten:

So wurde z. B. nach der Überwindung der Kuba-Krise 1963 das sog. »Rote Telefon« eingerichtet, eine ständige direkte Verbindung zwischen der UdSSR und den USA, um künftigen friedensgefährdenden Missverständnissen vorzubeugen.

Wegen ihrer enormen Relevanz für die internat. Politik sind **diplomatische Beziehungen** weitgehend formalisiert: Ihre *Aufnahme* kann nur in gegenseitigem Einverständnis zwischen den Staaten erfolgen.

Es gibt keinen Rechtsanspruch auf eine solche Aufnahme bzw. die Aufrechterhaltung diplomat. Beziehungen.

Probleme treten regelmäßig dann auf, wenn in einem Staat nicht klar ist, wer die legitime Staatsmacht ausübt.

Der *Abbruch* der diplomat. Beziehungen stellt gewissermaßen das letzte Mittel der Diplomatie dar, ist aber nicht gleichbedeutend mit der Rücknahme der völkerrechtlichen Anerkennung.

Bei einem Abbruch muss dem diplomat. Personal die Ausreise gestattet werden.

Von den diplomat. sind die **konsularischen Beziehungen** zu unterscheiden. Diese dienen auf unterer Ebene zwar auch der Gestaltung der bilateralen Beziehungen, ihre unmittelbare Aufgabe ist aber die Wahrnehmung der Interessen eigener Staatsangehöriger in Angelegenheiten, die i. d. R. nicht in den Bereich der »hohen Beziehungen« zwischen den beteiligten Staaten fallen.

Dazu gehört die Unterstützung bei Visaanträgen, Ein- bzw. Auswanderungsabsichten, Firmenniederlassungen und diversen Rechtsgeschäften.

Im Unterschied zu *Konsulaten,* die in einigen Ländern die Interessen der eigenen Bürger im Fremdstaat wahrnehmen, stellen *Botschaften* die diplomat. Vertretung eines Staates am Regierungssitz eines anderen Staates dar. Sie vertreten m. a. W. nicht die Interessen ihrer Bürger, sondern jene der Regierung bei und gegenüber einer fremden Macht. (A)

Zur Ermöglichung und Sicherung ihrer Arbeit genießen Diplomaten gewisse **Privilegien.** Diese sind im Wesentl. in der ›Wiener Konvention über diplomat. Beziehungen‹ vom 18. 4. 1961 festgelegt. Hierzu zählen die Unverletzlichkeit der Missionsgebäude und Privatwohnungen, die Garantie der Sicherheit des diplomat. Personals, die Immunität der Diplomaten (d. h. Schutz vor strafrechtl. Verfolgung) sowie die Befreiung von Steuern, Abgaben und Zöllen.

In der globalen Kommunikationsgesellschaft und wegen gut funktionierender transgesellschaftl. Beziehungen wird die Bedeutung der Diplomatie zuweilen in Frage gestellt. Das Gegenteil dürfte jedoch der Fall sein: Die gewachsene und voraussichtl. weiterhin wachsende Interdependenz der Staaten, die zunehmende Bedeutung internat. Organisationen und Regime sowie die allenthalben zu beobachtende Entwicklung von *Global-Governance*-Strukturen erfordern eine Ausweitung und Intensivierung der Diplomatie.

völkerrechtliche Handlungen
einseitige
mehrseitige
Erklärungen
Realakte
Verträge
Notifikation
Anerkennung
Versprechen
Verzicht
Protest
Okkupation
Annexion
Dereliktion
bilateral
multilateral

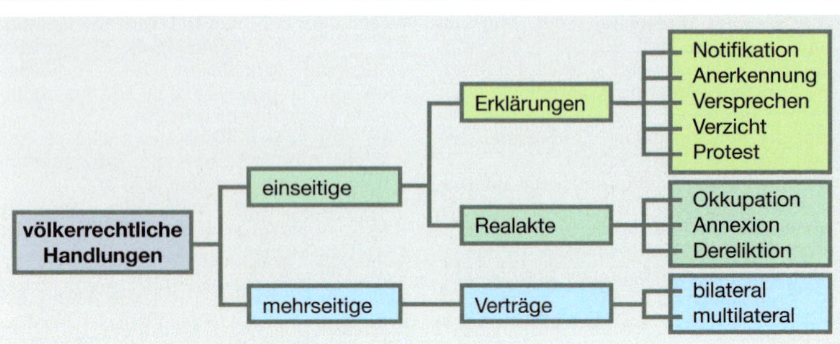

A Arten völkerrechtlicher Handlungen

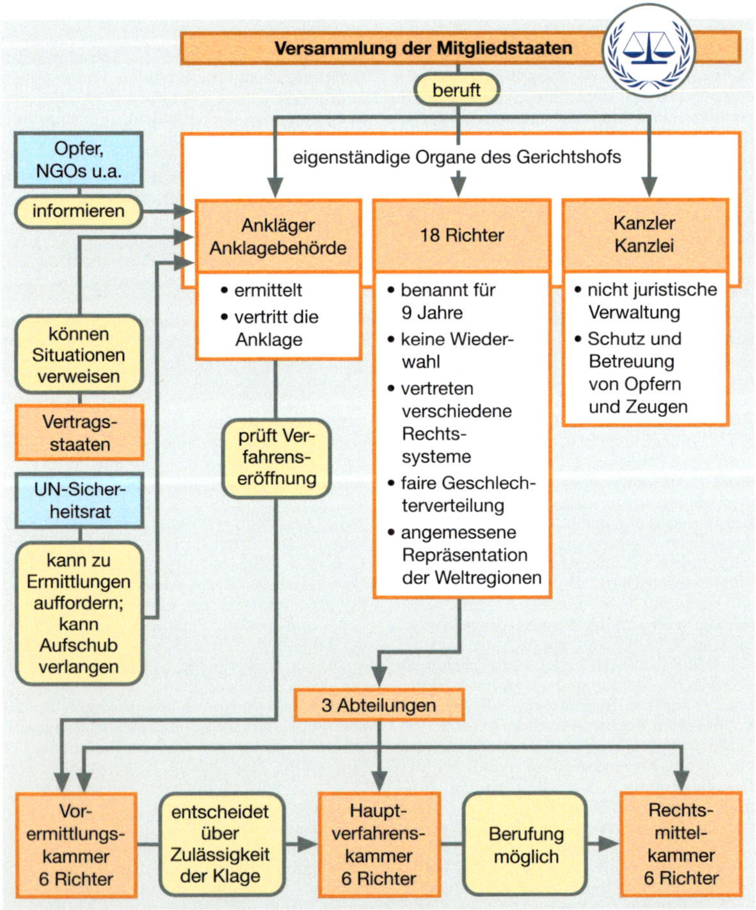

Versammlung der Mitgliedstaaten
beruft
eigenständige Organe des Gerichtshofs
Opfer, NGOs u.a.
informieren
Ankläger Anklagebehörde
• ermittelt
• vertritt die Anklage
18 Richter
• benannt für 9 Jahre
• keine Wiederwahl
• vertreten verschiedene Rechtssysteme
• faire Geschlechterverteilung
• angemessene Repräsentation der Weltregionen
Kanzler Kanzlei
• nicht juristische Verwaltung
• Schutz und Betreuung von Opfern und Zeugen
können Situationen verweisen
Vertragsstaaten
UN-Sicherheitsrat
kann zu Ermittlungen auffordern; kann Aufschub verlangen
prüft Verfahrenseröffnung
3 Abteilungen
Vorermittlungskammer 6 Richter
entscheidet über Zulässigkeit der Klage
Hauptverfahrenskammer 6 Richter
Berufung möglich
Rechtsmittelkammer 6 Richter

B Aufbau des Internationalen Strafgerichtshofes (IStGH)

Das **Völkerrecht** ist, anders als der Begriff nahezulegen scheint, kein Recht der Völker, sondern ein *Staatenverkehrsrecht:* Es regelt die Beziehungen der Staaten und anderer Völkerrechtssubjekte (z.B. internationaler Organisationen, des Heiligen Stuhls oder des Malteserordens) untereinander.

Im Vergleich zu anderen Rechtsnormen weist es einige Besonderheiten auf: So gibt es weder ein zentrales Organ der Gesetzgebung noch eine Instanz, mittels derer sich die Befolgung völkerrechtl. Normen erzwingen ließe. Deshalb wird bisweilen behauptet, das Völkerrecht sei lediglich ein System machtgestützter Umgangsregeln für die internat. Politik. In der Praxis wird sein Rechtscharakter aber i. Allg. anerkannt; das Grundgesetz der BRD weist die allg. Grundsätze des Völkerrechts sogar als Bestandteil des Bundesrechts aus (Art. 25 GG).

Als klassische **Völkerrechtsquellen** gelten die in Art. 38 Abs. 1 des Statuts des IGH aufgeführten *völkerrechtlichen Verträge,* das sog. *Völkergewohnheitsrecht* sowie *allgemeine Rechtsgrundsätze;* unterstützend kommen *nichtbindende Entscheidungen* internat. Gerichte und die *Lehren* anerkannter Völkerrechtsautoren hinzu. Die *Bindungswirkung völkerrechtlicher Verträge* erstreckt sich nur auf die Vertragspartner. Es gibt keine universal geltenden Verträge. Bestenfalls kann die Satzung der Vereinten Nationen eine solche Geltung für sich reklamieren.

Das nicht schriftl. fixierte *Völkergewohnheitsrecht* ist das Ergebnis einer lang dauernden Übung bzw. Völkerrechtspraxis, die von einer entsprechenden Rechtsüberzeugung getragen wird; seine Verletzung kann, im Unterschied etwa zu völkerrechtl. Bräuchen, völkerrechtl. Sanktionen nach sich ziehen.

Allgemeine Rechtsgrundsätze sind Normen, die elementare Vorstellungen von Recht und Gerechtigkeit zum Ausdruck bringen und (fast) allen Rechtsordnungen in ähnlicher Form zugrunde liegen; dazu zählen z.B. Verjährungsregelungen oder das Verbot des Rechtsmissbrauchs.

Die **tragende Säule** des Völkerrechts stellt die **nationalstaatliche Souveränität** dar, d.h. der unangefochtene Herrschaftsanspruch des Staates nach innen und sein Anspruch nach außen, keiner anderen Macht unterworfen zu sein.

Aus dem Souveränitätsprinzip abgeleitet sind die anderen, seit 1945 in der UN-Charta verankerten grundlegenden **Prinzipien des Völkerrechts:**

- *Staatengleichheit:* Gemäß diesem Grundsatz sind Staaten in rechtl. Hinsicht im Prinzip einander gleichgestellt; eine Rangordnung existiert nicht; tatsächlich ist das Völkerrecht weit stärker als andere Rechtsordnungen von der normativen Kraft des Faktischen geprägt, d.h. mächtige Staaten können ihren Willen ggf. auch gegen das Völkerrecht durchsetzen.
- *Gegenseitigkeit* bzw. *Reziprozität:* Dieser Grundsatz besagt, dass ein Staat sich bestimmten Regeln nur dann unterwerfen muss, wenn er darauf vertrauen kann, dass andere Staaten dies auch tun.
- *Nichteinmischung:* Dieser Grundsatz verbietet nicht nur die Anwendung militär. Gewalt, sondern auch Eingriffe in die inneren Angelegenheiten eines anderen Staates mit diplomat., wirtschaftl., propagandist. oder anderen Mitteln.

Das Nichteinmischungsgebot und das Gebot des Gewaltverzichts werden allerdings durch den *Grundsatz der kollektiven Sicherheit* der UN-Satzung (Art. 39 ff.) relativiert.

Danach ist zur Wahrung des Weltfriedens und der internat. Sicherheit auch die Anwendung militär. Gewalt gegen einen anderen Staat zulässig, sofern entsprechende Maßnahmen zuvor vom Sicherheitsrat beschlossen wurden.

Mit den Resolutionen zur Apartheid in Südafrika, zum Schutz der Kurden im Irak oder der Muslime im Kosovo hat die Staatengemeinschaft anerkannt, dass es höherwertige völkerrechtl. Güter gibt als jenes der Nichteinmischung. In die gleiche Richtung weist die Anerkennung eines (v.a. ökologischen) *gemeinsamen Erbes der Menschheit.*

Seit 1945 hat die Zusammenarbeit der Staaten auf völkerrechtl. Basis einen enormen Aufschwung genommen. Dies drückt sich zum einen in der Arbeit der vielen UN-Unterorganisationen aus, zum anderen in den unzähligen multilateralen völkerrechtl. Verträgen, die seither geschlossen wurden.

Hat sich, als Folge dieser Verträge, die internat. Zusammenarbeit gleichsam institutionalisiert, spricht man von »internationalen Regimen«.

Gegenwärtig scheint sich das trad. Verständnis des Völkerrechts als eines reinen Staatenrechts aufzulösen. Gruppen- und Individualrechten wird zunehmend völkerrechtl. Gewicht beigemessen; dies gilt nicht zuletzt für das *Selbstbestimmungsrecht der Völker,* das als ein Recht auf Unabhängigkeit von Fremdherrschaft interpretiert wird. Auch der Grundsatz, dass das Individuum kein Völkerrechtssubjekt ist, befindet sich in Auflösung: Bereits die *Europäische Menschenrechtskonvention* von 1950 räumte Einzelpersonen das Recht ein, gegen Verletzungen dieser Konvention Klage vor dem Europ. Gerichtshof für Menschenrechte zu führen. Im Rahmen der Zuständigkeiten des Internat. Strafgerichtshofs können Einzelpersonen nunmehr auch für ihr eigenes Handeln bzw. Nichthandeln völkerrechtl. zur Verantwortung gezogen werden.

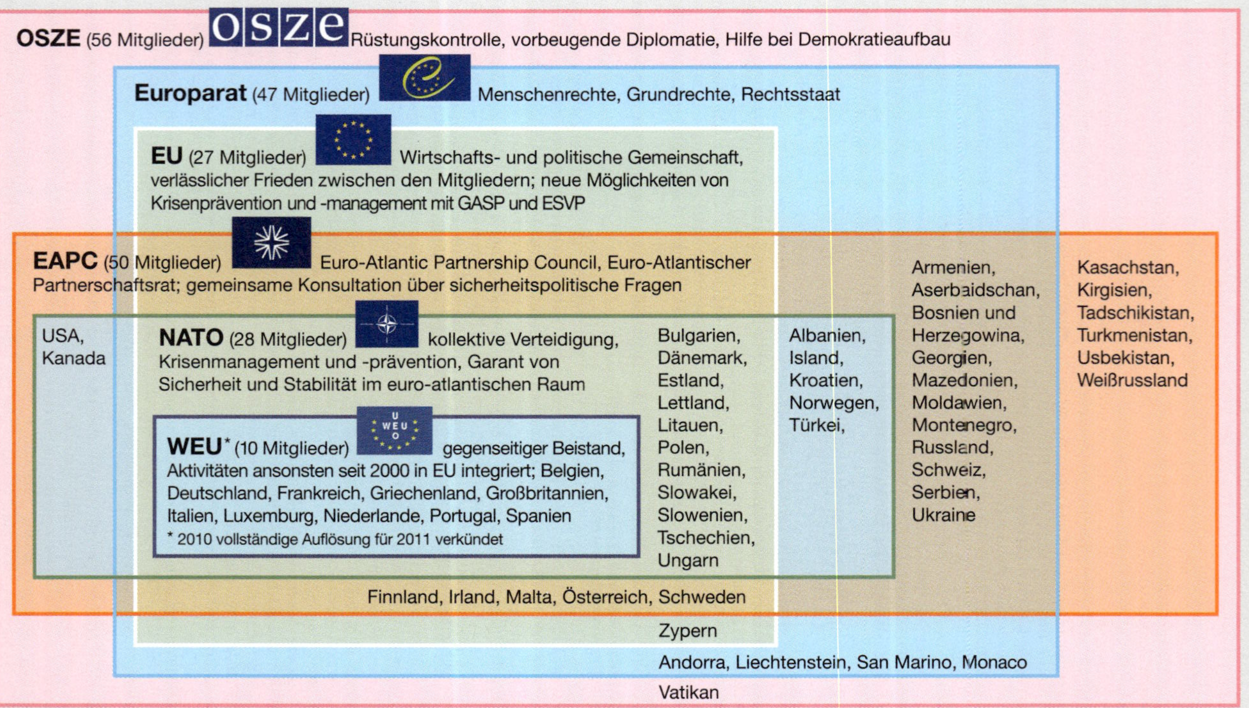

Institutionen der europäisch-atlantischen Sicherheitsarchitektur (2011)

Der Begriff der **Sicherheitspolitik** umfasst i. e. S. sämtl. Handeln des Staates, das darauf gerichtet ist, die Unversehrtheit seines Territoriums und seiner Bevölkerung zu schützen. I. w. S. umfasst der Begriff darüber hinaus auch das pol. Handeln inter- bzw. transnationaler (auch Nichtregierungs-) Organisationen, deren Zweck die Abwehr aktueller und mögl. zukünftiger Gefährdungen der internationalen Sicherheit ist.

Seit dem Ende des Ost-West-Gegensatzes der beiden hochgerüsteten Militärblöcke NATO und Warschauer Pakt hat sich die sicherheitspol. Lage in der Welt grundlegend verändert, wobei internat. Sicherheitsorganisationen an Bedeutung nicht etwa verloren, sondern eher noch gewonnen haben. Zwar ist die (zu Zeiten der bipolaren Blockkonfrontation durch die gegenseitige *Abschreckung* eingehegte) Bedrohung durch die Möglichkeit eines umfassenden militär. Angriffs verschwunden, dafür aber bergen neue Formen der (z. B. terrorist.) Gewalt ein umso größeres und schwerer einzuschätzendes Gefahrenpotenzial, das eine strateg. Neuorientierung der Sicherheitspolitik zwingend notwendig macht.

Der **heute vorherrschende Kriegstyp** ist der sog. *low intensity conflict* (LIC). Er zeichnet sich aber nicht etwa, wie der verharmlosende Name suggerieren könnte, durch wenige Opfer oder ein geringes Ausmaß der angerichteten Schäden aus. Vielmehr unterscheiden sich LIC von konventionellen Kriegen dadurch, dass sie erstens nicht (oder nicht ausschließlich) zwischen Staaten ausgetragen werden und zweitens i. a. R. keine komplexen Waffensysteme zum Einsatz kommen, sondern die typ. Instrumente des Bürger- bzw. Guerillakriegs, wie u. a. Terroranschläge.

Bedroht wird die internat. Sicherheit heute ebenso wie durch das militär. Potenzial einzelner Staaten von parastaatl., in transnationalen Netzwerken organisierten Terroristen und kriminellen Vereinigungen, die keine oder eine nur schwer lokalisierbare Angriffsfläche bieten. Die hochkomplexen modernen Gesellschaften selbst bieten ihren Feinden dagegen immer neue Angriffsziele, etwa durch die zunehmende Abhängigkeit von nur mit größtem Aufwand zu schützenden kommunikations- und verkehrstechnischen Infrastrukturen sowie Finanzsystemen, weshalb sich das sicherheitspol. Aufgabenspektrum ständig erweitert. Aus der zugleich *globalisierten* Gefährdung, wie sie bes. augenfällig in den Terroranschlägen von New York und Washington (2001), Madrid (2004), London (2005) und Mumbai (2008) geworden ist, ergeben sich weitreichende Konsequenzen etwa im Hinblick auf die nationalen sicherheitspol. Entscheidungsverfahren und Kooperationsformen (z. B. zwischen Geheimdiensten, Polizei, Grenzschutz und Streitkräften) sowie auf die Grundlagen und Verfahren der demokrat. Legitimation und Kontrolle.

Europäische Sicherheits- und Verteidigungspolitik (ESVP)
Die ESVP der EU ist Bestandteil ihrer Gemeinsamen Außen- und Sicherheitspolitik (GASP). Grundlegendes Ziel der ESVP ist gemäß EU-Vertrag die Sicherheit in all ihren Aspekten, weshalb außer militär. ausdrücklich zivile Instrumente der Friedenssicherung und Konfliktverhütung einen integralen Bestandteil ihres pol. Konzepts bilden.

Ende 2003 hat der Europ. Rat eine *Europäische Sicherheitsstrategie* (ESS) verabschiedet, die auf einer Bedrohungsanalyse basiert, die neben dem Phänomen des transnat. Terrorismus (und mit diesem verschränkt) die Gefahren einer nicht mehr auf Staaten beschränkten Verbreitung von Massenvernichtungswaffen sowie das Scheitern schwacher Staaten als sicherheitspol. vorrangige Themenfelder identifiziert.

Wenngleich die ESS ausdrücklich die fallweise Notwendigkeit nicht nur der militär. Verteidigung, sondern auch der Krisenintervention außerhalb des EU-Gebiets nicht ausschließt, liegt die bes. Betonung auf den *zivilen* Aspekten und Instrumenten einer umfassenden Sicherheitspolitik. Aufgrund der zunehmend globalen Natur der Bedrohungen wird auch das Aktionsfeld der EU in der ESS global gefasst und die Stärkung einer multilateral-kooperativen Weltordnung als übergeordnetes Ziel definiert. Außerdem wird die enorm gewachsene Bedeutung der Entwicklungszusammenarbeit für eine zukunftsfähige Sicherheitspolitik betont.

Demgegenüber legte die *Nationale Sicherheitsstrategie* (NSS) der USA von 2002 und 2006 einen deutlich stärkeren Akzent auf militär. Stärke nach außen, aber auch auf die Einschränkung bürgerlicher Freiheiten im Innern *(»homeland security«)*.

Seit 1986 ist jede US-Reg. verpflichtet, dem Kongress eine NSS vorzulegen, in der sie ihre außen- und sicherheitspol. Leitlinien darlegt. Die von George W. Bush 2002 vorgelegte und 2006 fortgeschriebene NSS war unter dem Eindruck der Terroranschläge vom 11. 9. 2001 entstanden und beinhaltete die sog. *Bush-Doktrin* (nach dem seinerzeit stellvertretenden Verteidigungsminister auch ›Wolfowitz-Doktrin‹). Danach sei es vordringliche Aufgabe der USA, neben der freien Marktwirtschaft und dem freien Handel die Demokratie in der gesamten Welt durchzusetzen. Wer sich der Ordnungsmacht USA widersetze, gelte als »Schurkenstaat« bzw. Terrorist, und bereits bei Verdacht einer Bedrohung werde die USA zum Präemptivschlag ausholen.

in Mrd. US-Dollar
1300
1200
1100
1000
900
800
700
600
500
400
300
200
100
0
1998 1999 2000 2001 2002 2003 2004 2005 2006 2007 2008
Welt
Nord-amerika
Europa
Asien und Ozeanien
Naher Osten
Südamerika
Afrika

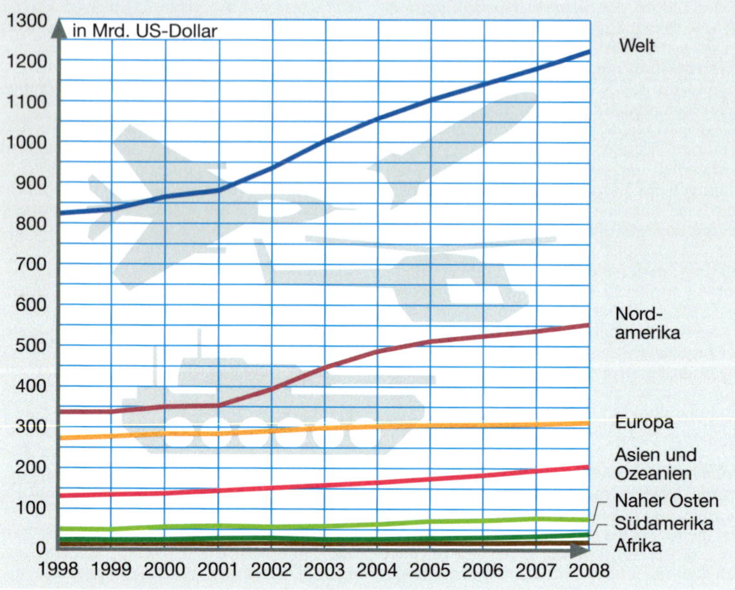

A Rüstungsausgaben vor und nach dem 11. 9. 2001

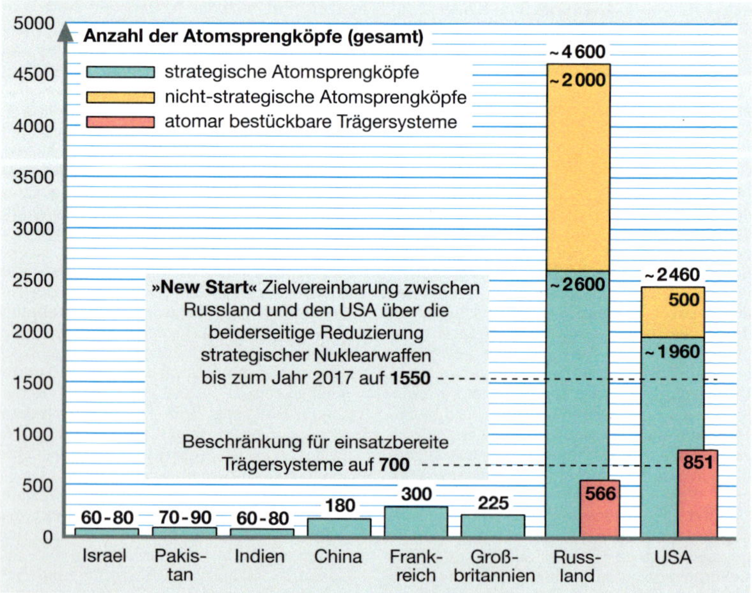

Anzahl der Atomsprengköpfe (gesamt)
strategische Atomsprengköpfe
nicht-strategische Atomsprengköpfe
atomar bestückbare Trägersysteme
5000
4500
4000
3500
3000
2500
2000
1500
1000
500
0
»New Start« Zielvereinbarung zwischen Russland und den USA über die beiderseitige Reduzierung strategischer Nuklearwaffen bis zum Jahr 2017 auf 1550
Beschränkung für einsatzbereite Trägersysteme auf 700
~4600
~2000
~2600
566
~2460
500
~1960
851
60-80
70-90
60-80
180
300
225
Israel
Pakis-tan
Indien
China
Frank-reich
Groß-britannien
Russ-land
USA

B Einsatzbereite Atomsprengköpfe der Nuklearmächte (2010)

Hoffnungen auf eine »Friedensdividende« in Form von massiven Einsparungen im Rüstungsbereich, wie sie unmittelbar nach der Selbstauflösung der UdSSR und dem Ende des Kalten Kriegs weit verbreitet waren, haben sich nicht erfüllt. Insgesamt haben sich die Rüstungsetats und Militärbudgets in der Summe weltweit nicht nur auf hohem Niveau stabilisiert, sie sind teilw. (v.a. in den USA nach dem 11.9.2001) sogar wieder deutlich angestiegen (A). In der Summe spürbar ausgewirkt haben sich allerdings nach dem Ende der Blockkonfrontation die Abrüstungsvereinbarungen zwischen den USA und Russland im Bereich der Atomwaffen.

Während **Abrüstung** den zumindest partiellen, idealiter sogar vollständigen Verzicht auf best. militär. Fähigkeiten bedeutet (Reduzierung der Streitkräfte, Verschrottung von Waffen etc.), ist das Konzept der **Rüstungskontrolle** (auch: *kooperative Rüstungssteuerung*) darauf gerichtet, militär. Fähigkeiten pol. einzuhegen, etwa durch Begrenzungs- oder Verzichtsverträge, Forschungs- und Entwicklungsverbote sowie vertragl. Vereinbarungen über die Kontrolle von deren Einhaltung.

Das Konzept der Rüstungskontrolle wurde während des Ost-West-Konflikts v.a. vor dem Hintergrund der massiven Nuklearrüstung der beiden Machtblöcke mit einem mehrfachen gegenseitigen Vernichtungspotenzial (»Overkill«) sowie der aufkommenden Entwicklung anderer Massenvernichtungswaffen entwickelt.

Abrüstungsabkommen zwischen USA und UdSSR (Russland):

- SALT (Strategic Arms Limitation Talks), Gespräche und Verträge zur Begrenzung strategischer Rüstung:
  SALT I 1969–72, Ergebnis: ABM- (Anti-Ballistic Missiles-)Vertrag 1972
  SALT II 1972–79, Ergebnis: Vertrag 1979
- INF (Intermediate-Range Nuclear Forces Treaty), auch Washingtoner Vertrag: Vertrag über die Vernichtung aller nuklearer Trägersysteme mittlerer und kürzerer Reichweite 1987
- START (Strategic Arms Reduction Talks bzw. Treaty):
  START I 1982–91, Abrüstungsabkommen zur gemeinsamen allmählichen Reduzierung atomarer Trägersysteme, Vertrag 1991, in Kraft getreten 1994
  START II Vertrag 1993 (nicht in Kraft getreten)
- SORT (Strategic Offensive Reduction Treaty), auch Moskau-Vertrag, 2002
- New START Vertrag 2010

Im Einzelnen zielt Rüstungskontrolle auf

- die Verhinderung der Weiterverbreitung von Waffensystemen (z.B. Atomwaffensperrvertrag, s.u.),
- Vertrauensbildung (z.B. durch Transparenzvereinbarungen über militär. Manöver, Truppenbewegungen etc.) sowie
- die Verbesserung der Konsultations- und Kommunikationsmechanismen in Krisenfällen (Bsp.: »Rotes Telefon«, s. S. 197).

Abrüstungs- und Rüstungskontrollvereinbarungen erstrecken sich heute auf sämtl. Bereiche der konventionellen und nuklearen Bewaffnung, Raketenabwehr, weltraumgestützte Waffensysteme, chem. und biolog. Waffen sowie Landminen und umfassen personelle Abrüstung sowie vertrauensbildende Maßnahmen.

Anders als dies bei Atomwaffen der Fall ist, sind Entwicklung, Herstellung und Bevorratung von biolog. und chem. Massenvernichtungswaffen heute völkerrechtlich vollständig verboten. Ein Problem besteht hier in der Verifikation, ob das Verbot auch tatsächl. eingehalten wird.

Aus der Rüstungskontrolle noch völlig ausgeblendet sind Mittel der *Informationskriegsführung* (»Cyberwar«), d.h. der gezielten Sabotage und Zerstörung von Computernetzwerken. Angesichts der Abhängigkeit moderner Gesellschaften von ihrer Informations- und Kommunikationsinfrastruktur und der mögl. Schäden, die durch die Zerstörung dieser Infrastruktur verursacht werden können, besteht hier eine bedrohliche Sicherheitslücke, die zu schließen allein technisch nur schwer möglich sein wird.

Der 1968 zuerst von den USA, der UdSSR und Großbritannien unterzeichnete **Atomwaffensperrvertrag** (Treaty on the Non-Proliferation of Nuclear Weapons) ist das bis heute wichtigste Rüstungskontrollabkommen. Er trat nach der Ratifizierung durch die drei Erstunterzeichner sowie 40 weitere Staaten 1970 in Kraft.

Seit dem Beitritt Frankreichs und Chinas 1992 gehören alle fünf offiziellen Atommächte (und zugleich ständigen Mitglieder im UN-Sicherheitsrat) der Vertragsgemeinschaft an, der bis heute weitere 184 Staaten, nicht allerdings die faktischen, aber nicht offiziellen Atommächte Israel, Pakistan und Indien beigetreten sind. Nordkorea, das nach eigenen Angaben ebenfalls im Besitz von Atomwaffen sein will, hat den Vertrag 2003 wieder gekündigt.

Der Vertrag verbietet die Weiterverbreitung von Kernwaffen und der Materialien, die zu ihrer Herstellung nötig sind, sowie den Nicht-Atommächten auch die entsprechende Forschung. Die Forschung zur friedlichen Nutzung der Kernenergie ist davon grds. nicht betroffen, wohl aber die Anreicherung von waffentauglichem Uran. Die Einhaltung des Vertrags wird von der Internationalen Atomenergieorganisation (IAEO, engl. IAEA) überwacht.

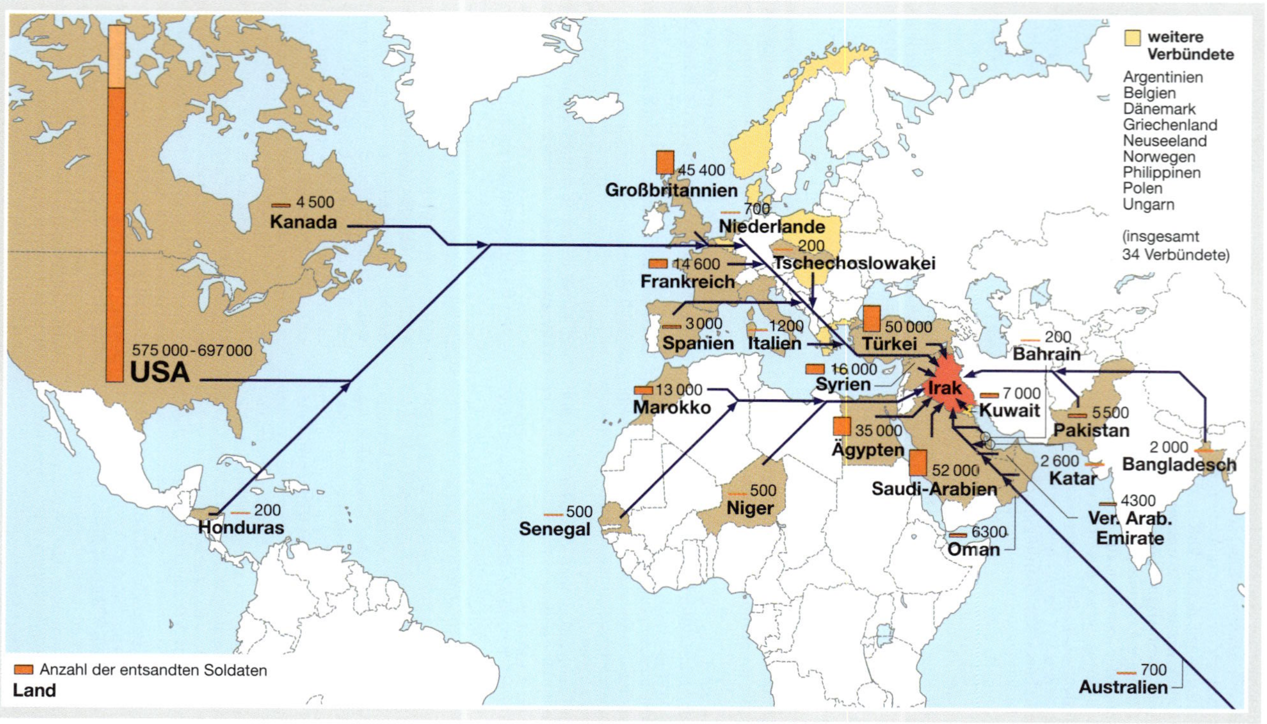

Militärbündnis gegen den Irak im Zweiten Golfkrieg (Operation Desert Storm) 1991, ermächtigt durch die UN-Resolution 678

Das von den Vereinten Nationen auf der Grundlage ihrer Charta (Art. 2) etablierte **System kollektiver Sicherheit** soll gemäß dem Grundsatz »Einer für alle – alle für einen« den Weltfrieden sichern. Das Prinzip unterscheidet sich strikt von herkömmlichen Militärallianzen: Anders als ein militär. Pakt richtet sich das System nicht gegen einen best. potenziellen Angreifer, sondern gegen die Störung des Friedens i. Allg. Zugrunde liegt die Vermutung, dass schon eine einzige Verletzung des Friedens die allg. Stabilität zu gefährden imstande ist. In der Konsequenz bedeutet dies, dass sowohl gegen Mitglieder als auch gegen Nichtmitglieder des Sicherheitssystems vorgegangen werden kann.

Sicherheit soll nicht auf einem labilen Gleichgewicht ruhen, sondern durch die Übermacht und überwältigende Überlegenheit der friedliebenden Mitglieder garantiert werden. Insofern handelt es sich um ein *Abschreckungssystem.*

Voraussetzung für das Funktionieren dieser Art von Abschreckung ist, dass die großen und militär. mächtigen Staaten Mitglieder des Systems sind. Dies war beim **Völkerbund** (1920–46), der Vorgängerorganisation der UNO, nicht der Fall. Die USA traten ihm nie bei, andere wichtige Staaten wie die Sowjetunion und Deutschland in der Zwischenkriegszeit wieder aus.

Dem System der kollektiven Sicherheit liegt ein *negativer Friedensbegriff* zugrunde, d. h. Frieden wird definiert als Abwesenheit von Krieg. Die Herstellung eines *positiven Friedens* im Sinne der Abwesenheit von struktureller Gewalt bzw. der Schaffung soz. Gerechtigkeit ist dabei nicht beabsichtigt. In dieser Beschränkung liegt die Stärke des Systems:

Ungeachtet aller pol. Gegensätze sollen Kriege als Mittel der Politik geächtet, gemeinsam verhütet und ggf. durch kollektive Sanktionen beendet werden. Ethische, kulturelle und pol. Fragen werden ausgeklammert und können das Sicherheitssystem daher auch nicht normativ überfrachten.

Ähnlich dem System der Abschreckung durch Allianzen beruht das UN-Sicherheitssystem nicht auf einer pazifist. Konzeption. Die Systemmitglieder müssen vielmehr gemeinsam bereit sein, in letzter Konsequenz auch militär. Mittel einzusetzen. Die entscheidende Bedeutung kommt dabei dem **Sicherheitsrat** (auch Weltsicherheitsrat) zu, der als einziges UN-Organ gem. Kapitel VII der UN-Charta bei Aggression oder Friedensbruch Sanktionen verhängen darf. Seine Aufgabe ist es,

- eine Bedrohung oder einen Bruch des Friedens oder eine Angriffshandlung festzustellen,
- nicht militär. Maßnahmen (wirtschaftl. oder diplomat. Art) zu beschließen und einzuleiten oder
- mit (eigenen) Streitkräften einzuschreiten bzw. Mitgliedstaaten um die Entsendung von Truppen zu bitten.

Neben den fünf *ständigen Mitgliedern* USA, Russland, China, Großbritannien und Frankreich gehören dem Sicherheitsrat zehn *nichtständige Mitglieder* an, die von der UN-Vollversammlung für die Dauer von zwei Jahren gewählt werden. Entscheidungen müssen mit einer Mehrheit von neun Stimmen gefällt werden; jedes der fünf ständigen Mitglieder besitzt ein Vetorecht, mit dessen Hilfe es eine Entscheidung verhindern kann.

Das relative Versagen der Idee der kollektiven Sicherheit unter dem Dach der UNO hat strukturelle und militärspezif. Gründe:

- Im Atomzeitalter können die UN-Mitgliedstaaten einen Staat, der selbst über Atomwaffen verfügt, nur unter Inkaufnahme immenser ziviler Verluste und ökolog. Schäden zur Räson bringen. Eine glaubhafte Androhung von Sanktionsmaßnahmen wird dadurch erschwert.
- Die Sonderstellung der Großmächte führt faktisch dazu, dass der Grundsatz der kollektiven Sicherheit auf sie nicht anwendbar ist. Daraus folgt, dass sich Maßnahmen des Sicherheitsrates i. d. R. nicht gegen ständige Mitglieder, sondern allenfalls gegen mittlere oder kleine Staaten, die keine Protektion genießen, richten.

Während des Kalten Kriegs war das System der kollektiven Sicherheit vom Ost-West-Gegensatz überlagert. In dieser Zeit gab es nur zwei kollektive Maßnahmen diplomat. und wirtschaftl. Art, nämlich gegen die Apartheidregime in Rhodesien (1966) und Südafrika (1977).

Aus heutiger Sicht erscheint die Architektur der kollektiven Sicherheit zu stark am Konzept des klass. Angriffskriegs ausgerichtet. Die Befriedung von innerstaatl. Konflikten, etwa von Bürgerkriegssituationen, ist im Rahmen dieses Sicherheitssystems äußerst schwierig, da entsprechende Maßnahmen nach Art. 51 der UN-Charta nur zur Wiederherstellung der *internationalen* Sicherheit ergriffen werden dürfen.

Der Einmarsch von USA-geführten UN-Truppen in den Irak (1991) nach dessen Invasion in Kuwait gilt als Paradebeispiel für erfolgreich durchgeführte militär. Zwangsmaßnahmen (Abb.); die gegen Ruanda (1994) und Liberia (2003) zur Befriedung der Bürgerkriege ergriffenen Sanktionen erwiesen sich dagegen als Fehlschläge.

Insbes. Waffenembargos waren bislang kaum erfolgreich: Sie wurden entweder nicht konsequent umgesetzt, oder die Konfliktparteien waren bereits in einem solchen Maße mit Waffen ausgestattet, dass sie keine Wirkung zeigten. Im Fall wirtschaftl. Sanktionen leidet oft die Zivilbevölkerung über Gebühr.

338
218
703
GUS
77 108
441
435
Nord-
amerika
2036
EU-27
5898
748
323
Asien/
Pazifik
156
107
60
116
172
202
Nahost
569
4353
109
89
196
165
1021
114
122
121
169
Süd- und
Zentralamerika
Afrika
55
600
558
101
127
775
376
Handelsströme (ab 50 Mrd. US-$)
Hauptroute
Erdöltanker
Container
Gesamthandelsvolumen in Mrd. US-$ inkl. Handel innerhalb der Region

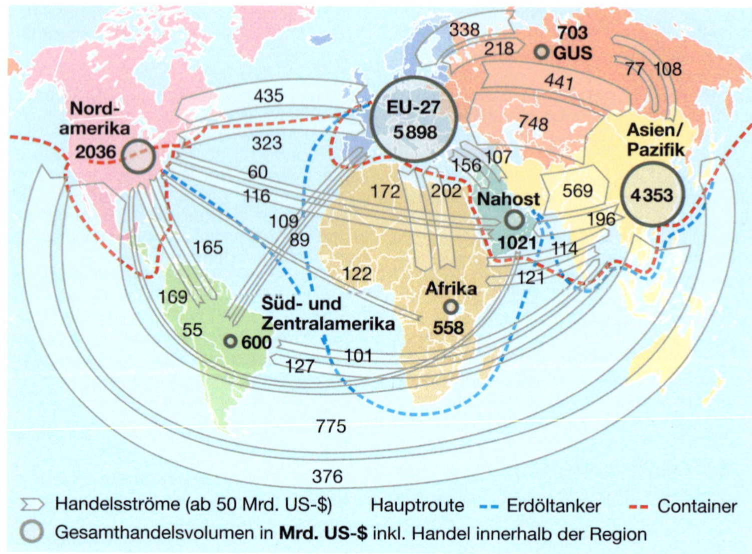

A Weltgüterhandel (2008)

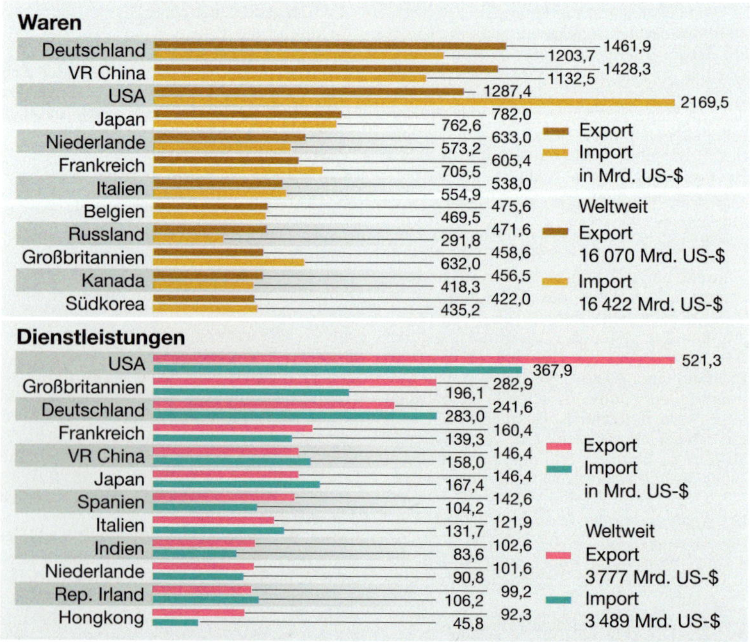

Waren
Deutschland 1461,9 1203,7
VR China 1428,3 1132,5
USA 1287,4 2169,5
Japan 782,0 762,6
Niederlande 633,0 573,2
Frankreich 605,4 705,5
Italien 538,0 554,9
Belgien 475,6 469,5
Russland 471,6 291,8
Großbritannien 458,6 632,0
Kanada 456,5 418,3
Südkorea 422,0 435,2
Export
Import
in Mrd. US-$
Weltweit
Export
16 070 Mrd. US-$
Import
16 422 Mrd. US-$
Dienstleistungen
USA 521,3 367,9
Großbritannien 282,9 196,1
Deutschland 241,6 283,0
Frankreich 160,4 139,3
VR China 146,4 158,0
Japan 146,4 167,4
Spanien 142,6 104,2
Italien 121,9 131,7
Indien 102,6 83,6
Niederlande 101,6 90,8
Rep. Irland 99,2 106,2
Hongkong 92,3 45,8
Export
Import
in Mrd. US-$
Weltweit
Export
3 777 Mrd. US-$
Import
3 489 Mrd. US-$

B Führende Waren- und Dienstleistungs- Ex- und Importeure 2008

Unter **Weltwirtschaft** versteht man alle Beziehungen, Verflechtungen und Strukturen, die durch den internat. Handel und durch die Bewegungen von Kapital und Arbeit zwischen den einzelnen Volkswirtschaften entstehen.

Die Weltwirtschaftsbeziehungen hängen in erster Linie von der *Weltwirtschaftsordnung* ab, einem System vertragl. Regelungen, dessen Hauptelemente die *Welthandelsordnung* und die *Weltwährungsordnung* darstellen. Weltwirtschaftsordnung und -beziehungen bilden zusammen das *Weltwirtschaftssystem.*

Pol. Akteure wie Staaten oder internat. Organisationen versuchen sowohl die Weltwirtschaftsbeziehungen als auch die Weltwirtschaftsordnung in ihrem Sinne zu beeinflussen. Private Akteure wie transnat. Konzerne üben wiederum Einfluss auf pol. Entscheidungsträger aus.

Der Erfolg moderner Volkswirtschaften hängt, außer von ihrer Stellung im Weltwirtschafssystem, v. a. von der Verteilung der Produktionsfaktoren ab; dazu gehören nicht nur die klass. Faktoren Boden (inkl. Rohstoffen), Arbeit und Kapital, sondern auch (Aus-)Bildung, Technik, Infrastruktur und Umwelt.

Der relative Erfolg lässt sich mit den sog. **Terms of Trade** messen. Darunter versteht man die realen Austauschverhältnisse bzw. das in gleichen Währungseinheiten ausgedrückte Preisverhältnis zwischen Exporten und Importen. Veränderungen der Terms of Trade drücken aus, ob mit denselben Exportmengen mehr oder weniger Importgüter bezahlt werden können.

Grundlegend für Theorie und Praxis der Internat. Wirtschaftsbeziehungen ist die **Freihandelslehre** von **David Ricardo** (1772–1823). Nach dessen *Theorie der komparativen Kostenvorteile* zeichnen sich die versch. Staaten durch unterschiedl. Produktionsstrukturen sowie daraus erwachsende sog. komparative Vor- und Nachteile aus. Jedes Land müsse sich auf die Herstellung derjenigen Güter konzentrieren, die es günstiger produzieren könne als andere Länder, und diese Güter gegen jene eintauschen, deren Herstellung mit Kostennachteilen verbunden sei. Internat. Arbeitsteilung sei für alle beteiligten Volkswirtschaften vorteilhaft und führe zu größtmöglicher allg. Wohlfahrt.

Die Annahmen der Freihandelslehre entsprechen nicht der Realität der internat. Wirtschaftsbeziehungen, die zwischen Freihandel und Protektionismus schwanken. So führen bspw. viele Staaten für best. Güter sog. Schutzzölle ein, die die einheimische Industrie- und/oder Agrarproduktion vor Konkurrenz schützen sollen. Außerdem können staatl. Maßnahmen wie Subventionen die Verteilung und die Qualität der vorhandenen Produktionsfaktoren entscheidend verändern.

Die seit den 1980er-Jahren dominierende **neoklassische Freihandelsdoktrin** *(Neoliberalismus)* geht von der Annahme prinzipiell stabiler, d. h. im Gleichgewicht befindlicher Märkte aus, führt Störungen und Krisen ausschließlich auf exogene Ursachen zurück und sieht in der vollständigen Liberalisierung des Welthandels die Voraussetzung weltweiten Wachstums und Wohlstands.

Pol. Fragen werden bewusst ausgeklammert; Aufgabe der Staaten sei es, Freihandelsrestriktionen wie Zölle und Einfuhrbeschränkungen abzubauen.

Seit dem Ende des Ost-West-Konflikts hat der Grad der weltwirtschaftl. Verflechtung erheblich zugenommen. Internat. Handelsabkommen im Rahmen von UNCTAD (United Nations Conference on Trade and Development; dt. Welthandelskonferenz) oder WTO (Welthandelsorganisation) sowie regionale Freihandelsabkommen, z. B. NAFTA, Mercosur, ASEAN oder EU, haben zur Herausbildung einer **liberalen Weltwirtschaftsordnung** geführt, die den pol. Spielraum der Staaten erheblich einschränkt.

Private Wirtschaftsunternehmen können ihre Tätigkeit dorthin verlagern, wo sie sich den größten Gewinn erhoffen. Manche drohen unverhohlen mit einem Standortwechsel und setzen damit Gewerkschaften und Regierungen unter Druck. Zudem werden bislang öffentl. Tätigkeits- und Handlungsfelder zunehmend privatisiert und damit auch internationalisiert. Durch den freien Kapitalverkehr können darüber hinaus Währungen insbes. kleinerer Staaten unter Spekulationsdruck geraten.

Die aus der Liberalisierung des Handels resultierenden Wohlfahrtsgewinne sind sehr ungleich verteilt. Zu den Verlierern der Globalisierung gehören viele Staaten der Dritten Welt, die entweder aufgrund der ungünstigen Terms of Trade ihre Rohstoffe unter Wert verkaufen müssen oder ihre Agrarprodukte nicht absetzen können, weil sich die Industrienationen dagegen abschotten. Staaten, deren Außenhandel nur von wenigen Exportgütern abhängt, sind zudem stark den Preisschwankungen der Weltmärkte ausgeliefert.

Die im September 2008 ausgebrochene globale **Finanzkrise** ist ein Beleg für die weltweite Verflochtenheit der (Finanz-)Märkte, aber auch für die Notwendigkeit pol. Intervention: Der Zusammenbruch der US-Bank Lehman Brothers hat zahllose andere Banken im In- und Ausland mitgerissen, das internat. Finanzsystem in seinen Grundfesten erschüttert und staatl. Stützungsmaßnahmen in bislang ungekanntem Ausmaß hervorgerufen, die von Milliardenkrediten für bedrohte Banken über eigens eingerichtete Sonderfonds bis hin zu (Teil-)Verstaatlichungen reichen.

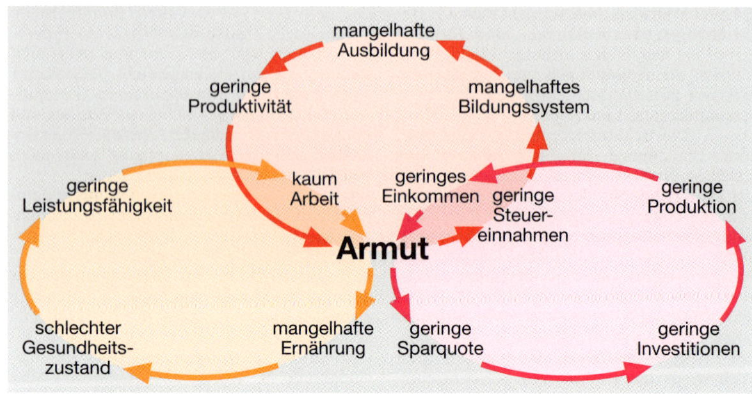

A »Teufelskreise der Armut« (stark vereinfachter Kausalkomplex)

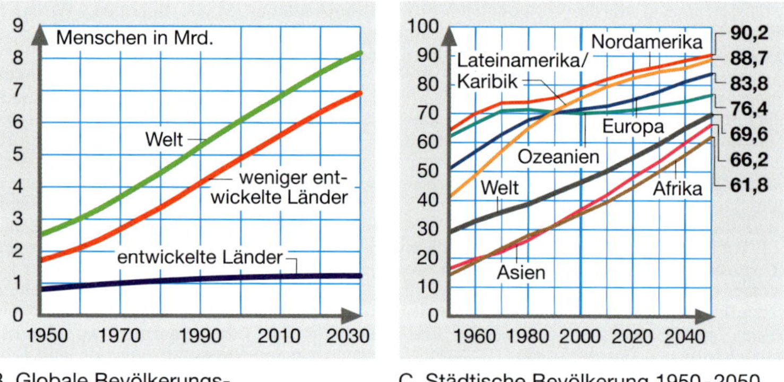

B Globale Bevölkerungs-entwicklung 1950-2030

C Städtische Bevölkerung 1950-2050 (Anteil in %)

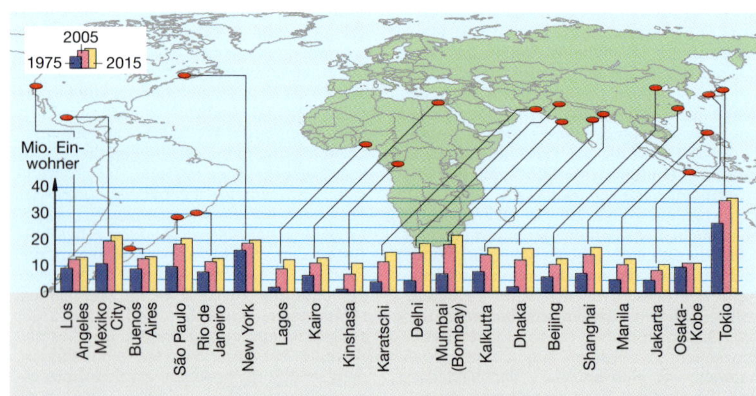

D Bevölkerungsentwicklung in ausgewählten Megastädten (>10 Mio. Einwohner)

Eines der bislang ungelösten Weltprobleme, das außer aus humanitären nicht zuletzt auch aus ökonom., ökolog. und v.a. auch sicherheitspol. Gründen für die internationale Politik von größter Bedeutung ist, ist die extreme Armut in den Ländern der sog. »Dritten Welt«. Ihre Bekämpfung ist nicht nur, aber wesentl. Aufgabe der Entwicklungspolitik bzw. der Entwicklungszusammenarbeit.

Entwicklungspolitik und die **Entwicklungszusammenarbeit** öffentl. wie privater Akteure der »entwickelten« Industrieländer mit den Entwicklungsländern umfassen sämtl. Maßnahmen, die darauf gerichtet sind, die soziale, wirtschaftl. und pol. Verfassung in den – gemessen am Standard der Industriestaaten – sozioökonom. unterentwickelten Ländern zu verbessern und die Voraussetzungen für deren eigenständige Entwicklung zu schaffen.

Zur Entwicklungshilfe gehören deshalb neben der Gewährung günstiger Kredite und direkter finanzieller und personeller Unterstützung auch die beratende Begleitung notwendiger Infrastrukturmaßnahmen.

Zu den **Ursachen der Unterentwicklung** zählen neben oft ungünstigen, bes. den Agrarsektor belastenden klimat. Bedingungen v.a. soziopol. Fehlentwicklungen (instabile Regierungen, Korruption und Rechtsunsicherheit) sowie die bei sinkenden Weltmarktpreisen einseitige Abhängigkeit von Erlösen aus der Rohstoffprimärproduktion.

Bes. Letzteres ist zumeist ein Erbe der Kolonialzeit: Die Volkswirtschaften der Kolonien waren im Wesentl. auf die Interessen ihrer Kolonialherren ausgerichtet, denen sie v.a. als Rohstofflieferanten dienten. Die Folge war eine extreme, sich bis heute erhaltene Abhängigkeit von den Preisen, die diese Rohstoffe auf dem Weltmarkt erzielen.

Darüber hinaus wirken die oft willkürlichen Grenzziehungen in den Kolonien auch nach der Dekolonialisierung in ethnischen Konflikten nach. Dies nicht zuletzt auch, weil die Kolonialherren einzelne Ethnien bei der Einbindung in die öffentl. Verwaltung bevorzugt hatten und diese nach der Dekolonialisierung ihre Pfründe zu verteidigen suchten. Auch waren die während der Kolonialzeit generell unterdrückten gesellschaftl. Eliten völlig unzureichend auf eine Selbstregierung vorbereitet.

Viele der betroffenen Länder befinden sich in vielfach miteinander verwobenen, sich gegenseitig verstärkenden Teufelskreisen aus Armut, Misswirtschaft, mangelnder Bildung und starkem Bevölkerungswachstum (A, B). Landflucht führt zu einem sich immer weiter beschleunigenden Wachstum der Megastädte mit unkontrollierbar wuchernden Slums (C, D).

Die Konzepte und die konkreten Ziele der Entwicklungspolitik waren in den vergangenen Jahrzehnten einem ebenso steten Wandel unterworfen wie die ihnen zugrunde liegenden (oft interessengeleiteten) Entwicklungstheorien. Das heute in der Theorie allg. anerkannte Leitbild der Entwicklungshilfe ist das der (nicht nur ökonomisch!) **nachhaltigen Entwicklung** *(sustainable development)*, die sich am Prinzip eines zukunftsfähigen Umgangs mit den eingesetzten Ressourcen orientiert.

Mit ihrem 1987 vorgelegten Bericht ›Unsere gemeinsame Zukunft‹ verhalf die von der UNO eingesetzte Kommission für Umwelt und Entwicklung einem Entwicklungsbegriff zum Durchbruch, der viele bis dahin isoliert betrachtete bevölkerungs-, siedlungs-, energie-, industrie- und umweltpol. Aspekte in ein Konzept einer auf Nachhaltigkeit zielenden Entwicklungspolitik integrierte. In der 1992 auf der Konferenz über Umwelt und Entwicklung verabschiedeten ›Deklaration von Rio‹ und dem Aktionsprogramm ›Agenda 21‹ wurde das Konzept einer nachhaltigen Entwicklung zum Leitprinzip für den Umgang mit den natürlichen, technischen, ökonomischen und gesellschaftl. Ressourcen erklärt.

Auch knapp zwei Jahrzehnte nach der Konferenz von Rio sind trotz der vielen seither ergriffenen Initiativen (wie u.a. dem z.T. vollständigen Schuldenerlass für eine Reihe von Entwicklungsländern) die bisher in der Summe erzielten Ergebnisse eher dürftig. Erheblich beeinträchtigt werden die Wachstumschancen der Entwicklungsländer dabei nicht zuletzt durch die unfairen Handelspolitiken der Industriestaaten.

Nach Berechnungen des Entwicklungsprogramms der UNO (›Bericht über die menschliche Entwicklung 2005‹) erleiden die Entwicklungsländer aufgrund von Protektionismus und Agrarsubventionen in den Industriestaaten jährl. Einbußen von rd. 24 Mrd. US-Dollar. Außerdem entstehen für jeden Dollar, der im Handel eingebüßt wird, weitere Einbußen in Höhe von drei Dollar durch verminderte Investitionen und verlorene Arbeitsplätze.

Neben den humanitären, volks- und weltwirtschaftl. Aspekten der Entwicklungspolitik erfährt auch ihre Bedeutung für eine umfassende nationale wie internat. Sicherheitspolitik zunehmende Aufmerksamkeit, so z.B. in der 2003 verabschiedeten Sicherheitsstrategie der Europäischen Union (ESS, s. S. 201). Sie folgt damit der Erkenntnis, dass gelingende Entwicklung (nicht nur) für die unmittelbar betroffenen Regionen eine entscheidende Voraussetzung für Sicherheit ist.

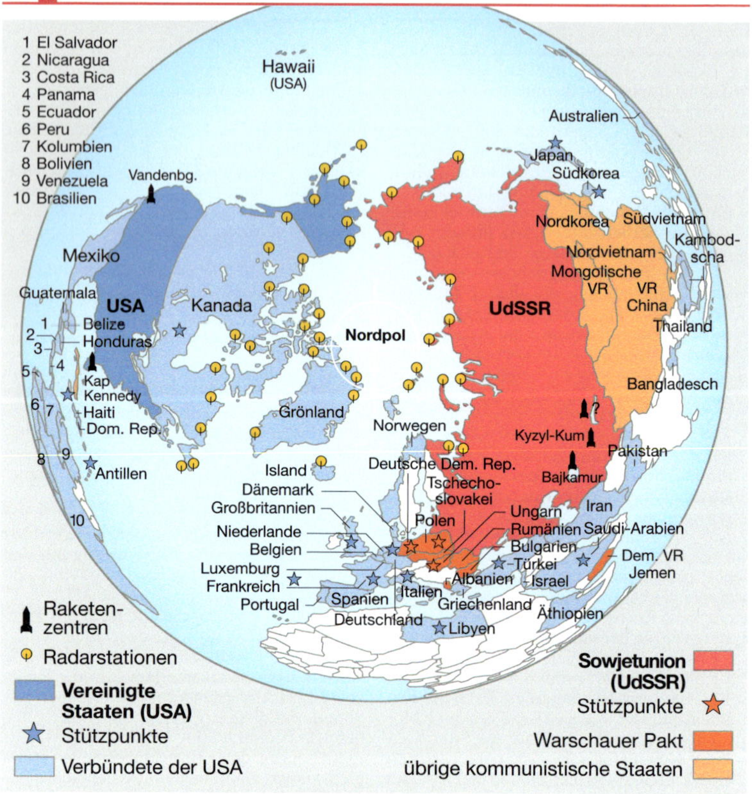

1 El Salvador
2 Nicaragua
3 Costa Rica
4 Panama
5 Ecuador
6 Peru
7 Kolumbien
8 Bolivien
9 Venezuela
10 Brasilien
Hawaii (USA)
Australien
Japan
Südkorea
Nordkorea
Südvietnam
Kambodscha
Nordvietnam
Mongolische VR
VR China
Thailand
Bangladesch
Pakistan
Iran
Saudi-Arabien
Dem. VR Jemen
Vandenbg.
Mexiko
Guatemala
USA
Kanada
Nordpol
UdSSR
Belize
Honduras
Kap Kennedy
Haiti
Dom. Rep.
Antillen
Grönland
Norwegen
Kyzyl-Kum
Bajkamur
Island
Deutsche Dem. Rep.
Tschechoslovakei
Dänemark
Großbritannien
Niederlande
Belgien
Luxemburg
Frankreich
Portugal
Spanien
Deutschland
Polen
Ungarn
Rumänien
Bulgarien
Türkei
Albanien
Israel
Italien
Griechenland
Äthiopien
Libyen
Raketenzentren
Radarstationen
Vereinigte Staaten (USA)
Stützpunkte
Verbündete der USA
Sowjetunion (UdSSR)
Stützpunkte
Warschauer Pakt
übrige kommunistische Staaten

A Die Welt zur Zeit des Ost-West-Konflikts 1945 - 90

Konfrontation
Koexistenz- und Entspannungsphase
erneute Konfrontation und Wiederannäherung
Stimmungsbarometer
USA
UdSSR
Kooperation
neutral
Konflikt
+ 1,0
+ 0,5
0
- 0,5
- 1,0
NATO-Gründung
Berlin Blockade
Korea-krieg
Genfer Gipfel-konf.
Waffen-stillst. Korea; Tod Stalins
Ungarn-auf-stand
Sputnik-start
Bau der Berliner Mauer
Abschuss U-2-Spionage-flugzeugs
Kuba-krise
Tonkin-Zwischen-fall
Aufrüstung in Vietnam
Gipfeltr. Glass-boro
Einmarsch in die ČSSR
SALT-1-Vertrag
Abkom. von Wladiwostok
Unterzeichnung Helsinki-Abkommen
Aufnahme diplom. Bez. USA u. China
START-und CFE-Verträge
Gipfel-treffen
Washington
Malta
Reykjavik
Genf
Polen-Krise
Sowj. Angr. a. korean. Flugz.
INF-Vertrag
Fall der Berliner Mauer
1950
1955
1960
1965
1970
1975
1980
1985
1990

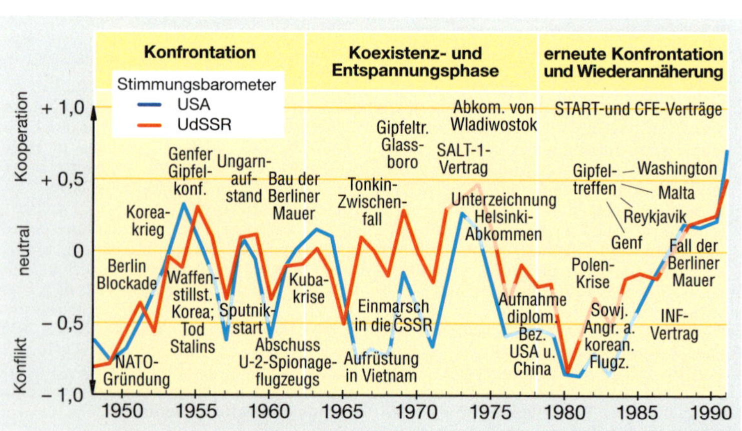

B Phasen des Ost-West-Konflikts 1948 - 91

Die Weltpolitik des 20. Jh. wurde nach dem 2. Weltkrieg bes. durch **drei Grundkonflikte** geprägt:
1. dem *Ost-West-Konflikt,*
2. dem *Nord-Süd-Konflikt,*
3. dem *Nahostkonflikt.*

Während der Ost-West-Konflikt sich spätestens durch das Ende der Sowjetunion 1991 auflöste, sind sowohl der Nord-Süd-Gegensatz wie auch der Nahostkonflikt zu Beginn des 21. Jh. weiterhin virulent. Doch auch der Ost-West-Konflikt wirkt insofern immer noch fort, als sich mit ihm zugleich das bis dahin das internat. Beziehungssystem stabilisierende bipolare Machtgleichgewicht zwischen den großen Blöcken aufgelöst hat und sich ein neues Gleichgewicht zwischen den Staaten langfristig erst noch ausbilden muss, wobei auf absehbare Zeit den USA die Rolle einer Hegemonialmacht vorbehalten bleibt.
Von weltpol. Bedeutung sind neben den überkommenen auch zahlreiche neu aufbrechende *ethnische* und *religiös-kulturelle Konflikte,* wie z.B. im zerfallenden Jugoslawien während der 1990er-Jahre, in Bergkarabach, in Ruanda oder im Sudan.
Bes. Gefahrenpotenzial bergen neue Strategien des gewaltsamen Konfliktaustrags (z.B. Selbstmordattentate in Irak und Afghanistan) sowie *transnationale Organisationsformen des Terrorismus,* als deren Prototyp das islamist. Netzwerk al-Qaida gelten kann.

Ost-West-Konflikt und Kalter Krieg
Der zum Kalten Krieg zugespitzte **Ost-West-Konflikt** war 1945–90 das die internat. Beziehungen in jeder Hinsicht bestimmende Element der Weltpolitik. Der ideolog., wirtschaftl. und militär. Gegensatz zwischen den autoritären bis totalitären sozialist. Staaten unter Führung der UdSSR (sowie zeitweise auch von deren kommunist. Rivalen China) und dem freiheitlich-demokrat., kapitalist. Westen spielte in jede andere globale und manche regionale Konfliktformation hinein.
Schon sehr bald nach dem Niederringen des gemeinsamen Feindes, des nationalsozialist. Deutschen Reichs, 1945 durch die Kriegsallianz Großbritanniens, Frankreichs, der USA und der UdSSR brach der schon vor dem Krieg schwelende Konflikt zwischen der »östlichen«, sowjetisch-kommunistischen und der »westlichen«, demokrat. Weltanschauung in aller Heftigkeit wieder auf. Forciert durch das Ringen um die Vormacht in Dtl. und Europa, gipfelte der ideolog. Gegensatz im Zustand eines dauerhaft labilen »Nicht-Friedens«, dem sog. **»Kalten Krieg«,** einem Krieg ohne Kampfhandlungen und ohne den Einsatz von Waffen (wohl aber mit dessen permanenter Androhung).
Da die USA seit 1945 und die UdSSR seit 1949 über Nuklearwaffen verfügten, deren verheerendes Zerstörungspotenzial die USA mit dem Zünden der beiden Atombomben über Hiroshima und Nagasaki im August 1945 aller Welt vor Augen geführt hatten, erschien ein tatsächlicher, »heißer« Krieg von vornherein nicht mehr führbar. Dennoch geriet die Welt während der **Kuba-Krise** im Oktober 1962 an den Rand eines Atomkriegs.

Im Mai 1962 hatte die UdSSR begonnen, auf der den USA vorgelagerten Karibikinsel Kuba, auf der Fidel Castro 1959 eine sozialist. Revolutionsregierung etabliert hatte, Atomraketen in Stellung zu bringen. Die USA, die zuvor selbst in der Türkei 15 Atomraketen in Reichweite zu Russland stationiert und überdies in der kuban. Schweinebucht bereits einen vergebl. Invasionsversuch unternommen hatten, reagierten mit der ultimativen Forderung des vollständigen Abzugs sowie der Drohung, einen mögl. Angriff aus Kuba mit einem atomaren Schlag gegen die UdSSR zu beantworten. Die Situation drohte zu eskalieren, als die USA eine Seeblockade um Kuba errichteten und die Streitkräfte der UdSSR ein amerikan. Aufklärungsflugzeug über der Insel abschossen. Die sich immer realer abzeichnende nukleare Eskalation zwang die beiden Präsidenten Kennedy und Chruschtschow zu einem kriegsabwendenden Kompromiss: Abzug der russ. Raketen von Kuba, Verzicht der USA auf eine mögl. Invasion sowie Abbau der Raketen in der Türkei.

Eine Folge der Kuba-Krise war die allseitige Erkenntnis, dass ein militär. Konfliktaustrag zwangsläufig die gegenseitige atomare Vernichtung zur Folge hätte und ein Krieg von keiner Seite gewonnen werden könnte.
Zwar kam es nach der Kuba-Krise zu keiner vergleichbaren Zuspitzung mehr, doch wurde der Konflikt in sog. *Stellvertreterkriegen* (u.a. in Vietnam, im Nahen Osten, in Afghanistan, Angola und Nicaragua) auch militär. ausgetragen. Zudem wurde das (atomare) *Wettrüsten* der beiden Blöcke auch in Phasen der Entspannung des Konflikts (u.a. im Zusammenhang mit der »Neuen Ostpolitik« der dt. Bundesregierung unter Willy Brandt) bis weit in die 1980er-Jahre fortgesetzt. Erst die von Michail Gorbatschow (1985 Generalsekretär des ZK der KPdSU, Staatschef 1988–91) eingeleitete »Politik des Neuen Denkens« führte zu einer substanziellen Annäherung und ermöglichte u.a. 1987 den Abschluss des Abrüstungsvertrages INF (s. S. 203). Mit dem »Zwei-plus-Vier-Vertrag« zur Herstellung der deutschen Einheit wurde am 12. 9. 1990 schließlich ein Dauerkonflikt des Kalten Kriegs beendet, dem mit der Auflösung des Warschauer Paktes (1. 7. 1991) und der UdSSR (31. 12. 1991) die letzte Grundlage entzogen wurde.

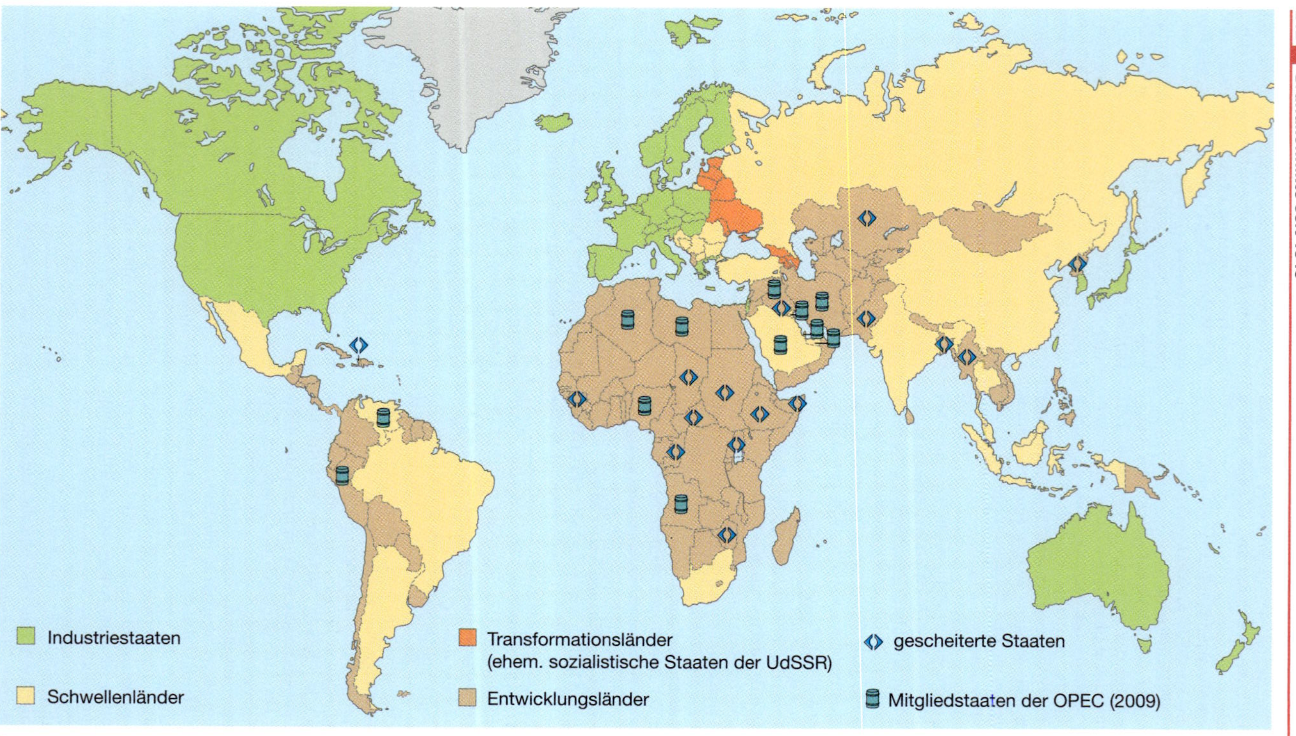

Staatenverteilung im Nord-Süd-Konflikt

Ein Grundkonflikt der Weltpolitik, in dessen Zentrum die Armut der vom Welthandelssystem benachteiligten Länder steht, ist der sog. **Nord-Süd-Konflikt.** In ihm konfligieren die Interessen der den Welthandel dominierenden techn.-ökonom. »entwickelten« *Industrienationen* mit denen jener Staaten, deren Volkswirtschaften gemessen an den industriegesellschaftl. Standards als nicht, unter- oder wenig entwickelt gelten und die deshalb als *Entwicklungsländer* bezeichnet werden.

Diese nennt man zusammenfassend auch *Dritte Welt,* im Gegensatz zur industrialisierten *Ersten Welt* sowie zur *Zweiten Welt* der sog. Schwellenländer. (Abb.)

Die Ursachen liegen in den im Weltwirtschaftssystem bis heute ungleich verteilten Chancen und den daraus resultierenden wirtschaftlichen, politischen, gesellschaftlichen und kulturellen Verwerfungen.

Für die Industriestaaten, die der *Organisation für wirtschaftliche Zusammenarbeit und Entwicklung* (Organization for Economic Cooperation and Development, OECD) angehören, wurde der Konflikt erstmals Anfang der 1970er-Jahre virulent, als die zur *Organisation Erdöl exportierender Länder* (OPEC) zusammengeschlossenen Staaten ihre Quasi-Monopolstellung nutzten, um durch Absprachen die Preise für Rohöl (ihre in vielen Fällen einzige nennenswerte Ressource) drastisch zu erhöhen. Die darauf folgende *Ölkrise* war Auslöser einer weltweiten Rezession und führte der industrialisierten Welt ihre Abhängigkeit vom Öl und damit von den Erdöl fördernden (Entwicklungs-)Ländern deutlich vor Augen. Umgekehrt erkannte die OPEC, über welche Macht sie verfügte, wenn sie geschlossen agierte.

Auf den Ölpreisschock folgte eine Phase z. T. heftiger Konfrontationen in den verschiedenen Gremien der UNO, so in der ersten *Konferenz für Handel und Entwicklung* (United Nations Conference on Trade and Development, UNCTAD). Die Forderungen der 1964 gegründeten *Gruppe der 77* (G77), größtenteils aus nicht Erdöl fördernden Entwicklungsländern zusammengesetzt, zielten außer auf eine Ausweitung der finanziellen Entwicklungshilfe v. a. auf Eingriffe in die marktwirtschaftlichen Regelungsmechanismen der Weltwirtschaft zur Durchsetzung fairer Rohstoffpreise und Handelsbedingungen, d. h. auf den Abbau von Handelshemmnissen (etwa durch Einfuhrzölle) für den Süden. Auch drängten die Entwicklungsländer auf mehr Mitspracherecht in den Organisationen der Weltbankgruppe und des Internationalen Währungsfonds (IWF).

Trotz der von der UNO 1974 verabschiedeten ›Erklärung zur Errichtung einer Neuen Weltwirtschaftsordnung‹ sowie der ›Charta über die wirtschaftlichen Rechte und Pflichten der Staaten‹ und trotz verschiedentlich gewährter Schuldenerlasse konnte der Nord-Süd-Gegensatz im Grundsatz bis heute nicht aufgehoben werden.

Die meisten der hochverschuldeten armen Länder leiden unter einem chronischen *Handelsbilanzdefizit,* d. h. sie wenden deutlich mehr Mittel für Importe aus den Industriestaaten auf, als sie umgekehrt mit ihren Exporten in diese Länder erlösen. Ihre gemeinsamen Interessen hinreichend zu koordinieren, sind sie nicht in der Lage, zumal den nicht Erdöl fördernden Ländern vergleichbare Druckmittel wie jene der OPEC fehlen. Auch stehen nationale Eigen- bzw. Regierungsinteressen einer geschlossen vertretenen gemeinsamen Politik entgegen: Viele Regierungen waren und sind zum bloßen Machterhalt auf westl. Hilfe angewiesen.

Der zeitweise Verfall der Erzeugerpreise einzelner Rohstoffe (etwa Kaffee, Kakao oder Baumwolle) hat die Verschuldungskrise mangels alternativer Einnahmequellen vielerorts verschärft. Mit dem Ende des Ost-West-Konflikts ist zudem die Möglichkeit entfallen, die geostrateg. Lage zwischen den ehemals verfeindeten Blöcken zu nutzen, um sich bes. Hilfen einer der beiden Seiten zu sichern. Im Gegenteil: Mit den Reformstaaten der ehemaligen Sowjetunion sind neue Konkurrenten im Kampf um Fördermittel der Weltgemeinschaft entstanden.

Schuldenerlasse wie der, auf den sich die Regierungschefs der G8 (›Gruppe der Acht‹, d. i. die um Russland erweiterte ›Gruppe der Sieben‹ führenden demokrat. Industriestaaten) beim Weltwirtschaftsgipfel in Schottland 2005 für eine Reihe von Entwicklungsländern verständigt haben, reichen allein nicht aus, um das Armutsproblem langfristig zu lösen. Dringend nötig wäre eine grundlegende Reform der internat. Handels- und Finanzbeziehungen. Nur mit fairen Chancen im Welthandel hätten die Entwicklungsländer eine echte Perspektive (und Alternative etwa zum Anbau von und Handel mit Drogen). Tatsächlich aber schotten sowohl die USA als auch die EU ihre Agrarmärkte immer noch gegen Importe aus den Entwicklungsländern ab, während umgekehrt diese – nicht zuletzt, um Strukturanpassungsforderungen des IWF zu genügen – ihre Märkte für Waren und Dienstleistungen der Industrienationen öffnen mussten.

Obwohl all diese Probleme fortbestehen, hat sich die Polarität des Nord-Süd-Konflikts im letzten Jahrzehnt relativiert. Die ihm zugrunde liegende Problematik der Verteilungsgerechtigkeit hat im Zuge der Globalisierung auch die entwickelten Gesellschaften selbst erreicht, in denen sich analoge Muster ungleicher Chancenverteilung in mehr oder weniger abgeschotteten Märkten wiederholen.

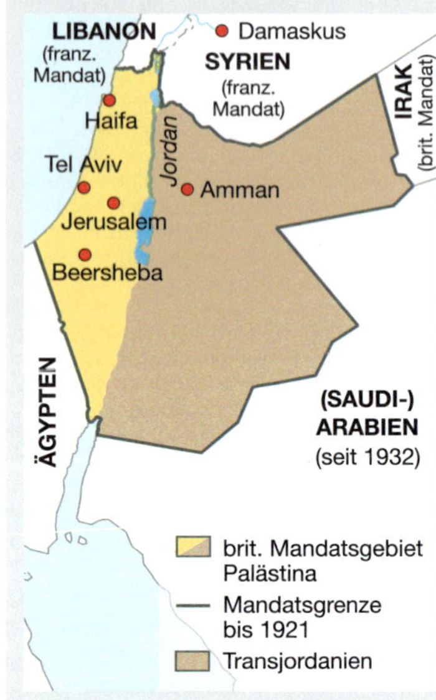

A Völkerbundsmandat für Palästina (1920/22 – 48)

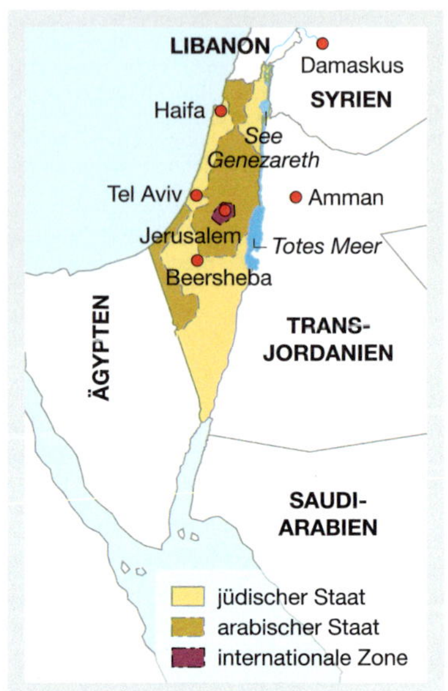

B UN-Teilungsplan von 1947

C Israel zwischen »Unabhängigkeitskrieg« (1948/49) und Sechstagekrieg (1967)

D Israel und besetzte Gebiete zwischen Sechstagekrieg (1967) und 1982

Zu den chronischen Konflikten der Weltpolitik seit dem 2. Weltkrieg gehört der sog. **Nahostkonflikt** zwischen dem Staat Israel und seinen arab. Nachbarstaaten sowie v.a. den unter israel. Herrschaft lebenden Palästinensern. Die Wurzeln des Konflikts reichen bis in die 80er-Jahre des 19. Jh. zurück, als im Zuge des aufkommenden Zionismus jüd. Einwanderer begannen, Ansprüche auf einen eigenen Staat in Palästina anzumelden.

Den Begriff »Zionismus« für die Bewegung zur Schaffung eines jüd. Staates prägte der österreich. Philosoph Nathan Birnbaum mit Bezug auf die alttestamentar. Überlieferung von der Eroberung der Festung Zion durch David. Als Begründer der pol. zionist. Bewegung gilt der Österreicher Theodor Herzl (1860–1904), der 1896 die Schrift ›Der Judenstaat‹ vorlegte.

In nennenswertem Umfang setzt die jüd. Zuwanderung nach Palästina erst in den 1920er-Jahren ein, nachdem Großbritannien mit der ›Balfour-Deklaration‹ (1917) seine Unterstützung für die Errichtung jüd. Siedlungen erklärt hatte. Nach dem 2. Weltkrieg nimmt die internat. Unterstützung für die Errichtung eines jüd. Staates erheblich zu. Am 29. 11. 1947 beschließt die UNO einen Teilungsplan für das bis dahin brit. Mandatsgebiet Palästina (A), der die Zweiteilung in einen jüd. und einen palästinens. Staat vorsieht (B) und von den Palästinensern strikt abgelehnt wird. Als Reaktion auf die einseitige Proklamation des Staates Israel am 14. 5. 1948 beginnt eine arab. Allianz aus Ägypten, Transjordanien, Syrien, Libanon und Irak einen Tag später den **1. Israelisch-Arabischen Krieg** (*Palästinakrieg,* bis 15. 1. 1949), aus dem Israel mit einem um mehr als 20% vergrößerten Staatsgebiet hervorgeht. Weit über eine halbe Million Palästinenser werden vertrieben oder fliehen nach Jordanien, Libanon oder Syrien.

In den nachfolgenden Jahrzehnten kommt es wiederholt zu Kriegen zwischen Israel und wechselnden arabisch-palästinens. Koalitionen. Auf den 1967 zunehmenden Druck der arab. Staaten (u.a. Sperrung des Golfs von Akaba) antwortet Israel im **Sechstagekrieg** (5.–10. 6. 1967) mit einem überraschenden Militärschlag. Die Streitkräfte Ägyptens, Syriens und Jordaniens werden vernichtend geschlagen, der Gazastreifen, die Golanhöhen und die Halbinsel Sinai bis zum Sueskanal sowie das Westjordanland einschließl. der Altstadt von Jerusalem besetzt (D); abermals müssen mehr als 500000 Palästinenser aus ihrer Heimat fliehen.

Die israel. Siedlungspolitik führt zu einer Radikalisierung des palästinensischen Widerstands: 1964 gründet sich die *Palästinensische Befreiungsorganisation* (Palestine Liberation Organization, PLO), die für die Rückkehr und das Selbstbestimmungsrecht der Palästinenser kämpft.

Intifada und Friedensprozess

Im Westjordanland und im Gazastreifen formiert sich ab 1987 aus zunächst spontanen Aktionen eine Bewegung massiven gewaltsamen Widerstands (**»Intifada«,** arab. für 'sich erheben, abschütteln'). Israel reagiert mit drast. militär. Maßnahmen.

Zu einer Beruhigung kommt es Anfang der 1990er-Jahre im Zuge der Annäherung zwischen dem israel. Ministerpräs. Jitzchak Rabin und dem Führer der PLO Yassir Arafat. Anschließend an von Norwegen vermittelte Geheimverhandlungen in Oslo (**»Oslo-Friedensprozess«**) können zwischen 1993 (Ende der ersten Intifada) und 1995 in mehreren Verträgen Vereinbarungen über die Teilautonomie der Palästinenser und die gegenseitige Anerkennung erzielt werden.

Wie 1978 der ägypt. Staatschef Anwar as-Sadat und der israel. Ministerpräs. Menachem Begin für den unter Vermittlung von US-Präs. Jimmy Carter in Camp David vorbereiteten israel.-ägypt. Friedensvertrag (26. 3. 1979), werden Arafat, Rabin und der israel. Außenminister Shimon Peres 1994 für die Initiative von Oslo mit dem Friedensnobelpreis ausgezeichnet.

Doch der Friedensprozess, der vom sog. »Nahostquartett« (UNO, USA, EU, Russland) begleitet wird, erleidet immer wieder Rückschläge, abwechselnd provoziert von palästinens. Terroristen und fundamentalist. jüd. Siedlern, aber auch der israel. Reg. und der palästinens. Autonomiebehörde.

Von palästinens. Seite als Demonstration des israel. Anspruchs auf ganz Jerusalem empfunden, provoziert am 28. 9. 2000 der medienwirksam inszenierte Besuch des israel. Oppositionsführers und Chefs der Likud-Partei, Ariel Scharon, auf dem Tempelberg die zweite Intifada.

Bis heute kommt es in Israel und den besetzten Gebieten regelmäßig zu Terroranschlägen, die Israel ebenso regelmäßig mit gezielten Vergeltungsschlägen beantwortet. Auch der 2005 gegen den Widerstand der jüd. Siedler vollzogene Abzug Israels aus dem Gazastreifen hat daran nichts ändern können. Bei den palästinens. Wahlen im Januar 2006 wird die mittlerweile gemäßigte PLO von der radikalislam. Hamas abgelöst. Gegen die mit der Hamas verbundene libanes. islamist. Partei Hisbollah führt Israel den *2. Libanonkrieg* (12. 7.–14. 8. 2006), der zahlreiche zivile Opfer fordert. Den fortwährenden Raketenbeschuss aus dem Gazastreifen beantwortet Israel mit einer massiven Luft- (ab 27. 12. 2008) und Bodenoffensive (ab 3. 1. 2009). Auch nach dem Abzug der israel. Truppen am 21. 1. 2009 bleibt die Lage gespannt.

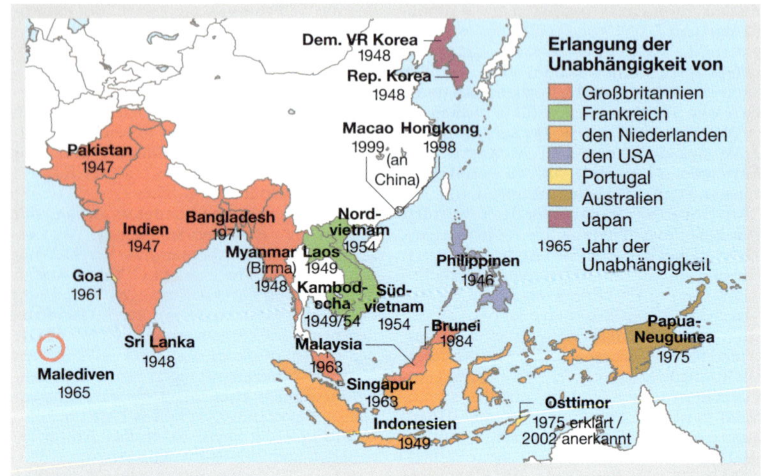

A Entkolonialisierung Asiens nach 1945

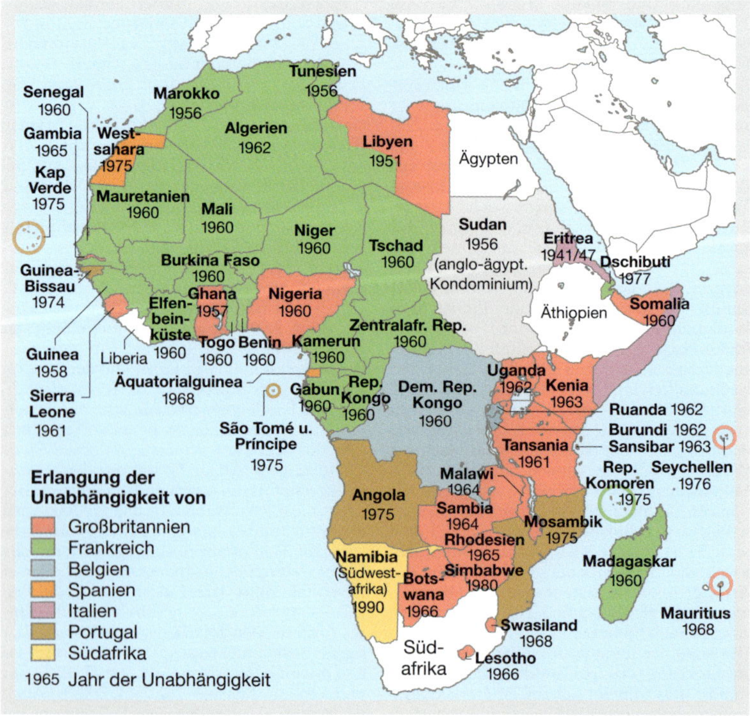

B Entkolonialisierung Afrikas nach 1945

Mit der Entdeckung neuer Kontinente durch europ. Seefahrer beginnt in der Frühen Neuzeit das Zeitalter des Kolonialismus.

Der **Kolonialismus** (von lat. *colonia* 'Niederlassung, Ansiedlung') ist ein universalgeschichtl. Phänomen, sofern darunter die Eroberung und Inbesitznahme eines Territoriums durch eine fremde Macht sowie die pol. Herrschaft über dieses Gebiet verstanden wird. Im engeren Sinn ist damit die vom 16. bis ins 19. Jh. hinein erfolgte mit der Entstehung großer Kolonialreiche verbundene Ausdehnung der europ. Macht- und Einflusssphäre auf überseeische Territorien in Afrika, Asien und Lateinamerika gemeint.

Kolonialpolitik, also Maßnahmen und Anstrengungen eines Landes, die auf den Erwerb, die Einrichtung und die Entwicklung von Kolonien gerichtet sind, kann ganz verschiedene Absichten verfolgen:

Dem neuzeitl.-modernen Kolonialismus lagen v. a. wirtschaftl. Motive zugrunde: Zum einen ging es um die Nutzung und Ausbeutung von Rohstoffen und fremder Arbeitskraft; zum anderen um die Schaffung von Absatzmärkten für die eigene, gerade im Entstehen begriffene Industrie. Die Ausbeutung der Kolonien sollte nicht zuletzt die Staatseinnahmen des Mutterlandes vergrößern *(Merkantilismus)* und so dessen pol. Einfluss innerhalb Europas stärken helfen.

Daneben haben auch rassist. und religiöse Beweggründe (angebliche anthropolog. Minderwertigkeit der farbigen Völker, Ausbreitung des christl. Glaubens, zivilisator. Sendungsbewusstsein), bevölkerungspol. Überlegungen, etwa im Falle der europ. Auswanderung im 17./18. Jh., und militär. Erwägungen, so etwa 1713 beim Erwerb Gibraltars durch England, eine Rolle gespielt. Im späten 19. Jh. traten, v. a. im Falle Deutschlands, machtpol. Ambitionen in den Vordergrund.

Zwei **Phasen** des Kolonialismus lassen sich unterscheiden:

1. die koloniale Expansion vom 16. bis zum 18. Jh., die überwiegend von Portugiesen, Spaniern, Engländern, Franzosen und Niederländern betrieben wurde;
2. das Zeitalter des *Imperialismus* (1870–1945), das mit der nahezu vollständigen Aufteilung der Welt unter den rivalisierenden Kolonialmächten, zu denen sich nun auch die USA, Japan, Deutschland und Italien gesellten, endete.

Während der frühe, überwiegend ökonom. motivierte und ausschließlich europ. Ausbeutungskolonialismus teils auf staatl. Initiative (im Falle der romanischen Länder), teils auf private Initiative (im Falle Englands und der Niederlande) zurückging, war der Imperialismus des 19. und frühen 20. Jh. im Wesentlichen eine Folge des Strebens europ. und nicht europ. Staaten, sich von den noch nicht in Kolonialbesitz befindlichen Territorien ein möglichst großes Stück anzueignen, um auf diese Weise die eigene Machtstellung zu sichern bzw. zu vergrößern.

Im Mittelpunkt des kolonialen Interesses stand nun nicht mehr die Beherrschung von Märkten, sondern die Beherrschung von Territorien.

Beim Kolonialismus handelt es sich um ein **repressives Herrschaftssystem,** das auf militär. Gewalt beruht und bis zur phys. Vernichtung der autochthonen Bevölkerung reichen kann. Diese wird von der pol. Teilhabe ausgeschlossen, und die kulturellen Grundlagen der urspr. Identität werden weitgehend zerstört, was fast immer zu gravierenden gesellschaftl. Verwerfungen führt.

Die kolonialen **Herrschaftspraktiken** können im Einzelfall durchaus variieren und von der direkten Kolonialverwaltung (frz. Typus) bis hin zu Formen indirekter Herrschaft (brit. Typus) reichen.

Nach dem 2. Weltkrieg waren die finanziellen und militär. Kapazitäten der meisten Kolonialmächte erschöpft. Es folgte die Periode der **Dekolonisation,** während derer die Zahl der souveränen Staaten, beginnend mit Indien 1947, sprunghaft anstieg. Insgesamt wurden zwischen 1943 und 2002 120 ehem. Kolonien (oder Territorien) unabhängig. (A, B)

Der Entkolonialisierungsprozess war vielfach von nat. Befreiungskämpfen begleitet, da nicht alle Kolonialmächte bereit waren, sich freiwillig zurückzuziehen. Viele der Befreiungsbewegungen gerieten in den Sog der Ost-West-Auseinandersetzung und wurden von der Sowjetunion unterstützt.

Die aus dem Kolonialstatus entlassenen neuen Staaten traten meist ein schweres Erbe an. Ihre Grenzen waren, insbes. in Afrika, vielfach auf dem Reißbrett gezogen worden, ohne Rücksicht auf ethnische Zugehörigkeit. Grenzstreitigkeiten und Separationsbestrebungen waren die unausweichliche Folge. Da in den neu entstandenen Staaten i. d. R. mehrere Nationalitäten zusammenlebten, wurde auch der Prozess des *Nation Building* erheblich erschwert.

Eine weitere Belastung stellte die Tatsache dar, dass oft die alten, noch zu Kolonialzeiten eingesetzten Machteliten weiterregierten; wo sie es nicht taten, hinterließ der Rückzug der Kolonialmächte ein Machtvakuum, das mitunter zu heftigen Bürgerkriegen führte. Die neu gewonnene Souveränität war darüber hinaus häufig genug nur formaler Natur – die wirtschaftl., militär., kulturelle und pol. Abhängigkeit von den ehem. Kolonialherren blieb weitgehend bestehen, was diesen den Vorwurf des **Neokolonialismus** eintrug.

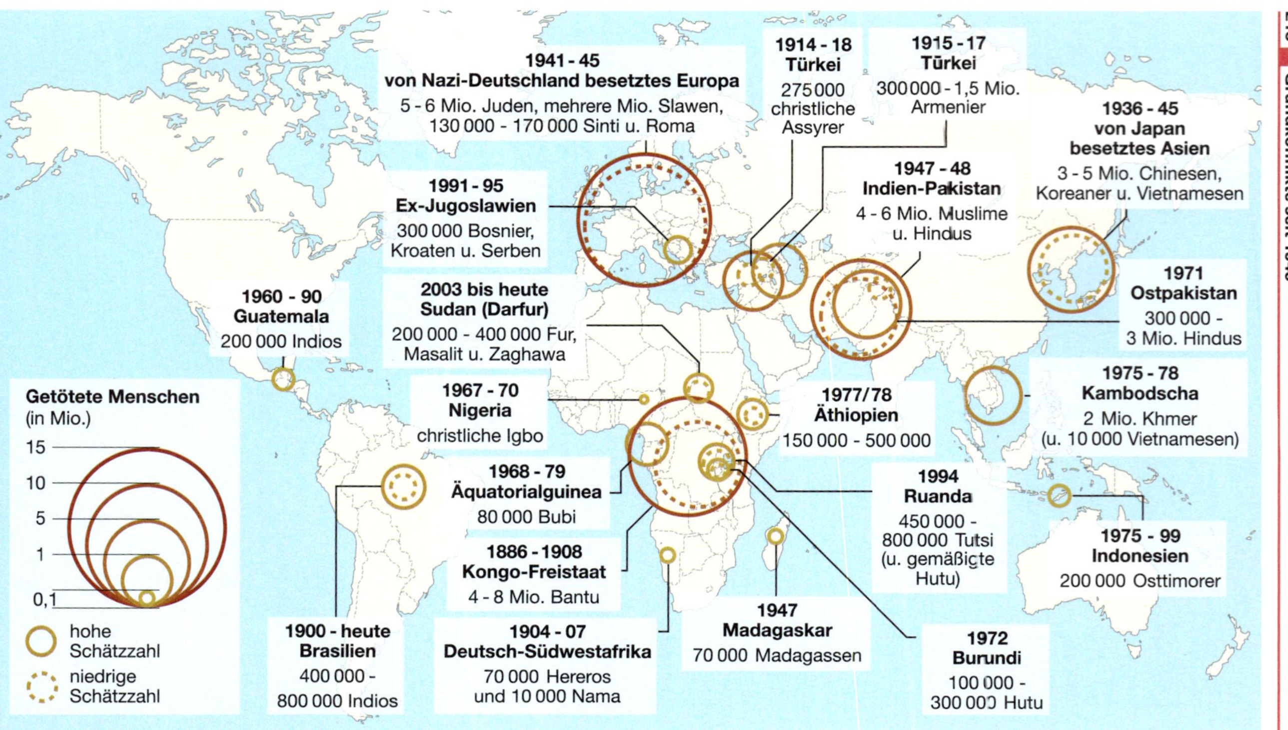

Beispiele für ethnisch, politisch oder religiös motivierten Völkermord im 20. Jahrhundert

Die Grenzen der Nationalstaaten umschließen in den seltensten Fällen ethnisch homogene Siedlungsgebiete.

In den weltweit rund 190 Staaten leben Schätzungen zufolge zwischen etwa 3000 und 8000 **Ethnien,** d.h. (meist regional lokalisierbare) Volksgruppen mit einer durch Sprache, Religion, Geschichte, Sitten und Gebräuche etc. begründeten *Kollektividentität.* Konflikte ergeben sich regelmäßig dann, wenn eine einzelne Volksgruppe zu Lasten der anderen das pol., ökonom. und kulturelle Leben beherrscht.

Als **ethnische** oder auch **ethnopolitische Konflikte** werden solche Konflikte bezeichnet, die von mind. einer Konfliktpartei mit Bezug auf ethnische Unterschiede begründet werden. Inhaltlich stehen Forderungen nach kultureller Selbstbestimmung (u.a. freie Religionsausübung) sowie die Überwindung pol. und/oder ökonom. Benachteiligung im Zentrum.

Dieter Senghaas unterscheidet drei typische Konfliktkonstellationen:

1. Die weitaus meisten ethn. Konflikte sind solche der *Assimilationsabwehr:* Sie entstehen dann, wenn eine ethn. Minderheit sich durch den Anpassungsdruck der Mehrheit in ihrer kulturellen Identität bedroht fühlt.
2. Versuche der *Überfremdungsabwehr* richtet eine regionale Mehrheit gegen die Vorherrschaft einer Minderheit (wie z.B. der Chinesen in Tibet).
3. Das Motiv der *Besitzstandswahrung* kann in unterschiedl. Weise zum Tragen kommen. Einerseits etwa in Sezessionsbestrebungen einer Volksgruppe, die aus ihrem ökonom. Beitrag zum Haushalt des Gesamtstaates aus ihrer Sicht für sich selbst einen zu geringen Nutzen zieht. Andererseits in dem Versuch der Gegenseite, diese Abspaltung mit Gewalt zu verhindern.

Nach dem Ende des Ost-West-Konflikts, der viele latente Regionalkonflikte auch außerhalb des unmittelbaren Machtbereichs der beiden Blöcke eingehegt hatte, haben gewaltsam ausgetragene ethn. motivierte Konflikte nicht nur in einzelnen Regionen, sondern auch im globalen Kontext an Brisanz gewonnen.

Ethn. begründete Bürgerkriege, wie sie seit Jahrzehnten u.a. in vielen afrikan. Staaten ausgetragen werden, sind nach dem Auseinanderbrechen vormals autoritärer Staatenverbände zu Beginn der 1990er-Jahre auch in Ost- und Südosteuropa entflammt: Auf dem Gebiet der **ehem. VR Jugoslawien** tobten blutige Sezessions- und Bürgerkriege (in Slowenien 1991, Kroatien 1990–95, Bosnien 1992–99 sowie im Kosovo 1999). V.a. in Bosnien und im Kosovo kam es dabei auch zu mit dem zynischen Begriff der »ethnischen Säuberung« bezeichneten Versuchen der vollständigen Vertreibung oder sogar Vernichtung der jeweils anderen Volksgruppe.

Auch in Staaten der **ehem. Sowjetunion** flammten zuvor durch die Moskauer Zentralgewalt z.T. mit großer Mühe niedergehaltene innere Konflikte mit verstärkter Intensität wieder auf (u.a. in Tadschikistan 1992–97 zwischen der neuen Staatsmacht und islam. Aufständischen, 2008 im Kaukasus um die Unabhängigkeit Südossetiens und Abchasiens von Georgien).

Diese Konflikte sind von denselben Interessengegensätzen geprägt: dem Streben nach pol. Unabhängigkeit bzw. einer größeren Beteiligung an der Macht auf der einen und der Verteidigung der eigenen Vormachtstellung auf der anderen Seite. Sie ähneln damit strukturell denen in den ehem. europ. Kolonien in **Afrika.** Hier wie dort lehnen sich unterdrückte oder benachteiligte Ethnien gegen die fortbestehende Dominanz anderer Volksgruppen auf, die von der vormaligen Staats- bzw. Kolonialmacht aus unterschiedl. Gründen systemat. bevorzugt worden waren und die ihre privilegierte Stellung in Staat und Gesellschaft unter den neuen Bedingungen zu verteidigen suchen. Auf beiden Seiten dient der Appell der Eliten an die ethn. Identität häufig vor allem dazu, Gefolgschaft und Kampfbereitschaft zu mobilisieren.

Als effektives Instrument der Mobilisierung ethn. Konfliktpotenzials hat sich die Mythologisierung kollektiver Erinnerungen erwiesen. Diese können sich als sog. *»chosen traumata«* auf Negativerlebnisse beziehen (etwa eine als schmachvoll erfahrene hist. Niederlage) oder umgekehrt als sog. *»chosen glories«* auf hist. Ruhmestaten der eigenen Ethnie bzw. ihrer Führer.

Gewaltsam ausgetragene ethn. Konflikte weisen regelmäßig u.a. folgende *Merkmale* auf:

- Missachtung des humanitären Kriegsvölkerrechts,
- keine Unterscheidung zwischen Kombattanten und Zivilbevölkerung,
- systematische physische und psychische Grausamkeiten (u.a. gezielter Einsatz von Vergewaltigungen),
- eine u.U. bis zum Genozid gesteigerte Bereitschaft zur Gewalteskalation.

Zu einer Gefährdung des internationalen Friedens können ethn. Gewaltkonflikte v.a. dann führen, wenn aufgrund der Siedlungsgeografie mehrere Staaten betroffen sind (wie im Fall der Kurden neben der Türkei auch Irak, Iran und Syrien) oder die Mobilisierung weit über die unmittelbare Region hinaus wirksam zu werden vermag (wie z.B. im Kosovokrieg, an dem sich auf der Seite der Kosovo-Albaner muslim. Kämpfer aus der ganzen Welt beteiligten).

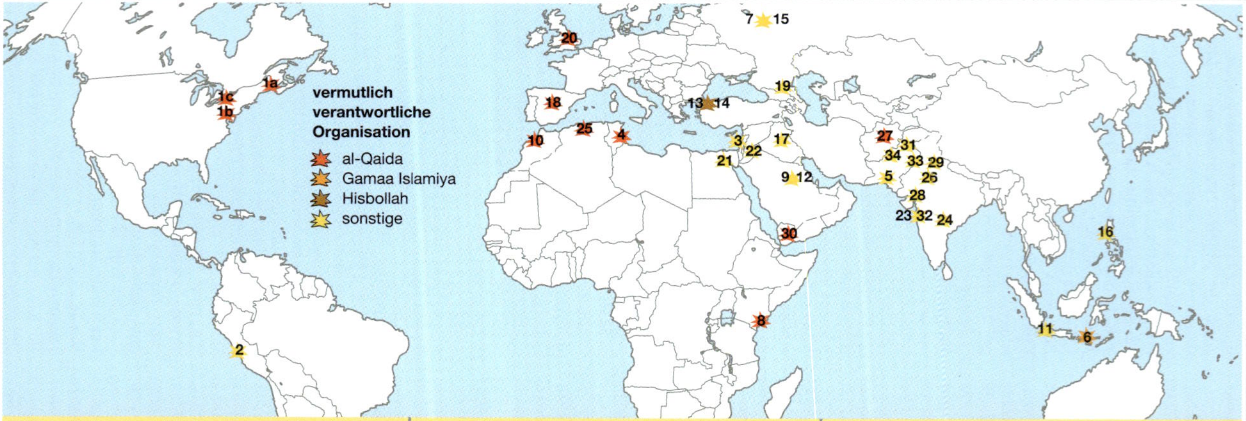

vermutlich verantwortliche Organisation
- al-Qaida
- Gamaa Islamiya
- Hisbollah
- sonstige

Nr.	Datum	Stadt	Tote	Verletzte
1a	11. 09. 2001	**New York**	> 3000	> 6200
1b		**Washington**		
1c		**Shanksville**		
2	20. 03. 2002	**Lima**	9	–
3	27. 03. 2002	**Netanja**	30	–
4	11. 04. 2002	**Insel Djerba**	21	30
5	08. 05. 2002	**Karatschi**	14	40
6	12. 10. 2002	**Bali**	202	209
7	24. 10. 2002	**Moskau**	129	–
8	28. 11. 2002	**Mombasa**	18	–
9	12. 05. 2003	**Riad**	35	194
10	16. 05. 2003	**Casablanca**	45	> 100
11	05. 08. 2003	**Jakarta**	12	149
12	08. 11. 2003	**Riad**	17	> 100
13	16. 11. 2003	**Istanbul**	24	300
14	20. 11. 2003	**Istanbul**	25	390
15	06. 02. 2004	**Moskau**	> 40	–
16	27. 02. 2004	**Manila** (Fähre)	116	–
17	02. 03. 2004	**Bagdad, Kerbela**	271	–
18	11. 03. 2004	**Madrid**	191	> 1400
19	01. 09. 2004	**Beslan**	> 330	> 780
		(davon 176 Kinder)		–
20	07. 07. 2005	**London**	56	> 700
21	23. 07. 2005	**Scharm El-Scheich**	88	180
22	09. 11. 2005	**Amman**	60	150
23	11. 07. 2006	**Mumbai**	207	714
24	25. 08. 2007	**Hyderabad**	> 42	54
25	11. 12. 2007	**Algier**	> 33	177
26	13. 05. 2008	**Jaipur**	> 80	> 150
27	07. 07. 2008	**Kabul**	58	> 150
28	26. 07. 2008	**Ahmedabad**	56	> 200
29	13. 09. 2008	**Delhi**	> 30	> 100
30	17. 09. 2008	**Sanaa**	19	> 16
31	20. 09. 2008	**Islamabad**	> 54	> 266
32	26.-29. 11. 2008	**Mumbai**	> 173	> 308
33	27. 05. 2009	**Lahore**	35	250
34	09. 06. 2009	**Peschawar**	18	> 64

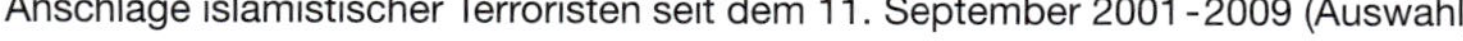

Anschläge islamistischer Terroristen seit dem 11. September 2001 - 2009 (Auswahl)

Seit Beginn der 1990er-Jahre hat sich mit dem transnationalen Terrorismus eine neue Form globaler politisch-militär. Gewalt nicht staatlicher (z.T. aber staatl. unterstützter) Akteure entwickelt, als dessen Prototyp das von Osama bin Laden geschaffene al-Qaida-Netzwerk angesehen werden kann.
Eine allg. anerkannte Definition des Terrorismusbegriffs gibt es bislang nicht.

In Anlehnung an H. Hess lässt sich **Terrorismus** am ehesten als Reihe punktueller, unvorhersehbarer, aber systemat. ausgeführter massiver Gewaltakte mit dem Ziel nicht nur der physischen Vernichtung der (oft willkürlich ausgesuchten) Opfer, sondern v.a. der größtmöglichen psychischen Wirkung auf Regierungen und Öffentlichkeit im Rahmen einer pol. Gesamtstrategie beschreiben.

Vom Terrorismus nicht staatlicher Akteure zu unterscheiden ist der sog. *Staatsterrorismus,* d.h. der Einsatz terrorist. Methoden v.a. durch diktator. Regime zur Einschüchterung mögl. Regimegegner (z.B. Stalins »Große Säuberung« 1936–38, die »Reichspogromnacht« der Nationalsozialisten am 9. 11. 1938, die chin. »Kulturrevolution« Mao Zedongs 1966–76).
Von *internationalem Terrorismus* spricht man, wenn terrorist. Gruppen Anschläge grenzüberschreitend verüben, um die Aufmerksamkeit der Weltöffentlichkeit auf ihr Anliegen zu lenken, das im Wesentl. aber lokalisierbar ist.
Der **transnationale Terrorismus** ist dagegen sowohl hinsichtl. seiner Organisation als auch hinsichtlich seines Aktionsradius und seiner Ziele entgrenzt. Wichtigstes Wesensmerkmal ist seine *Netzwerkstruktur:* Seine dezentralen, halb autonom organisierten und unterschiedl. eng miteinander verknüpften Zellen erstrecken sich (mit regionalen Schwerpunkten) über die ganze Welt.
Zu den Strategien des Terrorismus als »Propaganda der Tat« (Michail Bakunin) gehört es, durch die bes. schockierende, demütigende und symbol. aufgeladene *Inszenierung von Gewalt* »das Denken zu besetzen« (Carl Schmitt). Für die Mobilisierung von Sympathisanten und die Rekrutierung neuer Kämpfer, die bereit sind, für die vermeintl. gute Sache ihr Leben zu geben, setzt die terrorist. Strategie unter Einbeziehung der unfreiwilligen Mithilfe des Feindes auf *Eskalation:* Durch die kompromisslose Brutalität der Attentate soll der Feind zu extremen Gegenmaßnahmen herausgefordert werden, die wiederum der eigenen Basis die moral. Rechtfertigung liefern und die Notwendigkeit vor Augen führen sollen, diesen Feind mit allen Mitteln zu bekämpfen.
Im 19. und v.a. 20. Jh. haben sich zahlreiche antikoloniale Befreiungsbewegungen und ethnisch-nationalist., separatist., sozial-revolutionär oder religiös-fundamentalist. motivierte ideolog. Kampfgruppen der Strategie des Terrorismus bedient. Die neue Qualität des transnationalen gegenüber früheren Formen des Terrorismus besteht darin, dass er sich grds. gegen die gesamte westlich-demokrat. Kultur wendet und damit eine wirkliche globale Bedrohung darstellt.

Während Terrororganisationen wie etwa die baskische ETA, die kurdische PKK, die palästinens. Hamas oder die deutsche RAF mit ihren Anschlägen (im In- und Ausland) pol. Veränderungen in ihrem jeweiligen Land erzwingen woll(t)en – wie etwa die staatl. Unabhängigkeit der von ihnen repräsentierten Volksgruppen oder die Revolution des bestehenden pol. Systems –, ist das erklärte Ziel des transnationalen Terrorismus kein geringeres als die *Revolution der gegenwärtigen Weltordnung.*

Im Verständnis der fundamentalist.-islamist. Ideologie (nicht des Islam!) stellt die Dominanz der westl. Demokratien und das Einsickern ihres Lebensstils in zahlreiche noch islam. geprägte Gesellschaften eine kulturimperialist. Bedrohung der islam. Identität insgesamt dar, die zum Wohlgefallen Allahs mit allen Mitteln ohne jedes Tabu, auch unter Hingabe des eigenen Lebens *(Mythos vom Märtyrertod),* abgewehrt werden muss.

Als »Erfinder« des *Selbstmordattentats* gelten die im 11. Jh. aus der schiitischen Sekte der Ismailiten hervorgegangenen Ordensbrüder der *Assassinen,* die vom ausgehenden 11. bis in die zweite Hälfte des 13. Jh. gegen die christlichen Kreuzfahrer kämpften.

Ziele für ihre Anschläge (Abb.) finden die sich im »Heiligen Krieg« (Dschihad) wähnenden islamist. Terroristen nicht nur in der westl. Welt, sondern auch in den islam. Gesellschaften, denen sie selbst entstammen und deren Führungsschichten sie vorwerfen, sich von den Verlockungen des sündigen Westens korrumpieren zu lassen und der allg. Verwestlichung Vorschub zu leisten.
Für die Planung und Ausführung des vermeintl. Dschihad werden die durch die Globalisierung sich ergebenden Bewegungs- und Kommunikationsmöglichkeiten ebenso professionell genutzt wie sämtl. im Rahmen des freien bzw. nur unzureichend kontrollierbaren Kapital- und Warenverkehrs möglichen legalen wie illegalen Quellen für die Finanzierung. Die Koordination zwischen den vielen kleinen, quer über den Globus verteilten Zellen erfolgt mithilfe modernster Kommunikationstechnologien, was diese u.a. in die Lage versetzt, zur gleichen Zeit Anschläge an verschiedenen Orten durchzuführen.

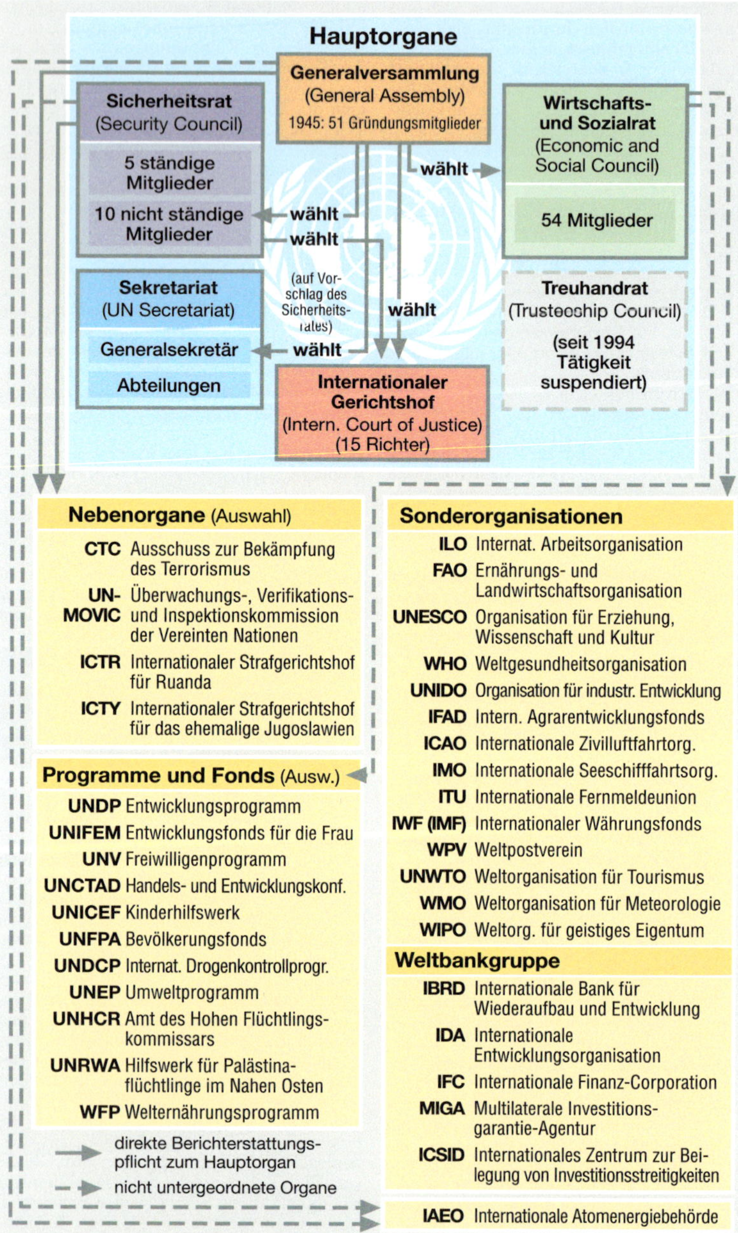

Organisationsstruktur der Vereinten Nationen (2009: 192 Mitgliedstaaten)

Die **Vereinten Nationen** (United Nations Organization, UNO) sind die wichtigste internat. Organisation. Sie entstanden als Antwort auf die pol. Situation, die zum 2. Weltkrieg geführt hatte, und lösten den 1920–46 bestehenden *Völkerbund* ab. Im Unterschied zu ihm gehören den VN nahezu alle internat. anerkannten Staaten, insbes. alle Großmächte an.

In der ›Atlantikcharta‹ von 1941 skizzierten Großbritannien und die USA erstmals die Konturen einer neuen Weltordnung, die u. a. auch die Errichtung eines »dauerhaften Systems der allg. Sicherheit« vorsah. Sie wurde die Grundlage für die von 51 Staaten unterzeichnete und am 24. 10. 1945 in Kraft getretene **›Charta der Vereinten Nationen‹**, in der die *wichtigsten Ziele* der UNO niedergelegt sind:

- Sicherung des Weltfriedens,
- Einhaltung des Völkerrechts,
- Achtung und Schutz der Menschenrechte sowie
- Förderung der internationalen Zusammenarbeit.

Die Arbeit der VN beruht auf einer Reihe von **Grundsätzen.** Dazu gehören der *Verzicht auf die Androhung und Anwendung von Gewalt,* der *Primat friedlicher Streitbeilegung,* die *Anerkennung der territorialen Integrität aller Staaten* (Souveränitätsprinzip) und das daraus resultierende *Interventionsverbot* sowie die *Gleichheit aller Mitglieder.*

Die Struktur und die Aufgaben sind ebenfalls in der Satzung (Charta) geregelt. Das Haupt- und zentrale Beratungsorgan innerhalb der komplizierten Organisationsstruktur (Abb.) ist die für alle Angelegenheiten der VN zuständige **Generalversammlung,** in der jeder Mitgliedstaat eine Stimme hat. Sie tagt i. d. R. einmal jährlich. Für wichtige Beschlüsse wie z. B. die Wahl der nicht ständigen Mitglieder des Sicherheitsrats ist eine Zweidrittelmehrheit erforderlich.

Auf dem Gebiet der Sicherheitspolitik konkurriert die Generalversammlung mit dem **Sicherheitsrat,** dem pol. bedeutsamsten Organ der VN, das als einziges Gremium für alle Mitglieder verbindl. Beschlüsse fassen kann. Er setzt sich aus fünf ständigen und zehn nicht ständigen, von der Generalversammlung alle zwei Jahre nach einem regionalen Verteilungsschlüssel gewählten Mitgliedern zusammen.

Jedes der fünf ständigen Mitglieder (China, Frankreich, Großbritannien, Russland und die USA) besitzt ein Vetorecht, wodurch es das Zustandekommen eines Beschlusses verhindern kann.

Der Sicherheitsrat repräsentiert das *kollektive Sicherheitssystem* der VN; er handelt im Namen der VN, trägt die Hauptverantwortung für die Wahrung des Weltfriedens und der internat. Sicherheit und ist deshalb auch mit weitreichenden Kompetenzen zur Konfliktvermeidung bzw. -lösung ausgestattet.

Der **Generalsekretär** leitet die Verwaltung und ist zugleich der oberste Diplomat. Er wird auf Vorschlag des Sicherheitsrats von der Generalversammlung für fünf Jahre gewählt.

Der ebenfalls von der Generalversammlung gewählte **Wirtschafts- und Sozialrat** (ECOSOC) setzt sich aus 54 Mitgliedern zusammen. Er ist das VN-Hauptorgan für wirtschaftl., soziale und kulturelle Fragen, verfügt selbst aber weder über exekutive Befugnisse noch über finanzielle Mittel.

Er koordiniert die Programme und Fonds sowie die Tätigkeiten sämtl. VN-Hilfs- und Sonderorgane, kann zu speziellen Fragen Untersuchungen durchführen oder anregen und Kommissionen einsetzen, außerdem allg. Empfehlungen aussprechen und internat. Konferenzen einberufen.

Der aus 15 von der Generalversammlung und vom Sicherheitsrat für jeweils neun Jahre gewählten Mitgliedern bestehende **Internationale Gerichtshof** (IGH) mit Sitz in Den Haag entscheidet Rechtsstreitigkeiten zwischen Staaten, die seine Gerichtsbarkeit anerkennen, und kann deshalb auch nur von Staaten angerufen werden.

Seine Entscheidungen sind völkerrechtl. bindend; ihre Durchsetzung obliegt dem Sicherheitsrat, ist gegen den Willen der unterlegenen Streitpartei jedoch kaum möglich.

Die **politische Bedeutung** der VN hängt im Wesentlichen davon ab, welches Maß an Unterstützung sie durch die Mitgliedstaaten, bes. die Großmächte, erfahren. Ihre Handlungsfähigkeit wird dabei sowohl von der Struktur des internat. Systems (uni-, bi-, multipolar) als auch von den Machtverhältnissen im Sicherheitsrat beeinflusst.

Seit den 1990er-Jahren befinden sich die VN im Umbruch. So hat nach dem Ende der Systemkonfrontation infolge der Ausweitung ethnisch-nat. oder religiös motivierter Konflikte auch die Zahl der VN-*Friedensmissionen,* zu denen die Entsendung von Friedenstruppen (»Blauhelmeinsätze«) und der Einsatz von Luft-, See- und Landstreitkräften gehören, erheblich zugenommen.

Diese Einsätze sind nicht unproblemat., da sie das Souveränitätsprinzip missachten. Dies gilt bes. für die sog. *humanitären Interventionen,* die zum Zweck des Schutzes der Menschenrechte mit dem Grundsatz der Nichteinmischung in die inneren Angelegenheiten eines Staates brechen.

Kritik wird v. a. am Sicherheitsrat geübt: Sie betrifft seine undemokrat., nicht mehr zeitgemäße und regional unausgewogene Zusammensetzung sowie seine eingeschränkte Handlungsfähigkeit (Blockade-Veto).

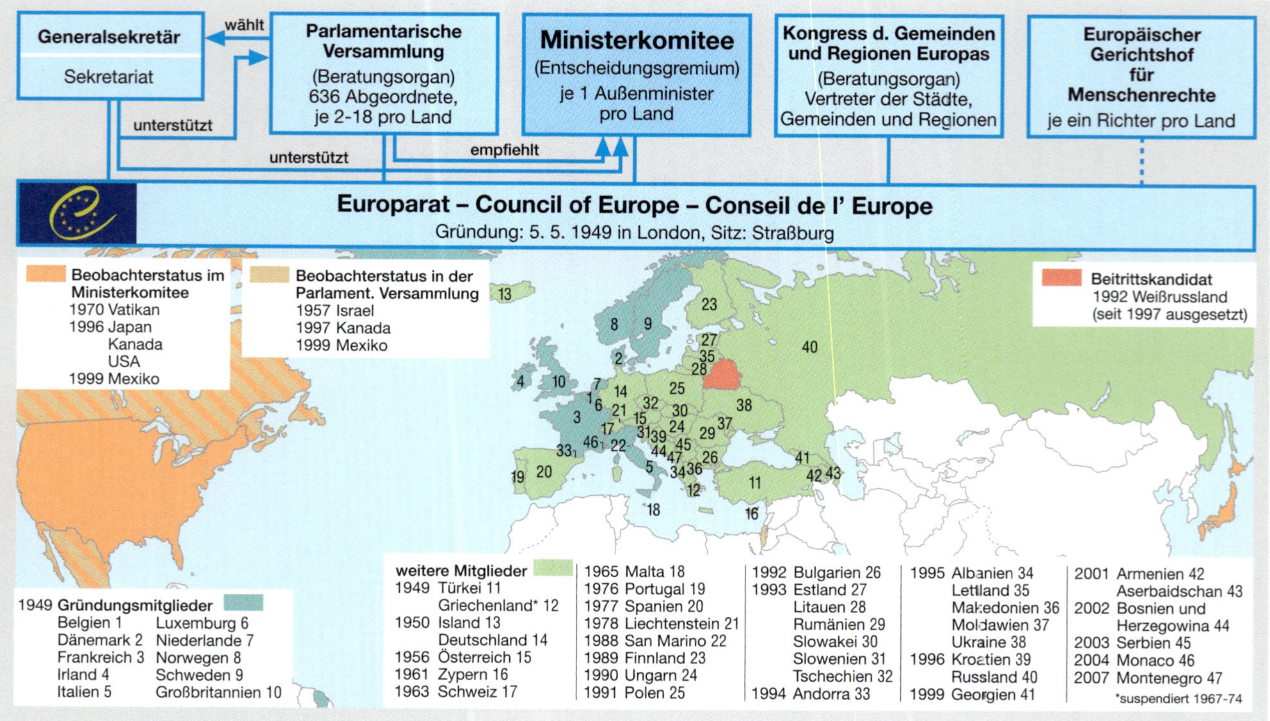

Organe und Mitgliedstaaten des Europarats (2009)

Der 1949 von zehn Staaten gegründete **Europarat** (nicht zu verwechseln mit dem Europäischen Rat der EU!) ist die erste internationale Organisation europ. Staaten nach dem 2. Weltkrieg. Derzeit (2009) gehören ihm 47 Staaten an (Abb.), die sich mit ihrem Beitritt völkerrechtsverbindl. auf folgende gemeinsame **Ziele** verpflichtet haben:

- *Schutz der Menschenrechte,*
- Förderung der Prinzipien von *Demokratie und Rechtsstaatlichkeit,*
- kulturelle Zusammenarbeit zur *Wahrung des europ. kulturellen Erbes* und zur *Stärkung einer europ. kulturellen Identität,*
- *Förderung des wirtschaftl. und sozialen Fortschritts.*

Der Impuls zur Gründung des Europarates ging von mehreren nicht staatl. Europaverbänden aus, die mit im Detail unterschiedl. Zielen eine Vereinigung Europas anstrebten.

Während die sog. *Föderalisten* eine europ. Föderation mit einer supranationalen Regierung nach dem Vorbild der USA schaffen wollten, strebten die im ›United Europe Movement‹ zusammengeschlossenen *Unionisten* eine formelle zwischenstaatl. Zusammenarbeit souveräner Staaten an.

Vom 7.–10. 5. 1948 traten in Den Haag Delegationen aus 18 europ. Staaten zu einem ›Europakongress‹ (Haager Kongress) zusammen und verabschiedeten drei Resolutionen zur pol., zur wirtschaftl. und sozialen sowie zur kulturellen Zukunft des Kontinents. In einer ›Botschaft an die Europäer‹ wurde die Einrichtung eines Gerichtshofs für Menschenrechte gefordert sowie eine Europäische Parlamentarische Versammlung. Eine solche *Beratende Versammlung* tagte dann am 10. 8. 1949 erstmals in Straßburg, nachdem am 5. 5. 1949 in London mit der Unterzeichnung der ›Satzung des Europarates‹ dessen Gründung vollzogen worden war.

Organe des Europarates sind (Abb.):

1. das **Ministerkomitee** als Entscheidungsorgan; in ihm verfügt jeder Mitgliedstaat, vertreten durch seinen Außenminister, über eine Stimme; Beschlüsse bedürfen grds. der Einstimmigkeit;
2. die in Ausschüsse gegliederte **Parlamentarische Versammlung** als Beratungsorgan; sie tritt viermal jährl. für eine Woche zusammen. Die Mitglieder werden von den nat. Parlamenten entsandt. Ihnen obliegt die Wahl der Richter des *Europäischen Gerichtshofs für Menschenrechte,* des *Menschenrechtskommissars* sowie des *Generalsekretärs* des Europarates;
3. das **Generalsekretariat,** das die Arbeit der Organe, Ausschüsse und Konferenzen des Europarates koordiniert; es gliedert sich in Fachdirektionen, die die Breite der Aktivitäten des Europarates spiegeln: Pol. Angelegenheiten, Rechtsfragen, Menschenrechte, Sozialer Zusammenhalt, Bildung, Kultur, Jugend, Sport, Kultur- und Naturerbe sowie Verwaltung und Logistik;
4. der **Kongress der Gemeinden und Regionen** (KGRE) als Forum der lokalen und regionalen Gebietskörperschaften seit 1994 (als Nachfolger der 1957 gegr. ›Ständigen Konferenz‹); er besteht aus zwei Kammern und berät Ministerkomitee und Parlamentarische Versammlung in Fragen der Gemeinde- und Regionalpolitik.

Daneben besteht der dem Europarat verbundene, 1959 eingerichtete und seit 1998 als ständiger Gerichtshof bestehende **Europäische Gerichtshof für Menschenrechte** (EGMR). Er wacht mit der Europäischen Menschenrechtskommission über die Einhaltung der ›Konvention zum Schutz der Menschenrechte und Grundfreiheiten‹. Neben Staatsbeschwerden sind auch Individualbeschwerden zugelassen. Voraussetzung ist die zuvor erfolglose Anrufung sämtl. nationaler Rechtsinstanzen.

Die 1950 vom Europarat erlassene **›Konvention zum Schutz der Menschenrechte und Grundfreiheiten‹** ist der erste völkerrechtl. verbindl. Menschenrechtskatalog. Sie trat 1953 in Kraft. Seitdem können Bürger der Unterzeichnerstaaten, die sich in ihren Grundrechten verletzt sehen, sich an den EGMR wenden. Dessen Urteile sind rechtl. verbindlich. Allerdings verfügt der Europarat nicht über unmittelbare Sanktionsmöglichkeiten, mit denen er ihre Befolgung auch durchsetzen könnte.

Als unabhängige Einrichtung des Europarates besteht seit 1999 das Amt des **Menschenrechtskommissars.** Er wird auf sechs Jahre für eine einmalige Amtszeit gewählt und berät die Organe des Europarates in allen den Schutz der Menschenrechte betreffenden Fragen und unterstützt die Mitgliedstaaten bei der Umsetzung der vom Europarat beschlossenen Menschenrechtsnormen. Er hat das Recht, an mündlichen Verhandlungen des EGMR teilzunehmen und schriftl. Kommentare einzureichen.

Der Europarat ist kein Rechtsetzungsorgan und erlässt mithin keine unmittelbar gültigen Rechtsakte. Er ist ein Forum, in dessen Rahmen völkerrechtl. verbindliche zwischenstaatl. Abkommen initiiert werden. Neben der ›Konvention zum Schutz der Menschenrechte‹ wichtige Abkommen sind u.a. die ›Europ. Sozialcharta‹ (1961), das ›Europ. Datenschutzabkommen‹ (1981), die ›Konvention gegen Folter und entwürdigende Behandlung‹ (1987), die ›Konvention zum Schutz der Regional- und Minderheitensprachen‹ (1992), die ›Konvention zum Schutz von Minderheiten‹ (1995), die ›Bioethik-Konvention‹ (1997) und die ›Konvention gegen Menschenhandel, Terrorismus und Geldwäsche‹ (2005).

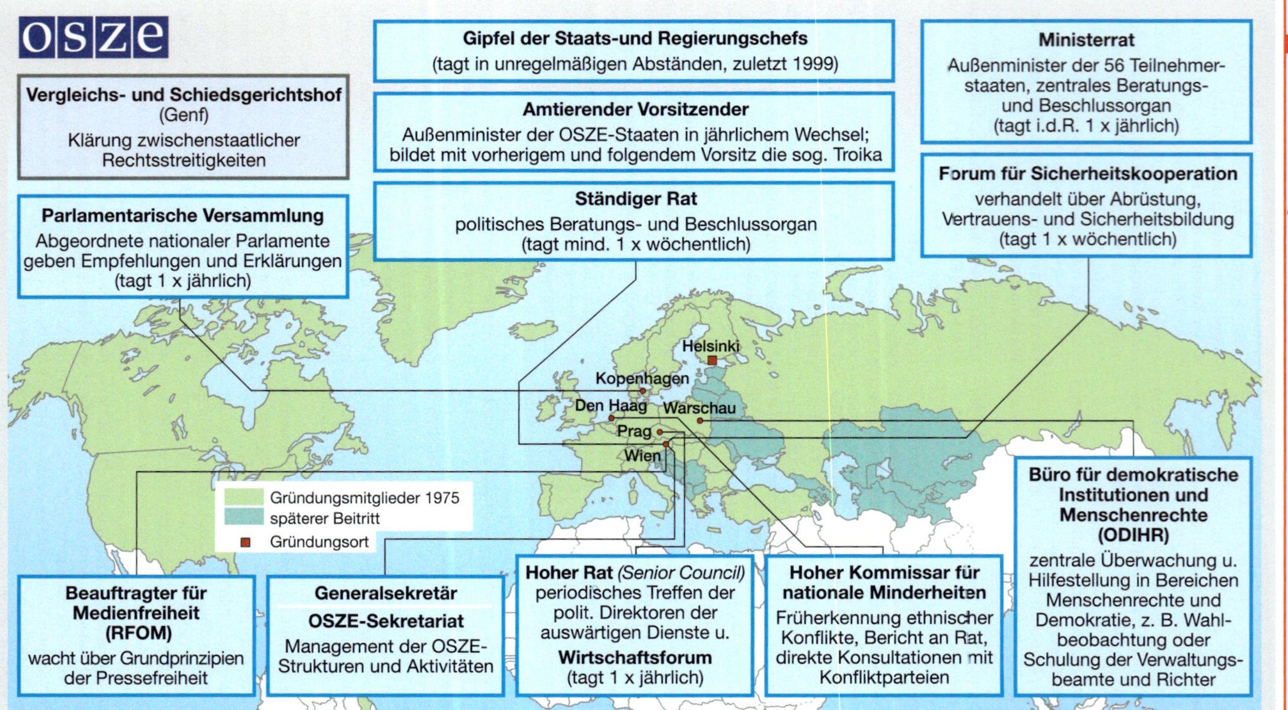

Die OSZE in Europa: Ständige Gremien und Organe

Die **Organisation für Sicherheit und Zusammenarbeit in Europa** (OSZE; engl. Organization for Security and Co-operation in Europe, OSCE) ist ein eurasisch-atlantisches Regionalabkommen von 56 Staaten (allen europ. Staaten, den USA, Kanada und den Nachfolgestaaten der Sowjetunion), die sich zur Konfliktbewältigung und -prävention sowie zur Rechenschaft über ihre Beziehungen untereinander und die Einhaltung der Menschen- und Bürgerrechte im eigenen Land verpflichtet haben.

Sie ging 1995 aus der *Konferenz über Sicherheit und Zusammenarbeit in Europa* (KSZE) hervor, die 1973 ihre Arbeit aufgenommen hatte und ein erster Schritt zur konsensuellen Bearbeitung des Ost-West-Konflikts war.

Grundlegende Dokumente, auf die sich die Zusammenarbeit stützt, sind neben der KSZE-*Schlussakte von Helsinki* (1975) die *Charta von Paris* (1990) und die *Charta von Istanbul* (›Charta für europäische Sicherheit‹, 1999).

Die vorrangigen **Ziele** sind die *Verhütung von Konflikten* und die *Gewähr ungeteilter Sicherheit.* Neben präventiver, begleitender und nachsorgender Mediation zwischen Konfliktparteien leistet die OSZE Wiederaufbauhilfe. Die Zusammenarbeit erstreckt sich auf drei »Dimensionen«:

1. *Politisch und militärisch* vertrauensbildende Maßnahmen, Rüstungskontrolle, Zusammenarbeit gegen den Terrorismus;
2. *Wirtschaft und Umwelt;*
3. *Menschen- und Bürgerrechte, Rechtsstaatlichkeit und Demokratie.*

Das **Beschlussverfahren** folgt grds. dem *Konsensprinzip.* Davon kann nur in Fällen eines eindeutigen und eklatanten Verstoßes gegen KSZE-Verpflichtungen abgewichen werden, um »geeignete Maßnahmen« auch ohne Zustimmung des betroffenen Staates zu beschließen.

Gremien und Institutionen (Abb.)

Leitlinien und Prioritäten werden von den Staats- und Regierungschefs auf ihren zweijährlichen **Gipfeltreffen** festgelegt. Zentrales Beschlussorgan und Leitungsgremium ist der von den Außenministern gebildete, jährl. zusammentretende **Ministerrat.**

Der OSZE-Vorsitz rotiert jährlich von Staat zu Staat und wird vom jeweiligen Außenminister wahrgenommen. Gemeinsam mit seinem Vorgänger und seinem Nachfolger bildet er die sog. *Troika,* die die Kontinuität der Arbeit gewährleisten soll.

Die pol. Direktoren der Außenministerien bilden den **Hohen Rat.** Er tritt mind. viermal im Jahr zusammen (davon einmal als *Wirtschaftsforum*) und bereitet die Beschlüsse des Ministerrates vor, koordiniert und überwacht deren Umsetzung.

Auf der Ebene der Botschafter finden wöchentl. Sitzungen des **Ständigen Rates,** des **Forums für Sicherheitskooperation** (FSK), der **Gemeinsamen Beratungsgruppe zur Implementierung des KSE-Vertrages** (›Vertrag über Konventionelle Streitkräfte in Europa‹) und der **Beratungskommission Offener Himmel** zur Umsetzung des Vertrages ›Open Sky‹ statt.

Der Open-Sky-Vertrag von 1992 gestattet den Teilnehmerstaaten den Überflug der Territorien aller Vertragsstaaten auf best. Routen und das Anfertigen von Foto-, Radar- sowie (seit 2006) Infrarotaufnahmen.

Die **Parlamentarische Versammlung,** in die die nat. Parlamente der Teilnehmerstaaten Abgeordnete entsenden, tritt einmal jährl. zusammen. Sie dient dem interparlamentarischen Austausch und beschließt Empfehlungen zur Festigung der Zusammenarbeit und der Sicherheit im Vertragsgebiet.

Zu den wichtigsten Einrichtungen der OSZE gehört das **Büro für Demokratische Institutionen und Menschenrechte,** zuständig bes. für Hilfestellung bei der Durchführung und Überwachung von Wahlen sowie Initiativen zur Förderung von Demokratie und Rechtsstaatlichkeit, institutionelle Aufbauhilfe und Beratung sowie die Überwachung der Einhaltung der menschenrechtl. Standards.

In Genf besteht seit Mai 1995 ein der OSZE verbundener **Vergleichs- und Schiedsgerichtshof.** Ihn können zur Beilegung von Streitfällen diejenigen OSZE-Staaten anrufen, die das ›Übereinkommen über Vergleichs- und Schiedsverfahren‹ unterzeichnet haben.

Das Tätigkeitsspektrum der OSZE hat sich mit der Festigung und Institutionalisierung ihrer Strukturen, aber auch aufgrund der neuen Herausforderungen nach dem Ende des Ost-West-Konflikts (wie u.a. der neu aufgebrochenen ethnischen Konflikte z.B. auf dem Balkan oder im Kaukasus) permanent weiterentwickelt und umfasst längst nicht mehr nur die Bereitstellung eines pol. Verhandlungs- und Konsultationsrahmens, sondern auch konkrete Instrumente der Konfliktverhütung und -nachsorge. Als solche dienen u.a. die *Missionen* und *Feldoperationen.*

Diese werden vom Ständigen Rat im Konsens aller Teilnehmer eingerichtet. Hauptaufgaben sind die Gewährleistung von Menschen- und Minderheitenrechten, Hilfe beim Aufbau demokratischer Strukturen, die Förderung des Dialogs zwischen den Konfliktparteien sowie Unterstützung bei Verhandlungen über etwaige Autonomieregelungen. Beispiel ist die 1995 nach dem ›Abkommen von Dayton‹ an der Seite der NATO-Friedenstruppe SFOR *(Stabilization Force)* eingesetzte Mission in Bosnien und Herzegowina.

NATO
Mitglieder
seit 1949
Belgien
Dänemark
Frankreich
Island
Italien
Kanada
Luxemburg
Niederlande
Norwegen
Portugal
USA
Großbritannien
1952
Türkei
Griechenland
1955
BRD
1982
Spanien
1990
Deutschland
1999
Tschechien*
Polen*
Ungarn*
2004
Estland*
Lettland*
Litauen*
Bulgarien*
Rumänien*
Slowakei*
Slowenien*
2009
Albanien*
Kroatien*
Mitgliedstaaten der Partnerschaft für Frieden (PfP)
Armenien
Aserbaidschan
Bosnien-Herzegowina
Finnland
Georgien
Irland
Kasachstan
Kirgisien
Malta
Mazedonien
Moldawien
Montenegro
Österreich
Russland
Schweden
Schweiz
Serbien
Tadschikistan
Turkmenistan
Ukraine
Usbekistan
Weißrussland
Mittelmeerdialog
Ägypten, Israel, Mauretanien, Jordanien, Marokko, Tunesien, Algerien
* frühere PfP-Mitglieder

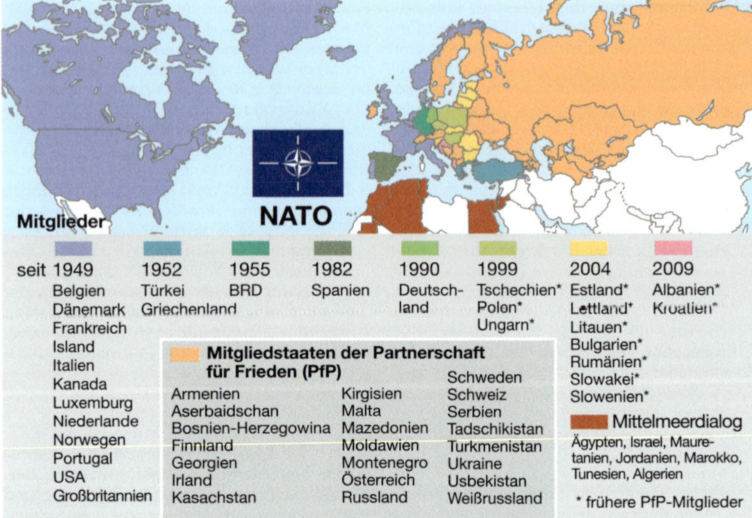

A Die NATO

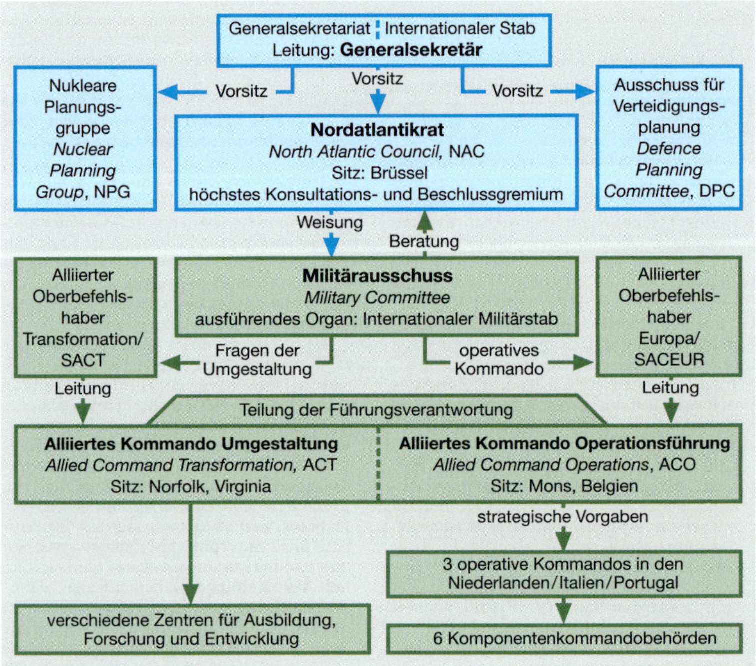

Generalsekretariat | Internationaler Stab
Leitung: Generalsekretär
Vorsitz
Vorsitz
Vorsitz
Nukleare Planungsgruppe
Nuclear Planning Group, NPG
Nordatlantikrat
North Atlantic Council, NAC
Sitz: Brüssel
höchstes Konsultations- und Beschlussgremium
Ausschuss für Verteidigungsplanung
Defence Planning Committee, DPC
Weisung
Beratung
Alliierter Oberbefehlshaber Transformation/SACT
Militärausschuss
Military Committee
ausführendes Organ: Internationaler Militärstab
Alliierter Oberbefehlshaber Europa/SACEUR
Fragen der Umgestaltung
operatives Kommando
Leitung
Leitung
Teilung der Führungsverantwortung
Alliiertes Kommando Umgestaltung
Allied Command Transformation, ACT
Sitz: Norfolk, Virginia
Alliiertes Kommando Operationsführung
Allied Command Operations, ACO
Sitz: Mons, Belgien
strategische Vorgaben
3 operative Kommandos in den Niederlanden/Italien/Portugal
verschiedene Zentren für Ausbildung, Forschung und Entwicklung
6 Komponentenkommandobehörden

B Die Organisationsstruktur der NATO (seit 2003)

Die **NATO** (North Atlantic Treaty Organization), auch **Nordatlantikpakt,** ist eine internat. Organisation mit Sitz in Brüssel, deren Mitglieder sich zur pol. und wirtschaftl. Zusammenarbeit und kollektiven militär. Verteidigung verpflichtet haben.

Die Gründung erfolgte durch Unterzeichnung des Nordatlantikvertrages am 4. 4. 1949 in Washington (deshalb auch ›Washingtoner Vertrag‹).

Erstunterzeichner waren die USA, Kanada sowie zehn westeurop. Staaten (Belgien, Dänemark, Frankreich, Großbritannien, Island, Italien, Luxemburg, die Niederlande, Norwegen und Portugal). 1952 traten Griechenland und die Türkei bei. 1955 wurde die 1949 auf dem Gebiet der drei dt. Westzonen gegr. BRD aufgenommen; Spanien folgte 1982. Derzeit (2009) gehören ihr 28 Staaten an (Abb.).

Obwohl die NATO sich als Bündnis zur Verteidigung der Werte der freiheitlichen Demokratie versteht, waren einzelne NATO-Staaten zeitweise selbst alles anderes als demokrat. verfasst.

Zu nennen sind hier Portugal (Diktatur bis 1974), Griechenland (Militärdiktatur 1967–74) und die Türkei (u.a. Militärdiktatur 1980–82).

Gegründet unter dem Eindruck des sich schon bald nach Ende des 2. Weltkriegs abzeichnenden Kalten Krieges zwischen den West-Alliierten und der UdSSR samt ihren Satellitenstaaten (Zusammenschluss zum Warschauer Pakt am 14. 5. 1955), hat die NATO ihre größte Bedeutung als *militär. Verteidigungsgemeinschaft,* versteht sich jedoch zugleich als Organisation wirtschaftl. und pol. Partnerschaft.

Die Teilnahme an der integrierten Militärstruktur ist für die Mitglieder nicht zwingend. So zog sich z. B. Frankreich, ohne die Mitgliedschaft in der pol. Allianz zu kündigen, 1966 aus der Militärstruktur zurück, in die es erst 2009 zurückkehrte.

Im **Nordatlantikvertrag** verpflichten sich die Unterzeichnerstaaten gemäß Art. 1

»in Übereinstimmung mit der Satzung der Vereinten Nationen jeden internationalen Streitfall, an dem sie beteiligt sind, auf friedliche Weise so zu regeln, dass der internationale Friede, die Sicherheit und die Gerechtigkeit nicht gefährdet werden, und sich in ihren internationalen Beziehungen jeder Gewaltandrohung oder Gewaltanwendung zu enthalten«.

Ein bewaffneter Angriff auf einen oder mehrere Mitgliedstaaten wird nach Art. 5 als Angriff gegen die Gemeinschaft insgesamt angesehen. Aus der hierin begründeten grds. Beistandspflicht resultiert jedoch keine automat. Verpflichtung zum militär. Eingreifen. Vielmehr bleibt es jedem Mitgliedstaat unbenommen, über die evtl. Beteiligung an Militäraktionen oder das Ergreifen anderer für geeignet erachteter Maßnahmen nach eigener Maßgabe zu entscheiden.

Der *Bündnisfall* nach Art. 5 wurde erstmals in der NATO-Geschichte unmittelbar nach den Terroranschlägen in den USA am 11. 9. 2001 im Vorfeld des Kriegs zum Sturz des afghan. Taliban-Regimes erklärt; damit waren alle Bündnispartner zur Unterstützung der USA aufgefordert. Zuvor hatte die NATO bereits 1995 in Bosnien und Herzegowina (ermächtigt durch den UN-Sicherheitsrat) und 1999 (mit nachträglichem UN-Mandat) im Kosovo-Konflikt außerhalb des NATO-Vertragsgebiets militär. interveniert und damit ihr neues Selbstverständnis als weltpol. Ordnungsmacht deutlich gemacht.

Kontroversen innerhalb der NATO bestehen hinsichtlich ihrer zukünftigen strateg. Ausrichtung: Auf europ. Seite steht hier v.a. das pol. (Über-)Gewicht der USA in der Diskussion sowie die Notwendigkeit des Ausbaus des eigenen pol.-militär. Instrumentariums der EU. Die USA beklagen v.a. die Asymmetrie der militär. Potenz innerhalb der NATO und fordern von den europ. Partnern eine Erhöhung ihrer Militärbudgets.

Kooperation mit Nichtmitgliedern

Nach der Selbstauflösung des Warschauer Paktes und der UdSSR bestanden in den osteurop. Staaten Befürchtungen, Russland könnte ihre Freiheit in der Zukunft wieder bedrohen. Vor diesem Hintergrund gründete die NATO 1991 den *Nordatlantischen Kooperationsrat* (seit 1997 *Euro-Atlantischer Partnerschaftsrat*) und 1994 das Programm **Partnerschaft für den Frieden** (Partnership for Peace, PfP), zu dem alle OSZE-Staaten eingeladen wurden. Die Partnerschaft impliziert keine Beistandsverpflichtung. Das Ausmaß der Kooperation liegt in der freien Entscheidung eines jeden Teilnehmerstaates.

Durch die Beteiligung Russlands am PfP-Programm konnte dessen Skepsis gegenüber dem NATO-Beitritt ehem. Warschauer-Pakt-Staaten gemildert werden. Es wurden eine Reihe von weitreichenden pol. und militär. Kooperationsabkommen (z. B. zur Bekämpfung des Terrorismus) geschlossen. Die militär. Zusammenarbeit erstreckt sich auf gemeinsame Manöver sowie u.a. auch auf von der UNO oder der OSZE mandatierte Friedensmissionen.

Aufbauend auf der PfP wurden seit 1994 mit der *Südosteuropa-Initiative,* dem *NATO-Russland-Rat,* der *NATO-Ukraine-Kommission* sowie dem *Mittelmeerdialog* (mit Ägypten, Israel, Jordanien, Mauretanien, Marokko, Tunesien und Algerien) ergänzende regionale Konsultationsforen geschaffen.

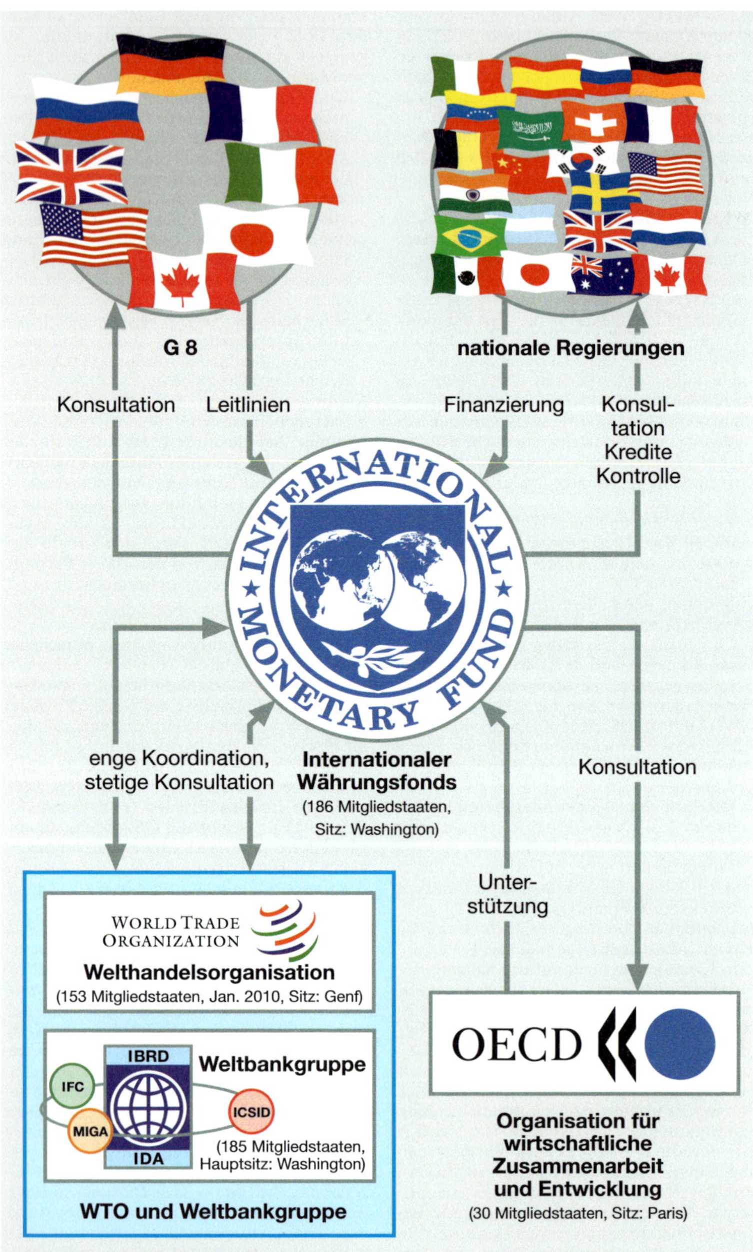

Das Weltwirtschafts- und Finanzsystem

Das Weltwirtschafts- und -finanzsystem wird heute außer von den Regierungen der führenden Industrienationen (G8 sowie zunehmend G20) von vier internat. Organisationen maßgeblich mitbestimmt: dem *Internationalen Währungsfonds*, der *Weltbankgruppe*, der *Welthandelsorganisation* und der *Organisation für wirtschaftliche Zusammenarbeit und Entwicklung* (Abb.).

IWF und Weltbankgruppe

Die Gründung des IWF und der Weltbank geht zurück auf die im Juli 1944 von 44 späteren Gründungsstaaten der UNO in Bretton Woods (New Hampshire, USA) veranstaltete Finanz- und Währungskonferenz zur Neuordnung der Weltwirtschaft für die Zeit nach dem 2. Weltkrieg. Im ›Abkommen von Bretton Woods‹ einigten sich die Teilnehmer auf die Errichtung eines **Internationalen Währungsfonds** (IWF) und einer **Internationalen Bank für Wiederaufbau und Entwicklung** (IBRD, sog. Weltbank). Zentraler Bestandteil des Abkommens war ein System fester Wechselkurse zwischen den Währungen der Teilnehmerstaaten, die zu diesem Zweck fest an den Goldpreis bzw. den US-Dollar gebunden wurden. Der US-Dollar selbst wurde auf einen garantierten Einlösewert von einer Unze Gold für 35 US-Dollar festgeschrieben (Golddevisenstandard).

Als die USA 1971 wegen steigender Leistungsbilanzdefizite begannen, den Dollar gegenüber den Währungen der wichtigsten Handelspartner abzuwerten, wurde das Wechselkurssystem 1973 freigegeben.

Der **IWF** ist eine autonome Sonderorganisation der UNO. Zu seinen wesentl. Aufgaben zählen die Förderung der internat. Zusammenarbeit in der Währungspolitik, die Stabilisierung der internationalen Finanzmärkte und Beseitigung von Devisenbeschränkungen sowie Hilfestellung bei Zahlungsproblemen z. B. durch die Gewährung kurzfristiger Beistandskredite zum Ausgleich nat. Zahlungsbilanzdefizite. Kreditnehmer des IWF sind v. a. Entwicklungs- und Schwellenländer. Die Kreditvergabe ist geknüpft an eine Selbstverpflichtung zur Umsetzung eines auf das jeweilige Land zugeschnittenen IWF-Strukturanpassungsprogramms, das z. B. Regeln zur Haushaltsdisziplin, zur Privatisierung staatseigener Betriebe sowie zum Abbau von Subventionen beinhaltet.

Zur **Weltbankgruppe** gehören mit je eigener Rechtspersönlichkeit neben der IBRD die Internationale Entwicklungsorganisation (IDA), die Internationale Finanz-Corporation (IFC), die Multilaterale Investitionsgarantie-Agentur (MIGA) sowie das Internationale Zentrum zur Beilegung von Investitionsstreitigkeiten (ICSID). Zu den wesentl. *Aufgaben* gehören die Unterstützung von Entwicklungs- und Schwellenländern sowie die Armutsminderung in den am wenigsten entwickelten Weltregionen.

Die von der Weltbankgruppe 2008 vergebenen Darlehen betrugen 38,2 Mrd. Dollar. Mit ihren Kreditvergaberegeln und der damit verknüpften Strukturanpassungspolitik hat die Weltbank maßgeblichen Einfluss auf nat. Entwicklungsstrategien und prägt globale Entwicklungstendenzen entscheidend mit. Sie finanziert Projekte im Gesundheitswesen, der Landwirtschaft, des Bildungs- und Sozialwesens sowie der industriellen Infrastruktur.

Welthandelsorganisation (WTO)

Die **WTO** fungiert seit 1. 1. 1995 als Dachorganisation v. a. der Vertragswerke GATT (Allgemeines Zoll- und Handelsabkommen), GATS (Allgemeines Abkommen über den Dienstleistungsverkehr) und TRIPS (Abkommen über handelsbezogene Aspekte der Rechte am geistigen Eigentum). Insgesamt sind es über 60 Abkommen. Vorrangige Ziele sind die Schaffung einer freien, kooperativen internat. Weltmarktordnung und die Förderung des Welthandels durch den Abbau von Handelshemmnissen. Wichtigste Leitlinien sind die im GATT entwickelten Prinzipien der ›Meistbegünstigung‹ und ›Nichtdiskriminierung‹. Demnach sind allen anderen Teilnehmerländern grds. die gleichen Einfuhrerleichterungen zu gewähren, wie sie dem Meistbegünstigten zugestanden werden. Für Güter aus anderen GATT-Ländern müssen darüber hinaus dieselben Normen etc. gelten wie für Inlandsprodukte.

Das GATT war nach dem Scheitern der Gründung einer ›Internationalen Handelsorganisation‹ (ITO) von 1948 bis zur Gründung der WTO als institutionalisiertes Provisorium in Kraft und war ein völkerrechtlicher Vertrag. Bis 1994 fanden acht GATT-Runden statt, in denen die Vertragsparteien ihre Zölle deutlich senkten und andere Handelshemmnisse abbauten.

OECD

Die **Organisation für wirtschaftliche Zusammenarbeit und Entwicklung,** OECD, folgte 1961 der 1948 zur Umsetzung des Marshall-Plans für den Wiederaufbau Europas gegr. *Organisation für europ. wirtschaftl. Zusammenarbeit* (OEEC). Die Zusammenarbeit erstreckt sich mit Ausnahme der Sicherheitspolitik auf sämtl. Politikfelder. Ziel ist es, durch eine optimale Wirtschaftsentwicklung in den Mitgliedstaaten unter Wahrung der finanziellen Stabilität einen Beitrag zur Entwicklung der Weltwirtschaft zu leisten. Auch Nichtmitgliedstaaten soll zu gesundem wirtschaftl. Wachstum verholfen werden (u. a. durch eine faire Ausweitung des Welthandels).

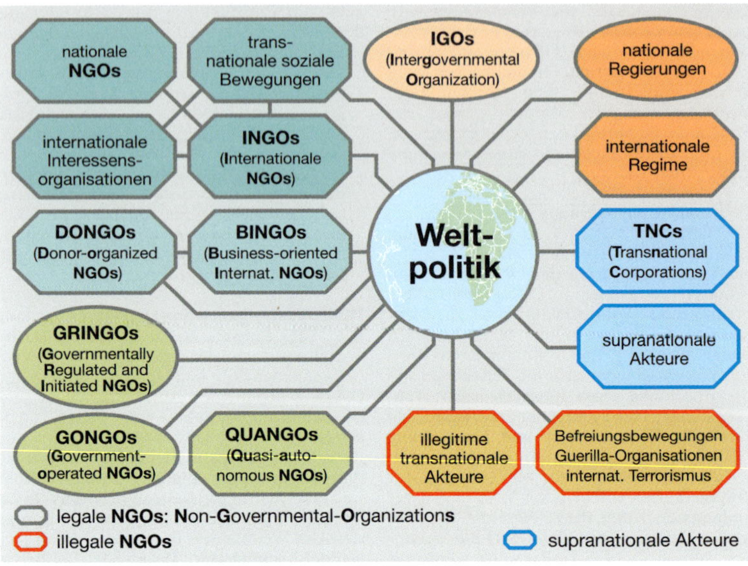

A Akteure in der Weltpolitik

Themenfelder	wichtige NGOs	Aktionsformen
Menschenrechte	Amnesty International Human Rights Watch	Agenda Setting humanitäre Hilfe Expertenarbeit Öffentlichkeitsarbeit Protestaktionen Lobbyarbeit
Umweltschutz	Greenpeace WWF	
Entwicklung/ medizinische Hilfe	Ärzte ohne Grenzen (Médecins sans frontières)	
Frauen, Kinder	terre des hommes	
Korruptionsbekämpfung	Transparency International	
Konfliktprävention/ post-conflict-peacebuilding	International Peace Bureau	
soziale Gerechtigkeit/ Hungerhilfe	attac Oxfam	

B Arbeitsfelder und Arbeitsweisen von NGOs

Eine **Non-Governmental Organization** (NGO; dt. Nichtregierungsorganisation) ist eine nicht staatliche Organisation, die sich ohne Gewinnerzielungsabsicht im zivilgesellschaftlichen Bereich engagiert.

Seit Mitte der 1970er-Jahre spiegelt das Ansteigen international tätiger NGOs (INGOs) die zunehmende gesellschaftliche Verflochtenheit des Weltgeschehens wider.

Gebräuchlich wurde der Begriff, als in Art. 71 der Charta der VN den ›non-governmental organizations‹ Berater- bzw. Beobachterstatus zugestanden wurde. Doch schon ab dem 18. Jh. gab es internat. tätige gemeinnützige Gesellschaften wie die *British and Foreign Anti-Slavery Society* (gegr. 1839), das *Rote Kreuz* (gegr. 1863) oder den *Rotary Club* (gegr. 1905).

Innerstaatlich sind NGOs in pluralist. pol. Systemen Ausdruck zivilgesellschaftl. Beteiligung. Gesellschaften, Verbände, Vereine etc. sind verbindende Elemente zwischen staatl. Institutionen und der Gesellschaft. Ihre **Aufgabe** ist es, die pol. Diskussion anzuregen, Druck auf pol. Entscheidungsträger auszuüben, auf die Defizite staatl. Politik aufmerksam zu machen bzw. im Wege der Selbsthilfe zu handeln. Eine ähnliche Rolle spielen NGOs auch auf dem internat. Parkett. In einer globalisierten Welt können NGOs manchmal ohne den Umweg über staatl. oder internat. Institutionen ihren Forderungen Nachdruck verleihen, z. B. durch Spenden- oder Boykottaufrufe.

Aus dem Blickwinkel der Internationalen Beziehungen nehmen NGOs unterschiedliche **Funktionen** wahr: Sie bilden ein Frühwarnsystem für staatl. Fehlsteuerungen, integrieren Bürger und gesellschaftl. Gruppen in internat. Entscheidungsprozesse, machen auf vernachlässigte Problemfelder aufmerksam und entlasten staatl. und internat. Organisationen. Darüber hinaus entwerfen sie konkrete Utopien für die internat. Gemeinschaft.

Moderne Theorien der Internationalen Beziehungen wie die Theorie der transnationalen Politik oder die Interdependenztheorie betonen ein breites Akteursgefüge in einem komplexen *Mehrebenensystem* internat. und transnat. Entscheidungsfindung: Nicht nur Staaten und internat. Organisationen, regionale und globale Regime, sondern auch mächtige transnational organisierte Wirtschaftskonzerne und eine Vielzahl gesellschaftl. Organisationen bestimmen die Weltpolitik (A). Manche Autoren sprechen von einer **Global-Governance-Architektur** der Internationalen Beziehungen, in der die nationalstaatl. Souveränität faktisch eingeschränkt ist.

Die unter dem Begriff »NGO« zusammengefasste Gruppe ist sehr heterogen (A):

Es kann anhand der *Reichweite*, der *Staatsnähe* und nach dem Kriterium der *Gemeinnützigkeit* differenziert werden. So gibt es *national organisierte* NGOs, die an internat. Themen arbeiten, wie etwa die Deutsche Welthungerhilfe, und es gibt Gruppen, die speziell *regional* oder *global* ausgerichtet und organisiert sind, wie etwa Amnesty International. Manche Organisationen, wie z. B. das Internationale Komitee vom Roten Kreuz, erfüllen staatl. Aufgaben; sie werden **Quangos** (quasi-NGOs) genannt. Als **Gongos** (government-operated NGOs) werden Organisationen bezeichnet, die auf staatl. oder zwischenstaatl. Initiative entstanden sind und einen Großteil ihrer finanziellen Mittel von öffentl. Instanzen erhalten, wie etwa ein Großteil der Entwicklungshilfegesellschaften.

Allerdings sind hier die Grenzen fließend, weil auch klassische NGOs wie Oxfam oder Ärzte ohne Grenzen staatliche Mittel erhalten.

Nicht gemeinnützig sind Organisationen, die hauptsächlich ihre eigenen, meist wirtschaftl. Interessen verfolgen (engl. *operational NGOs*), wie Gewerkschaftszusammenschlüsse oder internat. Handelskammern.

Die klassischen INGOs verfolgen gemeinnützige Zwecke aus intrinsischen Motiven (engl. *advocacy NGOs*) auf politischem, sozialem oder ökologischem Terrain. Bsp. sind Attac, Human Rights Watch oder Greenpeace.

So unterschiedl. NGOs organisiert sind, so unterschiedl. sind auch ihre **Arbeitsweisen.** Sie reichen von der Problemdefinition (engl. *agenda setting*) über humanitäre Hilfe bis zur klass. Lobbyarbeit. Ein wichtiger Aspekt ist die Mahnerrolle. Sie stellt das Gegengewicht zur Interessen- und Machtbezogenheit der Staatenwelt wie auch zur Gewinnorientierung der Wirtschaftsunternehmen dar.

Klassische NGOs verfügen außer über ein gewisses Dienstleistungspotenzial kaum über nennenswerte Tausch-, Markt- und Obstruktionsmöglichkeiten. Ihr stärkstes Instrument ist ihr Ansehen als *moralische Instanz*. Ohne entsprechende Präsenz in den Medien ist jedoch auch dieses weitgehend wirkungslos. Spektakuläre Aktionen, die dazu dienen, Aufmerksamkeit auf sich zu lenken, sind daher ein weiteres Kennzeichen der meisten NGOs.

NGOs wird oft ein Mangel an demokrat. Legitimation vorgeworfen, doch teilen sie diesen Mangel mit vielen anderen Akteuren der internationalen Beziehungen. Als Gegengewicht zu staatl. Akteuren reflektieren sie die transnat. Bedeutung zivilgesellschaftl. Tendenzen. Intrinsische NGOs stellen einen Gegenpol zu wirtschaftl. ausgerichteten Organisationen dar und erhalten dadurch ihre spezielle Legitimation in einer pluralist. Welt. Den klass. Funktionsprinzipien der Weltpolitik wie Macht, Interesse und Marktmechanismus fügen sie ein weiteres hinzu: Solidarität.

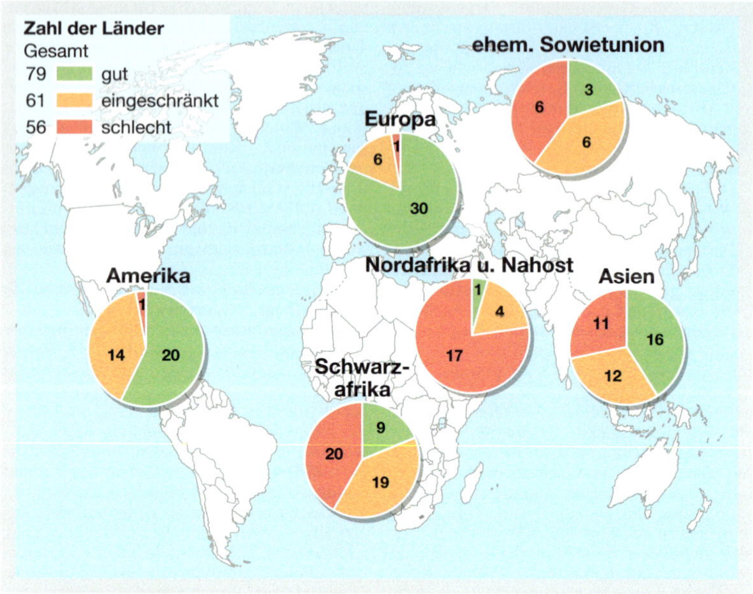

Zahl der Länder
Gesamt
79 gut
61 eingeschränkt
56 schlecht

ehem. Sowietunion 3 6 6
Europa 30 6 1
Amerika 20 14 1
Nordafrika u. Nahost 1 4 17
Asien 16 12 11
Schwarzafrika 9 19 20

A Achtung und Missachtung der Menschenrechte

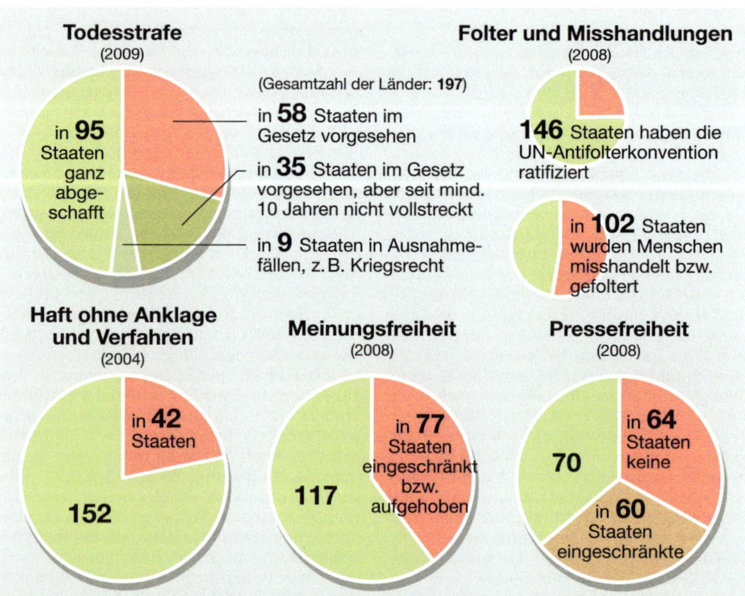

B Beispiele für Menschenrechtsverletzungen

Mit dem Begriff »**Menschenrechte**« werden diejenigen Rechte bezeichnet, die allen Menschen unabhängig von Herkunft, Geschlecht oder Rasse, von Gesellschaft, Religion oder Kultur, gewissermaßen »von Natur aus«, zustehen. Menschenrechte gelten als angeboren, unveräußerlich und unantastbar.

Zu den bekanntesten gehören das Recht auf Leben, das Recht auf Freiheit, das Recht auf Eigentum und das Recht auf freie Religionsausübung.

Vertreter des **Menschenrechtsrelativismus** wenden gegen die Anhänger einer Menschenrechtspolitik ein, dass es wegen der zw. den Nationen bestehenden, z. T. erheblichen kulturellen Unterschiede keine *universellen* Menschenrechte geben könne.

Im Laufe des 19. und 20. Jh. fanden die Menschenrechte Eingang in die Verfassungsordnungen der meisten Nationalstaaten. Nach dem 2. Weltkrieg erhielt die internat. Menschenrechtspolitik wichtige Impulse durch die 1945 gegründete UNO, die den Schutz der Menschenrechte von Beginn an ins Zentrum ihrer Politik stellte. Ausdruck dieser Wertschätzung ist die ›*Allgemeine Erklärung der Menschenrechte*‹ von 1948.

Die darin formulierten menschenrechtl. Mindeststandards sind zwar rechtl. nicht bindend, haben sich allerdings in den Folgejahrzehnten zu völkergewohnheitsrechtl. Normen weiterentwickelt, die unabhängig von vertragl. Bindungen gelten.

Völkerrechtl. verbindlich sind dagegen die 1966 von der UN-Generalversammlung angenommenen **Menschenrechtspakte,** die zusammen mit der ›Allgemeinen Erklärung‹ die ›International Bill of Human Rights‹ bilden:

1. der *Internationale Pakt über bürgerliche und politische Rechte* (Zivilpakt) und
2. der *Internationale Pakt über wirtschaftliche, soziale und kulturelle Rechte* (Sozialpakt).

Beide traten 1976 in Kraft, ratifiziert wurden sie von wichtigen Staaten allerdings erst viel später bzw. noch gar nicht.

So haben die USA den Zivilpakt erst 1992 und den Sozialpakt bis heute nicht ratifiziert.

Die Pakte haben die Errichtung von Kontrollmechanismen ermöglicht, die die Überprüfung und Feststellung von Menschenrechtsverletzungen erleichtern. Zentrale Bedeutung besitzt der **UN-Menschenrechtsrat** (Human Rights Council; seit 2006 Nachfolgeorganisation der UN-Menschenrechtskommission), der aber weder über administrative noch über richterl. Macht verfügt.

Seine stärksten Waffen sind eine ledigl. formale Untersuchung (Dokumentation, Information) von Menschenrechtsverletzungen und darauf basierende Empfehlungen an den Wirtschafts- und Sozialrat.

Regionale Menschenrechtspakte wie die vom Europarat 1950 verabschiedete **Europäische Menschenrechtskonvention** haben weitergehende Befugnisse geschaffen. Die Mitgliedstaaten der EU haben diese Konvention darüber hinaus in den EU-Vertrag übernommen und damit den völkerrechtl. Menschenrechtsschutz de jure über das eigene Verfassungsrecht gestellt.

Der 1959 gegründete **Europäische Gerichtshof für Menschenrechte** mit Sitz in Straßburg wacht über ihre Umsetzung und befasst sich sowohl mit *Individual-* als auch mit *Staatenbeschwerden.*

Klagen kann jeder Bürger eines Unterzeichnerstaates, der seine in der Konvention garantierten Rechte als verletzt betrachtet, sofern der Rechtsweg im eigenen Land erschöpft ist. Urteile des Gerichtshofs sind bindend und müssen von den Parteien umgesetzt werden.

Als Bestandteil der Völkerrechtsordnung unterliegt der Menschenrechtsschutz den allg. Restriktionen des Völkerrechts.

Im Unterschied zum internat. Recht berechtigt oder verpflichtet das Völkerrecht den Einzelnen im Normalfall nicht unmittelbar, sondern nur durch Vermittlung des ihm jeweils übergeordneten Staates.

Dem Völkerrecht fehlt allerdings eine allg. Durchsetzungsinstanz. Einem wirksamen Menschenrechtsschutz steht im Übrigen auch der Grundsatz nationalstaatl. Souveränität entgegen, da er die Einmischung in die inneren Angelegenheiten anderer Staaten untersagt. Infolge der zahlreichen massiven Menschenrechtsverletzungen in den Bürgerkriegen der jüngsten Zeit ist jedoch ein Wandel des Souveränitätsverständnisses in der Völkerrechtslehre zu beobachten.

Die Einhaltung der Menschenrechte gilt heute nicht mehr als eine innere Angelegenheit des Einzelstaates, sondern als Aufgabe der Weltgemeinschaft. Die Staaten können im Fall von Menschenrechtsverletzungen zur Verantwortung gezogen werden. Dieser Grundsatz *begrenzter Souveränität* erlaubt in letzter Konsequenz auch eine sich militär. Mittel bedienende *humanitäre Intervention.*

Infolge der o. g. Beschränkungen sind oftmals Formen des Menschenrechtsschutzes, die nicht das völkerrechtl. Instrumentarium nutzen, wirksamer. Er kann bspw. von Staaten mit anderen Politikfeldern, z. B. der Handelspolitik, gekoppelt werden.

Internat. tätige NGOs wie *Amnesty International* oder *Human Rights Watch* können ohne staatspol. und völkerrechtl. Restriktionen agieren und erzeugen oftmals einen erhebl. öffentl. Druck, der für pol. Lösungen genutzt werden kann.

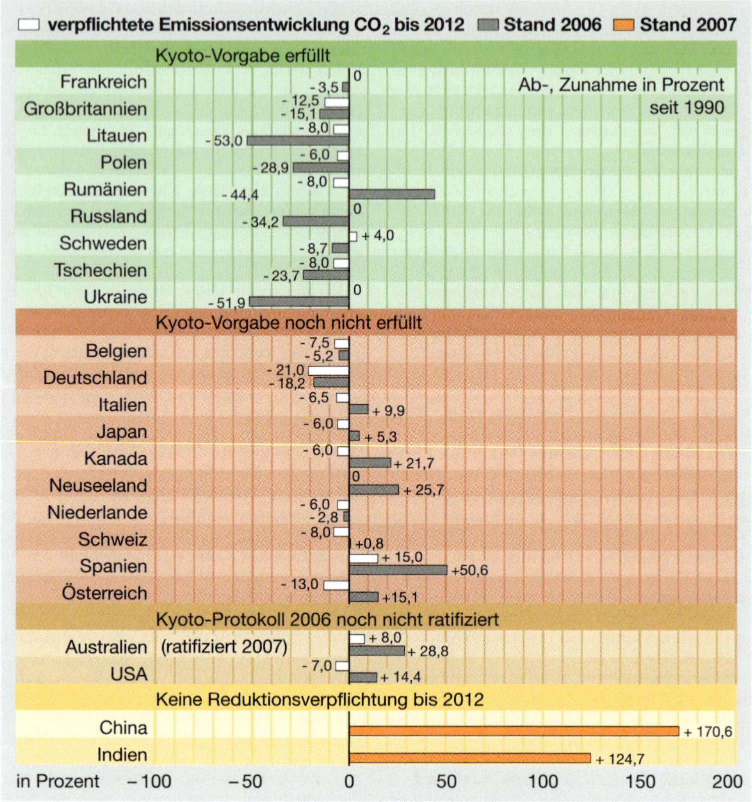

verpflichtete Emissionsentwicklung CO_2 bis 2012
Stand 2006
Stand 2007
Kyoto-Vorgabe erfüllt
Ab-, Zunahme in Prozent seit 1990
Frankreich 0 -3,5
Großbritannien -12,5 -15,1
Litauen -8,0 -53,0
Polen -6,0 -28,9
Rumänien -8,0 -44,4
Russland 0 -34,2
Schweden +4,0 -8,7
Tschechien -8,0 -23,7
Ukraine 0 -51,9
Kyoto-Vorgabe noch nicht erfüllt
Belgien -7,5 -5,2
Deutschland -21,0 -18,2
Italien -6,5 +9,9
Japan -6,0 +5,3
Kanada -6,0 +21,7
Neuseeland 0 +25,7
Niederlande -6,0 -2,8
Schweiz -8,0 +0,8
Spanien +15,0 +50,6
Österreich -13,0 +15,1
Kyoto-Protokoll 2006 noch nicht ratifiziert
Australien (ratifiziert 2007) +8,0 +28,8
USA -7,0 +14,4
Keine Reduktionsverpflichtung bis 2012
China +170,6
Indien +124,7
in Prozent -100 -50 0 50 100 150 200

A Kyoto-Ziele bis 2012 und Entwicklung der CO_2-Emissionen

Kohlendioxid-Emissionen in Millionen Tonnen
Schätzung
China
USA
Europa
Indien
Afrika
12000
11000
10000
9000
8000
7000
6000
5000
4000
3000
2000
1000
0
1990 1995 2000 2005 2010 2015 2020 2025 2030

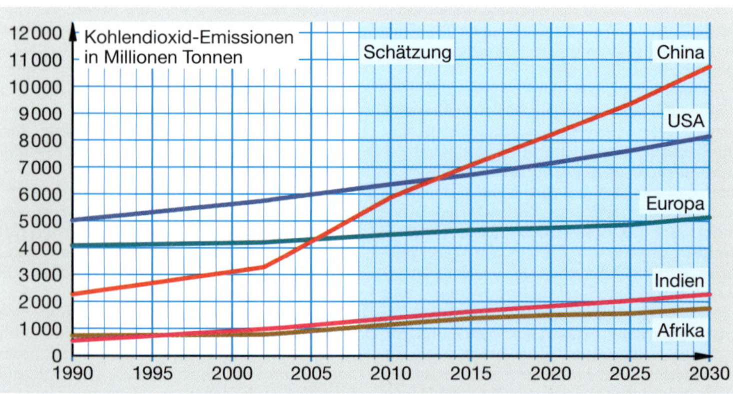

B Prognose des Kohlendioxid-Ausstoßes bis 2030

Der **Schutz der Umwelt** und der **natürlichen Ressourcen** gelangte erst zu Beginn der 1970er-Jahre auf die Agenda der nat. und internat. Politik. Die **erste UN-Umweltkonferenz** fand 1972 in Stockholm statt.

Eröffnungstag war der seitdem als ›Weltumwelttag‹ begangene 5. Juni.

Vorgenommen wurde eine Bestandsaufnahme der bis dahin identifizierten, bes. ernsthaften Umweltbelastungen und der damit verbundenen Gefahren für Weltgesundheit und -wirtschaft. Ergebnis war u.a. die **Gründung des UN-Umweltprogramms UNEP** *(United Nations Environment Programme),* auf dessen Initiative das Zustandekommen internat. Umweltkonventionen zurückgeht, etwa das ›Washingtoner Artenschutzübereinkommen‹ (1973), das ›Montrealer Protokoll‹ (1987) zur Verminderung der Freisetzung von Stoffen, die die Ozonschicht zerstören, sowie die ›Basler Konvention‹ (1989), die die Kontrolle des grenzüberschreitenden Transports gefährlicher Abfälle regeln soll.

Der 1987 von der UN-Kommission für Umwelt und Entwicklung vorgelegte sog. Brundtland-Bericht ›Our common future‹ lieferte eine für die nachfolgende Diskussion maßgebl. Definition einer »Nachhaltigen Entwicklung«:

»Dauerhafte Entwicklung ist Entwicklung, die die Bedürfnisse der Gegenwart befriedigt, ohne zu riskieren, dass künftige Generationen ihre eigenen Bedürfnisse nicht befriedigen können.«

Die **UN-Konferenz für Umwelt und Entwicklung** (häufig auch ›Weltumweltgipfel‹) fand 1992 in Rio de Janeiro statt. Wichtige Ergebnisse waren die ›Deklaration von Rio über Umwelt und Entwicklung‹, das Aktionsprogramm ›Agenda 21‹, die Klimarahmenkonvention und die Biodiversitätskonvention. 1997 wurde die Kommission für nachhaltige Entwicklung zur Überwachung und Beförderung der Umsetzung der Rio-Beschlüsse gegründet.

In den Jahren nach der von vielen schon als »Durchbruch der Weltumweltpolitik« gefeierten Rio-Konferenz machte sich Ernüchterung breit. Auf dem Weltgipfel für nachhaltige Entwicklung in Johannesburg 2002 musste man schon als Erfolg werten, dass in wichtigen Punkten bereits vereinbarte Zielvorgaben nicht aufgeweicht wurden.

Die **aktuellen** und **zukünftigen globalen Umweltprobleme** stehen großteils im Zusammenhang mit dem bereits eingetretenen **Klimawandel.** Deshalb verpflichteten sich auf der 3. Vertragsstaatenkonferenz der Klimarahmenkonvention (KRK) im Dez. 1997 in Kyoto/Japan die Industriestaaten auf eine überprüfbare Reduktion ihrer Treibhausgasemissionen im Zeitraum 2008–2012 um insges. 5,2% gegenüber dem Referenzjahr 1990.

Im Abschlussprotokoll, dem sog. ›**Kyoto-Protokoll**‹, werden völkerrechtl. verbindliche Zielwerte für den Ausstoß von sechs Klimaschadstoffen festgelegt, wobei CO_2 als Referenzwert dient. Es sieht für jeden Unterzeichnerstaat unterschiedl. Reduktionsziele vor, die v.a. von der jeweiligen wirtschaftl. Entwicklung abhängen. So ist für die EU eine Emissionsabsenkung um insges. 8% vorgesehen, für die USA um 7 und für Japan um 6%, während Russland oder Neuseeland ihre Emissionen im Vergleich zu 1990 lediglich stabil halten müssen und Australien und Island sie sogar um 8 bzw. 10% erhöhen dürfen. Für Schwellenländer wie China oder Indien sowie für alle Entwicklungsländer sind bis 2012 keine Reduktionsverpflichtungen vorgesehen. (A)

Das ›Kyoto-Protokoll‹ trat erst am 16.2. 2005 in Kraft, weil es dazu der Ratifizierung von mind. 55 Unterzeichnerstaaten der Klimarahmenkonvention bedurfte, die zugleich für mind. 55% der weltweiten CO_2-Emissionen von 1990 verantwortlich sein mussten. Da die USA als größter Schadstoffemittent dem Protokoll nicht beitraten, galten diese Bedingungen erst mit der Unterschrift Russlands im Nov. 2004 als erfüllt.

Für das Jahr 2010 rechnet die UNO trotz aller bisherigen Bemühungen mit einem weiteren Anstieg des Treibhausgasausstoßes um 11% gegenüber 1990. In der Zukunft muss deshalb mit einer Verschärfung der Klimaproblematik gerechnet werden, was eine Reihe gravierender **Folgen** nach sich zieht.

So wird der Anstieg der weltweiten Durchschnittstemperatur u.a. zum *Ansteigen der Meeresspiegel* und damit zu einer *Zunahme von Naturkatastrophen* bes. in Küstengebieten führen. Der weitere Anstieg des für den Klimawandel hauptursächl. Verbrauchs nicht erneuerbarer Ressourcen (v.a. Erdöl) führt auch zu unmittelbaren *Umwelt-* und *Gesundheitsbelastungen* mitsamt *gravierenden Konsequenzen für die Weltwirtschaft.* Der Klimawandel ist außerdem (neben Überweidung und Übernutzung landwirtschaftl. Flächen sowie der weitflächigen Rodung von Wäldern) mitverantwortlich für *Bodenerosion* und *-degradation,* das *Absinken der Grundwasserspiegel,* die *Versteppung* von Grünflächen und die *Ausweitung der Wüsten.* Armut und Hunger in von Wassermangel betroffenen Gebieten bergen die Gefahr von (gewaltsamen) *Ressourcenkonflikten* und erhöhen den *Migrationsdruck.*

Der Erfolg der inter- und transnat. Umweltpolitik wird zum einen von der Kooperationsbereitschaft der relevanten Verursacher abhängen, zum anderen aber auch davon, ob es gelingt, die starke institutionelle Fragmentierung in diesem Politikfeld zu überwinden.

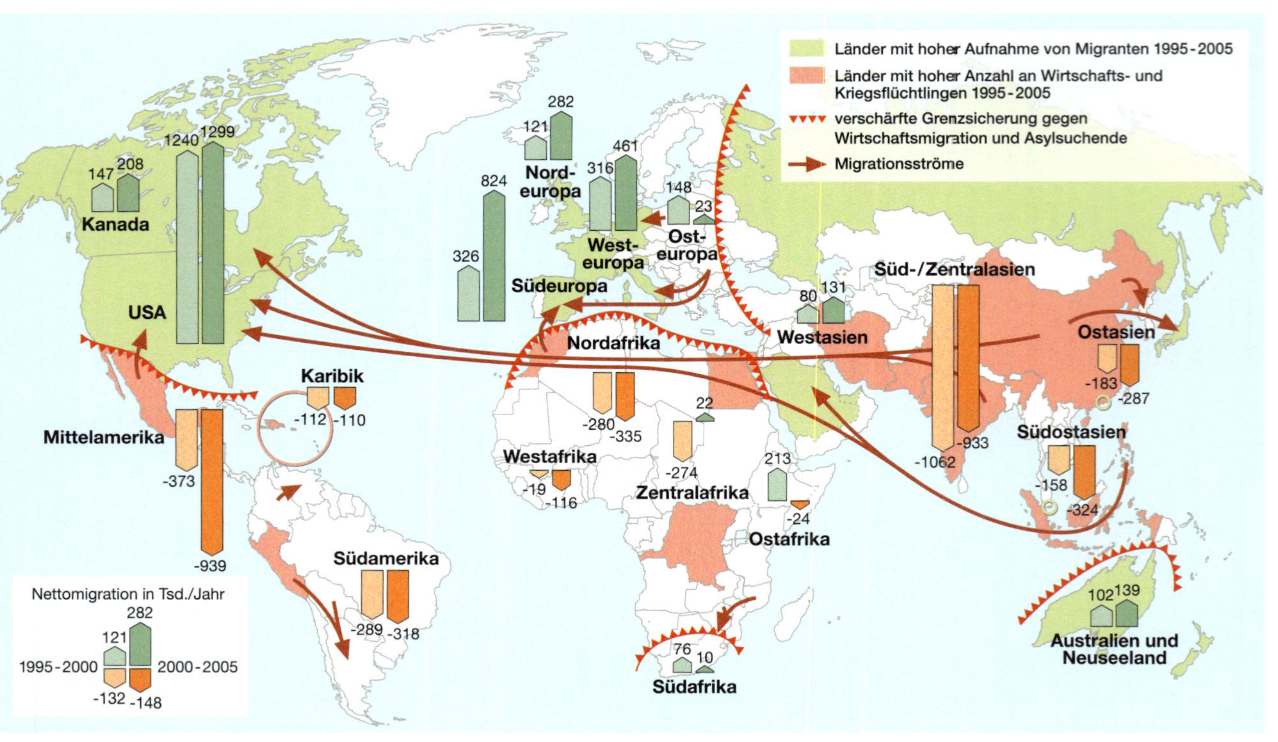

Migrationsströme und jährliche Nettomigration

Ein Bündel vielfältiger, sich gegenseitig verstärkender ökonom. und pol. Faktoren hat in den vergangenen Jahrzehnten zu erhebl. Wanderungsbewegungen (Migration) innerhalb der Weltbevölkerung geführt.

Der Begriff **Migration** umfasst *Emigration (Auswanderung)* aus dem Herkunftsland und *Immigration (Einwanderung)* in ein Zielland.

Ende 2007 betrug die Anzahl internat. Migranten rund 200 Mio., davon waren laut Weltflüchtlingsstatistik 11,4 Mio. Flüchtlinge.

Wichtige **Migrationsursachen** sind

- global sehr ungleich verteilte Einkommenschancen,
- religiöse, kulturelle und pol. Diskriminierung,
- die demografische Entwicklung,
- Krisen, Konflikte und (Bürger-)Kriege,
- Umweltkatastrophen,
- für immer weitere Teile der Weltbevölkerung erleichterte Reisemöglichkeiten sowie der
- Zugang zu modernen Medien und damit zu Informationen über zu erwartende Vorteile der Migration in ausgewählte Zielländer.

Eine große Anzahl von Migranten verlässt ihr Heimatland (mehr oder weniger) freiwillig, weil sie sich im Zielland eine bessere ökonom. Perspektive erhofft. Bes. der sog. »Brain Drain«, also der Wegzug hochqualifizierter Arbeitskräfte aus schwach oder unterentwickelten Ländern, hat dabei häufig spürbar negative Konsequenzen für das ökonom. Entwicklungspotenzial der Wegzugsländer, während in den (hoch-)entwickelten Zuzugsländern Bedarfslücken an ebendiesen Arbeitskräften geschlossen werden können (»Brain Gain«). Soziale und ökonom. Probleme bereiten den Zuzugsländern dagegen schlecht oder mit Blick auf die eigenen ökonom. Interessen »falsch« qualifizierte Immigranten.

Unkontrollierte und deshalb unerwünschte Migration stellt sowohl Herkunfts- als auch Ziel- und ggf. Transitstaaten vor Probleme. Dies gilt mehr noch als für die westl. Industriestaaten v. a. für jene wenig oder unterentwickelten Volkswirtschaften wie z. B. Sudananrainerstaaten, die in den vergangenen Jahren eine große Zahl von Bürgerkriegsflüchtlingen aufgenommen haben, ohne selbst über die notwendigen Ressourcen für deren Integration zu verfügen.

Auch wenn die öffentl. Wahrnehmung in den Industriestaaten eine andere ist: Insgesamt sind v. a. arme und ärmste Länder von Migrationsproblemen betroffen. Dies gilt einerseits für den Verlust qualifizierter Arbeitskräfte, bes. aber für die Immigration von Bürgerkriegsflüchtlingen und Armutsmigranten aus noch ärmeren Nachbarländern (z. B. von Simbabwe nach Südafrika). So bleiben mehr als zwei Drittel aller Migranten aus Ländern südlich der Sahara innerhalb der Region.

Durch die global sehr unterschiedl. demografische Entwicklung werden sowohl die auf Seiten der Industriestaaten bestehenden sog. *Pull-*(Sog-)*Faktoren* als auch die *Push-*(Druck-)*Faktoren* in den Entwicklungs- und Schwellenländern in Zukunft weiter verstärkt werden:

Bis zum Jahr 2050 wird die Weltbevölkerung von gegenwärtig (2009) knapp 7 Mrd. auf mehr als 9 Mrd. anwachsen. Einer in den Industriestaaten im Durchschnitt zunehmend älteren und zugleich schrumpfenden Bevölkerung steht dabei auf der Seite der Entwicklungsländer eine deutl. jüngere und weiter stark wachsende Bevölkerung gegenüber, wobei die ärmsten Länder das größte Bevölkerungswachstum aufweisen.

Die aus dem *Bevölkerungsdefizit* in den Industriestaaten resultierenden volkswirtschaftl. Probleme (z. B. Destabilisierung der Sozialsysteme durch Überalterung der Gesellschaft) können durch kontrollierte Immigration zwar kaum ausgeglichen, aber erheblich gemildert werden. Dazu bedarf es jedoch einer international abgestimmten und vorausschauenden **Migrationspolitik,** die die Interessen der Zuzugs- wie der Wegzugsländer und -regionen zum gegenseitigen Nutzen gleichermaßen berücksichtigt.

Die von der UNO eingesetzte *Global Commission on International Migration* hat in ihrem 2005 vorgelegten Bericht ›Migration in an interconnected world: New directions for action‹ ein internat. Migrationsregime angeregt, das u. a. für gerechten Ausgleich der Vor- und Nachteile der Arbeitsmigration zw. Industrie- und Entwicklungsländern sorgen soll. Ähnliches hatte bereits 2004 die von der Internationalen Arbeitsorganisation (IAO) eingesetzte *Weltkommission für die soziale Dimension der Globalisierung* gefordert, die analog zu den internat. Freihandelsabkommen der WTO eine »multilaterale Ordnung für die grenzüberschreitende Mobilität von Menschen« vorschlug, um die strukturelle Benachteiligung der armen Länder zu beheben.

V. a. in weniger entwickelten und sog. Schwellenländern ist außer grenzüberschreitenden Wanderungsbewegungen auch eine starke **Binnenmigration** zu beobachten. *Armutsbedingte Landflucht* überfordert dabei bes. die immer schneller wachsenden ›Megastädte‹ (nach UN-Definition Städte oder städt. Ballungsräume mit mehr als 10 Mio. Einwohnern) und erhöht zugleich den Migrationsdruck nach außen.

Ein v. a. humanitäres Problem ist die große Zahl von *Binnenflüchtlingen* bzw. *-vertriebenen* in Krisen- und Bürgerkriegsgebieten.

Ende 2008 galten 26 Mio. Menschen in 52 Staaten als Binnenvertriebene.

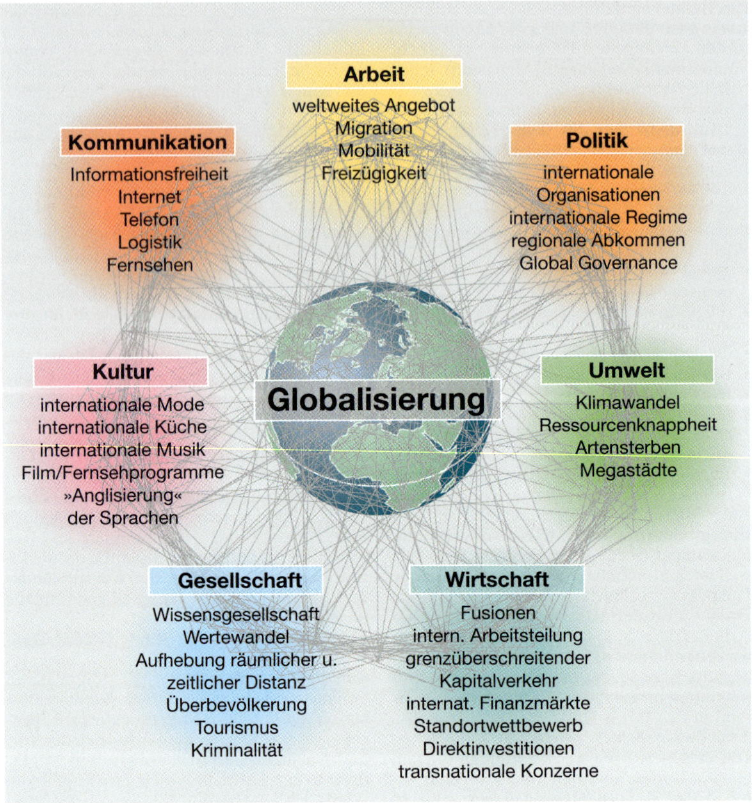

Arbeit
weltweites Angebot
Migration
Mobilität
Freizügigkeit
Kommunikation
Informationsfreiheit
Internet
Telefon
Logistik
Fernsehen
Politik
internationale
Organisationen
internationale Regime
regionale Abkommen
Global Governance
Kultur
internationale Mode
internationale Küche
internationale Musik
Film/Fernsehprogramme
»Anglisierung«
der Sprachen
Globalisierung
Umwelt
Klimawandel
Ressourcenknappheit
Artensterben
Megastädte
Gesellschaft
Wissensgesellschaft
Wertewandel
Aufhebung räumlicher u.
zeitlicher Distanz
Überbevölkerung
Tourismus
Kriminalität
Wirtschaft
Fusionen
intern. Arbeitsteilung
grenzüberschreitender
Kapitalverkehr
internat. Finanzmärkte
Standortwettbewerb
Direktinvestitionen
transnationale Konzerne

A Facetten der Globalisierung (Auswahl)

Reale Entwicklung – Index 1950 = 100
Welthandel
(Exporte)
Weltwirtschaftsleistung
(globales Bruttoinlandsprodukt)
3000
2750
2500
2250
2000
1750
1500
1250
1000
750
500
250
0
1950
1955
1960
1965
1970
1975
1980
1985
1990
1995
2000
2005
2010

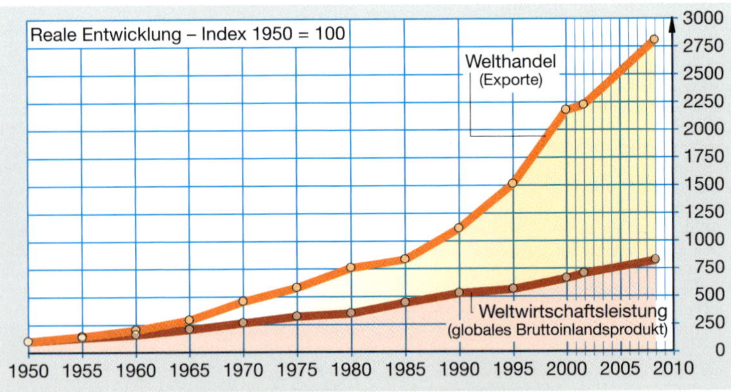

B Steigerung des Welthandels als Indikator für die Globalisierung

Unter dem seit Mitte der 1990er-Jahre geläufigen Begriff der **Globalisierung** wird die weltweite Ausdehnung und Verdichtung sozialer Interaktionen i. Allg. und die fortschreitende Internationalisierung der Wirtschaft i. Bes. verstanden.

Charakterist. Globalisierungsmerkmale sind die räuml. Erweiterung ökonom., ökolog., kultureller und pol. Beziehungen, die wechselseitige Verflechtung von Akteuren, Handlungsfeldern und Problemlagen sowie die räuml. und zeitl. Verkopplung bislang getrennter nat. Gesellschaften (A).

Von der Globalisierung als realhistor. Prozess ist der **Globalisierungsdiskurs** zu unterscheiden, der deren pol., soz., kulturelle und ökolog. Dimensionen thematisiert und in vielen Fällen in eine grds. *Globalisierungskritik* mündet. Im Mittelpunkt dieses Diskurses steht die Bilanzierung der Globalisierungsfolgen (Gewinner und Verlierer) und ihre Bewertung. Politikwissenschaftl. interessant ist bes. die Diskussion über die Auswirkungen der Globalisierung auf nationalstaatliches Regieren.

Obgleich Globalisierung kein ausschließl. ökonom. Phänomen darstellt, sind **ökonomische Strukturveränderungen** von entscheidender Bedeutung für den Gesamtprozess und dessen Dynamik. Zu den augenfälligsten Erscheinungen gehört das rapide Wachstum des Welthandels seit den 1980er-Jahren (B), das zur Entstehung weltweiter Märkte für Waren, Dienstleistungen und Kapital sowie in der Folge zu einer internat. Verflechtung und gegenseitigen Abhängigkeit der Volkswirtschaften von bislang ungekanntem Ausmaß geführt hat.

Eine wichtige Voraussetzung sind die neuen Informations- und Kommunikationstechnologien (elektron. Datenverarbeitung, Internet) und gesunkene Transportkosten. Daneben spielt v. a der weltweite Abbau von Zöllen und anderen Handelshemmnissen im Rahmen des GATT und der WTO eine entscheidende Rolle.

Den stärksten Globalisierungsgrad weisen die Finanzmärkte auf, die sich sowohl von der Produktionssphäre als auch von den anderen Teilmärkten weitgehend abgekoppelt haben.

Hauptakteure der ökonom. Globalisierung sind *multinationale Unternehmen* (sog. transnat. Konzerne), die auf der Suche nach neuen Absatzmärkten und niedrigen Produktionskosten ihre internat. Aktivitäten seit Mitte der 1980er-Jahre immer weiter ausdehnen und dadurch die weltwirtschaftl. Arbeitsteilung vertiefen.

Die Internationalisierung der Arbeitsmärkte eröffnete den Unternehmen die Möglichkeit, durch die Verlagerung der Produktion in Billiglohnländer Lohnkosten zu senken; der Abbau von Investitionsbarrieren führte zu einer rasanten Zunahme der ausländischen Direktinvestitionen.

Keineswegs nur eine Begleiterscheinung der ökonom. ist die **kulturelle Globalisierung.** Die weltweiten Touristenströme und Migrationsprozesse tragen dazu bei, dass bislang getrennte Kulturen aufeinandertreffen. Global agierende Medien vermitteln Bilder, Nachrichten und Ideen, die weltweit rezipiert werden, und erzeugen so eine globale, von westl. Wertvorstellungen, Lebensstil- und Konsummustern geprägte Kultur.

Kritikern zufolge verdrängt die Kultur der westl. Industrienationen (v. a. der USA) lokale Kulturen und schmilzt sie in eine weltweite Einheitskultur (»McWorld«, »McDonaldisierung«) ein. Die Folgen sind Identitätsprobleme, Verunsicherung und Abwehrreaktionen, die sich in antiwestl. Ressentiments und einem extremist. Fundamentalismus entladen können.

Zu den **politischen Triebkräften** der Globalisierung gehören neben den o. g. Maßnahmen zur Liberalisierung des Handels und des internat. Kapitalverkehrs die Abschaffung der Zentralverwaltungswirtschaften in Osteuropa, die Öffnung bisher geschlossener Gesellschaften (v. a. China), der Abbau staatl. Vorschriften im Innern *(Deregulierung)* und die Privatisierung staatl. Unternehmen.

Der Zunahme grenzüberschreitender Interaktionen entspricht eine zunehmende *politische Interdependenz*. Die pol. Beziehungen verdichten sich, neue pol. Integrations- und Interaktionsformen entstehen: Neben den Nationalstaaten etablieren sich, zumeist in Gestalt regionaler Handelsblöcke, supranat. und regionale pol. Einheiten (z. B. EU, NAFTA, ASEAN, Mercosur), die zueinander im Verhältnis des Wettbewerbs stehen. Die Bearbeitung der dringendsten Weltprobleme übernehmen sog. *internationale Regime.*

Das Konzept des Nationalstaats selbst gerät in die Kritik, weil die für ihn konstitutiven Prinzipien Autonomie, Souveränität und Territorialität durch den Globalisierungsprozess entwertet werden: Seine Abhängigkeit von Außenfaktoren wächst und damit auch die Anfälligkeit für externe Störungen; die auf supranat. Ebene neu entstandenen Politikfelder (z. B. Klima- und Umweltschutz, Armutsbekämpfung, kollektive Sicherheit, finanzielle Stabilität) können von den Einzelstaaten nicht mehr sinnvoll bearbeitet werden.

Skeptiker sprechen wegen seiner geschwundenen Gestaltungsmöglichkeiten sogar vom »Ende des Nationalstaats«.

Zu den Herausforderungen der Zukunft gehört die Frage, ob es gelingen wird, eine das Verhalten von Individuen, Unternehmen, Organisationen und Staaten verbindl. regulierende weltweite Rahmenordnung, bspw. im Sinne einer *Global Governance,* zu schaffen.

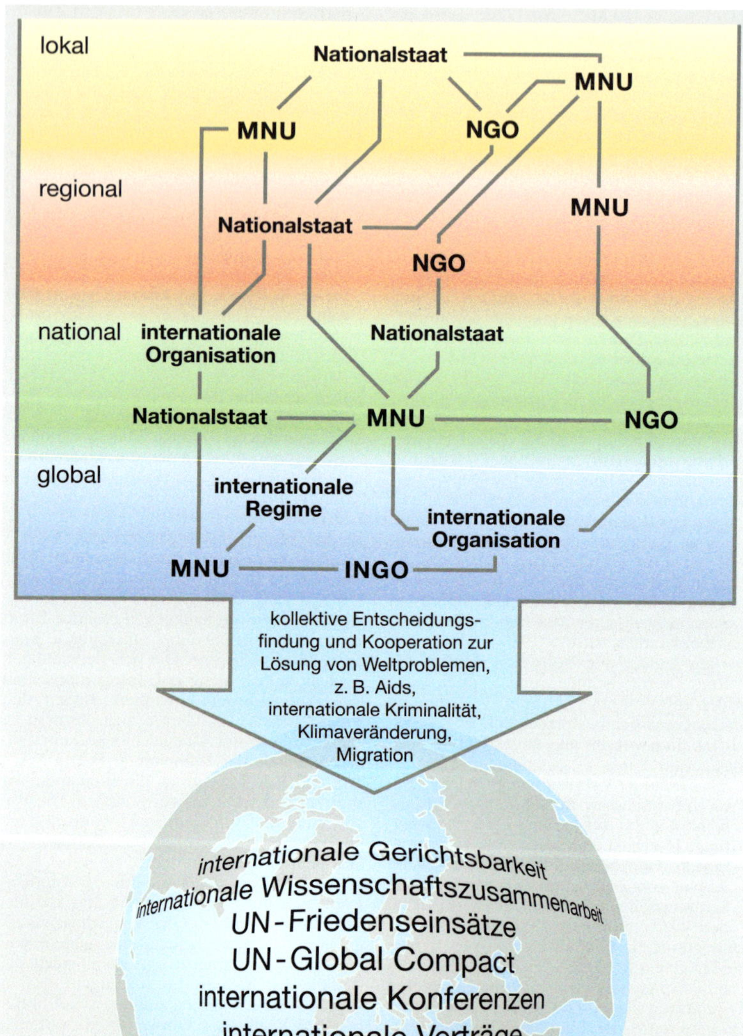

Modell der Global Governance

Das Konzept **Global Governance** *(Globales Regieren)* integriert Versuche der inter- bzw. transnationalen Kooperation, der Koordination und der kollektiven Entscheidungsfindung.

Leitmotiv ist die Idee, durch internat. Zusammenarbeit einer Vielzahl unterschiedl. Akteure auf unterschiedl. Ebenen *(Governance-Ebenen)* und mithilfe unterschiedl. Strukturen *(Governance-Strukturen)* die nachlassende Problemlösungskompetenz des Nationalstaats zu kompensieren und zugleich die Handlungs- und Problemlösungsfähigkeit des internat. Systems zurückzugewinnen bzw. zu erhöhen.

Durch Global Governance sollen bes. *globale öffentliche Güter* geschützt werden. Dazu zählen das globale Klima und die biologische Vielfalt, aber auch Güter wie Frieden, ökonomische, soziale und finanzielle Stabilität sowie die verschiedenen Aspekte menschlicher Sicherheit.

Der **Begriff** wurde von der UN-Commission on Global Governance, die 1995 den viel beachteten Bericht ›Nachbarn in einer Welt‹ (engl. ›Our Global Neighbourhood‹) vorgelegt hat, in die öffentl. Debatte eingebracht. Alternativ finden auch Ausdrücke wie *Globalpolitik, Weltinnenpolitik, Weltordnungspolitik, globale Strukturpolitik* Verwendung.

Mit »Global Governance« sind weder Weltregierung oder Weltstaat *(Global Government)* noch Formen traditioneller staatl. Globalsteuerung, bspw. durch einen weltpol. Hegemon, gemeint. Das Konzept setzt im Gegenteil auf die Idee des »Regierens ohne Regierung« (Rosenau/Czempiel) und sieht, neben den klass. Formen des Regierens, auch informelle Regelungen und nicht institutionalisierte Organisationen, Netzwerke und Verhandlungssysteme sowie insbes. partizipatorische Dialog- und Entscheidungsstrukturen vor.

Seine *normative Dimension* liegt darin begründet, dass es sämtliche Entscheidungen von Ordnungsvorstellungen abhängig macht, auf die sich die Akteure entweder gemeinsam verständigt haben oder denen sie zumindest gemeinsam zu folgen bereit sind, ohne dass zuvor ein expliziter Verständigungsprozess stattgefunden hat.

Charakteristisch für das Global-Governance-Konzept ist ein gegenüber den überkommenen Formen internat. Politik stark erweitertes **Akteursspektrum:**

- *Nationalstaaten* fungieren nach wie vor als Hauptakteure der Global-Governance-Architektur,
- *internationale Organisationen* wie die UNO (bzw. deren Unterorganisationen) übernehmen Koordinationsfunktionen,
- *internationale Regime* übersetzen den Willen zur Kooperation in verbindliche Regelwerke,
- *NGOs* speisen Ideen und Forderungen aus der Gesellschaft direkt (z.B. durch ihre Teilnahme an internat. Konferenzen) in den globalen Entscheidungsprozess ein,
- *internationale Wissenschaftsorganisationen* (Epistemic Communities) erarbeiten technisch-wissenschaftl. Lösungen für die verhandelten Probleme,
- *multinationale Wirtschaftsunternehmen* und *Verbraucherorganisationen* versuchen, auf den Entscheidungsprozess Einfluss zu nehmen.

Gemäß dem Global-Governance-Konzept arbeiten staatl. und nichtstaatl. Akteure zur gemeinsamen Lösung grenzüberschreitender Probleme freiwillig auf drei verschiedenen Ebenen zusammen: der

1. *transnationalen Ebene* (Global Governance im eigentl. Sinn); hier geht es v. a. um die Herausbildung globaler nichtstaatl. Governance-Strukturen;
2. *regionalen Ebene;* damit ist v. a. die Einbindung klass. Nationalstaaten in supranat. Entscheidungsstrukturen (z.B. EU bzw. European Governance) gemeint;
3. *nationalstaatlichen Ebene;* hier werden die gemeinsam gefundenen Regelungen von den einzelnen Nationalstaaten umgesetzt.

Aufgrund der Verschränkung der verschiedenen Ebenen spricht man in der Politikwiss. auch vom Regieren in *Mehrebenensystemen* oder alternativ von *Mehrebenen-Governance.*

Global Governance stellt selbst keine eigenständige Theorie der Internationalen Politik dar, beruht aber auf den Grundannahmen des liberalen Institutionalismus, der Interdependenztheorie und der Regimetheorie, die bes. die Chancen internat. Kooperation hervorheben. Insbes. Vertreter der realistischen Schule bestreiten die Problemlösungskapazität des Global-Governance-Konzepts v.a. hinsichtlich Fragen der Sicherheitspolitik mit dem Argument, nur ein Gleichgewicht der Kräfte halte das internat. System in einer steuerungsfähigen Balance. Den Anhängern des Konzepts wird darüber hinaus vorgeworfen, sie seien blind gegenüber den realen weltpol. Machtverhältnissen und ignorierten die tatsächlichen wirtschaftl. Abhängigkeitsverhältnisse.

Die empir. Regimeforschung hat diese Einwände mittlerweile größtenteils entkräftet. Vieles spricht dafür, dass der globale Problemdruck und die steigenden Transaktionskosten die Staaten künftig zu immer weiter reichenden globalen Regulierungen veranlassen werden. Voraussetzung dafür ist allerdings die Bereitschaft, die überkommenen Vorstellungen von (Macht-)Politik, (National-)Staat und Staatenwelt zu überwinden.

Literaturverzeichnis

Geschichte und Methodik der Politikwissenschaft

Alemann, Ulrich/Forndran, Erhard: Methodik der Politikwissenschaft. Stuttgart ^{7}2005

Atteslander, Peter: Methoden der empirischen Sozialforschung. Berlin ^{12}2008

Bleek, Wilhelm: Geschichte der Politikwissenschaft in Deutschland. München 2001

Gschwend, Thomas/Schimmelfennig, Frank (Hrsg.): Forschungsdesign in der Politikwissenschaft: Probleme – Strategien – Anwendungen. Frankfurt/M. 2007

Kevenhörster, Paul: Politikwissenschaft. Band 1: Entscheidungen und Strukturen der Politik. Wiesbaden ^{3}2008

ders.: Politikwissenschaft. Band 2: Ergebnisse und Wirkungen der Politik. Wiesbaden 2006

Kropp, Sabine/Minkenberg, Michael (Hrsg.): Vergleichen in der Politikwissenschaft. Wiesbaden 2005

Lauth, Hans-Joachim/Wagner, Christian (Hrsg.): Politikwissenschaft. Eine Einführung. Paderborn ^{6}2009

Münkler, Herfried (Hrsg.): Politikwissenschaft. Ein Grundkurs. Reinbek 2003

Noelle-Neumann, Elisabeth/Petersen, Thomas: Alle, nicht jeder. Einführung in die Methoden der Demoskopie. Berlin ^{4}2005

Nohlen, Dieter/Schultze, Rainer-Olaf (Hrsg.): Lexikon der Politikwissenschaft. Theorien, Methoden, Begriffe. 2 Bde., München ^{3}2005

Nohlen, Dieter/Grotz, Florian (Hrsg.): Kleines Lexikon der Politik. München ^{4}2007

Rupp, Hans Karl: Politische Geschichte der Bundesrepublik Deutschland. München ^{3}2000

Politische Theorie

Ballestrem, Karl Graf/Ottmann, Henning: Politische Philosophie des 20. Jahrhunderts. München u. a. 1990

Beyme, Klaus von: Die politischen Theorien der Gegenwart. Eine Einführung. Wiesbaden ^{8}2002

ders.: Theorie der Politik im 20. Jahrhundert. Von der Moderne zur Postmoderne. Neuausgabe Frankfurt/M. 2007

Braun, Eberhard/Heine, Felix/Opolka, Uwe: Politische Philosophie. Ein Lesebuch. Neuausgabe Reinbek 2008

Brodocz, André/Schaal, Gary S. (Hrsg.): Politische Theorien der Gegenwart. Eine Einführung. 2 Bde., Opladen ^{3}2009

Brunkhorst, Hauke: Einführung in die Geschichte politischer Ideen. München 2000

Fenske, Hans/Mertens, Dieter/Reinhard, Wolfgang/Rosen, Klaus (Hrsg.): Geschichte der politischen Ideen. Frankfurt/M. u. a. ^{3}2008

Fetscher, Iring/Münkler, Herfried (Hrsg.): Pipers Handbuch der politischen Ideen. 5 Bde., München u. a. 1985–1993

Höffe, Otfried: Ethik und Politik. Grundmodelle und -probleme der praktischen Philosophie. Frankfurt/M. ^{6}2008

Kersting, Wolfgang: Die politische Philosophie des Gesellschaftsvertrages. Darmstadt 1994

Lieber, Hans-Joachim (Hrsg.): Politische Theorien von der Antike bis zur Gegenwart. Wiesbaden 2000

Maier, Hans/Denzer, Horst (Hrsg.): Klassiker des politischen Denkens. 2 Bde., München ^{3}2007

Massing, Peter/Breit, Gotthard (Hrsg.): Demokratie-Theorien. Von der Antike bis zur Gegenwart. Bonn ^{6}2005

Mayer-Tasch, Peter-Cornelius/Mayerhofer, Bernd (Hrsg.): Porträtgalerie der politischen Denker. Bern/Göttingen 2004

Meier, Christian: Die Entstehung des Politischen bei den Griechen. Frankfurt/M. 1980; Nachdruck 2001

Miller, David (Hrsg.): The Blackwell Encyclopaedia of Political Thought. Oxford 1991

Münkler, Herfried (Hrsg.): Lust an der Erkenntnis. Politisches Denken im 20. Jahrhundert. München 1994

Neumann, Franz (Hrsg.): Handbuch der Politischen Theorien und Ideologien. 2 Bde., Opladen ^{2}2000

Nohlen, Dieter/Schultze, Rainer-Olaf (Hrsg.): Lexikon der Politik, Band 1: Politische Theorien. Frankfurt/M. 1999

Ottmann, Henning: Geschichte des Politischen Denkens. 4 Bde., Freiburg u. a. 2001 ff.
Reese-Schäfer, Walter: Politische Theorie heute. München u. a. 2000
Schaal, Gary S./Heidenreich, Felix: Einführung in die Politischen Theorien der Moderne. Opladen u. a. [2]2009
Schmidt, Manfred G.: Demokratietheorien. Eine Einführung. Opladen [3]2000
Schwaabe, Christian: Politische Theorie. 2 Bde., München 2007
Stammen, Theo/Riescher, Gisela/Hofmann, Wilhelm (Hrsg.): Hauptwerke der politischen Theorie. Stuttgart [2]2007
Vorländer, Hans: Demokratie. Geschichte, Formen, Theorien. München 2003
Weber-Schäfer, Peter: Einführung in die antike politische Theorie. 2 Bde., Darmstadt 1992
Zippelius, Reinhold: Geschichte der Staatsideen. München [10]2003

Politische Systeme

Crick, Bernard: Grundformen politischer Systeme. München 1973
Filzmaier, Peter/Plasser, Fritz: Politik auf amerikanisch. Wahlen und politischer Wettbewerb in den USA. Baden-Baden 2005
Hartmann, Jürgen: Das politische System der Bundesrepublik Deutschland im Kontext. Wiesbaden 2004
ders.: Westliche Regierungssysteme. Wiesbaden [2]2005
ders.: Das politische System der Europäischen Union. Eine Einführung. Frankfurt [2]2009
Herz, Dietmar/Jetzlsperger, Christian: Die Europäische Union. München [2]2008
Hübner, Emil: Das politische System der USA. Eine Einführung. München [6]2007
Ismayer, Wolfgang (Hrsg.): Die politischen Systeme Westeuropas. Stuttgart [4]2009
Kost, Andreas: Direkte Demokratie. Wiesbaden 2008
Lijphart, Arend: Patterns of Democracy. Government Forms and Performance in Thirty-Six Countries. New Haven/London 1999
Pfetsch, Frank R.: Die Europäische Union. Eine Einführung. Stuttgart [3]2005
ders.: Das neue Europa. Wiesbaden 2007
Röhrich, Wilfried: Die politischen Systeme der Welt. München [3]2003
Roth, Dieter: Empirische Wahlforschung: Ursprung, Theorien, Instrumente und Methoden. Wiesbaden [2]2008
Rudzio, Wolfgang: Das politische System der Bundesrepublik Deutschland. Wiesbaden [7]2006
Schiller, Theo: Direkte Demokratie. Eine Einführung. Frankfurt/M. 2002
Schmidt, Manfred G.: Das politische System der Bundesrepublik Deutschland. München [2]2008
ders.: Demokratietheorien. Wiesbaden [4]2008
Sturm, Roland: Politik in Großbritannien. Eine Einführung. Opladen 2009
Tümmers, Hans J.: Das politische System Frankreichs. Eine Einführung. München 2006
Weidenfeld, Werner/Wessels, Wolfgang (Hrsg.): Europa von A bis Z. Taschenbuch der Europäischen Integration. Baden-Baden [11]2009
Weidenfeld, Werner: Lissabon in der Analyse. Der Reformvertrag der Europäischen Union. Baden-Baden 2009

Internationale Politik/Internationale Beziehungen

Becker, Maren/John, Stefanie/Schirm, Stefan A.: Globalisierung und Global Governance. Paderborn 2007
Czempiel, Ernst-Otto: Kluge Macht. Außenpolitik für das 21. Jahrhundert. München 1999
ders.: Weltpolitik im Umbruch. Neuausgabe 2002; München [4]2003
Griffiths, Martin/O'Callaghan, Terry/Roach, Steven C.: International Relations. The Key Concepts. London/New York [2]2007
Hartmann, Jürgen: Internationale Beziehungen. Wiesbaden [2]2009
Hellmann, Gunther/Wolf, Klaus Dieter/Zürn, Michael (Hrsg.): Die neuen Internationalen Beziehungen. Forschungsstand und Perspektiven in Deutschland. Baden-Baden 2003
Hubel, Helmut: Weltpolitische Konflikte. Eine Einführung. Baden-Baden 2005
Kindermann, Gottfried-Karl: Grundelemente der Weltpolitik. Neuauflage München 1996
Knapp, Manfred/Krell, Gert (Hrsg.): Einführung in die Internationale Politik. München/Wien [4]2004
Krell, Gert: Weltbilder und Weltordnung. Einführung in die Theorie der internationalen Beziehungen. Baden-Baden [4]2009

Lehmkuhl, Ursula: Theorien der Internationalen Politik: Einführung und Texte. München/Wien ^{3}2001

Masala, Carlo/Sauer, Frank/Wilhelm, Andreas (Hrsg.): Handbuch der Internationalen Politik. Wiesbaden 2009

Meier-Walser, Reinhard/Stein, Peter (Hrsg.): Globalisierung und Perspektiven internationaler Verantwortung. Problemstellungen, Analysen, Lösungsstrategien: Eine systematische Bestandsaufnahme. München 2004

Nohlen, Dieter/Boeckh, Andreas (Hrsg.): Lexikon der Politik, Band 6: Internationale Beziehungen. München 2000

Schirm, Stefan A.: Internationale Politische Ökonomie. Eine Einführung. Baden-Baden ^{2}2007

Teusch, Ulrich: Die Staatengesellschaft im Globalisierungsprozess. Opladen 2003

Wilhelm, Andreas: Außenpolitik. München 2006

Wolf, Klaus Dieter: Die UNO. Geschichte, Aufgaben, Perspektiven. München 2005

Internetadressen

Bundeszentrale für Politische Bildung http://www.bpb.de

›CIA World Factbook‹, jeweils aktuelle Version des digitalen Länderjahrbuchs mit ausführlichen Informationen zur pol. und wirtschaftl. Lage in allen Ländern der Welt https://www.cia.gov/library/publications/the-world-factbook/

›Deutsche Außenpolitik‹, Informationen zur deutschen und amerikanischen Außenpolitik mit thematisch sortierter Linkliste http://www.deutsche-aussenpolitik.de/

›Political Resources on the Net‹, nach Kontinenten, Ländern und Regionen sortiertes Verzeichnis pol. relevanter Internetadressen (Regierungsquellen, Parteien und Medien) http://www.politicalresources.net/

›Politische Bildung online‹, Ein Angebot der Bundeszentrale und der Landeszentralen für politische Bildung (mit zahlreichen weiterführenden Links) http://www.politische-bildung.de/

›Virtual Library for European Integration‹ http://eiop.or.at/euroint/

›Worldwide Governments on the WWW‹, nach Ländern sortierte Linksammlungen zu pol. Institutionen, Parteien, Botschaften und weiterführenden Informationsangeboten http://www.gksoft.com/govt/en/world.html

Abbildungsnachweis

Alle Abbildungen wurden für diesen dtv-Atlas nach Entwürfen der Autoren oder nach modifizierten Vorlagen neu gezeichnet. Im folgenden werden die Vorlagen, Teilvorlagen und Datenquellen nachgewiesen.

16 C: dtv-Atlas Philosophie, München 1991 u. ö. **18 C:** Henning Ottmann: Geschichte des politischen Denkens 1/2, Stuttgart 2001. **20 B:** dtv-Atlas Philosophie, München 1991 u. ö. **22 B:** dtv-Atlas Philosophie, München 1991 u. ö. **22 C:** dtv-Atlas Recht 1, München 2003. **24 B:** dtv-Atlas Philosophie, München 1991 u. ö. **26 A:** Henning Ottmann: Geschichte des politischen Denkens 2/1, Stuttgart 2001. **26 B:** Bundeszentrale für politische Bildung: Informationen zur politischen Bildung, Heft 284. **32 A:** dtv-Atlas Recht 1, München 2003. **32 B:** dtv-Atlas Recht 1, München 2003. **48 A:** dtv-Atlas Philosophie, München 1991 u. ö. **52:** dtv-Atlas Philosophie, München 1991 u. ö. **58 A:** Geschichte für Gymnasien 8, München 1993. **62 A, B:** Geschichte für Gymnasien 8, München 1993. **66 C:** Duden Basiswissen Schule Politik, Mannheim 2004. **70 C:** dtv-Atlas Recht 1, München 2003. **82 A:** David Easton: A System Analysis of Political Life, New York 1965. **84 A:** Werner J. Patzelt: Einführung in die Politikwissenschaft, Passau 5. Aufl. 2003. **84 B:** Wolfgang Merkel: Systemtransformation. Eine Einführung in die Theorie und Empirie der Transformationsforschung, Opladen 2009. **96 A, B:** Seymour M. Lipset/Stein Rokkan (Hg.): Party Systems and Voter Alignment: Cross National Perspectives, New York/ London 1967. **100 A:** Michael Kunczik/Astrid Zipfel: Publizistik: Ein Studienbuch, Stuttgart 2005 **102 A:** http://egora.uni-muenster.de/FmG/wahlen/m0407.shtml. **102 B:** http://www.wahlrecht.de/lexikon/gerrymander.html. **106:** dtv-Atlas Recht 1, München 2003. **108 B:** Die Zeit, Hamburg 2006. **116:** dtv-Atlas Recht 1, München 2003. **136 A, B:** Adolf Kimmel/Henrik Uterwedde: Länderbericht Frankreich, Bonn 2. Aufl. 2005. **138 B:** Duden Basiswissen Schule Politik, Mannheim 2004. **140:** Der Spiegel 53/2005. **142 B:** dtv-Atlas Recht 1, München 2003. **144:** Bundeszentrale für politische Bildung (bpb.de), Bonn 2004. **162 A:** Bernhard Sutor: Politik. Ein Studienbuch zur politischen Bildung, Paderborn 1994. **166 B:** www.foreignpolicy.com/articles/2009/06/22/2009_failed_states_index_interactive_maps_and_rankings. **168 A:** Robert Cooper: »Hardpower, soft power and the goals of diplomacy«, in: David Held/Mathias Koenig-Archibugi (Hg.): American Power in the 21st Century, London 2004. **168 B:** dtv-Atlas Geschichte 2, München 2009. **170 A:** Arbeitsgemeinschaft Kriegsursachenforschung (AKUF) an der Universität Hamburg (akuf.de): Das Kriegsgeschehen 2007, Wiesbaden 2009. **170 B:** Heidelberger Institut für Internationale Konfliktforschung (hiik.de), Konfliktbarometer 2008. **172:** Heidelberger Institut für Internationale Konfliktforschung (hiik.de), Konfliktbarometer 2008. **174 A:** Dieter Senghaas: Wohin driftet die Welt, Frankfurt 1994. **174 B:** Mary Kaldor: New and Old Wars: Organized Violence in a Global Era, Stanford 1999. **178 B:** Ulrich Druwe/ Dörthe Hahlbohm/Alex Singer: Internationale Politik, Neuried 1995. **180 B:** Le Monde diplomatique: Atlas der Globalisierung, Berlin 2006. **182 A:** Ulrich Druwe/Dörthe Hahlbohm/Alex Singer: Internationale Politik, Neuried 1995. **184 A:** Ulrich Druwe/Dörthe Hahlbohm/Alex Singer. Internationale Politik, Neuried 1995. **184 B:** Wilfried Loth/Wolfgang Wessels: Theorien Europäischer Integration, Opladen 2001. **186 A:** Johan Galtung: »Eine strukturelle Theorie des Imperialismus«, in: Dieter Senghaas (Hg.): Imperialismus und strukturelle Gewalt, Frankfurt/M. 1972. **186 B:** Martin List/Maria Behrens/Wolfgang Reinhardt/Georg Simonis: Internationale Politik. Probleme und Grundbegriffe, Opladen 1995. **190 B:** Helga Haftendorn: »Zur Theorie außenpolitischer Entscheidungsprozesse«, in: V. Ritterberger (Hg.): Theorien der internationalen Beziehungen. *Politische Vierteljahresschrift,* 21/1990, Opladen. **192 A, B:** Reinhard C. Meier-Walser: Die wissenschaftliche Untersuchung Internationaler Politik, München 2004. **194 B:** Stephan Bierling: Geschichte der amerikanischen Außenpolitik, München 2003. **198 A:** dtv-Atlas Recht 1, München 2003. **202 B:** Bulletin of the Atomic Scientists (2010). **210 B:** Charles W. Kegley/Eugene R. Wittkopf: World Politics. Trends and Transformation, New York 1995. **218:** Le Monde diplomatique: Atlas der Globalisierung, Berlin 2005. **232 A:** Christine Frantz/Kerstin Martens: Nichtregierungsorganisationen (NGOs), Wiesbaden 2007. **234 A, B:** amnesty international: AI Report 2008. **236 A:** UNFCCC 2008; DIW: Wochenbericht 49/2009 (www.diw.de/documents/publikationen). **236 B:** Süddeutsche Zeitung 2009; Energy Information Administration: International Energy Outlook 2009. **238:** International Migration Outlook 2008; Stalker's Guide to International Migration (www.pstalker.com/migration/ mg_map.htm); OECD: International Migration Data 2008. **240 B:** WTO: International Trade Statistics 2008.

Register

Halbfett gedruckte Zahlen weisen auf **zentrale Stellen** im Text bzw. die **Erläuterung des Stichworts** hin.